梅列年鉴

2021

中共三明市梅列区委　梅列区人民政府　主办
中共三明市梅列区委党史和地方志研究室　编

方志出版社
Publishing House of Local Records

图书在版编目（CIP）数据

梅列年鉴. 2021 / 中共三明市梅列区委党史和地方志研究室编. -- 北京：方志出版社，2021.12
ISBN 978-7-5144-5193-1

Ⅰ. ①梅… Ⅱ. ①中… Ⅲ. ①区(城市) —三明—2021—年鉴 Ⅳ. ①Z525.74

中国版本图书馆CIP数据核字(2021)第275600号

梅列年鉴（2021）

编　　者：中共三明市梅列区委党史和地方志研究室
责任编辑：王　娜
出 版 者：方志出版社
地　址　北京市朝阳区潘家园东里9号（国家方志馆4层）
邮　编　100021
网　址　http://www.zgfzcb.cn
发　　行：方志出版社图书营销中心
电话（010）67110500
经　　销：各地新华书店
印　　刷：福州远榕印刷有限公司
开　　本：889×1194　1/16
印　　张：17.25
字　　数：500千字
版　　次：2021年12月第1版　2021年12月第1次印刷
印　　数：001～800册
ISBN 978-7-5144-5193-1　定价：168.00元

梅列区委党史和地方志研究工作领导小组

组　　长：杨　胜（区委书记）

副 组 长：张昌平（区委副书记、区政府区长）

成　　员：张淑华（区人大常委会主任）

林翠玲（区政协主席）

蔡建明（区委常委、宣传部部长）

朱跃峰（区委常委、组织部部长）

梅列区委党史和地方志研究室
《梅列年鉴》编辑室

主　　编：雷文春

编　　辑：王培敏　王晓娟　范毅民　唐金涛

编辑说明

一、《梅列年鉴》是在中共梅列区委领导下，由梅列区人民政府主办、中共梅列区委党史和地方志研究室主编的大型资料性地情丛书。《梅列年鉴（2021）》是梅列区第十一部综合年鉴。

二、本年鉴采用条目体，全书以马克思列宁主义、毛泽东思想、邓小平理论、“三个代表”重要思想、科学发展观、习近平新时代中国特色社会主义思想为指导，坚持辩证唯物主义和历史唯物主义的立场、观点和方法，力求观点正确，资料丰富，记述真实客观，突出地方特色、时代特征，文风质朴，文字简洁，内容符合国家保密规定。

三、本年鉴的资料收录范围，原则上为2020年1月1日至2020年12月31日发生在梅列区境域或与梅列区有关的自然、政治、经济、文化、社会等方面的重要事件、重要活动。个别条目为了交代相关背景以及资料的完整性，条目内容适当上溯或下延。

四、本年鉴内容分设区情总貌；主体内容以各类事业条目和各街道（镇）、开发区条目为主要信息和基本撰稿内容。

五、本年鉴还辑有展示梅列区社会发展新貌及机关、企事业单位形象的彩色图页，力求以现代传媒技术和图文并茂的形式，客观形象地展示梅列区2020年的历史。图照除标注外，均为区委宣传部报道组提供。

六、本年鉴的资料除少数无法剥离的内容转载自《三明年鉴》外，主要由全区党政机关、人民团体、企事业单位提供。各种数据、资料均经有关部门核实，综合性数据以梅列区统计局提供为准。

1 月 1 日，三明市梅列区第九届人民代表大会第四次会议召开

12 月 28 日，中国共产党梅列区第九届委员会第十二次全体会议召开

1 月 22 日，中共梅列区纪委九届五次全会召开

1 月 16 日，梅列区 2019 年度党委（工委）书记抓基层党建工作述职评议会召开

2月14日，梅列区举行2020年党政领导平安建设（综治工作）、生态环境保护目标责任书签订仪式

5月25日，省人大常委会副主任吴洪芹（前排左）一行到梅列区开展公共卫生立法暨重点建议督办调研

4 月 2 日，省水利厅副厅长、省直机关支援三明服务队队长丘汀萌（前排左二）带队到梅列区调研防汛减灾和疫情防控工作

1 月 15 日，2019 年度梅列区城市管理街长制暨环卫工作表彰会召开

12 月 23 日，梅列区区政府工作人员向宪法宣誓

1月21日，副市长林俊德（前排左二）检查安全生产工作

3月18日，三明高端装备产业园一期项目开工

12月1日，区委书记杨胜（前排左二）、区长张昌平（前排左一）到开发区高端装备产业园调研工作

2月21日，2020年梅列区政银企对接会召开

7月29日，梅列市场监督管理局实行“证照合办”模式，简化办证流程，实现即办即走（市场监管局 提供）

10月31日，广东省机械铸造协会到梅列区考察

5月8日，市长余红胜（最前方）调研“城市双修”工作

4月7日，区委书记杨胜（前排左一）督办调研蕉溪流域治理工作

陈大纤维板厂及周边地块征迁协调　　（征迁指挥部　提供）

3 月 25 日，徐碧街道与评估公司、测量公司工作人员沟通污水处理厂搬迁扩建事项

（征迁指挥部 提供）

1 月 3 日，陈大镇渔溪村村民喜迁新居

3月10日，市长余红胜（前排中）到徐碧村调研旧城改造工作

3月24日，梅列区召开"依法和谐征迁"攻坚行动总结表彰暨动员大会

7月30日，梅列区徐碧"城中村"改造项目部署动员会召开

8月5日，徐碧城中村改造集中签约

10月11日，徐碧城中村改造旧房拆除现场

4月9日，梅列区召开龙岗二期安置房建设性协商会议

8月23日，三明机床厂棚户区改造签约现场　　（征迁指挥部 提供）

9月29日，梅列区召开"依法和谐征迁"大干60天攻坚清盘行动动员会

1月21日，区长张昌平（主席台左一）部署新冠肺炎疫情防控会议

1月27日，梅列区召开新冠肺炎疫情防控工作会

1月，梅列区医护人员在三明北高速口设卡执勤
（卫健局　提供）

工作人员在三明北高速出口对到三明市区车辆司乘人员 进行体温检测、身份核对 、行程码查看

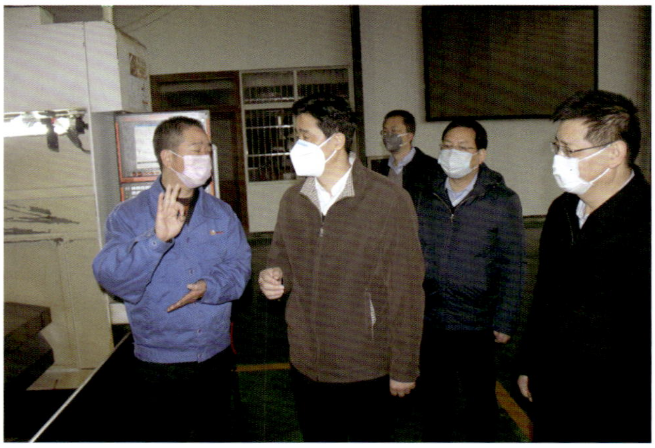

2月4日，市长余红胜（前排左二）调研口罩生产企业普诺维机械情况

疫情期间志愿者给居家隔离户送菜

社会各界捐赠疫情防控经费、物资

2 月，梅列区各部门到辖区企业指导复工复产

2 月 14 日，市长余红胜（右一）调研服务业复工情况

3 月 26 日，梅列区市场监管局开展集中医学观察点食品安全专项检查　（市场监管局 提供）

12 月，梅列区强化冷链食品监管筑牢疫情防控防线

（市场监管局 提供）

12 月，梅列区强化冷链食品监管筑牢疫情防控防线　　　　（市场监管局 提供）

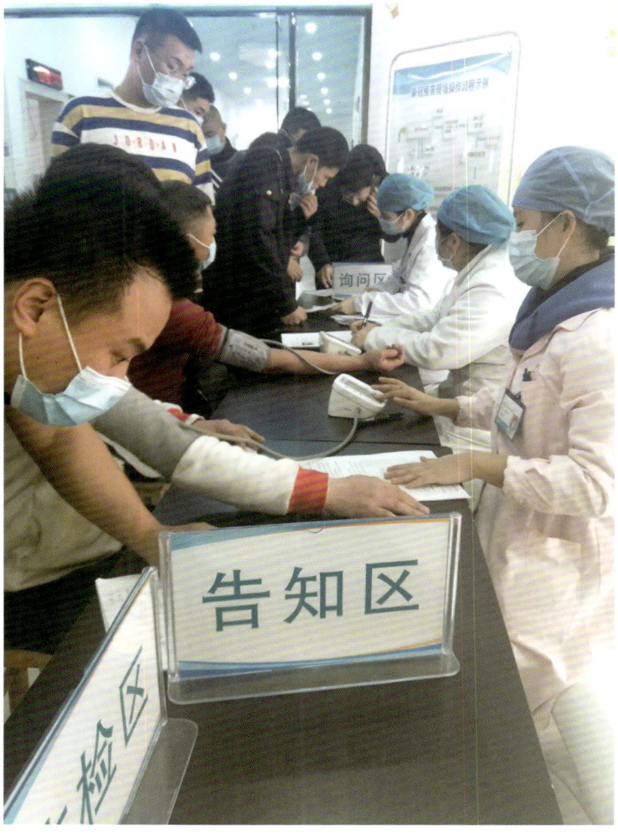

12 月，梅列二院开展新冠肺炎疫苗接种工作
（卫健局 提供）

11 月 3 日，市长余红胜（右二）到列东街道梅岭社区调研人口普查工作

1 月 3 日，区长张昌平（左二）调研医联体改革

4月15—16日，梅列区总工会联合多部门到金澜湾、沪明小学建筑工地开展《保障农民工工资支付条例》普法宣传活动　　（区总工会　提供）

3月5日，团区委联合文明办、市艺术馆开展“满意在三明·梅列文明同行战‘疫’情——最美红衣卫士”活动（团区委　提供）

8月22日，梅列团区委开展“青春有你 七夕有约”青年交友联谊活动　　（团区委　提供）

1 月 5 日，共青团梅列区委联合彩虹桥青少年社会事务服务中心、三明紫阳美术馆，组织三明本地知名书法家开展义卖活动　（团区委　提供）

5 月 28 日，三路社区“四点半学校”、团区委“雏燕之家” 开班

1 月 11 日，福建枫华律师事务所第一次妇女代表大会召开　　（妇联 提供）

5 月 20 日，梅列区开展城市困难家庭精准帮扶活动

9月22日，梅列区小蕉小学将课堂搬到田间地头，师生到小蕉村收割水稻

12月30—31日，全市老年大学工作（梅列）会议召开，为获福建省达标老年大学授牌

（老干局 提供）

1月18日，碧桂园小区开展消防演练活动

12月5日，梅列区残联结合第二十九个国际残疾人日在三明万达广场开展残疾人爱心帮扶公益慈善捐助活动 （残联 提供）

目　　录

专　记

大事记

区情总貌

中共梅列区委

梅列区人民代表大会

梅列区人民政府

政协梅列区委员会

纪检监察

群众团体

法 治

军 事

自然资源与生态环境

城镇建设

农 业

工信商贸

交通运输

财政 税务

经济管理

应急管理

教 育

精神文明建设

卫生 健康

人力资源和社会保障

社会生活

文化 体育 旅游

通信服务

金　融

镇 街道 开发区

梅列区2020年党政群机关领导名录

拼音检索

用“画龙点睛”之笔，绘就“活力梅列·幸福之城”

2020年12月28日，梅列区委召开九届十二次全会，回顾该区“十三五”期间经济社会和各项事业取得的成就，明确“十四五”时期经济社会发展的指导思想、目标任务。全会强调，要发挥中心城区优势，着力打造“活力梅列•幸福之城”。近年来，梅列区委、区政府认真贯彻落实习近平总书记重要讲话重要指示批示精神和党中央决策部署，团结带领全区人民，不忘初心、牢记使命，持续做实做足“四篇文章”、推进“四个着力”、深化“五比五晒”，在经济发展、民生事业、环境改善等方面精准发力，取得了重大成就。同时，值得一提的是，梅列区委、区政府善用“画龙点睛”之笔，如北部新城建设、六路商圈打造、和谐征迁改造、文明城市创建等创新举措，推进“活力梅列•幸福之城”的绘就。

北部新城建设，让城区“靓”起来

2016年7月27日，梅列区第九次党代会召开，区委工作报告提出，要加快“北部生态新城”建设，力争到2020年，建成区面积达到5平方公里，成为宜商、宜居、宜游的生态城市新区。通过近几年来的大力推进实施，北部新城基本实现当时提出的目标，已成为三明市区城市建设的一张靓丽名片。

从三明高速北出口进入市区，映入眼帘的是鳞次栉比的百米高楼群。这便是三明正在崛起的日新月异的北部新城。这里原先是梅列区贵溪洋村，一个名不见经传的小山村。为了拓展市区空间，市里和梅列区将贵溪洋片区列入三明城市建设的重要组团之一，作为贵溪洋新区进行开发。新区位居三明市区北大门，南部与徐碧新城连成一片，西部与上河城住宅区遥相呼应，是加快三明中心城市建设的重点区域，是推动三明市区与沙县同城化进程的重要节点。

近年来，贵溪洋新区开发步伐加大，公共事业和城市基础设施建设日趋完善，投资约5.6亿元建成了三明市体育中心（含场馆周边道路），其包括可容纳2.3万人的体育场和6000人的大型体育馆，及与之相连的占地约200亩的生态体育公园；投资约5亿元建成城市文化广场，城市文化广场（含会议中心、客家博物馆、城市规划展览馆）。还规划建设有金融街、高档写字楼、星级酒店、大型购物中心等商业项目和各类住宅项目。实施和建设贵溪洋生态湿地公园及贵溪洋溪、小溪水系整治提升工程，大手笔建设贵溪洋安置房道路工程（二期）——即规划二路、三路、四路、五路、八路、小溪路及三明市江滨路延伸段（G205）道路改造工程。贵溪洋新区路网的修建，完善了新区基础设施，提高了城市交通运输效率，同时为三明市的城市一体化提供便捷的交通条件。配套建设梅列区第二实验学校、贵溪洋小学、贵溪洋中学和梅列区第二实验幼儿园、金澜湾幼儿园等一些教育设施，为周边原有住户和新建商业楼盘居民提供了优质的教育资源。贵溪洋片区开发万达、碧桂园、中梁壹号院、富力爱丁堡、城投广场、城投金澜湾、华闽康城一品楼、中梁国府梁宸等重点楼盘项目，让北部新城越来越“高大尚”。2016年12月30日，贵溪洋片区的最大商业综合体——三明万达广场正式开业。万达广场总投资35亿元，占地约150亩，总建筑面积约40万平方米，集商超于一体，包括购物中心、商业步行街、美食中心、娱乐中心等多种业态，是融多种功能于一体的大型城市综合体。万达购物中心建筑面积13万平方米，开业时吸引了众多著名的品牌商家入驻，包括精品、服装、餐饮、体验、儿童等业态，拥有万达影城、万达宝贝王、永辉、国美、邦一国际名品、大玩家、古德菲力、歌库、US、未言书店、MAXWIN等11家主力、次主力店，成为三明市区商圈标杆，给三明人民带来新的商业体验，是市民们购物休闲的好去处，已成为梅列区乃至全三明关注的焦点。

六路商圈打造，让城区“活”起来

2019年12月30日，梅列区第九届人民代表大会第四次会议召开，在会上所作的政府工作报告中提出，要大力发展六路城市商圈，高起点规划商圈发展定位、商业业态和功能布局，推进万达广场、新都汇、城发广场（原名城投广场）等街区资源整合，策划开发餐饮住宿、文化娱乐、儿童游乐、亲子互动等业态，优化周边交通联通项目规划布局，打造集商业、休闲、娱乐为一体的中心城市新商圈。

六路商圈项目是三明市委、市政府做大做强中心城市、培育业态、聚集人气的重点项目，梅列区围绕“1年打基础、2年见成效、3年创品牌”的目标，通过天桥、下穿通道等项目的建设，进一步优化空间布局，科学划分、优化业态管理，力争把六路商圈打造成旅游新选择、网红新地标、休闲新舞台。六路商圈项目总投资约15亿元，规划面积约45公顷。具体是：以城发广场（含新都汇）4.5万平方米商业区为中心，依托万达广场、中央商务区和城市文化广场建筑群（含体育馆、规划馆、博物馆和会议中心），围绕北至规划馆及会展中心、南至时代锦园、东至万达广场、西至中央商务区范围内约1平方公里地块。六路商圈分为核心商圈、次级商圈2个商圈。核心商圈：由城发广场、万达广场、中央商务区和城市文化广场周边约1平方公里地块，通过1—2年努力，力争在 2022年实现营业额超20亿元；通过3—5年的发展，带动六路次级商圈：徐碧步行街、碧桂园风情街、贵溪洋区域、碧湖地块发展，形成年营业额超 50亿元的大型商圈。六路商圈涵盖10多个子项目，包括3座天桥、“城市阳台”及附属配套、体育场馆地下通道及下沉广场项目、城发广场明品明味特设街区改造项目、万达广场前交通岛改造工程、红色文化广场提升工程等。

六路商圈中，3座天桥、1条地下通道像一根丝线，把散落在六路商圈里的一颗颗“珍珠”串联成片，“珍珠”中的城发广场、万达广场、中央商务区，城市文化广场中的博物馆、规划馆、体育场馆、会议中心，通过天桥、地下通道互联互通，集聚人气，做旺商圈。1号天桥，位于交通繁忙的梅列江滨路，起点接徐碧铁路桥，跨江滨路，终点到达海关大楼入口道路侧人行道，主桥设计总长472米，桥面宽4.3米，全线共设置6处接地面人行梯道，工程造价5600万元。该桥2020年10月动工建设，预计2021年5月竣工。3号天桥，连通万达二层商场与体育场的4号地下停车场，整体桥形平面呈“一”字形，主桥设计全长76.5米，最大跨径55.8米，主桥桥面总宽5米，人行净宽4米，共设置2处人行梯道，梯道总宽2.8米，方便市民停车后通过3号天桥到万达商场购物。4号天桥，是连通体育馆与城市文化广场的飘带通道，在原来的主体桥梁上提升改造，工程于2020年11月底开始动工改建，北侧的引桥把原来的台阶改成一条无障碍人行坡道，接至红旗广场地面，方便残障人士通行。4号天桥建成后，把体育馆北区与博物馆片区联系起来，行人可以通过新建的桥梁走到148米平台的集散中心。这3座天桥预计2021年5月竣工。天桥主体采用钢桁架结构和钢箱梁结构，主桥上部设置遮阳避雨的顶棚，局部预留景观种植池、休闲坐凳等，烈日雨天，市民们也能自由地休闲漫步、观赏沿途景色。同时，还将建一条长75米地下通道，将城发广场与体育馆、下沉商业广场联系起来。

“城市阳台”，位于会议中心与博物馆之间的沙溪河畔，占地面积1554.17平方米，总建筑面积2948.18平方米。按照设计，整个项目将建筑优美的流线加以延续，与周边的道路整体上形成一只展翅翱翔的“鲲鹏”形态，景观空间以观山、瞰水、赏水秀为主，并植入音乐广场、滨水步道、观景平台，尽可能地保留周边原有植物，并进行一定的绿化提升，绿地率计划达69.24%。“城市阳台”以观景、餐饮、表演等功能为主，“鲲鹏”头部结合水幕电影设置露天看台，背部结合现状地形设置下沉露天音乐剧场，与主广场形成空间轴线序列，兼作为公共性表演场所。“城市阳台”项目于2020年12月开工建设，预计2021年9月完工。

明品明味特色街，是三明六路商圈的重要组成部分，位于城发广场小区与海关大楼之间，由明小吃和明品荟两类业态组成。市民从明品明味街通过下穿通道可直达体育场。明品明味特色街，采用骑楼造型，这种设计的好处是：让市民雨天也能安心逛街购物、品尝小吃。该特色街有商铺26间，总面积约3000平方米，其中，明小吃14间、明品荟12间，每间约100平方米，展示、销售三明各县（市、区）特产、小吃。特色街对拥有特色小吃、地方特产品类自主品牌或享有授权，具备“老字号”“技艺传承人”等资质称号的商户优先入驻。该特色街于2021年“五一”节开街运营。

和谐征迁改造，让城区“新”起来

2020年8月1日，梅列区召开徐碧“城中村”改造项目培训动员会，抽调数百名干部分组包片区开展入户动迁工作，明确部门分工、细化工作责任，集聚精干力量、配置优势资源，吹响徐碧“城中村”改造项目攻坚“集结号”。

改造范围为徐碧村本点及原糖场部分，总占地面积约108亩，涉及被征迁户368户。因其体量大、牵涉面广、情况复杂等原因，此前多次启动改造历经近23年但未能完成。徐碧“城中村”存在“三多一高”问题，即未审批建筑多、危旧房屋多、外来人口多、建筑密度高。根据1984年三明市区地形图测算，徐碧旧村建筑面积仅4万多平方米，至此次征迁时已达到20多万平方米。旧村房屋结构、消防存在极大安全隐患，居住环境和社会治安等方面存在突出问题，原有的基础设施和居住环境已不能满足居民的生活需求，村民迫切希望改变现状。经专家论证，旧村已经无法通过简单的修缮加固改造来消除隐患，只有通过旧村整体搬迁拆除，才能彻底消除徐碧村内存在的各类问题。为此，在三明市、梅列区两级党委、政府的强力推动下，该改造项目于2019年9月重新启动。

为确保项目顺利推进，徐碧“城中村”地块被划分为10个征收片区，梅列区组建了由区四套班子领导挂包的4个入户动迁工作组和包括政策技术、司法调解、安置房建设在内的9个专项工作组。梅列区动员所有处级领导干部，从全区所有单位抽调数百名干部分赴征迁一线，确保每户征迁对象都有固定工作人员具体答疑解惑、对接落实，以包户责任制支援项目攻坚。

征迁工作团队坚持一线工作，领导干部冲在一线、党支部建在一线、精干力量用在一线。实行挂图作战、建立联络员制度、落实责任包干和“每日一报告、一会商、一协调、一督办、一反馈”例会工作制度等征迁工作机制。征迁干部把思想工作做在前、做上门、做到家、做到位，真情地服务、耐心地倾听，围绕产权复核、补偿测算等关键节点，及时协调解决疑难问题，赢得了群众的理解与支持，有效推进征迁工作。50天全面完成动迁、28天完成腾房、30天基本完成拆除，这一历时23年难题最终顺利解决。

徐碧“城中村”改造项目以“政府主导、群众参与、安置优先、公平公正、国企运作、公益定位”为原则，市、区两级政府牵头专门成立国有运营公司，负责组织实施安置房的策划、投资、建设和运营等工作。甲头安置小区是徐碧“城中村”项目集中安置区，位于三明北部新城中心地段，占地面积17.5万平方米，共建设26栋楼房，3000多套房屋。周边有碧桂园、万达、体育馆等完善的住宅、商业、休闲娱乐生活圈。小区整体居住环境较好，配套设施完善，保障被征迁户在经济效益、安全舒适、教育资源等各方面共享三明城市发展的红利。为做好安置房的建设后半篇文章，梅列区专门成立工作小组，协调优化审批环节，加快安置房建设各项手续办理，推出安置房建设工程重要节点奖励方案，多措并举确保安置房于2022年12月交付使用。徐碧“城中村”和谐征迁改造，演绎了梅列征迁的“新速度”，创造了梅列征迁的“新模式”，成为三明市依法和谐征迁改造的“新样本”。2020年10月9日晚，三明市委举行中心组学习会暨第十一期中央苏区三明讲坛。会上，梅列区委书记杨胜、区长张昌平等梅列区6位征迁干部代表交流了徐碧“城中村”征迁工作经验和体会。徐碧旧改的好机制、好做法，得到市委、市政府主要领导和与会者们的高度肯定。

文明城市创建，让城区“暖”起来

梅列区是三明主城区之一，也是全国群众性精神文明创建活动的起源地。近年来，梅列区积极培育和践行社会主义核心价值观，大力开展新时代文明实践活动，不断深化群众性精神文明创建，扎实推进志愿服务常态化建设，持续做实做足“文明三明”文章，以文明创建新答卷为新时代新三明建设做贡献。2021年4月27日，福建省召开精神文明建设表彰大会，梅列区蝉联省级文明城区称号，为擦亮三明“全国文明城市”金字招牌增光添彩。

改善人居环境。近年来，梅列区将老旧小区与“城中村”改造提上日程，写进政府民生实事。梅列区龙岗二期、三纺厂易地搬迁、徐碧“城中村”等历时多年的征迁项目实现突破；积极推进老旧小区改造工作，拆除柴火房、拓宽道路、增设电梯、引进老年康养中心，营造更便捷舒适的养老环境；完成28个市区拆墙透绿项目，实施城区“一重山”及“两高”沿线景观提升工程，城市面貌持续改观。2018年，梅列区成为福建省6个开展生活垃圾强制分类的试点区域之一，并在全区范围内选择梅岭、富华和玖珑3个社区作为试点，先行实施垃圾分类，居民需对生活垃圾定时定点投放。从倡导“垃圾不落地”到做好垃圾分类，从市民不配合到更多人参与，绿色生活的文明理念得到深化。

倡导人人参与。为让道德模范、身边好人持续发光发热，用善行义举播撒文明风尚，梅列区把120位各级道德模范、身边好人联合起来，成立“梅列区道德模范身边好人联谊会”，建立一个可持续施展道德能量的新平台。该联谊会是我省首家由全国、省、市、区级道德模范、“身边好人”、十佳市民、优秀志愿者等人员组成的志愿服务组织，先后获得福建省百家优秀志愿服务组织、最佳志愿服务项目、志愿服务创新案例等称号。该联谊会长期开展城市保洁、无偿献血、植树护绿、关怀老人等系列志愿服务。由好人联谊会承接的“日月星”志愿服务驿站位于三明市区北大门、人流量最大的万达广场，是常态化开展志愿服务的阵地，积极提供热水、手机充电、物品寄存等各项便民服务，并根据各自特长开设一月一主题“好人公益微课堂”，开展爱国主义教育、家风家训、妇女儿童维权等宣传活动，得到了中宣部、中志联领导的充分肯定。2019年10月，中国志愿服务联合会全国优秀志愿服务项目负责人培训班在三明举办，培训班安排200多名学员到“日月星”万达志愿服务驿站学习观摩 。同时，梅列区全区104个文明单位志愿服务队进入“两馆一宫”驿站开展志愿服务；2个志愿服务项目获得“全省百家优秀志愿服务项目”重点扶持。2020年，梅列区党政机关每月一主题开展新时代文明实践推动日志愿活动，干部职工利用周末时间下社区、对标准、找问题、抓整改，深入挂包社区和村推动文明创建工作，清理“僵尸车”、铲除小广告、做好文明劝导等，采用服务时长积分兑换制，以“小积分”激发治理“大能量”。梅列共青团青年突击队、老兵志愿服务先锋队等志愿服务组织，也齐上阵。至2020年底，梅列区共有注册志愿者2万余人，注册团队470余个。“邻里节”是梅列区“响当当”的品牌，梅列区将“邻里节”与“我们的节日”、文明风尚等活动进行有效融合，开辟了群众性精神文明创建活动的新路径。

重在常态长效。梅列区建立健全“处级领导包项目、区直部门包社区、文明单位包门前、专项督查组包监督”的“四包”工作责任制，将任务分工到位、责任分解到人，使辖区各级文明单位的“门前三包”和“门内达标”自查自纠成为常态。整合辖区共建单位资源，成立社区大党委，把隶属不同系统、掌握不同资源的党组织，打造成一个较紧密的党建共同体。通过党建共抓、文明共享、活动共办、和谐共建等形式，以党委引领社区工作，形成了“居民点单、支部下单、党员接单”工作模式。党建带创建，创建促党建，让党旗在创城一线高高飘扬。依托智慧梅列城市综合管理平台，建立动态管理机制，坚持推行城市管理“街长制”，与“梅列微城管”平台联合，细化20个城区社区541个网格管理，在35个主次路段、街巷配备街长、巷长、楼栋长，联动各相关职能部门协同办公、精准服务；以新时代文明实践为抓手，完成列西街道、徐碧街道、翁墩社区、东乾社区新时代文明实践所（站）建设，实现新时代文明实践所全覆盖。近年来，梅列区加大教育投入，新建学校和实施改扩建项目，努力补齐社会民生短板，持续提升群众满意度和获得感。除此之外，列东街道三路社区、列西街道龙岗社区、徐碧街道东乾社区和陈大镇瑞云社区设有四点半学校，解决了留守儿童、外来务工人员随迁子女等下午放学后家属接送难、照看难等困难，广获好评。

文明创建，重在全民共建共享。站在省级文明城区新起点，梅列区奋楫扬帆，努力在更好满足人民群众对美好生活向往的新征程上，谱写文明创建新篇章。

（三明市委党史和地方志研究室）

1月

1日上午，梅列区第九届人民代表大会第四次会议召开第三、第四次全体会议。

2日，梅列区召开“访企业、解难题、促‘六稳’”专项行动推进会，研究分析专项行动存在问题，安排部署企业解难助困推进工作，确保专项行动取得实效。

3日，梅列区召开老干部通报会，向老领导、老同志通报2019年全区主要工作情况。区领导杨胜、陈占昌、朱跃锋、杨通盛、陈江火、冯火珠、林金来以及全区“5·12”退休干部、处级退休干部及部分离退休干部参加会议。会议通报2019年全区组织工作情况、全区经济和社会发展情况和全区党风廉政建设情况。

3日，区长张昌平赴市第一医院徐碧分院、梅列医院和圳尾社区医养结合卫生服务站调研，实地了解梅列区医改工作及医联体建设情况。

5日上午，区应急局、交通局、消防大队等单位到三明客运东站、公交公司、三明万达广场、三明阳光城商业部分等企业督查检查安全生产集中整治工作情况。

7日上午，省应急管理厅二级巡视员吴文盛带队到梅列区客运东站和万达广场开展安全生产集中整治暗查暗访。

梅列区召开2020年春运工作部署会，区委常委、副区长陈占昌主持会议，区春运领导小组成员参加会议。会议传达国家、省、市春运会议精神，并对全区春运及应急救援工作进行安排部署。

8日，三明市妇联一行参观洋溪镇幼儿园，为全市儿童之家选点做好前期摸排工作。

8—9日，三明市安全生产和消防工作考核二组到梅列区，对梅列区2019年度的安全生产和消防工作进行考核。

9日，梅列区召开市级“依法和谐征迁”项目工作调度会，推动征迁后续工作进一步做深、做细、做实。会上，各镇（街）汇报征迁项目扫尾工作进展情况，与会人员就相关问题提出建议和意见。

11日，福建枫桦律师事务所召开第一次妇女代表大会，此次大会标志着三明市首家律师事务所妇联在梅列区正式成立。

14日上午，梅列区委书记杨胜到列东街道开展走访慰问困难户活动。

14日，受省见义勇为基金会的委托，市见义勇为工作协会到梅列区召开省、市见义勇为模范春节慰问座谈会。

15日，梅列区举行城市管理“街长制”暨环卫工作表彰会，区委书记杨胜、区长张昌平等领导出席表彰会并为受表彰的街长工作团队、优秀城管队员和优秀环卫工人颁奖。

16日上午，梅列区召开“依法和谐征迁”和“城市双修”计划实施项目征求意见会。

区长张昌平开展春节前走访慰问活动，给离退休老干部和困难职工送上新春祝福和慰问金。

19日下午，市长余红胜一行

走访徐碧街道慰问困难优抚对象张某，致以新春的问候并送上慰问金。

20日，副区长薛军带队到辖区企业开展节前安全检查工作，实地查访客运站窗口售票、安检执勤情况，询问运力安排、值班值守情况。

是日，副区长薛军带队慰问梅列区离退休老干部、残疾贫困户，为他们送去党的关怀与新春的祝福。

是日下午，梅列区政府区长张昌平带队到三明夏商百货、徐碧旧村、中梁项目工地、三明纺织厂地块等开展节前安全生产大检查，确保群众过上安定祥和的新春佳节。

21日上午，区政府副区长冯火珠深入社区，看望慰问离休干部、困难家庭精准帮扶户等，向他们致以节日问候。

22日，梅列区委常委、组织部部长朱跃锋到三路社区、翁墩廉租房、洋溪镇上街村入户走访慰问挂包的贫困户，为他们送去新春祝福和慰问金。

是日，区长张昌平、副区长冯火珠慰问奋战在一线的环卫工人，对他们无私奉献的精神表示感谢。

是日，梅列区举行2020年春节团拜会。区四套班子领导与各界人士代表欢聚一堂，畅叙友谊、同谋发展、共话未来。

26日上午，梅列区委书记杨胜、列东街道党工委书记邓启文一行到列东街道开展新型冠状病毒防控工作，在东安社区详细了解辖区遭受新冠肺炎疫情突袭的武汉回三明人员、车辆摸排及跟进情况。

副区长薛军到瑞云山景区检查指导新冠肺炎疫情防控工作。

27日下午，区长张昌平带队到陈大卫生院、三明北站高速路口检查新型冠状病毒感染的肺炎疫情防控工作情况，听取有关负责人情况汇报，研究解决存在问题，并对坚守岗位的一线工作人员表示慰问。

29日下午，市长余红胜、区长张昌平到徐碧街道东乾社区，指导督察新型冠状病毒感染的肺炎疫情防控工作，并慰问防控一线的社区工作者。

1月，梅列区率先在全市实行“中央厨房+公益配送”的社区养老助餐模式。项目依托区政府食堂，委托专业社会组织进行公益配送，把味美价廉的“老年餐”社区居家养老服务中心，帮助有就餐需要的老年人解决就餐难问题，为全区长者更好地提供便利便捷的助餐服务，切实提升长者的幸福感。

是日，省民政厅离退休干部工作处处长林中珠、省慈善事业促进处副处长涂东，到列东街道慰问社区帮扶对象低保户。

2月

1日，闽晟集团城建发展有限公司、海峡建工集团有限公司向梅列区捐赠5万枚口罩，用于新型冠状病毒感染的肺炎疫情防控工作。

区委书记杨胜主持召开疫情防控工作指挥部会议，传达市指挥部会议精神，科学研判形势，准确把握疫情，加大联防联控工作力度，安排部署下一步工作。

梅列区举行防控新型冠状病毒疫情爱心捐赠仪式。区红十字会接受区工商联（总商会）、三明宾馆、三明市水利水电工程公司、区慈善总会、厦门市三明梅列商会、三明鸿海物资贸易有限公司以及三明市口腔医学会民营口腔同仁认捐38.7万元。

3日，梅列区政府党组书记、区长张昌平主持召开区政府党组（扩大）会议，传达学习党中央和省、市、区委关于新型冠状病毒感染的肺炎疫情防控工作精神，安排部署下阶段防控工作。

下午，梅列区应对新型冠状病毒感染的肺炎疫情工作指挥部指挥长张昌平组织召开疫情防控工作会议，对教育系统疫情防控工作进行安排部署。

市政协一行到徐碧街道碧湖社区，慰问奋战在疫情防控一线的社区工作人员，指导督查疫情防控工作。

4日，市长余红胜带领副市长程鹏鹰及市工信局、市场监督管理局、市纺织行业协会等单位负责人到位于梅列区高源工业区的三明市普诺维机械有限公司，实地了解企业生产和疫情防控情况，督促企业加大马力生产口罩刀模具，为全市口罩生产供应做好保障。梅列区政府区长张昌平陪同。

梅列召开全区新型冠状病毒感染肺炎防控工作视频调度协调会，贯彻落实中央和省、市的部署要求，对疫情防控工作进行再动员、再部署、再督促。

4日24时起，梅列区全面实行村（居）民出行管控措施，切切实实“封好路口、设好关卡”。各个街道、镇和社区、村纷纷行动起来，为开放式小区筑起防疫“安全墙”。

6日，梅列区各中小学按照区

教师进修学校的部署持续推进学生在线学习准备工作。为确保疫情防控期间各学校能按原计划开学时间开展课程教学，梅列区教育局对开学工作进行提前部署、安排，组织区教师进修学校利用“互联网+教育”的便利条件，及时开发了针对性线上教学课程，并将于原计划开学时间2月10日全面启动高三、初三年级线上教学课程，努力做到“一校一策一班一案”，确保停课不停学。

下午，梅列区应对新型冠状病毒感染的肺炎疫情工作指挥部指挥长张昌平组织召开疫情防控工作会议，对疫情防控工作进行进行再研究、再部署、再落实。区领导蔡建明、朱跃锋、冯火珠出席会议。区住建局、教育局领导及相关股室负责人参加会议。

11日上午，副市长程鹏鹰到三明市普诺维机械有限公司、三明齿轮箱有限公司陈大镇调研工业企业复工复产及新冠肺炎疫情防控工作情况。

12日，区委常委、宣传部部长蔡建明会同区卫健局、区教育局、区住建局负责人，共同前往沪明小学工地，指导施工企业做好工地复工筹备工作。

辖区各级各部门深入挂包企业，落实助推企业复产复工的帮扶工作。

13日下午，省农业农村厅副厅长姜绍丰一行代表省委、省政府到梅列区调研指导当前疫情防控和企业复工复产情况。

14日，市长余红胜到梅列区金谷宾馆、梅园国际大酒店、永辉超市（万达店）等地，调研重点商贸企业疫情防控和复工复业情况。

区委经济工作暨“五比五晒”总结表彰会议召开。

上午，梅列区举行2020年党政领导平安建设（综治工作）、生态环境保护目标责任书签订仪式。

15日，梅列医院医生郑学友跟随三明市第三批医疗队踏上前往武汉的征途，支援一线抗击疫情。

16日，区委常委、宣传部部长蔡建明看望慰问梅列医院医生郑学友家属，了解家庭生活情况，并送上慰问金。

18日上午，区委书记杨胜到梅列经济开发区走访杭萧钢构、建祥科技等装配式建筑生产企业，推进企业复工复产和疫情防控工作。

下午，区委书记杨胜在徐碧“城中村”改造项目指挥部召集召开专题动员部署会会议，围绕徐碧“城中村”改造项目工作进行动员部署。

19日，市长余红胜、副市长林俊德以及市直有关部门负责人到梅列贵溪洋片区，调研推进贵溪洋片区开发建设工作。

20日，梅列区开展农民工返岗包车业务。福建顺源纺织有限公司向三明市公共交通运输有限公司申请农民工返岗包车业务，共投入运营的大型旅游客车4辆，接送农民工84人，地点为四川、云南、山西、河南、湖南等地。

上午，在中国鳗工委和福建省鳗协的统筹安排下，由三明鳗协负责的两车合计7300公斤捐赠烤鳗送往湖北，慰问抗疫医护人员。其中，由华盛集团三明食品有限公司承担加工的4000公斤烤鳗，从梅列区启程送往湖北省宜昌市支援慰问抗疫医护人员。

21日下午，区委书记杨胜到徐碧街道“城中村”改造项目指挥部实地查看项目阶段性工作进展情况。

22日，区卫健局对辖区宾馆住宿场所进行巡查。检查组对旅馆内人员登记、体温监测、公共区域及顾客用品用具消毒、疫情防控应急预案建立及室内通风换气情况等进行监督检查，指导并督促企业落实疫情防控措施。

25日，市政府副市长林俊德到徐碧“城中村”改造项目指挥部，现场调研工作开展情况，协调解决具体困难和问题，指导项目工作有力有序进行。

杭州豪悦护理用品股份有限公司向梅列区政府捐赠一批疫情防控物资。其中，口罩6万个，成人纸尿裤150箱，成人护理垫50箱，总价值214520元。区委常委、副区长陈占昌出席捐赠仪式。

区长张昌平、副区长薛军到企业开展疫情防控和复工复产调研指导。

26日，区长张昌平到徐碧街道召开专题会议，督促推进贵溪洋片区征迁扫尾工作，要求徐碧街道盯紧目标、压实责任、持续作战，加压推进贵溪洋片区开发建设工作。区委副书记缑泽昆参加会议。

上午，三元公安分局到梅列区政协机关党支部送达“党员和国家工作人员违法情况告知书”：区政协主席方某涉嫌刑事犯罪被三元公安分局立案（立案日期2020年2月13日）。

28日上午，市自然资源局一行到徐碧街道“城中村”改造项目指挥部，调研征迁工作进展情况。

2月，为做好重点医疗应急防控物资的及时生产、调拨、运输和配用等方面协调工作，梅列区全力支持区属企业普诺维机械有限公司尽快复工扩产，加大马力生产口罩刀模具，为全国口罩生产供应做好保障，齐心协力打赢疫情防控阻击战。

梅列区取消春节节假日，区直单位的党员力量全部下沉到村（社区）一线，795名在职党员干部协助社区完成入户7万余户19.3万人，实现疫情防控信息摸排全覆盖。

梅列区制定疫情期间支持中小微企业复工复产相关政策，帮助全区中小微企业坚定信心，渡过难关、尽快复工复产，保持全区经济平稳运行区委、区政府决定对国投闽光（三明）城市资源有限公司等30家纳税先进企业和132家2019年度纳税百万元以上企业给予表扬。

自新型冠状病毒肺炎疫情发生后，梅列区向海内外侨胞发出倡议，有序引导梅列籍海内外侨胞，积极为抗击疫情捐资捐物。

截至2月29日，梅列区完成征迁项目前期入户征求意见工作，村民迁户同意率85.95%，徐碧村顺利通过“城中村”改造项目甲头安置地B、C地块调整为迁高安置的决定。

3月

2日，市长余红胜到梅列区城市物流园，实地察看梅列文泰机动车配件研制加工维修仓储中心项目复工情况，现场协调解决项目建设中遇到的问题，推进项目加快建设。区政府区长张昌平陪同调研。

10日，市长余红胜带领副市长林俊德及市直相关部门负责人深入梅列区实地调研，督促推动城市管理“五难”治理工作。

11日，市委常委、常务副市长黄建波一行到东新五路税务周边地块征迁项目调研。

梅列区召开安全生产隐患大排查大整治工作部署会，区委书记杨胜主持会议并讲话，区长张昌平全面安排部署安全生产工作，区委常委、副区长陈占昌传达上级会议精神并通报了全区年内安全生产情况。

13日上午，梅列区召开2020年镇（街道）人大工作会议。区人大常委会主任张淑华，副主任王大俊、陈江火；区人大常委会机关各委室负责人；各镇人大主席团主席、街道人大工委主任；区直机关、三钢代表小组负责人参加会议。

梅列区召开全区房屋安全隐患大排查大整治百日攻坚专项行动暨“两违”排查消除安全隐患工作部署会议。

14日，区委常委、区政府党组成员吴晓文，区政府副区长冯火珠先后到徐碧村，召集党员、村民代表、妇女代表、老协成员召开专题会议，部署境外输入疫情防控和房屋安全隐患大排查大整治工作，同时强调下阶段徐碧“城中村”改造项目工作重点。

16日下午，区委书记杨胜带领区应急局、住建局等部门负责人到徐碧村、三明金澜湾一期工地、三明市金狮达树脂有限公司等地，深化重点行业领域专项整治，排查安全隐患，堵塞管理漏洞，强化源头治理，防范重特大事故发生，为全面打赢疫情防控阻击战、保障企业复工复产提供安全稳定社会环境。

17日，市长余红胜开展三沙生态旅游区规划建设工作调研，副市长林俊德参加调研。

区委常委、组织部部长朱跃锋到三明卫校周边地块征迁项目进行调研，现场实地查看征迁项目楼栋情况，详细了解全面摸排情况和收集的意见建议，并就下一步征迁工作进行安排。

下午，区长张昌平、副区长杨善言一行到市生态环境局走访，就梅列区加大生态环境保护、打好污染防治攻坚战等工作开展座谈。

18日，三明高端装备产业园第一批入园的8个项目举行集中开工仪式。副市长林俊德，区委书记杨胜，区委常委、副区长陈占昌出席开工仪式。三明高端装备产业园是三明市与梅列区联办园区，规划总面积为333公顷，其中一期规划面积233公顷。

梅列区召开全区宣传工作会议，贯彻落实中央、省、市宣传工作会议精神，总结工作、分析形势，部署安排今年的重点任务。区委常委、宣传部部长蔡建明出席会议并讲话。

区长张昌平率招商服务小队前往泉州开展项目招商服务，先后分赴泉州丰泽、鲤城、南安、晋江等地，访项目、问需求、深服务、促实效，以“叩门式”形式逐家企业登门招商服务，共走访对接泉三高端装备产业园相关企业16家，再与4家企业初步达成入园意向。

上午，梅列区政府区长张昌平深入超市、建筑工地、企业、学校等地，开展安全生产检查，部署疫情防控工作。

下午，梅列区召开全区组织工作会议，贯彻落实中央、全省、全市组织工作会议精神，回顾总结2019年全区组织工作，安排部署2020年工作。区委常委、组织部部长朱跃锋出席会议并作工作报告，各党委（工委）组织委员、组织部机关各科室负责人参加会议。

19日，梅列区召开创城迎检暨农村人居环境整治工作推进会，对创城迎检、农村人居环境整治、春季农业生产等工作进行再动员、再部署，力争各项工作能够抓早抓紧抓好，落深落细落实。

20日，区委理论学习中心组召开研讨会，学习《习近平在厦门》《习近平在宁德》采访实录，从中深刻汲取力量，坚守初心使命，勇于担当作为，把统筹疫情防控和经济社会发展重点工作抓实抓细抓到位。

上午，梅列区召开全区政法工作暨推进市域社会治理现代化和扫黑除恶专项斗争会议，贯彻落实中央、全省、全市政法工作会议精神，回顾总结2019年全区政法工作，安排部署2020年工作。区领导曹盛生、陈江火、黄立辉、范其鉴，区人民法院院长王茂华、区人民检察院检察长程凤娟参加会议。

22日，市长余红胜到梅列区调研指导境外返梅人员疫情防控工作。

24日，梅列区召开“依法和谐征迁”攻坚行动总结表彰动员大会。

24日下午，副市长林俊德到梅列区调研小溪水系整治提升项目工作。

25日上午，徐碧街道与三明市乳牛场共同在原列东污水厂周边地块项目7300平方米土地征收协议上盖上公章，梅列年度征迁工作率先实现“开门红”。

26日上午，区委书记杨胜带领区委常委、区政府党组成员吴晓文及区相关部门负责人员深入梅列综合市场实地调研，督促推动城市管理“五难”治理工作。

27日，由区慢病防控办抽调区卫健局、政府办、宣传部、发改局、市场监管局、教育局、区民政、列西街道、区疾控中心9个部门单位人员进行统一培训。于3月30日至4月1日分两小组对全区慢性病防控成员部门进行工作督查。

市生态环境局局长林大茂率领市生态环境局督查科、执法支队及市驻梅列、三元生态环境局局长等有关人员前往三明市看守所，现场调研三明市看守所周边及小蕉至看守所公路沿线存在的生态环境问题。

30日，省应急厅副厅长邓冈带领房屋安全隐患指导服务组到梅列区检查指导房屋安全隐患大排查大整治工作。

31日，市长余红胜带领市直相关部门负责人员，现场调研列东中学疫情防控和开学前准备工作。

省教育厅副厅长刘健到梅列区调研指导高三年级开学复课准备工作。

4月

1日，梅列区召开“五比五晒”暨“项目攻坚年”活动部署动员会议，贯彻落实习近平总书记关于“统筹做好疫情防控和经济社会发展”的重要指示，按照省委、省政府和市委、市政府部署要求，深化“五比五晒”项目竞赛，以开展“项目攻坚年”活动为抓手，动员全区上下全力攻坚克难，力争把疫情造成的损失降到最低限度，努力完成全年经济社会发展目标任务。区委书记杨胜主持会议并讲话，区长张昌平作安排部署。

2日，区长张昌平到梅列经济开发区，调研推进有关环境保护问题及泉三高端装备产业园项目建设工作。副区长陈占昌、薛军参加调研。

区委书记杨胜带队到洋溪镇，实地调研指导洋溪镇兴尚老街建设、村容村貌提升、环境卫生整治等工作并召开座谈会，全面推进洋溪镇乡村振兴和农村人居环境整治工作落到实处。区人大常委会主任张淑华、区委副书记缑泽昆参加调研。

3日，区长张昌平到徐碧街道、列东街道和陈大镇开展重点征迁项目工作调研，区委副书记缑泽昆，区委常委、政法委书记曹盛生参加调研。

6日下午，区委书记杨胜到三明市实验中学调研高三年级开学复课准备情况。区委常委、宣传部部长蔡建明参加调研。

7日清晨，辖区三明实验中学高三年级开学复课。为保障学生们安全、健康返校复课，梅列区制定周密的工作方案，守护校园净土。

7日，区委书记杨胜调研蕉溪流域水生态综合治理工作，要求各级各部门巩固治污成果，采取强力措施，深入推进蕉溪流域综合治理，打好污染防治攻坚战。副区长杨善言参加调研。

市人大常委会主任詹积富到梅列实地走访挂钩市区征迁重点项目——碧湖片区，通过现场实地走访、听取情况介绍等形式，详细解碧湖片区征迁情况，帮助分析和协调解决征迁难点问题。区人大常委会主任张淑华参加走访。

8日，市长余红胜带领副市长林俊德及市直相关部门负责人员到梅列区调研徐碧城中村征迁改造工作和红色安全隐患点整治工作。区委书记杨胜陪同调研。

副市长林俊德到徐碧村检查房屋安全隐患大排查大整治工作。

8日，经市委研究同意，免去方某的梅列区政协主席职务。

9日，中共梅列区委经研究决定免去方某的中共政协梅列区委员会党组书记、成员职务。

10日，区委书记杨胜深入军岩路后山地质灾害隐患点整治工程施工现场进行调研。区委副书记缑泽昆参加调研。

梅列区召开“依法和谐征迁”工作推进会，加快推动“依法和谐征迁”攻坚工作。区委常委、组织部部长朱跃锋，副区长冯火珠及各征迁项目责任单位、征迁指挥部一办五组负责人参加会议。

上午，区委常委、组织部部长朱跃锋召集分管部门领导开展集体廉政谈话，区直机关党工委、区委编办、区委老干局、区总工会、区老年大学等部门班子领导共15人参加了会议。

13日上午，梅列区疫情防控指挥部召开初三复学专题推进会，会议由区委常委、宣传部部长蔡建明主持，教育局、卫健局、工信局、市场监督管理局、城管局、文旅局、交警大队、公交公司、镇(街道)等联防联控成员单位领导参加会议。

14日，区委书记杨胜深入融光智能化车载模组生产、高温合金和高性能橡胶沥青生产、三纺厂征迁与异地搬迁技改等“五个十”项目现场办公。副区长田富远参加调研。

15日，副区长杨善言组织召开整合生态环境综合管护队伍会商研讨会，研究讨论整合河长制巡河员、环保网格员等相关巡查人员事宜，各镇（街）、开发区及政法委、生态环境局、城管局、农业农村局、交通局、民政局、公安分局、自然资源局等相关部门领导参加会议。

16日，区委书记杨胜主持召开区委理论学习中心组学习研讨会，集中学习《习近平在福州》采访实录。

17日，区委书记杨胜到梅列大桥列西桥下，察看趸船拆除进度，现场指导拆除工作。副区长杨善言参加。

21日，市退役军人事务局局长冯明生等一行到列东街道圳尾社区开展迎检前期检查工作。

上午，梅列区召开2020年脱贫攻坚和防汛备汛业务知识培训会，区委副书记缑泽昆参加培训会并发表讲话。

区委书记杨胜到老旧小区、城中村、背街小巷等重点区域，就新一轮创建全国文明城市工作进行调研指导。

省委教育工委委员、省教育厅党组成员、副厅长刘健带领职成处、教师处相关负责人，到梅列区3所初中学校，调研指导相关工作。

23日，市委书记林兴禄到挂点的列东街道圳尾社区实地调研创城迎检工作情况，并召开调研座谈会，听取基层干部意见建议。

25日，梅列区组织广大党员进社区、村开展以清理卫生死角为重点的义务劳动。

26日，梅列区应急局会同区自然资源局、住建局、梅列消防救援大队成立联合检查组，对辖区自然灾害避灾点开展安全隐患大检查。

市委副书记王进足到挂点的列东街道高岩社区，就创建全国文明城市工作开展调研。

下午，副区长杨善言到陈大镇召开纤维板厂及周边地块项目征迁工作推进会。

27日上午，区委组织部部长朱跃锋到区政协，代表区委宣布林翠玲任区政协党组书记。

梅列区召开安全隐患大排查大整治百日攻坚推进会议。

下午，区长张昌平主持召开区政府班子（扩大）会议，专题研究分析全区一季度经济形势暨“五比五晒”工作推进情况，要求各单位要正视问题、深入剖析，主动作为、履职担当，拿出补短板、追进度的具体措施，确保“五比五晒”各项工作迎头赶上。

28—29日，梅列区召开2020年区委一季度经济形势分析暨“五比五晒”现场推进会，贯彻落实习近平总书记关于“统筹做好疫情防控和经济社会发展”的重要指示精神，和市委一季度经济形势分析暨“五比五晒”推进视频会精神，回顾总结全区一季度经济社会发展情况，研究部署下阶段工作，动员全区上下攻坚克难，努力完成全年经济社会发展目标任务。

30日上午，区委书记杨胜前往梅列区医院、梅列区第二医院、区疾控中心和区消防救援大队，看望坚守在一线的医务人员和消防员，与劳模和一线职工代表展开座谈，代表区委、区政府向奋战在全区各行各业、各条战线上的广大劳动者致以节日问候和崇高敬意。

区委常委吴晓文到三明市芦

桥养老院开展安全生产排查，实地查看养老机构的食堂、老人的宿舍、安全通道、后山边坡等安全隐患点。

4月，梅列区河长办组织镇（街）相关工作人员对辖区16条河流开展全面巡查工作。

5月

1日上午，区长张昌平带领相关部门开展“五一”国际劳动节期间安全生产工作检查，重点检查应急值班值守、物资储备、危房改造、隐患整改等内容。

8日，市长余红胜、副市长林俊德与市直有关部门负责人到梅列区调研指导“城市双修”工作，协调解决项目建设存在的困难和问题，指导督促各级各有关部门凝心聚力、狠抓落实，切实把民生事办实办好。

梅列区召开全区社会信用体系建设工作推进会议。

区长张昌平带队到陈大镇砂蕉村，实地调研推进乡村振兴工作。张昌平一行先后到知青礼堂、知青旧居、学习强国公园、鲁冰花海等项目点，详细了解各项目工作进展情况，并就景观设计、产业布局、人居环境整治等工作作具体指导。

12日，梅列区召开全区信访工作会议，传达贯彻市信访联席会议成员会议暨全市信访工作会议精神，分析当前形势，部署全国两会期间信访保障工作。

上午，区委书记杨胜到徐碧“城中村”改造项目指挥部召开征迁工作推进会，针对项目推进过程中出现的阶段性问题进行会商研究。

下午，副市长林俊德到徐碧“城中村”改造项目指挥部召开征迁工作调度会，现场办公，解决项目推进过程中存在的具体问题。

14日上午，副市长张文珍到梅列实幼、列西小学调研建设项目进展情况。

区委常委、组织部部长朱跃锋到陈大镇调研2020年三明市区“依法和谐征迁”市领导挂钩重点项目情况和基层党建工作开展情况。

15日上午，梅列区召开根治拖欠农民工工资工作领导小组成员单位工作会议。

18日下午，区长张昌平主持召开做好“六稳”工作落实“六保”任务专题会议，逐条逐项细化工作举措，压实责任抓好贯彻落实，全力以赴把“六稳”“六保”工作抓紧抓实抓细抓到位。

18—19日，省体育局调研组到梅列调研为民办实事项目进展、体育场所常态化疫情防控和复工复产情况。调研组一行到洋溪镇连茂村、蓝堡健身会所，实地察看为民办实事项目及场馆复工复产情况，与体育企业负责人进行深入交流，详细了解企业目前遇到的困难和问题，收集基层体育部门对省局统筹推进疫情防控和年度体育工作任务的意见和建议。

19日上午，副区长杨善言到陈大镇调研陈大纤维板厂及周边地块项目征迁工作，并在项目指挥部召开征迁工作推进会。

区委常委、宣传部部长蔡建明到陈大镇召开“244”平台（三期）项目征迁工作推进会。

下午，市委副秘书长熊旭明到陈大镇召开陈大片区项目征迁工作推进会。

20日上午，区委书记杨胜到徐碧“城中村”改造项目指挥部召开调度会。

区民政局、梅列区慈善总会主办的“爱心传递·情暖人间”助困活动在梅列区城市困难家庭精准帮扶中心举行，宣传推广线上精准帮扶管理平台，充分运用信息管理系统，实行社会救助网上申请办理，打通梅列帮扶助困“绿色通道”。

上午，副市长张元明带领调研组到梅列区调研疾控中心综合改革工作。张元明一行到梅列区医院、梅列区二院、徐碧街道乾龙社区医养结合服务站，实地调研疾控改革工作进展情况，听取相关改革工作情况汇报，并对下一步如何深入推进此项工作提出要求。

22日，梅列区召开会议，按照省委“三四八”贯彻落实机制要求及省、市相关会议精神，总结通报上年以来全区深入学习贯彻落实习近平总书记重要讲话、重要指示、批示精神情况，分析存在问题，部署进一步深入学习贯彻落实工作。

市委宣传部会同市苏区办，组织红色三明故事宣讲小分队走进梅列，开展“红色三明故事”主题周末党课活动。

下午，八届梅列区政协第十八次常委会召开，讨论通过《梅列区人民政府关于提请审议撤销梅列区、三元区，设置新的三元区的请示的议案（讨论稿）》。

24日上午，应急管理部国家安全生产应急救援中心一级巡视员雷长群带队到梅列区的福建华油仓储有限公司开展“两会”期间安全生产督查检查工作。

区委常委、宣传部部长蔡建明到梅列实幼检查指导复学准备工作。

下午，区委常委、副区长陈占昌带领区工信、应急局和陈大镇、梅列经济开发区等部门负责人，以“四不两直”方式，到福建旭瑞鑫再生物资回收有限公司、福建建祥建筑科技有限责任公司和福建铜浪建材科技发展有限公司开展“暗查暗访”安全生产检查工作，确保梅列区在全国“两会”期间安全生产形势持续稳定。

25日上午，区长张昌平召开会议，对安全生产工进行再部署、再加压、再推进，要求各级各部门织密织牢安全防护网，以高度的政治责任感严抓、深抓、细抓安全生产工作，为辖区经济社会发展营造良好的安全生产环境。区政府各副区长，区安办各成员单位参加会议。

26日上午，区长张昌平召开专题会议，研究分析上级政策导向和投资投向，精心谋划、周密部署，要求各级各部门全力提升项目资金对接争取工作实效，为梅列区经济社会发展提供坚强保障。

三明市举办“最美逆行者”宣讲报告会，梅列区四套班子领导及各单位负责人员在梅列分会场收听收看视频会。

27日，区委书记杨胜带领区应急局、住建局负责人到辖区建筑工地开展安全生产检查。

28日，区委书记杨胜主持召开“依法和谐征迁”推进会，总结全区前期征迁工作开展情况，协调解决相关问题，就下一步工作进行安排部署。

上午，梅列区委召开常委会会议，专题研究部署全区城市基层党建工作。会上，区委组织部汇报《全区城市基层党建整体效应提升行动》《常态化实施党建引领文明创建工作的工作意见》，区委书记杨胜出席会议并讲话。

28—29日，区教育局、卫生健康局联合开展全区民办幼儿园复学工作验收。全区有16家民办幼儿园通过复学复课验收，3家民办幼儿园需整改，暂缓复学复课。

29日下午，副市长林俊德到徐碧”城中村”改造项目指挥部主持召开专题会议，现场讨论研究征迁补偿方案。

30日上午，区委书记杨胜到梅列区实验幼儿园检查幼儿园疫情防控和复课前各项准备工作。

5月，“五一”小长假，区教育局各挂点学校的领导干部下校实地督导检查新一批学生复学工作准备情况。

梅列在全市率先召开乡镇级集中式饮用水源保护区勘界立标评审会。梅列区用3个多月完成乡镇级集中式饮用水源保护区边界勘界方案（包括主要拐点中的界桩点）及前期工作，在全市率先组织对现场定界方案进行评审。

6月

1日上午，梅列区妇联、梅列区女企业家慈善联谊会联合举办“爱心妈妈”与贫困留守儿童结对仪式暨庆祝“六一”国际儿童节关爱慰问活动。副区长冯火珠出席结对仪式并讲话，区妇联主席谢丽芳、梅列区女企业家慈善联谊会会长叶青萍、爱心企业家、贫困留守儿童代表、陪同家长及各镇街道妇联主席等50余人参加活动。

区委书记杨胜到列西街道，调研推进北山新村环境整治工作。

2日，区委书记杨胜调研全区生活垃圾分类工作，强调要坚持目标导向，加强精细化管理，全面动员、全民参与，全力推进垃圾分类在梅列区落地见效。

下午，市政府副秘书长王争主持召开会议研究陈大镇机床厂棚改安置工作相关事宜。

3日，区长张昌平调研指导辖区农贸市场改造提升工作。加快完善梅列区农产品市场供应体系，改善农副产品交易环境，保障市民消费安全和商户利益。

5日下午，区长张昌平召开专题会议，对“访企业、解难题、‘促六稳’”专项行动进行再部署、再加压、再推进，要求各级各部门拿出过硬的措施、管用的办法、有效的抓手，真心实意为企业排忧解难，全面解决企业反映的问题。

8日上午，副市长林俊德带领市直相关部门负责人员深入梅列实地调研，督促指导地灾隐患整治工作。副区长冯火珠陪同调研。

下午，区长张昌平到泉三高端装备产业园，逐个逐项研究项目建设情况，要求各有关单位加压加力、合力共为，确保园区加速建设、项目加快发展。

9日，省住建厅党组书记、厅长林瑞良到梅列区，实地调研老旧小区改造和房屋安全隐患排查整治等工作，并作出具体工作指导。

区委书记杨胜带队查看辖区重点工程项目推进及安全生产情况，强调要加快项目建设，保证施工进度、生产安全和建设质量。

10日，区委常委、政法委书

记曹盛生到梅列区东新小学、梅列区实验小学、三明市实验中学和梅列区第二实验幼儿园，就做好“护校安园”专项工作进行督导。

梅列区“步行查创城、骑行看文明”活动正式启动，区委书记杨胜、区长张昌平分别以骑行和步行的方式，带队到挂点社区及周边开展创城督查。

11日上午，区长张昌平深入泉三高端装备产业园区，实地察看重点项目施工现场，督促推进重点项目加快建设。

梅列区召开医改工作推进会，区委副书记缑泽昆、政府副区长冯火珠主持会议，区医改领导小组成员单位以及区直各医疗单位负责人列席会议。

下午，区委书记杨胜带队到洋溪镇，实地调研指导洋溪镇村容村貌提升、环境卫生整治、兴尚老街新业态发展等工作，全面推进洋溪镇乡村振兴和农村人居环境整治工作落细落实。区人大常委会主任张淑华、副区长杨善言参加调研。

12日，梅列区召开创城工作培训会，区委书记杨胜主持会议并讲话。

梅列区召开经济开发区控制性详规研讨会，进一步完善梅列经济开发区综合服务功能，以规划引领品质，确保规划设计的合理性、科学性和可实施性。区委书记杨胜，区长张昌平，区委常委、副区长陈占昌出席会议。

区住建局组织全区镇、街道有关分管领导、村书记开展培训。会上传达了全国脱贫攻坚住房有保障工作会议精神，对脱贫攻坚住房安全有保障核验手机App操作方法、工作常见问题等内容进行详细培训讲解。

14日下午，区政协党组会议和机关支部会议召开，宣布7月13日三明市纪委关于给予原区政协主席方某开除党籍处分的决定，从7月9日起生效。

15日，市政协主席黄鹤麟带领人口资源环境委、市生态环境局相关人员，到梅列区对挂钩督办的列西片区焦溪、栖源溪、龙泉溪3条小流域水质不稳定问题进行实地调研，并召开专题座谈会，督促推动突出生态环境问题整治工作。

16日，市委常委、宣传部部长林斌到梅列区调研《中国共产党宣传工作条例》贯彻落实情况并召开座谈会。

区委书记杨胜到辖区绿道、军岩路后山等地，实地察看山体溜方处滑坡治理工程，要求全力做好地灾点治理修复，确保消除隐患。

上午，区长张昌平深入泉三共建高端装备产业园开展领导驻点常态化现场调度工作，实地察看园区各重大项目建设情况，督促指导项目加快发展。副区长夏永桦一同调研。

下午，区委书记杨胜主持召开陈大镇、洋溪镇道路网系统规划研究初步成果汇报会。市自然资源局分管领导及相关业务科室负责人，梅列区分管领导及相关部门负责人、同济大学设计院、上海城乡设计院、省一建设计院相关负责人出席会议。

17日，区委书记杨胜到陈大镇长溪村看望慰问建档立卡贫困户。

19日，梅列区召开全区迎接“七五”普法检查验收动员部署会，进一步提高对“七五”普法检查验收迎检工作的重要性和紧迫性的认识，安排部署梅列区迎接全省“七五”普法迎检验收工作，确保在“七五”普法迎检验收中取得优异成绩。区委常委、宣传部部长蔡建明出席会议。

22日，区委书记杨胜主持召开区委理论学习中心组专题学习研讨会，深入学习习近平总书记关于意识形态工作的重要论述以及中央和省委对意识形态工作的决策部署，全面落实《中国共产党宣传工作条例》和意识形态工作责任制。

下午，区长张昌平主持召开会议，对辖区蕉溪、栖源溪、龙泉溪等流域水环境问题整治进行再研究、再部署、再督促、再推进，确保水环境问题整治按时保质保量整改到位。区领导蔡建明、杨善言、苏荣祖参加会议。

23日上午，区长张昌平深入共建园区，仔细察看项目推进情况，听取企业家意见建议，协调解决重要堵点、关键卡点问题。

24日，副区长杨善言在洋溪镇组织召开构建乡镇生态环境保护中心工作推进会，研究部署以洋溪镇试点设立生态环境保护中心工作。

梅列区召开行政执法“三项制度”专题调研座谈会。副区长、梅列公安分局局长黄立辉出席会议，区司法局、区自然资源局、区城管局、区人社局、梅列公安分局等12个部门分管领导和法制机构负责人参加座谈会。

27日，梅列区组织广大党员进社区、村开展以“捡拾白色垃圾，清除卫生死角”为主题的志愿服务活动，深化爱国卫生运动，美化人居环境，持续推进新时代文明实践活动。

29日上午，区九届人大常委

会举行第二十五次会议。

7月

1日下午，梅列区召开“依法和谐征迁”工作调度会。

2日，区委书记杨胜主持召开区委理论学习中心组专题学习研讨会，围绕《习近平在福建》采访实录，开展集中交流研讨。

上午，副市长张文珍带队检查梅列区高考考前准备工作情况，市教育局局长涂林瑢、副区长冯火珠、梅列区教育局局长谢映华等参加检查。

梅列区政府召开第七次全国人口普查区域划分和标绘系统培训会，对下一阶段人口普查区域划分和标绘工作进行部署。

7日，梅列区高考开始。梅列考区设三明二中一个考点、47个考场，共有考生1138名。

9日，区委常委、组织部部长朱跃锋到三明卫校周边地块项目调研指导征迁工作，详细了解项目推进情况、存在问题，并就下一步工作提出具体要求。

上午，区长张昌平召开安全生产工作会议，就近期发生的安全生产事故对相关企业负责人进行约谈。区领导陈占昌、冯火珠参加会议。

区人大常委会主任张淑华、副主任陈江火到梅列经济开发区，实地调研泉三高端装备产业园项目建设进展情况。

13日，梅列区召开脱贫攻坚工作推进会，分析梳理存在问题，安排部署下步工作。

区长张昌平到陈大镇主持召开“依法和谐征迁”工作专题调度会。

14日，区委书记杨胜带队到列西街道开展“步行查创城、骑行看文明”活动，详细了解创城工作进展情况及存在问题，持续深入推进创城工作，确保各项工作做实做细做好。

15日，梅列区中考招生委员会暨各部门联席会在区政府12楼会议室召开。副区长冯火珠出席会议。

18日，位于梅列经济开发区泉三高端装备产业园的安德凯重工正式竣工投产，这也是园区首家竣工投产的企业。安德凯重工总投资约1.8亿元，用地约2.3公顷，入驻高端装备产业园一期B地块，该公司主要生产以工程机械、矿山机械和汽车配件等通用设备制造业为主的工程机械及配件。

20日下午，市人大常委会副主任王立文一行到徐碧“城中村”改造项目指挥部，就安置房建设规划、项目征迁等有关工作进行实地调研。

21日，市长余红胜与市直相关部门负责人员到梅列区调研徐碧“城中村”改造项目，征求征迁群众意见建议，与基层干部交流，切实为征迁户特别是其中的困难群众解决实际困难。

22日，梅列区召开扫黑除恶专项斗争重点行业领域突出问题专项整治推进会。

29日，梅列区召开第三季度防范遏制重特大生产安全事故暨安全隐患大排查大整治工作调度会，区长张昌平出席会议并讲话。

8月

4日，梅列区召开党政主要领导干部经济责任审计和自然资源资产离任（任中）审计进点会。福建省审计厅党组成员、副厅长廖德铨及审计组全体成员出席会议。区委书记杨胜、区长张昌平出席会议。

下午，区委常委、副区长陈占昌主持召开征迁工作动员部署会。开发区、列西街道相关负责人员及开发区全体干部职工参加会议。

5日8时30分，梅列区徐碧“城中村”改造项目第一份协议正式出炉。截至5日晚7时，预签约200户，完成任务数的54.3%，正式签约135户。

11日，市委副书记王进足现场调研梅列经济开发区高端装备产业园建设情况并召开项目业主座谈会，听取项目进展情况汇报，研究解决存在问题，并对下步工作提出明确要求。

区政协党组书记林翠玲携调研组到开发区，开展“五比五晒”竞赛活动专题调研座谈会。

12日，市长余红胜在梅列区调研督办创城工作，现场察看“五难治理”东新五路电力小区停车楼、东乾社区“四点半学校”便民服务、翁墩公交枢纽站公共交通文明行车、三钢山头市场周边环境整治和“三供一业”剥离等问题，并主持召开创城工作督办会，研究解决当前创城工作突出问题，部署下一阶段创城工作。

14日晚，由梅列区文旅局主办，三明万达广场、百威雪津啤酒有限公司承办的梅列区第一届文化旅游美食节——市区夜经济主题活动在三明万达露天广场开幕。

16日下午15时18分，首届“乐购三明”直播节正式开播，副区长夏永桦化身“带货主播”走进梅列直播间，为网友推介梅列特色农产品、文旅产品和工业产品的吃、玩、购盛宴。当晚各平台联动直播共计63.8万余人次观看，实现销售额3965.37万元。

18日上午，梅列区应急装备调拨交接仪式在三明市森林消防大队举行。梅列区应急局、三明市森林消防支队、三明市森林消防大队、梅列消防救援大队、梅列区人武部等单位负责人员及三明森林消防大队全体指战员、梅列消防救援大队和区武装部民兵应急分队部分指战员参加交接仪式，梅列区委常委、副区长陈占昌出席并主持仪式。

19日，区委书记杨胜主持召开学习贯彻中共十九届四中全会精神交流研讨会。

20日晚，区长张昌平主持召开全区市场建设管理推进会，贯彻落实市委、市政府关于创城迎检工作的部署安排，对市场管理工作进行再动员、再部署、再强调。

21日，梅列区举办学习贯彻中共十九届四中全会精神专题培训班，区委书记杨胜作题为《争做干事创业的好干部》的主题报告，围绕学习贯彻习近平总书记关于选人用人的重要论述，从怎样才是好干部、怎样成为好干部、怎样选用好干部3个方面进行深入浅出的解读。

24日上午，福建融光科技有限公司车载模组生产项目一期成功封顶。区委常委、副区长陈占昌，市国投公司、梅列经济开发区、洋溪镇等部门相关负责人出席仪式。

26日上午，梅列区召开全国文明城市总评迎检工作会议，对全区创城迎检工作再部署、再督促、再加压、再推进。

29日上午，梅列区召开秋季开学校园疫情防控联席会。梅列区委常委、宣传部部长蔡建明出席会议。校园疫情防控专班成员单位分管领导参加会议。

31日上午，市人大常委会副主任廖小华到五路社区督查指导创建全国文明城市工作。

下午，市委常委、市委秘书长黄冠华主持召开圳尾社区综合服务站办公场所选址工作专题会。

9月

2日，梅列区召开创城迎评备战会，对创城迎检工作再复盘、再督促、再加压、再推进，动员全区上下全力打好现存问题、顽疾“歼灭战”，确保以优异的成绩实现“保城”目标任务。

下午，区委书记杨胜走访慰问抗日战争时期参加革命工作的老同志常伦金和颜景德。区委常委、组织部部长朱跃锋陪同走访慰问。

4日上午，市委副书记王进足、市人大常委会副主任廖小华，市文明办张炜琳主任等领导到三明市行政服务中心督查创城工作。

7—8日，由太湖局会同国家环境规划院、南京环境科学研究所、省生态环境厅领导专家组成的重点流域“十四五”规划地市生态环境保护要点编制帮扶组到梅列区调研。调研组到列东污水处理厂、列西污水处理厂、斑竹溪国控断面及蕉溪、台溪现场实地调研，查看了入河排污口、三钢渣场淋溶水治理、小蕉污水处理厂、小蕉村生态建设等，分析、探讨流域水质情况，并对流域水环境保护提出建议。

9日，中共梅列区委九届十一次全会召开。

11日，梅列区举行2020年度新兵欢送大会。

11日下午至9月12日上午，由省青商会、青企协青年企业家组成的商业考察团一行30余人到梅列实地考察投资环境，洽谈项目合作。

14日，徐碧街道社区卫生服务中心数字化预防接种门诊正式投入使用。

16日上午，省教育厅体卫艺语处二级调研员、全省学校安全和疫情防控省级集中指导组组长彭杰等一行4人到梅列区第一实验学校对校园安全和疫情防控工作进行检查指导。

17日上午，梅列区委网信办、梅列公安分局网安大队、梅列团区委、梅列区妇联等部门在东方伟业广场联合举办“2020年国家网络安全宣传周”法治日主题活动。

20日下午，市委副书记王进足调研徐碧“城中村”改造项目房屋拆除工作。

21日上午，区长张昌平深入高端装备产业园，组织工作专班现场调研企业发展状况和园区平台建设情况，要求各级各部门要保持队伍不减、阵势不变，急蹄稳步、高质量推进高端装备产业园加快发展。

22日，梅列区民政局举办“阳光1+1(社会组织+老区村)牵手计划”签约仪式活动。区慈善总会、区光彩事业促进会、区新社会阶层人士联谊会、区巾帼创业联谊会4家社会组织分别与陈大镇长溪村、碧溪村签订共同牵手计划协议书。

22日下午，副区长杨善言主

持召开梅列区小流域水环境污染整治分析会，梳理小流域水环境污染整治，切实解决百姓身边突出环境问题，推动小流域水环境质量持续改善。

23日上午，省妇联党组成员、副主席提名人选（挂职）张莉，省妇联权益部部长陈晶一行到梅列区调研列东街道婚姻家庭调解中心工作。

24日，区长张昌平召开全区第三季度“五比五晒”工作推进会。

25日，区委书记杨胜主持召开区委理论学习中心组学习研讨会，围绕“学习习近平总书记关于全面从严治党重要论述，扎实推动全面从严治党向纵深发展”进行学习研讨。

28日，梅列区城市困难家庭精准帮扶中心开展了“迎中秋庆国庆”助困主题活动。

29日，梅列区召开“依法和谐征迁”工作大干60天攻坚清盘行动动员会，传达贯彻市委、市政府有关部署要求，加快推动“依法和谐征迁”各项目标任务顺利完成。

30日下午，永安市委副书记、市长温欣传一行8人到梅列区考察交流“依法和谐征迁”工作经验和做法。

10月

9日，市长余红胜到梅列区督导推进城市绿道地灾治理工作，并召开专题会议协调解决有关问题。副市长林俊德参加调研。

11日，区委书记杨胜实地察看徐碧“城中村”改造项目拆迁现场，听取有关情况汇报，安排部署下阶段工作。

12日，梅列区召开城市网格化管理工作推进会。

12—13日，梅列区人大常委会副主任陈江火带领部分常委会组成人员、区人大代表对区国有资产和行政事业性国有资产管理情况进行调研。

13日，区长张昌平到梅列经济开发区高端装备产业园调研重点项目建设，实地察看园区各重大项目建设情况，督促指导项目加快发展。副区长夏永桦陪同调研。

14日下午，区委书记杨胜到列东街道调研市区后山(狮子坑)地灾治理及景观提升项目建设工作。

16日，区长张昌平率招商服务小队到泉州开展项目招商服务，先后赴南安市、永春县等多家企业，围绕协同合作事宜进行深入会商洽谈。

16日下午，区委书记杨胜现场督导列西翁墩某物流货运站污染治理工作。

区委副书记廖才添组织召开生态环境保护督察工作推进会。

20日，梅列区召开第七次全国人口普查工作推进会。会议总结全区第七次全国人口普查前期工作开展情况，对下一步工作进行再动员、再鼓劲、再调度、再部署。

21日，梅列区召开《梅列区农村生活污水治理专项规划（2020—2030年）》（简称《规划》）审查会。与会代表及专家听取《规划》编制单位对规划主要内容的介绍，审查了规划文本和图纸，经讨论，形成审查意见，编制单位按审查意见进一步修改完善上报。

22日，仙游县县长吴国顺带领对口帮扶考察团到梅列区，开展对口帮扶互访调研工作，就精准扶贫、产业发展、项目建设及进一步深化全面合作等事宜深入交流。

三明市中级人民法院刑事判决：原梅列区政协党组书记、主席方某犯危险驾驶罪，判处拘役1个月，缓刑2个月，并处罚金2500元。

23日，梅列区举办“周末党校”，围绕贯彻“总体国家安全观”进行专题学习。

27—28日，区九届人大常委会举行第二十七次会议。

28日下午，梅列区召开2020年第四季度防范重特大生产安全事故工作会议。

31日上午，区委书记杨胜到辖区洋虎线（气象站至卧虎山庄段）调研路面改善工程。

11月

1日零时，第七次全国人口普查进入正式入户登记阶段。上午，市人普领导小组组长、市政府副市长张元明到梅列区列东街道二路社区，实地指导第七次全国人口普查入户登记工作，并慰问一线普查人员。区长张昌平、副区长田富远陪同调研。

区长张昌平到列东街道，调研指导第七次全国人口普查入户登记工作。区第七次全国人口普查领导小组组长、副区长田富远一同调研。

1—15日，梅列区特派工作组进驻厦门协助做好现场集中医学观察及解除隔离后“点对点”转运等衔接工作。此次梅列区派驻厦门疫情防控工作小组由区商务局、区侨联、区交通局和区卫健局等部门共9人组成。

2日，梅列区委常委（扩大）会议召开，传达学习中共十九届五中全会精神，研究部署梅列区贯彻落实工作。区委书记杨胜主持会议并讲话，区四套班子处级领导出席会议。

梅列区政协副主席苏荣祖与区卫健局主要负责人员到厦门看望慰问三明驻厦疫情防控梅列工作组全体成员，向抗疫前线的全体人员致以诚挚问候，并赠送慰问品。随后，苏荣祖一行看望慰问厦门入境人员分流服务中心值班工作人员。

3日上午，市长余红胜走进梅列区列东街道梅岭社区服务中心，接受人口普查登记，现场指导第七次全国人口普查工作。

4日，区委、区政府召开三季度经济形势分析暨“五比五晒”“项目攻坚年”推进会，贯彻落实市委、市政府三季度经济形势分析会部署要求，总结分析年内经济运行和项目推进情况，研究部署下阶段工作。

由省委宣传部新闻处处长陈钦灿带领的县级融媒体中心验收工作组到梅列区开展县级融媒体中心验收工作，区委常委、宣传部部长蔡建明参加验收。验收组一行详细了解区融媒体中心机构设置、人员配备、硬件建设情况，听取相关情况介绍，并对梅列区融媒体中心建设工作提出指导性意见建议。

副市长张文珍到梅列区调研市区夜间经济重点项目，实地察看列西龙岗夜市。

下午，省人普办调研组到梅列区徐碧街道五路社区调研指导人口普查登记工作。

6日，副市长林俊德带队深入列东街道三路社区、四路社区调研小区提升改造工作，

第17届中国（厦门）国际食品博览会在厦门国际会展中心开幕。梅列区商务局组织福建华盛食品、罗大胡子、华玉食品、老土农业、华星农业5家企业亮相展会。此次“全闽乐购·乐购三明”三明馆共20家企业参展，梅列区企业占四分之一。

12日上午，区长张昌平召开乡级河长年度述职会议，区委副书记、副区长廖才添，副区长杨善言参加会议。

13日上午，区征迁指挥部召开2020年“依法和谐征迁” 大干60天攻坚清盘行动工作调度会，

区委书记杨胜主持召开梅列区第七次全国人口普查短表登记自查工作部署会，会议传达贯彻《三明市第七次全国人口普查领导小组办公室关于做好人口普查登记阶段查缺补漏工作的通知》文件精神，对即将结束的人普短表登记工作进行再部署再推进。

18日，梅列区召开创建省级文明城区工作推进会，对创建省级文明城区总评迎检工作进行再研究、再部署。

17—18日，省农村人居环境整治考核验收组对梅列区农村人居环境（3年）整治工作进行考核验收。

19日下午，区委书记杨胜到陈大镇宣讲中共十九届五中全会精神，陈大镇党员干部和村两委、企业党支部书记参加宣讲会。

20日，梅列区召开深入推进扫黑除恶专项斗争工作会议，全面回顾盘点辖区专项斗争情况，为下阶段专项斗争找准方向。

21日，中国社会科学院农村发展研究所组织与制度研究室主任、中国社会科学院城乡发展一体化智库秘书长崔红志率国务院扶贫改革试验区专家组到梅列区调研城市精准扶贫工作。

25日，仙游县委书记郑亚木带领考察团到梅列区开展对口帮扶协作互访调研工作，就精准帮扶、产业发展、项目建设及进一步深化全面合作等事宜作深入交流。区委书记杨胜、区政府副区长杨善言参加活动。

25—27日，梅列区人大教科文卫委、区政协社会事业委与区教育局联合组成教育工作督导评估小组，对2个镇政府和3个街道办事处开展教育工作督导评估。

26—27日，区委书记杨胜带领考察团赴仙游县开展对口帮扶协作互访调研工作。杨胜一行先后考察龙华金溪延寿养老院、福建金溪茶业有限公司、仙游三福艺术馆和京东（仙游）数字经济产业园，现场观摩交流仙游县在精准扶贫、乡村振兴、传统产业转型升级等方面的做法和先进经验。

11月，第七次全国人口普查摸底登记工作正式拉开序幕，梅列区1300多名普查指导员和普查人员分多路走街入户，全面有序开展人口普查工作，确保高质量、高标准、高水平完成人口普查任务。

在第十六届海峡两岸（三明）林业博览会暨投资贸易洽谈会上，梅列区在森林康养产业项目洽谈对接、农林产品展示展销等方面取得丰硕成果。此次林博会，梅列区围绕“深化海峡两岸合作 做实三明文章”办会主题，实施“最氧三明 最绿城区 工业兴区”发展战略，共组织17家企业55个系列产品参展。突出林下经济产品，重点展销优质林下经济产品、特色林农产

品、台湾商品。

梅列区领导，各级党（工）委、党组书记将中共十九届五中全会精神传达到基层一线，迅速掀起学习贯彻全会精神热潮，推动全会精神家喻户晓、深入人心，切实将广大干部群众的思想和行动统一到全会精神上来。

12月

1日，区委书记杨胜，区长张昌平到梅列经济开发区高端装备产业园调研企业生产运营和重点项目建设情况，并召开专题会议研究部署有关工作。调研组一行认真听取安德凯重工和恒冠达（福建）重工装备等投产项目的生产经营情况，详细了解明泉重工、华力重工等动工在建项目规划建设情况，对企业生产、建设中存在的问题提出意见和建议。

梅列区召开2020年火灾防控工作推进会议，会议通报近期几起火险预警情况，分析研判了梅列区火灾形势，传达近期王宁等省领导对火灾防控工作的批示精神和全省森林防灭火工作视频调度会议、省、市冬春火灾防控电视电话会议精神，对下阶段火灾防控工作进行部署。

8日，梅列区首个“医生休息室”正式启用。“医生休息室”内配有按摩椅、电视、饮水机、休息椅、空调、微波炉、电脑等设施，且每张休息间设有窗帘，满足医护人员的休息需求。建立医生休息室是梅列区总工会为职工办实事十件项目之一。

8日，厦门市三明梅列商会监事长朱玥带领部分乡贤企业家回乡考察。

9日，三明市政协副主席、永安市委书记蒋先东带队在梅列区考察学习，督促推动“五比五晒”“项目攻坚年”活动。

10日下午，梅列区召开全区应对新冠肺炎疫情工作会议，贯彻落实习近平总书记关于疫情防控工作重要讲话重要指示批示精神，传达学习上级有关会议精神，通报梅列区疫情防控最新情况，安排部署下阶段防疫工作。

11日，市人大、市政协组成联合专题调研组到梅列区沪明小学进行专题调研。

17日，梅列区召开“十四五”规划编制专题会议，贯彻落实中共十九届五中全会精神，研究部署梅列区“十四五”规划编制工作。

18日，梅列区党政代表团赴明溪县考察学习。区四套班子领导，各镇（街）、开发区、区直有关单位主要负责人员参加考察学习。考察团先后察看南方制药股份有限公司、康墨锂电池隔膜改进性生产项目、海斯福高端氟精细化学品生产项目。

23日，梅列区举行区人民政府任命国家工作人员宪法宣誓仪式。

23日上午，梅列区举行第四季度项目集中开竣工仪式，全力全速推进项目建设，进一步为市区经济高质量发展提供强劲动力。

（编辑：王培敏 王晓娟）

区情总貌

建制沿革

【名称来历】 梅列，唐代时方言称为“尾历”。明万历十四年（1586年）建筑城堡，称“历安堡”。清朝年间以方言谐音将“尾历”改称“梅列”。

【政区沿革】 春秋时期，梅列先为吴地，赵佗建南越国后属越国，秦时属闽中郡，汉武帝时属扬州会稽郡东冶县，三国以后属建安郡。梅列境域自隋至清代皆隶属沙县（沙村县）。民国29年（1940年）10月，划属三元县。1950年1月28日，三元解放后，梅列属三元县。此后，梅列均属三元县、三明县、三明市。1983年4月，经国务院批准，撤销三明地区行政公署，原地辖三明市改为省辖市，三明市区划为梅列、三元2个市辖县级行政区。1983年7月1日，梅列区人民政府正式挂牌对外办公。

【政区划分】 2020年年末，梅列区辖2个镇（陈大、洋溪），3个街道办事处（列东、列西和徐碧）和1个省级经济开发区，28个社区居委会（圳尾、江滨、崇桂、高岩、梅岭、东新一路、东新二路、东新三路、东新四路、东安、新和、富华、龙岗、北山、翁墩、群英、青山、中台、小蕉、五路、东乾、乾龙、重化、碧湖、玖珑、北门、瑞云、上游），23个村民委员会（列东、列西、小蕉、徐碧、后洋、廖源、洋山、羊口仔、新街、上街、下坑、饱饭坑、连茂、孝坑、岩兜、陈墩、大源、棕南、长溪、碧溪、渔溪、砂蕉、台溪）。

【人口状况】 2020年年末户籍人口15.81万人，常住人口22.01万人。人口自然增长率4.23‰。

自然概况

【地理位置】 梅列区位于三明市西北部，东北与沙县接壤，西北与明溪县毗邻，南连三元区，地理坐标北纬26°16′—26°25′，东经117°30′—117°47′，总面积351.19平方千米。区人民政府驻三明市梅列区新市北路836号。

【资源特色】 2020年，梅列区有耕地面积1934.98公顷，粮食播种面积714公顷，粮食产量0.41万吨。林地面积35177公顷，森林覆盖率80.59%，活立木蓄积量379万立方米。主要矿产资源有铁矿（保有量320.7千吨）、硫铁矿（保有量175.76千吨）等及天然矿泉水资源。主要旅游景点：国家AAAA级旅游景区瑞云山风景区、国家AAA级旅游景区仙人谷国家森林公园、国家AAA级旅游景区清枫谷景区、国家AAA级景区三钢工业旅游区。

【气候概况】 辖区气候属中亚热带季风气候，兼具大陆性和海洋性气候特点。2020年，年平均气温21.0℃，年平均降雨量1409.2毫米。年平均日照时数1692小时。

2020年，气象灾害总体较轻。年平均气温异常高、降水偏少、日照时数正常。冬季温度异常高，日照偏多，早春季日照偏多，雨季气温异常高，秋季气温显著高，降水异常少，日照异常多，其余正常。

注：冬季（2019年12月至2020年2月）、早春季（2020年3—4月）、雨季（2020年5—6月）、夏季（2020年7—9月）、秋季（2020年10—11月），年度（2020年1—12月）。

【气温】　2020年平均气温21.0℃，比常年平均高1.4℃，属异常高。极端最低气温-0.5℃，出现在12月31日，极端最高气温39.6℃，出现在7月22日。

【降水】　2020年降水量1409.2毫米，比历年平均值少15.4%，属偏少。降水主要集中在雨季（420.0毫米）、早春季（412.9毫米）、夏季（384.0毫米）。全年≥0.1毫米的雨日141天，其中暴雨日数4天。

【日照】　2020年日照时数为1692小时，与常年平均相比偏多119小时，属正常。

【主要气象灾害】

暴雨：

2020年，梅列区暴雨过程4次，分别为3月12日、5月18日、8月27日、9月8日，造成不同程度的影响。

干旱：

2020年，梅列区出现夏秋冬连旱，全市出现中等强度以上气象干旱，对农业生产、水库蓄水、居民生活用水等造成不同程度的影响。

高温：

2020年，副热带高压强度偏强，梅列区多次出现高温过程，≥35℃高温日数为71天，为1961年以来排名第一，其中≥37℃高温日数达32天。7月11日至8月10日连续31天出现≥35℃高温天气，8月12—25日再次出现连续14天≥35℃高温天气，以7月22日39.6℃为最高。

经济社会发展

【经济概况】　2020年全区生产总值355.82亿元，比上年增长3.4%。其中，第一产业增加值5.51亿元，增长3.2%；第二产业增加值163.04亿元，增长1.4%；工业增加值增长0.5%；第三产业增加值187.27亿元，增长5.2%。人均地区生产总值162850元，增长1.8%。规模以上工业总产值下降9.5%。农林牧渔业总产值9.72亿元，增长3.0%。固定资产投资增长4.9%。社会消费品零售总额110.81亿元，下降0.6%。实际利用外资1452万元。一般公共预算总收入10.18亿元，下降2.8%，其中，地方一般公共预算收入7.73亿元，增长0.9%。城镇居民人均可支配收入45261元，增长2.8%；农村居民人均可支配收入21197元，增长5.0%。

【重点项目】　全年新增“五个一批”项目201个，市交警车驾管中心、华力重工等35个项目开工建设，医职院综合实训大楼等45个项目顺利竣工。27个省、市重点项目超额完成投资任务，11个市级“五个十”重大项目超序时推进，103个产城融合项目完成投资105亿元，完成国网输变电工程、陶人生活文化创意园等35个项目建设。突出产业链招商，全年共签约项目144个，总投资86.49亿元。持续做活“钢”文章，抓龙头、铸链条，高端装备产业园建设加速推进，永兴盛机械等8个项目动工建设，安德凯重工、恒冠达机械等项目用时8个月建成投产，高端装备制造产业逐步形成集聚效应。

【城乡建设】　完成三明卫校周边地块、陈大片区集体土地等17个征迁项目，其中市级重点项目8个，共征收土地36.2公顷，征收房屋21.7万平方米。三纺厂易地搬迁、龙岗二期等一批历时多年的难点问题得到有效化解。

全力推动“城市双修”项目建设，立体式综合城市公园——贵溪洋湿地公园开园试运行，市区后山地灾整治、交通沿线景观提升、老年儿童微游乐园等项目全面完工。御龙天峰、康城一品等优质住宅区落地北部新城，城市框架逐步拉开。深化城市“五难”治理，深入推进垃圾分类，新（改）建公厕16座，新增停车泊位近800个，完成红岩新村、丹蓉新村等15个老旧小区改造，一批小区物业管理水平得到有效提升，农贸市场、背街小巷脏乱差等问题逐步得到解决。

持续打响“中国绿都·最氧三明”品牌。做好“绿色+产业”文章。实施洋溪智慧农业园等6个市区重点现代农业项目，总投资超2亿元。万丰提子采摘园、祥瑞农场生态园等年销售额达1000万元。推动农业与都市休闲旅游、文化产业融合发展。打造瑞云山郊野地质公园、洋溪文旅小镇、小蕉生活文创园等精品农旅路线，砂蕉鲁冰花海、洋溪田园菊花成为“网红打卡点”，全年游玩人数超30万人次。

【社会事业】 民生短板加快补齐。民生事业支出持续提升，占区财政支出比重达82%。梅列医院改建、农村公厕新改建等9个为民办实事项目基本完成。开设“1+N四点半”学校服务学生人数1024人。

基层医疗服务能力不断提高，完善慢性病分级分类分标管理机制，新建3家社区卫生服务站，完成梅列二院医改示范点提升改造，福兴妇幼医院、列东中医院等民营特色专科医院建成投入使用。

社会保障扩面提标。城乡低保统筹指数居全市首位，城乡低保标准由每人每月580元提高到708元。企业保险、工伤保险、失业保险等超额完成年度参保任务，城乡居民基础养老金每月提高到130元，机关事业、企业人均养老金每月分别提高195元、133元。投入630万元完成农村幸福院、镇级区域性养老服务中心等项目建设，特殊困难老人家庭适老化改造任务全部完成。

积极落实就业创业政策，新增城镇就业1921人，城镇登记失业率1.84%，控制在任务目标3.5%以内。

实施贫困留守儿童“雏燕”关爱行动，对443名留守儿童建档立卡跟踪服务。

广泛开展全民健身运动活动，顺利完成国民体质监测任务。

保持社会安定稳定。信访工作保持“四下降一好转”趋势，获评全国信访工作“三无”区。

【生态文明建设】 2020年，梅列区落实生态环境保护目标责任制，抓好中央督察信访问题整改工作，信访件办结率100%。深化蓝天、碧水、净土保卫战，推进餐饮油烟、工地扬尘等专项整治，空气优良天数达标率100%。完成绿化造林面积168公顷，治理水土流失面积212公顷。深化“河长制”，攻坚蕉溪、栖源溪等流域环境整治，主要流域省控断面达到水质标准，小流域水质保持在Ⅲ类，乡镇集中式饮用水源地水质达标率100%。开展人居环境整治行动，巩固提升农村饮水安全，推进污水处理、村容村貌等整治工程。实施农村道路养护里程320千米，抓好“两高”沿线环境整治。创建绿盈乡村15个，小蕉村获评国家级森林乡村，陈大镇获评省级全域生态旅游小镇，上街村、砂蕉村获评市级美丽乡村精品示范村。

【徐碧“城中村”征迁工作完成】 2020年9月5日，随着最后一户征迁户在征收协议上签字，徐碧“城中村”征迁工作完成。徐碧“城中村”改造项目历时23年，从8月5日启动入户动员，用时52天，368户征迁户全部签约。

【梅列区国家义务教育质量监测考评成绩居全省首位】 2020年8月，国家义务教育质量监测考评成绩公布，梅列区位居福建省首位。顺利完成2020年中考组织工作，三明二中统招线达682分，连续10多年位列全市第一，7所初中定向生招生分数线均在630分以上，遥遥领先于全市同类初中校，中考总分优秀率居全市第一。

2020年，三明二中本科上线率94.98%，录取本科776人，位列12个县（市、区）第一。三明市实验中学2020年高考共有73人上本科线，本科上线率达30%。年内梅列区投入2.5亿元完成5个教育补短板应急项目，全年新增学位3420个。9月，沪明小学建成并投入使用，用时270天，设置48个教学班，新增学位2160个。

（编辑：王培敏）

综述

2020年，梅列区委坚持以习近平新时代中国特色社会主义思想为指导，全面贯彻中共十九大和十九届二中、三中、四中、五中全会精神，突出政治引领，深入贯彻落实习近平总书记重要讲话重要指示批示精神，牢记习近平总书记重要嘱托；坚持统筹兼顾，做到疫情防控和经济社会发展“两手抓、两不误”；聚焦城市名片，持续做实做足“四篇文章”；狠抓项目攻坚，深化“五比五晒”主抓手；坚决打赢打好三大攻坚战，决胜全面建成小康社会；全面深化改革，破除体制机制弊端；全面从严治党，为工作任务落实提供坚强保障。

【“大学习”热潮】 将《习近平谈治国理政》（第三卷）和《习近平在福建》系列采访实录作为开展党员教育鲜活教材，开展区委理论中心组集中学习研讨11次、“周末党校”专题辅导6次，组织全区党员领导干部听取市委理论中心组学习会暨中央苏区三明讲坛视频会12期，出台学习强国平台考评办法，营造比学赶超氛围，促使“四个意识”“四个自信”“两个维护”成为行动自觉。特别是中共十九届五中全会召开后，将宣传贯彻中共十九届五中全会精神作为重大政治任务，第一时间各党（工）委、党组书记完成下基层宣讲中共十九届五中全会精神任务，通过支部学习、组建讲师团宣讲、“梅列微时代”公众号推文等不同方式全面宣传五中全会精神，推动“大学习”走深走实。

【发展目标和举措】 贯彻落实习近平总书记在2020年全国两会期间对福建工作的重要指示批示和省委十届十次、市委九届十三次全会精神，召开区委九届十一次全会，梳理比较优势，分析短板差距，制定出台全方位推动高质量发展，和科技创新、优化产业结构、促进城乡居民增收3个行动计划，提出9个方面28条具体举措和17件近期突破事项。对标对表中央、省、市“十四五”规划建议，紧扣全方位推动高质量发展超越和“三新”要义，科学编制《梅列区经济和社会发展第十四个五年规划和二〇三五年远景目标纲要》，并经审议通过，共策划生成28个课题，谋划“十四五”期间拟实施重大项目188个，计划总投资820亿元。

【落实中央和省委、市委决策】 坚决担起重大政治责任，把习近平总书记重要指示批示作为党内政治要件，召开通报部署会，对涉及梅列区的62件重要指示批示进行“回头看”，形成报告上报市委，确保习近平总书记重要指示批示精神在梅列落地生根。每月月初制定“四篇文章”“难、硬、重、新”专项行动、全面从严治党等重点工作和市区后山治理、龙岗二期安置房建设等重点项目预安排，月底听取工作汇报，及时协调解决工作推进难题，落细落实省委、市委决策部署。

【疫情防控】 坚持抓紧抓早，第一时间成立由区委、区政府主要领导担任双组长（指挥长）的领导小组（指挥部），并因时因势调整防控重点和措施。疫情突袭初期，发挥公安、交通等大数据平台作用，精准摸排、严格管控境外入梅人员，守好“五道关口”。统筹复工复产阶段，制定重点行业领域复工复产工作指导原则和疫情防控方案。常态化疫情防控阶段，坚持“人”“物”同防，坚决守住冬、春季疫情防线。梅列区始终保持“零确诊”记录，列西街道富华社区党总支、徐碧街道社区卫生服务中心等受到国家和省级表彰，境外疫情防控工作被列入典型案例，获市委、市政府通报表扬。全年累计接受社会各界捐款捐物188.51万元。

【经济运行】 加大企业扶持力度，深化“访企业、解难题、促‘六稳’”专项行动，解决资金、基础设施等方面问题110个，企业满意率100%。出台提振消费8条措施，累计减免租金294.24万元。鼓励华盛烤鳗等企业采取“线上商城+线下门店”相结合等方式拓宽销售渠道，发动罗大胡子、素佰佳食品等辖区企业参加直播活动，首届乐购三明直播节梅列区直播活动实现销售额3965.37万元，为全市最高。全年梅列区生产总值增长5%，固定资产投资增长5%，限上批零住餐业消费品零售额57.4亿元，居全市首位。

【“六保”任务】 保居民就业方面，全区城镇新增就业1921人，完成全年任务的128.07%，失业率1.84%，比年度任务目标低1.66个百分点。保基本民生方面，民生支出占一般公共预算支出82%，城镇居民人均可支配收入增长2.5%；农村居民人均可支配收入增长4%。保市场主体方面，新登记企业1227户、个体工商户2370户，比上年同期分别增长29.43%、11.18%。保证粮食能源安全方面，耕种粮食1.07万亩，粮食产量0.41万吨，分别超年度任务3.88%、7.89%。保产业链供应链稳定方面，加强企业在资金、用工、原材料、用能、物流等方面的政策支持，协调普诺维公司于1月31日复工，成功研发600片/分的高速口罩辊模，保障20余家口罩生产商在疫情期间的超负荷生产需求；台明铸管销售半径辐射海西、珠三角和广西、上海等地。保基层运转方面，转移支付资金增长81%，一般性支出压减10%。

【传承红色基因】 唱响“风展红旗　如画三明”城市品牌，推动中央苏区振兴发展。弘扬红色文化，深化红色文化研究，编制《梅列区革命老区发展史》。丰富宣传教育形式，分批次组织科级干部到市博物馆进行“红色三明”现场教学，制作快闪《多彩梅列，红歌飞扬》等优质宣传作品，视频《三明：红色梅列美如画》在学习强国平台发布。建设红色项目，梅列区被扩展列入长征国家文化公园建设范围和国家第一批革命文物保护利用片区分县名单，红旗广场雕塑落成，三明市中央苏区革命纪念馆有序推进。争取政策支持，征集涵盖产业发展、基础设施建设、商圈聚集、文化旅游、城市精准扶贫等7个方面的政策和措施12条，加强对中央和省级政策以及差别化产业政策的研究和对接，全年，向上争取政策资金4.98亿元。

【做强工业产业】 聚焦转型升级、科技研发，推动老工业基地“老树发新枝”。壮大主导产业，全力支持三钢集团实施焦炉升级改造、闽光大数据中心等9个重点项目，完成投资约11亿元，其中，焦炉升级改造项目投资达6亿元、超额完成200%；完成超低排放改造三年行动计划涉及78个环保治理项目，绿色发展事迹在央视《新闻联播》报道，三钢集团主业实现整体上市，吨钢效益继续保持全国前列。高端装备产业园建设初步成形，新增供地390亩，另150亩完成验收，安德凯、恒冠达项目投产，明泉重工、恒升底盘等8个项目正抓紧建设，园区污水管网改造全面完成，市政道路A、B线，明州二路，第二供水工程，生活配套服务区等项目有序推进。国投闽光全年回收废钢等再生资源突破40万吨。扶持重点企业，坚持优惠与贡献对等原则，与国投闽光、八闽废旧物资回收、三菲铝业等6家优质企业签订“一企一策”，兑现国投闽光政策奖励金178万元。普诺维成为细分行业“单项冠军”，协助其申报疫情防控物资生产项目设备补助资金178万元，为国投闽光、金圣特种钢等4家企业争取增产增效奖励金10.2万元，金圣特钢、铜浪防水等企业获评省级“专精特新”称号，推荐台明铸管为三明市“疫情防控期间突出贡献企业”。坚持创新驱动，协助企业申报各类扶持资金，索富泵业等企业共获补助330.14万元。大力培育创新主体，新增国家级、省级高新技术企业4家，20家企业通过国家科技型中小企业评价系统注册。全区企业研发费用8.98亿元，居全市首位，占梅列区生产总值比重约2.61%。选派省级科技特派员28名，陈大镇科技特派员工作站通过市级科技特派员工作站认定。

【生态绿色发展】　主动融入“中国绿都·最氧三明”品牌建设，推动“山水城融合”发展。美化城乡环境面貌，以贵溪洋生态湿地公园、绿道景观整治提升、市区绿化景观提升等6个城市双修项目为抓手，为城市增绿补绿。推进农村人居环境整治，深入开展“一革命五行动”，定期清理农村垃圾、村内塘沟等。提升“两高”沿线环境，投入资金439万元完成房屋整治3000多平方米房屋，绿化美化面积103亩，创建绿盈乡村15个。

培育文旅康养新业态。大力发展休闲旅居、培训研学、文化创意等业态，打造清枫谷、砂蕉村鲁冰花海等网红景点，全年游玩人数超过23.3万人，陈大镇获评省级全域生态旅游小镇。打造小蕉“生活文创村”，“五彩稻田”、镜湖改造和岛屿绿化基本完成，小蕉村被评为国家森林乡村。

发展特色现代农业。实施洋溪智慧农业产业园、再鑫标准化生猪养殖等市区重点现代农业项目6个，完成投资超2亿元。构建以碧溪村、长溪村等5个村为主体的提子产业重点发展区域，建成葡萄丰产稳产优质高效示范基地。万丰提子采摘园、祥瑞农场生态园等年销售额达1000万元。

全面实施乡村振兴。全力推进省级乡村振兴试点的洋溪镇和陈墩、大源、砂蕉、小蕉、上街5个试点村建设，整合各类乡村振兴专项资金2100万元，安排实施20余个项目，将上街、砂蕉等村打造成为具有梅列地域文化特色的美丽乡村精品示范村。实现农林牧渔业总产值9.78亿元，增长4.1%。

【文明创建】　筑牢“文明三明”主阵地，深化拓展“满意在三明”内涵。深化精神文明创建活动。落实文明城市创建常态化机制，组织开展“三引领三联系”、党政机关“每月一主题”志愿服务、“步行查创城、骑行看文明”等活动，为三明市蝉联“全国文明城市”作出重要贡献，顺利完成省级文明城区考评。培育和践行社会主义核心价值观，加强“四张名片”和“文明健康·有你有我”“文明餐桌”等公益广告宣传。“志愿三明”平台注册志愿者2.9万余人，志愿团体482个，位居全市前列。洋溪家风家训馆通过省级公民思想道德教育馆验收，渔溪村获评省级文明乡风联系点。

加快补齐民生领域短板。坚持尽力而为、量力而行，提升人民生活品质。投入2.5亿元完成5个教育补短板应急项目，新增学位3420个，沪明小学仅用270天就建成投入使用。完善慢性病分级分类分标管理机制，新建3家社区卫生服务站，完成徐碧街道社区卫生服务中心医改示范点提升改造，福兴妇幼医院、列东中医院等民营医院建成投用。投入630万元完成农村幸福院、镇级区域性养老服务中心等项目建设，特殊困难老人家庭适老化改造任务全部完成，养老服务覆盖面进一步扩大。深化城市“五难”治理，新增停车泊位近800个，有序推进梅岭、丹蓉、富华等15个老旧小区微改造，深入推进垃圾分类，新（改）建公厕16座。周周开展“夜三明·百姓大舞台”文艺会演，第一届文化旅游美食节、“梅列清枫露营趣”等活动人气旺盛，大源村基层综合性文化服务中心被评为省级优秀示范点。

提升城镇规划建设水平。配合做好行政区划调整前期工作。103个产城融合项目完成投资105亿元，超年度计划12.2%。全面完成市区“依法和谐征迁”市领导挂钩重点项目，特别是仅用52天完成徐碧“城中村”改造征收任务，解决23年的“老大难”问题。

【攻坚项目建设】　积极发挥“五比五晒”作用。将“五比五晒”作为全方位推动高质量发展超越的主抓手、比拼经济建设的主赛场、激励干部担当作为的主阵地。全区新增及转化省“五个一批”项目201个，27个省、市重点项目超额完成投资任务。

推进“五个十”重大项目。处级领导挂包推进在建、招商、征迁“五个十”重大项目11个，年内，三明纺织厂征迁与易地搬迁技改、融光科技股份公司车载模组、高端装备产业园项目完成投资5.65亿元。高温合金和高性能橡胶沥青生产项目正由厦门航大进行技术综试，六路商圈引进体育场馆运营主体华侨城集团，互联互通人行天桥、城市阳台等正在施工，“明品明味街”基本完成外立面改造，预计“五一”国际劳动节开街。

开展“项目攻坚年”活动。把“项目攻坚年”作为深化“五比五晒”的具体抓手，列入全市

“项目攻坚年”活动项目71个，定期梳理协调，精准解决项目推进难点堵点。19个生产总值增长点项目预计完成产值518亿元，19个投资增长点项目完成投资17.8亿元，7个招商攻坚项目全部完成签约。18个征地拆迁项目已完成14个，累计征收土地268.1亩、房屋862户、企业8家。

【强化要素保障】 用地方面，主动对接报批政策，完成用地报批372亩，农转用报批平均用时6.2天，较上年缩短37%，为63个项目提供权属证明。集中处置批而未供和闲置土地821亩，用地报批3400亩。融资方面，抢抓政策机遇做好项目策划对接，争取专项债2.96亿元。依托应急转贷基金为中小企业办理转贷1.07亿元，及时推送“白名单”企业38家，申报纾困企业需求28批118家，获贷款资金投放1亿元，居全市首位。协调兴业银行为企业下调贷款利率，新增贷款32.5亿元。财税方面，贯彻落实扶持建筑业、工业企业、重点营利性服务业等方面的优惠政策，累计减税降费1.94亿元。出台疫情期间应急经费保障措施，有力应对减税降费、疫情防控等叠加影响，下达疫情防控资金741.07万元。

【招商工作】 丰富招商模式。采取驻点招商、小分队招商等招商模式，因时因势因需成立若干支招商小分队，增设厦漳泉区域招商引资联络处，派驻1—2人长期驻点泉州，负责梅列区有关招商工作联络对接。试行以商招商新模式，正与福建蓝谷集团洽谈合作事宜。

完善工作机制。修订完善《招商引资工作考核奖惩办法》，建立招商工作“一月一会商”机制。实行“保姆式”免费服务制，相继出台《梅列区发展工业经济优惠政策》等8项招商优惠政策。

强化专场招商。全年，共开展各类招商活动128场，落地开工项目144个，总投资86.49亿元，对接洽谈项目14个，总投资35亿元。

【防范化解重大风险攻坚战】 科学统筹发展和安全两件大事。处置不良贷款达6.54亿元，全区不良率降至1.15%，属地内不良率降至0.64%。重拳打击金融非法乱象，查扣涉案资产2660万元。强化安全生产工作，区委、区政府主要领导带头挂钩整改安全生产红色隐患，整改区级红色隐患11项。创新社会治理，实行城市网格化管理机制，运用“网格+科技”治理手段，建设智能化城市管理系统平台，搭建区、街、社区三级微城管群，有效提升城市管理水平。打好扫黑除恶专项斗争收官战，共打掉涉黑犯罪组织3个、恶势力犯罪团伙1个，破获九类涉恶案件41起，打掉涉黑组织数量及涉黑恶人员批捕、起诉数均居全市第一，逃犯清零目标全部完成，治安案件、刑事案件发案数分别比降24.5%、32.07%，被授予“省级平安区”称号。信访态势总体平稳，疫情及全国两会期间，取得群众零进京非访、零滞留的好成效，2020年4月，梅列区被国家信访局授予信访工作“三无”县（市、区）称号。

【脱贫攻坚战】 落实“四个不摘”要求，在全市首创“政府防返贫责任险”，将全区18户51人建档立卡贫困户纳入参保范围，贫困户全年收入1.47万元，同比增长18.7%；聚焦产业扶贫，指导8个建档立卡贫困村运用扶贫政策资金发展产业、投资项目，着力盘活集体资产，贫困村年均村财收入约为19.65万元，同比增长29.2%，贫困村、贫困户收入增幅均居全市前列。深化扶贫改革试验区建设，投入1700万元实施扶贫项目37个，开展“补短板、强弱项”大排查，做好“12316一键报贫”平台受理工作，创建“互联网+”精准帮扶云平台系统，向符合条件的建档立卡贫困户推送就业岗位信息88人次。深入贯彻农村相对贫困家庭“239”精准帮扶工作机制，精准识别农村相对贫困家庭11户30人。持续实行城市困难家庭“347”工作机制和“1144”工作法，累计266户331人实现脱困。

【污染防治攻坚战】 省级环保督察期间，涉及梅列区生态环境保护问题20.5件信访件，已办结18.5件。坚持依法治污、科学治污、精准治污，打好蓝天、碧水、净土保卫战，环境质量持续向好，空气优良天数达标率100%；主要流域省控“沙8”“沙9”断面水质及陈大、洋溪乡镇集中式饮用水源地水质100%达标，小流域水质基本保持在Ⅲ类。完成绿化造林面积2512亩，治理水土流失面积3181亩。市工业园区环境规范化管理现场会议在台明铸管召开，树立典型标杆企业。

【教育改革】 深入实施总校（园）制办学，辖区市级层面总校4所，区级层面总校3所。建设“1+N四点半”学校，服务学生人数1024人。“总园制”办学经验在《三明市推进学前教育深化改革规范发展九条措施》文件中得到推广。

【医改】　2020年，建立紧密型医联体机制，推动分级诊疗和双向转诊有效落实，累计从基层上转市总院住院人数1382名(持转诊单)，下转至二级定点医疗机构2831名。建立三级慢性病管理网络，将慢性病管理向村（居）延伸，建立起高血压、Ⅱ型糖尿病防治质控网络，2种疾病管理率超80%。

【农村领域改革】　林改方面，2020年，累计发放“福林贷”普惠林业金融贷款265户，放贷金额2680万元。在棕南村和长溪村开展林票试点工作，发放票值达135万元。持续发展新型林业经营主体，成立股份合作林场4个，合作面积5.15万亩。农房建设改革方面，开展洋溪镇上街村农村新型住宅小区试点工作，已完成规划方案的报审、施工便道合拢。农村集体产权制度改革方面，完成19个村4090户的权属调查、审核公示、合同签订等工作，确权面积2.8万亩。

【政务服务改革】　创新“网上办、掌上办、预约办、邮寄办和智能办”五办工作法，不见面办理率超过60%。在全市“e三明”App上率先开设“一件事”审批受理功能，完成梳理制定首批10项“一件事”试点清单的任务。推行“证照合办”，为个体工商户缩短办事时间。全年转化“一趟不用跑”和“最多跑一趟”事项1093项，事项审批最新承诺时限已压缩到法定时限的16.9%，保持全省最短。

【强化党的领导】　区委发挥总揽全局、协调各方的领导作用，在各项工作中坚持和加强党的全面领导。支持区人大及其常委会围绕产业发展、养老服务、医疗教育、基层治理等工作，开展视察、监督调研，提出的“加强和改进社区建设”“拥挤路段交通疏导”“重点小区道路管理”等一批群众反映的难点、堵点问题得到有效解决。支持区政协建言咨政，2020年以来开展的2次专题协商，提出的10条针对性建议，“农村人居环境整治”“激发多元参与，构建小区共商共治机制”等取得良好成效。支持区法院以优质司法保障服务中心工作，创新建设法治化营商环境促进基地，成立“涉台司法交流研究基地”，搭建两岸司法交流桥梁。支持区检察院以法律监督助力“平安梅列”建设，在做优刑事、做强民事、做实行政、做好公益诉讼等“四大检察”工作取得扎实成效。加大统战工作力度，支持民主党派参政议政、发挥作用，统筹做好民族、宗教、侨务、对台等工作，加强疫情期间海外侨胞困难帮扶，建立9个海外侨胞微信群和10个海外防疫服务中心，对返乡归侨发送慰问信、赠送礼包表达关心。抓好工会、共青团、妇联等群团组织建设，广泛凝聚各方智慧和力量。

【压紧压实主体责任】　严格执行《党委（党组）落实全面从严治党主体责任规定》，制定落实全面从严治党主体责任清单。全力抓好全面从严治党主体责任检查反馈“问题清单”整改工作，涉及梅列问题13项，完成整改12项，未完成的为征迁项目滞后问题，加快推进建设。落实巡察全覆盖要求，建立巡察整改常态化督查机制，专项督查18个被巡察单位，督促限期整改问题76个，职能部门出台制度规范12项。贯彻落实新时代党的组织路线，整顿软弱涣散党组织4个，推进“近邻”党建工作，实行在职党员进社区报到服务、党员积分制管理，形成党组织引领居民参与小区自治的局面。坚持党管意识形态工作，成立区委宣传思想工作领导小组，下发意识形态工作责任书、意识形态工作考核办法，保持网络舆情总体平稳运行，对10个单位开展意识形态工作专项巡察，开展意识形态工作“回头看”检查。

【激励干部担当作为】　出台《梅列区关于强化在一线考察了解干部的实施办法（试行）》，采取“考核+”的方式在“五比五晒”、新冠肺炎疫情防控、徐碧“城中村”改造、创建全国文明城市等工作中开展专项考核，开展考察谈话400余人次。深入了解村（社区）和挂点干部在疫情防控中的典型做法和表现情况，发现并掌握一批综合素质良好、工作实绩突出、不同年龄层次的干部，60余名在一线表现突出干部提拔担任领导职务或晋升职级。

【正风肃纪反腐】　坚持严的主基调，保持正风肃纪反腐高压态势不动摇，全年共立案44件。持之以恒落实中央八项规定及其实施细则精神，紧盯形式主义、官僚主义问题，查处“四风”问题

24起，其中形式主义、官僚主义问题12起。推进扫黑除恶专项斗争，全年共立案查处涉黑涉恶腐败和“保护伞”问题12起。突出规范线索处置，出台《问题线索处置暂行办法》《规范委托党委（党组）书记谈话方式处置问题线索》等制度，明确提级把关、从严审批等措施，有效提升处置质效。突出做好“后半篇”文章，深化“一季一警示”，推行“警示教育+制度落实+举一反三”案后整改模式，开展警示教育162场、4539人次参加，推动建章立制16项。大力宣传、全面落实党员干部“八小时之外”监督管理办法，从严管思想、管工作、管作风、管纪律，营造风清气正的良好政治生态。

重要会议

【概况】 2020年，中共梅列区委召开区委九届十次、十一次、十二次全会以及区委常委（扩大）28次。

【区委九届十次全会】 5月25日召开。

【区委九届十一次全会】 9月9日召开。会议听取和讨论了区委书记杨胜的讲话和对相关文件稿所作的说明，审议通过《中共梅列区委关于深入学习贯彻习近平总书记重要讲话重要指示批示精神，全方位推动高质量发展超越的决定（草案）》和《中国共产党梅列区第九届委员会第十一次全体会议决议（草案）》，审议通过免去薛军中共梅列区委第九届委员会委员职务。

【区委九届十二次全会】 12月28日召开。会议听取和讨论了区委书记杨胜的讲话和对相关文件稿所作的说明，审议通过《中共梅列区委关于梅列区国民经济和社会发展第十四个五年规划纲要和二〇三五年远景目标的建议（草案）》和《中国共产党梅列区第九届委员会第十二次全体会议决议（草案）》，审议通过免去陈占昌中共梅列区委第九届委员会委员职务。

【区委常委（扩大）会】 1月16日，区委召开常委（扩大）会议，传达贯彻省、市“两会”精神，研究梅列经济开发区小微企业创业园、新城大道工程款支付问题，研究人事议题。

1月21日，区委召开常委（扩大）会议，传达贯彻省委、市委经济工作会议精神，研究安全生产及应急管理和生态环境保护工作，研究2019年梅列区“平安先进单位”和“平安单位”名单，听取《关于促进基础教育高质量发展的若干措施》工作情况汇报，传达贯彻中央、省、市纪委全会精神及研究召开区纪委九届五次全会有关事项，通报区委领导班子成员述责述廉评议结果。

2月11日，区委召开常委（扩大）会议，传达全市促“六稳”暨“五比五晒”总结表彰会议精神，研究2019年度区“五比五晒”项目竞赛活动考评名次及2019年度纳税先进企业和纳税百万元以上企业名单。

3月6日，区委召开常委（扩大）会议，传达贯彻习近平总书记在中央政治局常务委员会上的重要讲话精神；传达贯彻全省、全市宣传部部长和全省、全市组织部部长会议精神；传达贯彻中央和省委、市委农村工作会议精神，听取梅列区2019年脱贫攻坚工作情况汇报；听取工青妇工作情况汇报；研究推荐全省军民融合先进集体和先进个人、福建省第四次经济普查先进集体和先进个人；研究2017年度、2018年度区级征迁先进个人表彰人选。

3月12日，区委召开常委（扩大）会议，传达学习贯彻近期中央和省委、市委全面深化改革委员会有关会议精神，专题研究翁墩城市物流园管理机制、机关党建工作机制、区城管局与城管大队运行机制、向上争取资金考核奖励机制、区属国有企业整合重组机制5项工作机制（同时作为区委全面深化改革委员会会议议题）；研究开展全区安全生产隐患大排查大整治工作；传达贯彻全省、全市统战部长会议精神；传达贯彻中央、省、市委政法工作有关会议精神；听取2019年度平安建设（综治工作）奖金发放办法有关情况汇报；研究2019年度“五比五晒”项目竞赛活动奖励工作方案；研究组建徐碧“城中村”改造项目运营公司相关事宜。

3月27日，区委召开常委（扩大）会议，传达学习《党委（党组）落实全面从严治党主体责任规定》，研究《2020年度梅列区“五比五晒”推进高质量发展活动方案（送审稿）》，研究《中共梅列区委常委会2020年工作要点（送审稿）》，听取政协梅列区委员会工作情况汇报，传达贯彻全省文明办主任会议和全市工作会议精神，研究2019年度“五比五晒”项目竞赛活动奖励人选，研究人事议题。

4月9日，区委召开常委（扩大）会议，宣布市委关于伍英、夏永桦任命通知。之后，主持召开区委常委（扩大）会议，听取三纺公司搬迁项目情况汇报，研究《梅列区2020年度信访疑难积案化解行动实施方案（送审稿）》，研究2020年梅列区审计项目计划，听取镇（街道）机构改革工作汇报，研究人事议题。

4月27日，区委召开常委（扩大）会议，宣布市委关于林翠玲的任命决定。

6月18日，区委召开常委（扩大）会议，研究新冠肺炎疫情防控工作，研究对台工作，研究《梅列区残疾人联合会改革方案（讨论稿）》，研究加快推进《中国共产党宣传工作条例》落实工作。下午，主持召开陈大生态路项目涉诉案件专题推进会与2020年全区绩效考评工作专题会。之后，参加全市“一企一策”政策落实情况督办会。

7月3日，区委召开常委（扩大）会议，研究《中共梅列区委全面依法治区委员会2020年工作要点（讨论稿）》，研究《中共梅列区委军民融合发展委员会2020工作要点（讨论稿）》，研究梅列经济开发区高端装备产业园有关工作，研究全区绩效管理工作，研究人事议题。之后，主持召开市区生鲜蔬菜分流批发市场项目建设专题推进会。

7月17日，区委召开常委（扩大）会议，研究《区委落实三明市2019年度全面从严治党主体责任落实情况检查“问题清单”整改任务分解方案（讨论稿）》。

7月22日，区委召开常委（扩大）会议，传达贯彻中央、省、市有关精神，研究人事议题。下午，主持召开徐碧“城中村”改造工作调度会议。

7月27日，区委召开常委（扩大）会议，研究永星国际项目有关问题，研究廖才添工作分工。

7月28日，区委召开常委（扩大）会议，研究审议《三明市梅列区徐碧“城中村”改造项目集体土地上房屋征收补偿安置方案（讨论稿）》。

8月12日，区委召开常委（扩大）会议，传达贯彻市委和市政府上半年经济形势分析暨“五比五晒”“项目攻坚年”推进会议精神，研究《梅列区贯彻落实中央生态环境保护督察报告整改方案（讨论稿）》《2020年度党政领导生态环境保护目标责任书通报问题整改方案（讨论稿）》及区纪检监察体制改革和防逃追逃工作，研究2019年度科级班子和科级干部年度考核等次，明确区属国有企业领导人员任用管理机制。

8月21日，区委召开常委（扩大）会议，研究2019—2020学年市区教育补短板应急项目建设先进集体和先进个人推荐人选。

9月4日，区委召开常委（扩大）会议，研究区委九届十一次全会筹备工作有关事项；研究《梅列区平安建设领导小组及办公室工作规则（讨论稿）》、《梅列区平安建设领导小组专门工作组组成方案（讨论稿）》、全国扫黑办特派督导三明反馈问题及梅列区落实整改意见；听取在全区开展第四届青少年普法教育暨继续创未成年人零犯罪学校、村（社区）活动情况汇报；传达贯彻市县纪委监委领导能力建设专题研讨班及全市纪检监察工作座谈会精神；研究推荐全国五好家庭、全省最美家庭和全省五好家庭候选名单。

9月27日，区委召开常委（扩大）会议，听取秋冬季疫情防控工作汇报；传达《三明市机关效能建设领导小组关于对市金融监管局开展金融服务保障突出贡献奖励评选工作严重滞后问题的通报》；传达市扶贫开发领导小组（扩大）会议主要精神，听取梅列区脱贫攻坚质量自评情况的汇报；研究小蕉小学和小蕉幼儿园教学综合楼新建方案；研究“一企一策”事项；研究推荐2017—2019年度河湖长制工作中获嘉奖奖励人选；研究推荐全省宣传系统先进工作者人选；研究人事议题。

10月20日，区委召开常委（扩大）会议，传达全国巡视工作会议暨十九届中央第六轮巡视动员部署会、全省巡视巡察工作会议暨十届省委第九轮巡视动员部署会精神，研究徐碧“城中村”改造项目奖励建议人选，研究区委部分领导班子成员分工调整事宜。

10月30日，区委召开常委（扩大）会议，研究小蕉工业片区等重点生态环境问题整改工作；研究推荐“省优秀少先队员、辅导员”候选人；研究人事议题；之后，前往徐碧“城中村”改造项目工作指挥部调度项目推进情况。

11月17日，区委召开常委（扩大）会议，传达贯彻中央和省、市扫黑除恶专项斗争工作有关会议精神；研究梅列区小蕉片区第二供水工程建设项目；研究推荐2015—2020年度脱贫攻坚工作中获奖励建议人选；研究推荐生态文明先进集体和先进个人表彰对象；通报纪委有关案件；研究人事议题。

11月20日，区委召开开展“访企业、解难题、促‘六稳’”专项行动工作部署会。

12月11日，区委召开常委（扩大）会议，传达学习市委常委会开展“陈某等人黑社会性质组织案件”警示教育会议精神及通报全区政法部门“三个规定”贯彻执行情况，传达《关于对市司法局制定〈关于争创全国法治政府建设示范市的意见〉过程中存在形式主义官僚主义问题的通报》，听取永星国际项目风险化解工作情况汇报及区属国有企业整合重组工作情况汇报，研究干部人事工作。

12月22日，区委召开常委（扩大）会议，传达学习贯彻省委经济工作会议精神，研究干部人事工作。

12月25日，区委召开常委（扩大）会议，传达贯彻省委十届十一次和市委九届十四次全会，全省近邻党建工作推进会、全市基层党建工作现场会，中央、省、市学习贯彻习近平总书记在中央全面依法治国工作会议上重要讲话的会议精神；听取区委九届十二次全会筹备工作情况汇报；研究干部人事工作。

12月30日，区委召开常委（扩大）会议，听取人大、政府、政协、法院、检察院党组和纪委监委工作汇报；审议《政府工作报告（送审稿）》《梅列区国民经济和社会发展第十四个五年规划和二〇三五年远景目标（讨论稿）》；听取关于2021年财政预算（草案）编制情况汇报；研究2021年为民办实事项目有关事项；听取区九届人大五次会议、区八届政协五次会议筹备工作及有关事项的汇报；研究干部人事工作。

（葛丈莉）

区委办公室

【**概况**】 2020年，中共梅列区委办公室（简称区委办）坚持以习近平新时代中国特色社会主义思想为指导，全面贯彻落实中共十九大和十九届二中、三中、四中、五中全会，以及省、市、区委全会精神，紧扣中心、服务大局，着力发挥参谋助手作用；明确重点、履职尽责，切实抓好各项业务工作；统筹协调、高效联动，确保日常工作有序运转；强化学习、塑造形象，努力打造一流干部队伍。立足走在前、做表率、争一流的定位，以严的标准、实的作风推进各项重点工作落实，推动“三服务”工作进一步提质增效。

【**文字综合工作**】 坚持以习近平新时代中国特色社会主义思想为指导，准确将党中央和省委、市委、区委精神，领导意图和工作实际结合起来，认真组织文稿的起草工作，力求文字综合材料出精品。全年，组织撰写区委九届十次全会、十一次全会、十二次全会，区委、区政府务虚会等领导讲话文稿175篇，起草和把关出台各类文件145份，整理会议纪要、备忘录等共37期，3篇领导署名文章在市级刊物上发表。认真做好党内规范性文件备案审查工作，全年共向市委办报备文件8份，报备率和合格率100%，位居全市前列。

【**信息服务**】 积极主动地当好领导“耳目”，不断提升信息刊物服务的深度和广度，为各级领导提供准确、及时、有效的信息参考。全年，区委办共向省、市上报信息材料200余篇（条），累计被省《八闽快讯》采用20篇，信息工作在全省排名第六十五名。全年共整理各镇（街道）、区直各部门报送的信息400余条，向市委上报《决策咨询专报》信息36篇、《福建信息》选题48条，被市委约稿10余篇。积极撰写调研文章，牵头开展以“加强党建工作机制创新，推进新梅列治理现代化”为主题的调研活动，共收集党建调研文章20余篇，撰写调研文章1篇，并优选1篇文稿上报市委党建办。

【**督查**】 充分发挥区委督促检查工作领导小组作用，制定梅列区《2020年督查检查考核计划》，建立“决策督查台账+专项督查台账”的督查落实体系，紧紧围绕城市网格化、“访企业、解难题、促六稳”专项行动、“依法和谐征迁”、书记批示件、区委和区政府每月重点工作完成情况等中心工作开展督查，全年下发督查通知单13份，印发《落实与反馈》7期。

【**为基层减负**】 认真贯彻落实习近平总书记重要指示批示精神和党中央决策部署的“回头看”工作，细化分解61件重要指示批示，督促相关单位贯彻落实。落实基层减负工作，严格控制发文数量和发文规格，坚持开短会、讲短话，制定为基层减负具体措施，2020年，区委、区委办发文较上年同期减少20%。

【协调推进】　坚持重点工作重点抓、系统工程系统干，协助区委持续做足做实“四篇文章”、推进“四个着力”、深化“五比五晒”。结合单位二级绩效考评，深入开展“办文零差错、办会零疏漏、办事零失误、服务零距离、沟通零缝隙”的“五零”专项活动。优质高效服务疫情防控工作，下发疫情防控责任书，建立文电快速审办机制，组织保障疫情防控相关会议57次，牵头起草指挥部文件62份、专题会议纪要5期。发挥区委办公室在区创城工作指挥部组织协调组及督查指导组中的作用，广泛动员干部职工积极主动参与“步行查创城、骑行看文明”活动，开展创城督查18次。认真履行档案监督职能，强化档案长效管理机制。认真做好区委军民融合发展委员办公室各项工作，配合做好军民融合企业疫情防控复工复产先进典型推荐。

【平安建设】　及时调整平安创建、综治工作齐抓共管领导小组，始终保持“平安先进单位”建设的先锋形象，把平安建设工作摆上领导班子的议事日程，制定办公室综治工作计划，每季度至少召开研究平安建设及综治工作的专题会议1次。2月，区委办公室获2019年度梅列区综治（平安建设）先进单位。全年，未发生刑事案件、无干部职工违纪犯罪、无发生重大灾害事故，无发生干部职工矛盾纠纷上访事件，社会治安满意率100%。

【党建】　年初，制定党建工作计划并明确工作任务；扎实开展党员“亮身份”行动，要求支部党员佩戴党徽，制作“亮灯行动”展板，亮明党员干部的姓名、职务、岗位职责等；严格执行“三会一课”、组织生活会、民主评议党员等制度，全年召开支委会12次，召开“加强党的领导，打赢疫情防控阻击战”等主题的党员大会19次，领导干部带头上党课5次，开展主题党日活动12场次。

【后勤保障】　进一步加强统筹协调，围绕重要会议和重大活动主动作为，做到早介入、早部署、早谋划，确保重要会议、重要活动、重要接待无缝对接，上传下达准确无误，沟通情况快捷高效，衔接联系环环相扣。2020年，区委办严格落实中央八项规定精神实施细则和省、市、区实施办法，本着“节俭、严谨、规范、高效、周到”的原则，先后组织召开区委九届十次、十一次、十二次全会，以及区委常委（扩大）会等各类会议46场次，较好地完成区委各项活动及有关会务接待的安排。

【机要保密】　认真落实保密工作责任，实现“零差错”目标，全年开展保密检查2次，完成保密自查督查1次，全区全覆盖互联网保密工作检查1次，自查、抽查计算机200余台。开展保密宣传教育6次，指导相关单位内网建设工作3次。做好国家安全工作，2020年会同市国安局开展工作检查1次，邀请市国安局有关专家为梅列区各级干部进行反奸防谍有关讲座1次。做好密码和内网管理工作，新选录、培训1名密码干部，全年，共接收办理明电248份，密电190份。做好内网管理工作，年内，1家单位完成分保测评，2家单位获发使用许可证投入使用。

【应急管理】　紧紧围绕“快速、准确、有序、尽责”的要求，突出紧急信息报送的时效性、准确性和规范性，有力地保障“两会”等重要时期的信息畅通。认真履行区委总值班室职责，2020年，制定出台《梅列区值班带班工作制度（修订）》，着力规范值班流程，进一步推动值班与应急工作制度化、规范化、科学化。加强对突发事件信息的核查力度，确保突发事件处置科学、及时、高效。全年累计上报应急信息1篇，刊发《梅列信息·呈阅件》7期，《梅列信息·直转件》12期。

【健全规章制度】　着力推进规章制度科学化规范化建设，对办公室财务管理、政务内网、公务接待管理、公文处理办法等办公室工作制度进行了健全完善，并汇编成册。实行工作制度、工作程序、工作标准公开化，并将各股室职能上墙公示，增加工作透明度。进一步建立健全区委办跟班学习制度，实行跟班学习“八个一”（参加1次保密教育，学习1周公文知识，参加1次办公室支部组织生活，独立撰写1篇信息，参与1次会议筹备工作，上1次微课堂，参与1次值班，完成1篇心得体会），2020年，共有12名跟班学员到该办跟班学习，取得良好效果。

【学习教育】 组织全办党员干部围绕党章、《习近平谈治国理政》、《习近平在福建》系列采访实录等，开展集中学习研讨12次。有效利用“学习强国”移动平台，支部党员学习参与率100%，6月17日，区委主要领导在“学习强国”平台刊发署名文章——《深学细悟实干笃行，谱写梅列发展新篇章》。高度重视意识形态工作，深入开展群众性精神文明活动，做到管阵地管导向强队伍。

【优化基层服务】 继续深化挂点下基层“零距离”服务，坚持深入挂点东安社区，协助做好困难帮扶、疫情防控等工作，助力企业复工复产，不断优化基层服务。每月利用周末组织党员深入挂点社区开展志愿服务，全年，共开展志愿服务活动18次。做好社区共建工作，投入社区共建经费7000元，走访慰问挂点社区困难群众10人次，送上慰问金7500元。年内，张铭获三明市创建全国文明城市（2018—2020年度）工作三等功。3月，邹志明获梅列区防控新冠肺炎疫情工作中担当作为先进个人称号。

【作风建设】 大力倡导移风易俗，树立文明新风，严格落实《加强干部“八小时之外”管理监督工作暂行办法》相关规定，发挥表率示范作用。持之以恒深化全面从严治党，年初制定廉政风险防控措施，签订保密工作责任书，每月进行一次廉政警示教育，开展一次保密工作提醒，经常性开展“咬耳扯袖”“红脸出汗”谈话提醒教育。

（葛艾莉）

组织工作

【概况】 2020年，中共梅列区委组织部坚持以党的政治建设为统领，认真贯彻落实新时代组织工作路线，注重抓落实、抓创新、抓提升，突出党管干部，着力建设高素质干部队伍；突出组织密体系，不断增强基层党组织组织力；突出服务发展，加快推进人才制度和政策创新；为推进新时代新梅列治理现代化、全面建成小康社会、脱贫攻坚、打赢疫情防控阻击战提供坚强的组织保证。

【疫情防控】 *构筑疫情防控堡垒。*号召全区各级党组织和广大党员充分发挥在打赢疫情防控阻击战中的战斗堡垒和先锋模范作用。分领域实行“三联工作法”，依托“小区党支部+物业公司+业委会”三方联动管理模式，组织党员志愿者巡逻队进行不间断巡逻、宣传，设立党员先锋岗，按照分级负责、属地管理、联防联控、依法科学处置原则和三级防控部署要求，推动疫情防控工作全覆盖。组织区直部门、挂点单位、结对单位党员干部795名，组织开展入户走访摸排工作，为湖北居家观察人员提供“1对1”跑腿代办服务，共组成帮扶对子200余对。

*发挥党员先锋模范作用。*持续强化联防联控、群防群控，开展“防控疫情、党员先行”活动，在2个集中医学观察点建立临时党支部，组建党员先锋队35支，确保无新增确诊病例。广泛开展“亮身份、见行动、作表率”等活动，鼓励广大党员干部在疫情防控工作中佩戴党徽亮身份，真正成为疫情防控的“主力军”、群众依靠的“主心骨”，并宣传报道4名第一书记先进典型。

建立防控新型冠状病毒感染肺炎典型培育工作机制，注重在疫情防控工作中发现、培养和锻炼入党积极分子，对表现突出、符合党员条件的，优先吸收发展入党，一线递交入党申请书共4名，一线考察培养4名，吸收入党积极分子2名。先后通报表扬12个基层党组织、25名党员干部，向一线党员干部传递出凝心聚力、共克时艰的强大正能量。号召广大党员自愿捐款支持新冠肺炎疫情防控工作，全区5713名党员（含前期捐款385名）向党组织、红十字会等机构累计捐款366765.5元（含前期捐款73135.66元）。

*加强一线考核激励。*印发《关于做好在新型冠状病毒感染的肺炎疫情防控斗争一线考察识别干部工作的通知》，一线了解领导班子和领导干部在疫情防控工作中担当作为、履职尽责情况。抽调干部成立3个防控新型冠状病毒感染肺炎专项督查组，从组织领导、措施落实、社会稳定、干部表现四个方面制定23项细化督查清单，对各单位各部门工作情况进行全面督查了解。从正月初二开始深入镇（街道）、区直部门、村（社区）、企业了解防控工作推进落实情况。共走访基层单位67个，谈心谈话76人次，一线实地走访考察了解干部139名，提出督查工作意见建议18项。及时掌握了解奋战在疫情防控一线医务工作者和党员干部的基本情况，并通过适当形式走

访慰问。在及时下拨市管党费的基础上，配套区级留存党费11万元，用于支持各级党组织疫情防控工作。

【严把干部质量关】　推进一线考察干部机制。落实《梅列区关于强化在一线考察了解干部的实施办法（试行）》，建立在一线考察任用干部的长效机制。采取“考核+”的方式在“五比五晒”、新冠肺炎疫情防控、徐碧“城中村”改造、创建全国文明城市等工作中开展专项考核，发扬“马上就办、真抓实干”的工作作风，提振干部干事创业精气神，开展考察谈话400余人次。

【培养干部一线工作能力】　持续选派党外干部、女干部以及各年龄层次干部参加区委、区政府中心工作，坚持在“五比五晒”、和谐征迁、脱贫攻坚、信访维稳、重点项目建设等急难险重一线磨练干部的意志和品格，丰富干部基层一线工作经历，提高干部群众工作和分析解决实际问题能力，进一步增强干部斗争本领，提高防范风险、抵御风险能力。2020年，选派参与一线工作800余人次，仅徐碧“城中村”改造项目就选派600余人次。

【精准使用干部】　全体组工干部积极投身各项中心工作，成立专门考核组，到各项一线任务中开展一线考核，在一线动态掌握情况。在徐碧“城中村”改造项目中，全体组工干部都有征迁任务，切实深入征迁一线，与征迁对象、征迁干部打交道，实时动态了解掌握工作进度和干部实际表现；在疫情防控工作中，建立区委组织部机关干部挂钩联系村（社区）制度，17名区委组织部机关干部全员上岗，建立防控疫情基层联系点51个，深入了解村（社区）和挂点干部在疫情防控中的典型做法和表现情况，发现并掌握一批综合素质良好，实绩突出的各年龄层次干部，60余名在一线表现突出干部提拔担任领导职务或晋升职级。

【拓展选人用人渠道】　在全区4个单位设置激励性专用副科级领导职数共6个，开展激励性选拔事业副科级领导干部工作，拓展区级事业单位干部晋升和交流空间。根据工作需要和岗位需求，及时从区外补充调入部分专业性强干部，提升全区干部整体素质。成立区属国有企业三明市梅列区城市建设投资发展集团有限公司，从区国有企事业单位选拔4名干部担任城发集团班子成员。

【常态化职级晋升】　制定出台《梅列区公务员职级晋升实施办法（试行）》，明确晋升职级积分制办法，把工作实绩、奖惩等方面情况作为积分计算依据，鞭策全区干部投身于“五比五晒”的战场、“四篇文章”的专班、“大战大考”的前线，并根据工作需要适时开展专项考核，树牢激励干部担当作为的正确导向，持续提振基层干部干事创业精气神，开展集中晋级2批次，59名干部晋升职级。及时落实职级晋升的公务员相应职务的津贴补贴（含电话费和车补），明确职级为四级调研员的公务员享受相应的医疗待遇。

【公务员年度考核工作】　认真执行《公务员奖励规定》，完成年度考核工作，2019年度参加年度考核的公务员583名，116名公务员获优秀等次；参照公务员法管理事业单位工作人员77名，16名获优秀等次。

【关爱基层干部】　严格落实省、市、区关心关爱政策，累计102名对象申报省、市、区级关心关爱资金，累计发放14.4万元资金。

【干部培训】　始终坚持用以习近平新时代中国特色社会主义思想武装全体党员干部的头脑，在全区党员干部中进一步兴起习近平新时代中国特色社会主义思想的“大学习”热潮。全年共举办6期“周末党校”，委托市委党校梅列分校举办1期科级干部进修班，举办1期为期15天的线上线下学习贯彻中共十九届四中全会精神专题培训班、7期青年干部读书班、2期入党积极分子培训班，联合区直机关党工委举办1期党务干部培训班。

【深入基层宣讲】　以习近平新时代中国特色社会主义思想，中共十九大，中共十九届三中、四中、五中全会精神，宣讲全国两会精神等主题，先后到经济开发区、区老干部退休协会、区科协老干部退休协会，以及部分街道社区进行宣讲活动。

【强化党员教育管理】　制定出台《梅列区贯彻落实〈2019—2023年全国党员教育培训工作规划〉的具体措施》，把学习贯彻习近平新时代中国特色社会主义思想作为“必修课”，把基层党建工作相关条例、突发事件应急处置、脱贫攻坚等作为培训重要内容，分层次抓好各领域基层党组织书记轮训。

【举办“新时代组工讲坛”】 搭建组工干部展示才华、学习交流、增强本领的平台，使组工干部自觉围绕学习新思想、业务知识、工作实践、主动学习，相互交流，以讲促学、以学促用，7月开始，每月举办1—2期，共举办9期，有21位组工干部上台讲座交流。

【推动党的制度落地见效】 坚持从严治党，强化管理监督。认真贯彻落实《党政领导干部选拔任用工作条例》《干部选拔任用工作监督检查和责任追究办法》等党内规章制度，严把选人用人入口关，实行干部档案必查、纪检综治等部门意见必听、举报信访件必审等制度，严格执行“带病提拔”集中倒查制度，逐步做到制度管人管事，实现全程跟踪、全程监管。

【抓早抓小，重在日常】 突出对区直部门、镇街“一把手”重点干部，干部调整、节假日和婚庆喜事重点时期以及涉及土地、征迁、工程等重点岗位的监督，对离任区直部门、镇街“一把手”进行经济责任审计9人次。深入分析纪检监察、巡察、审计、个人有关事项报告查核、信访等方面的情况，同时主动深入征迁、信访工作、重点项目一线近距离有原则地接触干部、观察干部，对2名干部苗头性、倾向性问题，及时谈心谈话、咬耳扯袖、红脸出汗。

【干部日常管理】 贯彻执行《加强干部“八小时之外”管理监督工作暂行办法》，加强对干部“八小时之外”的教育管理监督工作，让干部习惯在有约束的环境中工作生活，促进干部健康成长，2020年共有14名领导干部主动向组织报告个人重大事项。严格干部因私出国（境）审批管理，重新梳理核对全区科级以上干部出国境登记备案信息，及时到出入境管理部门增减、更新备案信息，共对29名新调入以及提拔的科级干部进行登记备案，新收缴证件21本。

2020年7月21日晚，梅列区委组织部开办“新时代组工讲坛”，由组工干部轮流上台主讲，持续加强能力建设

【提升社区治理能力】 制定《2020年城市基层党建整体效应提升工作方案》，建立区委统抓统管领导体制、街道联抓联管、社区共抓共管工作机制。积极组建小区党支部、楼栋党小组、物业党支部，无物业小区成立“红色自管会”，形成党组织引领居民参与小区自治的局面。建设“近邻”中心、党群服务中心、新时代文明实践服务站、居家养老服务照料中心等阵地，开展“邻里谈心会”倾听居民的意见建议。累计成立各类小区党支部150余个，打造时代景园小区、东安小区、富华小区、阳光城小区等一批示范点，设立“近邻”驿站26个，开展“邻里谈心会”80余场。

【健全议事协调功能】 完善党建联席会、共建理事会、党员议事会等制度，探索“三位一体”小区治理模式，实行“四事共议”工作法，探索村居联建、居企联建、跨居联建等做法，集中党建力量，整合共建资源，实现跨区域、跨类型党组织联建。共实施小区微改造项目19个，投入资金20050万元，完成老旧小区加装电梯89部。

【党建引领文明创建】 实施

《常态化实施党建引领文明创建工作方案》，开展“三引领三联系”行动，以党建工作引领文明城市创建工作。实行在职党员进社区报到服务、党员积分制管理，完善区级领导班子成员挂钩联系街道、社区工作制度，共有27名区级领导挂钩联系28个社区。开展“骑行看文明，步行查创城”活动，同时结合每月主题党日开展文明创建志愿服务，党员干部带头服务社区，开展党员志愿服务4200人次，完成志愿服务8400小时。

【建立区域化联动机制】 推进楼宇党建助力非公经济发展，以工商联大厦省级楼宇党建示范点为重点，搭建“街道党工委—楼宇党委—企业党组织”三级联动组织架构，完善党建联席会制度，建立党员领导干部挂钩联系非公有制企业制度，工信局、商务局、徐碧街道等15个部门和20名领导干部分别挂钩联系企业党支部，定期走访企业解难题。

【完善个性化服务体系】 探索数字党建云服务，开发“非公党建管理系统”平台，线上实现政策咨询、事务代办、组织党建等服务。打造楼宇“红色物业”，由楼宇党委、城管局、商会、党员业主等组成物业考评小组，优化物业企业评星制度和不合格物业企业摘牌退出机制，提升物业服务品质。2020年，工商联大厦党委共筹集经费8万元用于党建活动和疫情防控，组建11人的联防巡查队。

【打造一体化投资环境】 建立工程建筑、互联网商贸、银行保险3个行业协会党组织，运用区域联建、行业统建、单独组建等方式加大入驻企业党组织覆盖，提升党员在企业中发挥骨干作用。以工商联大厦楼宇为中心，在现有金融、建筑等产业的基础上，积极孵化上下游产业，打造“六路商圈”完整的产业链。通过产业孵化，工商联大厦等商务区企业由128家增长到475家，员工从3154人增长到6970人，纳税百万元以上企业从10家增长到28家。

【夯实农村党建促脱贫】 *夯实基础激活组织活力*。全面摸排梳理村情台账，常态化、长效化整顿软弱涣散村党组织，制定软弱涣散党组织整顿方案，落实“四个一”整顿措施，开展村级组织“头雁”储备行动，储备75名后备村干部，为换届选举做好充分准备。

补足短板推动脱贫攻坚。坚持以上率下，建立领导包镇、单位包村、干部联户制度，落实基层党建联系点制度，区领导班子成员挂点联系5个镇（街道）、23个建制村，强化党建引领。落实“驻村工作法”，充分发挥第一书记和驻村工作队作用，完成新选派驻村干部、新上任的乡村干部及尚未参加培训的建档立卡贫困村村“两委”的轮训工作。实施农村党员带头致富、带领致富“双带工程”，共有9名村“两委”干部创办领办致富项目，总投资5200万元。8名驻村第一书记，8名省、市、区派第一书记累计争取各类项目15个，各类资金350余万元。

【探索途径促进经济增收】 持续开展村级集体经济增收行动，出台《梅列区发展壮大村级集体经济实施意见》，探索“分股不分山、分利不分林”的集体林权股份制改革；发展现代农业，党员、村干部带头示范，鼓励乡贤、青年人回乡创业；开发乡村旅游，在提升瑞云山、清风谷等景区的基础上，打造了“清枫谷—洋溪公社—锣拔顶”旅游观光带、“野人部落长溪基地”“廖源美丽乡村”等一批旅游品牌；提升物业经济，对集体资产的招商和租赁进行统一规范化管理，开发盘活闲置房产，全区村集体物业租赁利用5.8万平方米，每年经营收入约1600万元；出台财政扶持政策，提高集体经济薄弱村“造血”能力，区财政每年安排专项资金100万元资金以入股方式投入国投公司运营，每年固定产生7%收益增加集体经济薄弱村村财收入；针对高山偏远村，土地增减挂钩资金20%划拨村集体，专项用于发展村集体经济项目；将村集体土地征收补偿款10%留存，用于发展村集体经济项目；发展光伏发电项目，5个高山村累计投入资金223.95万元，建设规模259千瓦，村均增收3万元。

【党建引领助力征地拆迁】 充分发挥党组织战斗堡垒作用，由区委统一领导、征迁指挥部临时党支部扛旗指挥，发动党员干部参与征迁一线攻坚。在徐碧“城中村”改造项目工作中，抽调400余名干部到入户动迁一线，为征迁工作做好组织保障，以区委组织部名义对7个集体23名个人进行通报表扬，激励一线征迁干部担当作为。

2020年8月9日晚，梅列区委常委、组织部部长朱跃锋（右一）与徐碧城中村改造项目挂包征迁户交谈

【**落实人才工作责任**】　突出服务发展，加快推进人才制度和政策创新，印发《2020年梅列区人才工作要点》，细化分解目标任务，层层抓好落实，建立处级领导挂包企业和联系人才制度，制定落实《2020年梅列区处级领导挂点企事业单位科技人才方案》。召开区委人才工作协调会4次，协调解决人才政策、人才子女入学等相关问题7个。认真贯彻落实《三明市进一步加快人才集聚若干措施》及其配套措施，协同人社、工信等部门积极开展“人才政策进企业”活动，制定人才新政宣传彩页500册，在辖区企业进行广泛宣传，提高人才政策知晓度，推动企业优秀人才申报省、市人才项目。

【**助力人才集聚**】　建立人才需求信息动态管理机制，通过入企走访、企业微信群等方式了解企业人才需求、用工条件等情况，准确掌握梅列区企事业单位人才需求情况，收集上报辖区35家企业共265个人才岗位需求。通过区政府网站、微信公众号、小鱼网等平台发布人才需求信息6期，采取“线上”和“线下”、“走出去”与“请进来”等招聘方式，帮助招聘各类人才20多人，达成就业意向300余人。建立人才编制保障机制，制定实施《关于加强区级“人才编制池”编制使用管理的意见》，从区级存量编制调剂10名事业空编，专门用于区主导产业和重点行业、重要领域引进的高层次和急需紧缺人才，为做强做大做优企业提供人才支持。深入实施补齐民生短板人才计划，大力引进教育、医疗卫生人才，培育一批具有“工匠”精神的名师、名医、技能大师和乡村“土专家”。2020年，成功申报市级技能大师工作室4个，举办线上职业技能培训11期，线下培训100多人次，新增高技能人才423人，公开招聘新教师51名、校医4名，公开招聘紧缺急需教师35名，区外调入紧缺卫生专业技术人员5名。

【**助力产业发展**】　大力实施“一企一策”，在“一业一策”的基础上，精心筛选12家“专精特新”企业、成长型企业以及泉三高端装备产业园第一批入驻企业签订“一企一策”备忘录，对人才在住房保障、子女入学、创新创业等方面制定个性化、合理化政策。加强与大专院校、国家级科研所对接合作，积极探索发展新型研发机构的创新路径，推进重大研发平台规范化建设。三明市普诺维机械有限公司工程技术研究中心疫情期间成功研发出生产速度1000片/分的高速口罩辊模，生产速度提高20倍，2020年企业技术研发中心被评为省级新型研发机构。三明市三洋造纸机械设备有限公司工程技术研究中心与北京轻工设计院联合开展“1～2千吨级五辊压榨洗浆”项目研发，填补了国内空白。积极推进泉三（梅列）高端装备产业园建设，依托梅列经济开发区党群服务中心成立经济开发区人才服务工作站，引入中国海峡人才市场三明分部设置服务窗口，构建集政策宣传、人才认定、招聘、安居保障、子女入学等功能为一体的“一站式”服务平台。2020年，梅列经济开发区申报博士后工作站，正在人社部审批。

【**优化人才环境**】　深化拓展“弘扬爱国奋斗精神、建功立业新时代”活动，在省、市组工信息，《海峡人才报》、《三明日报》、梅列微时代等刊登辖区人才创业创新等宣传报道5篇，积极落实高层人才津贴发放、开展各类人才慰问活动，发放津贴4.91万元，慰问金1.94万元，帮助协调解决21名人才子女入学问题。

2020年3月18日下午，梅列区召开全区组织工作会议

认真组织开展人才项目申报，2020年申报省级A类人才1名、省级B类人才1名，市级D类人才6名、市级E类人才3名、市级实用型一类、二类人才9名，三明市普诺维机械有限公司研发团队完成的“镶块式高性能旋切刀辊关键技术及应用”项目获福建省科技进步奖二等奖，三明市蓝天机械公司与三明学院合作的“高性能特大型高锰钢圆锥破碎机衬板关键技术研究及应用”项目获福建省科技进步奖三等奖。

（高春艳）

宣传工作

【概况】　2020年，中共梅列区委宣传部围绕中心、服务大局，守正创新、扎实工作，点面结合，创新举措，持续深化理论学习；积极有为，主动作为，全力抓好舆论宣传；守土有责，守土尽责，落实属地责任；整合资源，融合力量，扩大宣传阵地；密切协作，协同发力，助力文化建设。

【中心组学习】　区委理论学习中心组坚持自己学、自己讲，会前积极思考、充分准备，会上深入研讨、互动点评，学习质量稳步提升，有力带动全区理论学习提质增效。全年，共开展学习22次，其中，集中学习研讨12次，专题辅导10次。

【“学习强国”平台】　坚持学习积分日通报制度，建立激励竞赛机制，实行学习积分考评奖励办法，每月对各党（工）委学习情况进行考评，以奖促学，激发动力，产生明显效果。全区党员干部参与学习的覆盖率长期位居各县（市、区）首位，学习积分也迅速跃升至全市前列。

【疫情防控宣传】　区委宣传部在新冠肺炎疫情防控期间，大力宣扬伟大抗疫精神，助力疫情防控，在央视移动新闻网发布各类视频405条，居全市前列，其中，列西小学教师杨建新原创抗疫公益作品《最美色彩》网络点击量达37.5万余次，极大提振抗疫士气。

【徐碧旧城改造宣传】　在历时23年未能破解的徐碧“城中村”旧城改造重点项目工作中，区委宣传部全面报道克难攻坚进程，助推征迁工作。短短半个多月，在市级各媒体集中刊（播）发各类新闻稿件120余篇，展现出一道靓丽的依法和谐征迁风景线。

【创城迎检宣传】　区委宣传部在全国文明城市和省级文明城区总评迎检工作中，积极探索和实践文明创建长效机制，全覆盖开展文明创建理念宣传，营造浓厚的文明创建氛围，助攻创城迎检，为三明市蝉联全国文明城市和顺利通过省级文明城区考评，做出了梅列宣传人应有的积极贡献。

【“四张名片”宣传】　在落实市委提出的做实“四篇文章”工作中，广泛推介展示三明风采，助成“四张名片”。区委宣传部相继与民盟中央美术院三明分院联合举办“文明三明　美丽梅列”中国画名家采风写生活动，邀请省内外23名国家级中国画名家走进梅列，生动展现梅列区四个文明建设取得的丰硕成果；与三明新周报社合作拍摄专题片《红色梅列美如画》。拍摄快闪作品《多彩梅列，红歌飞扬》，不断扩大试听梅列的知名度和美誉度

【落实属地责任】　区委宣传部全面落实意识形态工作责任制，积极组织开展意识形态专项巡察、督导检查，不断推动各级党

（工）委、党组履行好主体责任。严格落实网络意识形态和网络安全工作责任制。

【扩大宣传阵地】 搭天线，织成空中广播网络。区委宣传部在全区所有自然村和部分社区添置配建智慧音箱和云广播，通过小程序、短信、IP话筒等多种发送手段，实现远程管控内容一键下发，有效扩大宣传覆盖面，创新了传播手段和话语方式，让党的创新理论“飞入寻常百姓家”，使广播在田间地头、街道社区响起来。

接地气，建成文明实践中心。实现全区所有镇街新时代文明实践中心所（站）全覆盖，并成立21支志愿服务队，通过志愿服务形式，接通宣传服务群众最后“一公里”，呈现生气，聚集人气。2020年，全区在“福建省志愿服务网”注册团队280余个，志愿者3.2万余人，发布项目4500余个，累计时长达25万余小时。

【助力文化建设】 区委宣传部强化文旅宣传推广，举办梅列区首届文化旅游美食节、“中国绿都·最氧三明—梅列清枫露营趣”“夜三明·百姓大舞台”等文旅活动，助力文旅市场复苏。助推文旅项目建设，在洋溪镇，加快文旅小镇建设，实施清枫谷景区改造提升工程，推进文旅产业发展，打造市区人气“网红”景点。在陈大镇，以知青文化为主题，引进智联团队，打造“知青村·砂蕉”品牌，实施景观提升工程，建成学习强国公园，砂坪知青馆旧居等知村文旅游学观光点。

（陈璇艺）

统一战线

【概况】 2020年，梅列区委统战部深入学习习近平总书记关于加强和改进统一战线工作的重要思想，坚决贯彻落实中央和省、市、区委关于新时代统战工作的重大决策部署，以政治建设为统领，把握凝聚人心这个根本，围绕做实“四篇文章”、推进“四个着力”、深化“五比五晒”，努力提高多党合作效能，深化党外知识分子和新的社会阶层人士统战工作，推进民营经济统战工作，着力建设团结进步窗口，始终维护宗教领域和谐稳定；扎实推进港澳台侨统战工作，推动全区统战工作提质增效。区委统战部被省委统战部、省人社厅授予“2016—2019年度全省统战系统先进集体”称号。提升服务民营经济发展、推动梅列台湾发展、推进少数民族乡村建设等相关经验做法被省委办公厅《八闽快讯》《福建统一战线》刊发，多项工作走在全市前列。

【提升多党合作效能】 不断推动提升政党协商实效，协助区委制定2020年度政党协商工作计划，邀请民主党派参加区委、区政府重大会议、专题情况通报协商会、座谈会等，让民主党派及时了解区情、社情、政情，提高协商实效。引导民主党派聚焦区委、区政府重大决策部署，围绕“十四五”规划实施、做足做实“四篇文章”、推进“四个着力”、深化“五比五晒”，巩固拓展提升“三明实践”等重点任务，开展社情民意调研10余次，向市、区两级提交提案、大会发言等各类建议意见近80篇，其中3篇获市领导批示。认真贯彻《中共中央关于加强中国特色社会主义参政党建设的意见》《各民主党派中央关于建立健全领导班子民主生活会制度座谈会纪要》和《各民主党派中央关于加强内部监督工作座谈会纪要》精神，协助民主党派梅列区基层委员会进一步完善组织运行、工作开展和自我管理等制度，引导各民主党派先后在东南眼科医院、千禧环保科技有限公司、美亚健康体检中心等场所创建一批各具特色的“党（盟、会、社）员之家”，提升民主党派基层委员会凝聚力和执行力。

【深化党外知识分子和新的社会阶层人士统战工作】 健全和完善党外知识分子和新的社会阶层人士联系沟通交友制度，走访联系新阶联骨干和会员50多人，加强与党外知识分子和新的社会阶层人士交往与联系，吸收一批新会员，不断壮大队伍。以拓展新阶联活动平台为抓手，分别在梅列工商联大厦、三明悠然画苑、长溪创梦户外拓展活动基地及三明书画院建立新阶联实践创新基地，谋划开展系列主题教育活动，促进新阶联会员成长、信息共享，丰富文化生活，激发新的社会阶层人士活力，引导他们进一步发挥作用凝聚发展智慧、汇聚发展力量。充分发挥党外知识分子和新的社会阶层人士优势，支持引导他们立足本职岗位，履行社会责任。以开展“阳光1+1（社会组织+老区村）牵手计划”行动为着力点，主动与陈大镇长溪村结对共建，助力乡村振兴，参与助农直播爱心团购活动，帮助宣传推销滞销野生山茶油、大米等农产品，促进农民群众增收。

【加强民营人士沟通】 加强与民营经济代表人士沟通联系，认真开展同民营经济代表人士谈心活动，通过上门走访、邀请座谈等形式，与12位有影响力的民营经济代表人士进行“一对一”谈心，传递习近平总书记和党中央对广大民营经济企业和民营经济人士的高度重视和亲切关注，全面了解新冠肺炎疫情对企业生产经营的影响和企业发展面临的困难，征求民营经济人士对经济社会发展的意见和建议以及对统战工作的建议等，鼓励民营经济人士坚定信心，并积极为他们答疑解惑，解决实际困难。大力弘扬优秀企业家精神，出版第二期《梅商》杂志，宣传梅商创业创新事迹，持续扩大梅商影响力，凝聚梅商正能量。

【护航民营企业】 开展“访企业、解难题、‘促六稳’”专项行动，深入民营企业了解营企业遇到的实际困难和发展难题，征求惠企政策落实过程中的意见建议。与检察院举办“联百企、结百亲、解百难”活动，通过普法宣传、以案释法、座谈交流、日常联络等方式，提供更加具有针对性的法律服务，为民营经济发展提供坚强法治保障。继续举办专场银企对接会，帮助民营企业缓解融资难题。在梅列区行政服务中心大厅加设惠企政策兑现窗口，抽调相关部门工作人员集中办公，全面梳理中央、省、市、区有关惠企政策，制定梅列区《惠企事项办事指南》及政策兑现清单，办理惠企事项33205件，兑现政策资金1.55亿元。

【推动商会发展】 深化“五好”工商联创建活动，加强对商会的联系、服务和指导，不定期赴厦门梅列商会走访调研，邀请厦门梅列商会回乡慰问考察，交流探讨新的一年工商联所属商会的改革和发展方向。加快镇（街）商会和行业协会组建工作，积极筹备镇、街商会的成立事宜，先后成立三明市梅列徐碧商会、陈大商会，梅列区总商会洋溪分会、列东分会、列西分会，实现镇街商会全覆盖。

【落实少数民族政策】 通过区政府网、梅列新闻网宣传《中国公民民族成分登记管理办法》，发放《少数民族政策知识宣传手册》等方式，广泛宣传民族地方法规、政策，确保少数民族各项政策落到实处。2020年，为少数民族考生审批认定中考加分22位。

【推进民族村建设】 进一步健全完善市、区、镇（街道）三级挂钩帮扶民族村工作机制，推动市、区、镇（街道）挂钩帮扶单位发挥各部门优势，帮助民族村加快振兴发展，协调市自然资源局帮助洋山畲族村做好空间规划，发挥洋山畲族村地域优势，准确定位发展重点、特色与发展方向，融入三明北部发展进行规划。积极向上争取少数民族补助资金21万元，用于洋山畲族村老人幸福院建设、后洋村安全饮用水工程建设和碧溪村池下少数民族活动中心维修建设。洋山村老人幸福院竣工，后洋村安全饮用水工程建设完成，碧溪村池下畲族小组少数民族活动中心维修建设正在实施。

【民族团结进步宣传月活动】 深入开展第13个民族团结进步宣传月，以多种形式和手段，大力宣传党和国家的民族政策、民族法律法规、梅列区民族团结进步事业取得的成绩以及民族团结进步先进典型，大力实施惠及群众、增进团结的实事好事。悬挂宣传标语、横幅54条，发放宣传资料2000余份，并在公交站点设置灯箱广告1幅。指导高岩社区与列东中学西藏班结对，营造平等、团结、互助、和谐的民族大团结良好社会氛围，梅列区促进汉藏交往交流交融经验做法，在全省“讲好新时代民族宗教好故事”会上进行交流。

【破解宗教重点难点问题】 不断巩固深化宗教工作督查整改成果，持续压实宗教工作主体责任，扎实抓好各级巡视巡察涉及宗教领域问题的整改工作，巩固整改成果，着力解决宗教领域出现的新情况、新问题，确保宗教领域和谐稳定。基督教方面，加强对私设聚会点联合执法检查，深入推进依法治理基督教私设聚会点工作；佛道教方面，认真贯彻落实国家宗教事务局等12个部门《关于进一步治理佛教道教商业化问题的若干意见》精神，着力治理佛道教“商业化”问题，扎实开展宗教界移风易俗工作，对各宗教团体和宗教活动场所落实移风易俗专项治理工作进行督促检查。

【坚持宗教中国化方向】 加强

对宗教界的政治引领，开展“和谐寺观教堂创建”活动，深化“国旗、宪法和法律法规、社会主义核心价值观、中华优秀传统文化进宗教活动场所”“四进”宗教活动场所活动，支持宗教界举办各种形式的中华优秀传统文化读书、培训、研讨活动，用中华优秀传统文化浸润各宗教，激发宗教界人士的爱国热情。梅列基督教堂被列为市级和谐寺观教堂创建联系点。

【侨胞联络联谊】 加强与海外社团的联系，走访拜会澳大利亚、意大利、法国等国侨领及侨领家属，建立沟通渠道，收集完善境外乡亲信息479人积极整合各方资源，让更多境外、海外资源投入、参与梅列发展建设，促进梅列区经济发展。

【港澳台胞联络联谊】 走访联系在梅列台胞20余人，深入台湾青年企业创业园等台资企业，详细了解企业生产经营情况，宣传有关惠台措施政策，协调帮助解决企业发展中遇到的困难和问题，促进梅列台湾产业合作。认真做好香港专项工作，建立港澳青年代表人士数据库。

【侨法宣传活动】 举办纪念《归侨侨眷权益保护法》颁布30周年纪念系列活动，在辖区街道、社区、村广泛开展《福建省华侨权益保护条例》（简称《条例》）宣传教育活动，张贴《条例》100余张，组织72人参与中国侨联和全国普法办主办的“纪念归侨侨眷权益保护法30周年暨第二届侨商杯法律知识竞赛”；开展“梅列区‘侨爱工程’义诊暨侨法专题宣传活动”，发放《福建省华侨权益保护条例》等各类宣传资料600多册（份）。赠送防疫消毒液、纸巾200余瓶（盒），接受义诊和法律咨询的人员150余人次。

【落实华侨政策】 为“三侨生”办理中考加分4位、高考加分6位，为到闽定居华侨办理落户14位。认真做好困难归侨慰问工作，走访慰问辖区困难归侨侨眷33户，发放慰问金3.55万元，申报并发放2020年省级贫困侨救助资金1人，2299元。

【助力脱贫攻坚】 主动联系辖区商会、企业，开展“百企帮百村”活动，动员辖区商会和企业发挥自身特色优势，承担社会责任，积极主动参与脱贫攻坚工作，通过产业帮扶、就业帮扶、生活帮扶等形式，帮助贫困群众增收致富，共帮扶资助117人，4.23万元。同时，开展“海西春雨行动”“宗教慈善”“百侨帮百村——联村助户”等活动，累计捐款、捐物约13.83万元，近100人受益。

【全力做好有关疫情防控工作】 发动干部深入一线，协助挂点街道、社区做好疫情摸排、疫情防控知识和防护措施普及宣传等工作，选派干部到香米拉酒店集中医学观察点协助做好管理。着力引导统一战线成员积极参与疫情防控，采取线上线下相结合的方式，全面掌握470多家民营企业情况，指导民营企业做好疫情防控工作，协助企业解决实际困难和问题，全力助推民营企业有序复工复产。扎实做好宗教领域常态化疫情防控工作，组织开展检查80余次，指导各宗教活动场落实落细常态化疫情防控措施，在特殊时期，劝导暂停全区所有宗教、民间信仰活动场所，暂停举办庙会、礼拜、花灯节等所有群体性宗教活动和民间信仰活动。认真做好境外疫情输入防控工作，建立9个海外侨胞微信群和10个海外防疫服务中心，帮助解决海外侨胞在防疫等方面问题和困难，对返乡归侨发送慰问信、赠送礼包150份表达关心。引导动员广大统一战线成员踊跃捐款捐物245.68万元。发挥优势助力海外侨胞防疫经验做法被省委办公厅《八闽快讯》刊发。

（陈　志）

区直属机关党工委工作

【概况】 2020年，中共梅列区委区直机关工作委员会（简称区直机关党工委）以党的政治建设为统领，深刻把握机关党建围绕中心、建设队伍、服务群众的职责定位，扎实开展亮灯行动，建设模范机关，全面提升机关党建质量。

【亮灯行动】 通过开展“亮灯行动”争创“模范机关”，推动机关党建走在前、作表率，激励机关党员主动担当作为，2020年，共有116个机关党组织和党员在疫情防控、“五比五晒”、征迁工作中受到市、区记功、嘉奖和通报表扬。在“梅列微时代”“亮灯行动 党旗飘扬”专栏中，累计刊发各机关党组织的优秀经验做法15篇。

【疫情防控】　组织机关各级党组织积极参与打赢疫情防控阻击战，580余名机关党员组建党员志愿服务队、突击队40余支；下拨疫情防控专项党费36000元，累计慰问防控一线党员干部职工16人，组织658名党员共捐款68853.42元。

【强化主责】　强化机关党的政治建设，坚决落实“两个维护”，及时跟进学习习近平总书记重要讲话和上级各类会议精神，制定下发《2020年度区直单位机关党委（总支、支部）书记抓党建工作责任清单》40份，召开全面从严治党主体责任专题会及意识形态工作责任制专题研判会各2场，党建现场推进会和述职评议考核会各1场。党费收缴、“三会一课”、落实党管意识形态工作列入年度绩效考评。

【理顺机制】　依据《中国共产党党和国家机关基层党组织工作条例》，进一步优化全区机关党组织设置，明确工作职责，理顺机关党建工作机制，在不改变党组织和党员隶属关系的情况下，加强对住建、工信、教育、农业农村等机关党组织的指导、督促和考评，进一步提升机关党建工作水平。

【理论学习】　继续深化“月学习例会”制度，划分学习模块，将党风廉政教育和意识形态工作列入学习例会，每月列出学习清单，全年刊发12期；组织各机关党组织开展“一季一警示”活动182次；认真做好中共十九届五中全会精神学习，机关各党组织开展宣讲、学习40余场。

【规范管理】　创新机关党建月调阅制度，每月抽取15个党支部集中互查，实行班子成员“轮值主持”制，每月制定检查考评细则，党务干部根据细则对照检查，现场召开座谈交流会指出存在问题及整改措施，营造互学互助互比良好氛围。

【文明创建】　严格落实《常态化实施党建引领文明创建工作方案》要求，结合在职党员进社区报到服务工作，开展机关支部“六个一”主题活动，每月最后一个周日作为党员义务劳动日，累计组建志愿者服务队51支，结队帮扶弱势群体40余户，党员领导干部牵担任小区工作186项，认领责任区186块，为社区提合理化建议130余条，开展志愿服务136场次，参与党员585人；深入开展在职党员“进社区、亮身份、强服务”活动，40个直属机关党组织545名在职党员进社区报到并服务，累计认领服务项目数625个。

【丰富活动】　组织开展“唱响‘风展红旗如画’品牌 迎接建党99周年”系列活动，通过党员领导干部上党课、专题研讨、主题党日等方式庆祝中国共产党建党99周年活动期间，各党组织累计开展重温入党誓词、志愿服务等各类活动40余次。

（刘桦清）

老干部工作

【概况】　2020年，梅列区委老干部局落实全国、全省、全市老干部局长会议精神，紧紧围绕区委、区政府做实“四篇文章”、推进“四个着力”、深化“五比五晒”中心工作，坚持政治引领，扎实推进离退休干部党组织建设、老干部服务管理、正能量活动开展等各项工作，推动全区老干部工作高质量发展。

【理论学习】　2020年，区委老干部局围绕学习贯彻习近平新时代中国特色社会主义思想和中共十九届五中全会精神，组织党工委全体党员开展集中学习和专题研讨。组织各离退休干部支部收看线上学习报告会4场。为35名离

1月3日，梅列区召开2020年老干部通报会

休干部、“5·12”处级退休干部送去《习近平在厦门》《习近平在福州》《中办通讯》等学习资料。积极引导老干部利用学习强国、福建老干部App进行线上学习，加强用理论武装头脑，确保老干部思想常新。

【依托活动载体】 认真抓好老干部阅文制度、参加重要会议、通报情况、参观考察、走访慰问等各项制度的落实，坚持做到“五必访”。全年召开老干部学习例会8场，组织老干部学习阅文，及时向老干部传达上级会议和重要文件精神。组织老干部代表参加党代会、人代会，区委九届八次全委会议，让老干部了解党和国家大事，及时了解梅列区重点工作。

【离退休干部党组织建设】 注重离退休干部党组织班子建设，2020年，举办一期为期3天的培训班，组织各离退休干部党支部书记、老党员工作室负责人20余人进行培训，切实加强自身队伍建设，提升队伍业务水平。继续深化“156”离退休干部党支部工作机制，深入基层党组织检查指导离退休干部党支部建设情况，按照“五讲六有”示范党支部，结合实际确定培育典型，2020年，推荐列东街道和徐碧街道离退休干部党支部为市级示范支部。

【老党员工作室建设】 区委老干部局主动加强与区分管领导汇报，争取财政支持落实工作经费，2020年起，老干部活动中心增加5万元工作经费。制定下发《关于培育梅列老党员工作室示范点的意见》，按照“六有五好”标准，明确具体要求，并做好制度建设和制度上墙。2020年，梅列区共成立5个老党员工作室，通过以点带面，进一步增强全区老党员工作室的影响力，激发老党员活力。

【老干部管理】 区委老干部局进一步落实局机关干部结对联系服务老干部责任制度，开展“三个一”（每个月给老干部打一个电话、每个季度走访一次老干部、每年为老干部办一件实事）活动。健全完善服务情况记录制度，对联系服务情况进行交流、汇报，及时了解并掌握老干部的身体情况、家庭情况、困难要求等信息，根据老干部的实际情况，重新按红、橙、绿三级进行调整，进行动态跟踪。

【为老干部服务】 深化“348”服务机制，下发《五督五比工作方案》，建立单位、家庭、社会、老干部门的“四位一体”联动共建机制，发放联系卡，明确单位、社区、老干局联系人。建立健全《梅列区处级领导联系老干部方案》，明确处级领导干部联系老干部的职责。2020年春节、老年节走访慰问老干部及离休干部遗属114人次、发放慰问金86700元。探望生病住院老干部13人，发放慰问金6500元，并通知其所在单位上门探望。

疫情防控期间，及时下发倡议书，并积极向工信局协调，为每位老干部送去口罩，以解决燃眉之急。疫情发生后，政府购买线下实体援助暂停服务，为解决部分老干部理发、助浴等实际问题，区委老干部局积极协调民政局，督促尽快与禾康签订协议，继续为老干部服务。10月，为1名离休干部协调解决看病住院的问题。12月，为1名离休干部解决护理费的问题。老年节前夕组织老干部游园活动，每人发放价值100元纪念品，并为全体老干部集体祝寿，送上蛋面和牛奶。

【围绕主题，弘扬正能量】 围绕“全面建成小康社会，做实‘四篇文章’”主题，积极开展“四讲四做”增添正能量活动。10月，组织老干部到梅列区中小学参观视察学校建设，了解梅列教育发展情况，并在沪明小学召开专题座谈会，讲述梅列红色故事，传承红色基因，宣传红色文化，大力弘扬苏区精神。组织区离休干部、“5·12”退休干部、区处级以上退休干部、机关党员共18人参加主题教育党日活动，到百特智能、国投闽光等企业参观调研，让全区离退休干部亲身感受梅列工业发展的巨大变化，鼓励老干部宣传梅列工业产业优势、招商政策、营商环境等，为工业发展招商引资献计出力，汇聚支持更大合力。

【推进重点工作】 围绕做实做足“四篇文章”、推进“四个着力”、深化“五比五晒”，发挥基层党组织战斗堡垒作用和党员先锋模范作用。2020年，组织梅列区298名离退休党员干部为抗击疫情捐款35570.1元，其中1名离休老党员一次性捐款10000元，充分彰显党员先锋模范作用。深化“五比五晒”项目工作中，投入精力，主动出击，积极联系客商，完成谋划项目1个、签约项目1个，竣工投产项目1个。

【“亮灯行动”】　制定下发《梅列区委老干部局党支部“亮灯”行动实施方案》明确目标任务，严格落实“支部主题党日”制度。以开展“亮灯行动”为载体，每月月底周末，定期组织全体党员干部到挂点社区梅岭社区开展志愿服务活动。在疫情防控期间，以组织志愿者服务队的形式，开展义务送菜、值班、巡逻、宣传等活动，引导老党员为抗击疫情贡献力量。区委老干部局退休干部党员宝春娥积极参加疫情防控志愿活动达221次528.3个小时，被区道德模范联谊会评为“最美志愿者”。

【老年大学教学】　2020年，区老年大学防控疫情停课不停学，线下停课线上学。老年大学接到因疫情停课通知后，为了满足广大老年学员对学习的需求，各班老师和班长都积极行动起来，开启老年大学线上教学的步伐。老师们纷纷录制视频教材，通过学校网站、抖音、班级微信群等新媒体开展直播教学和线上教学，要求学员跟着练习，并将学习实况录像传给老师，由老师给予点评和指导，让学员足不出户在家便可上课。

*发挥自身优势，投身“战疫”献力量。*老年大学组织学员志愿者们主动参与学校、社区开展书写宣传标语、上街巡查或走进社区发放宣传单等各种志愿活动。副校长傅载永参与疫情防控宣传工作，书写宣传标语100多张，被东安社区评为“志愿之星”。疫情期间，校各班教师也利用所学专长积极投入防疫工作。2020年，老年大学“九九”志愿服务队组织老年志愿者开展防控防疫、文明督导、卫生保洁、捐赠衣物等多次志愿服务活动。

*发展教学联盟，提升教学水平。*为了迎接省级达标校验收及全市老年大学工作会议在梅列区召开，认真做好各项软硬件迎检验收准备工作。梅列区老年大学重视发挥示范引领作用，努力发展城乡社区老年教育。2020年，梅列区老年大学又新增挂牌成立7个教学点，设立2所分校，8所社区“六个有”教学点，即：有机构、场所、计划、队伍、活动、成果，方便近千名老年人就近学习。学校十分重视分校教学点工作，在经费和教学指导上给予大力支持。12月，梅列区老年大学被福建省教育厅、中共福建省委老干部局评为达标老年大学。

【关心下一代工作】　2020年，梅列区关工委构筑坚强堡垒，形成全社会关爱合力。在全区各镇（街）、村（居）及教育系统等建立，关心下一代组织，报告团扩大到136名“五老”人员，充分利用关爱青少年的活动阵地开展活动。年内，梅列区关工委携手爱心企业到洋溪镇、陈大镇慰问困难儿童18人。10月，区关工委资助24名困难中、小学生关爱教育基金3万元。同时为区里4名考上大学的困难学子争取三明农商行“福旺通慈善基金”捐资助学金额达2万元。疫情期间，为重度残疾脑瘫儿童上门服务；为一级多重残疾人家庭送上防疫口罩及消毒液；为梅列区20名青少年精准帮扶对象送防疫物资。

*优化活动质量，打造品牌效应。*根据基层工作特色，因地制宜，培育关心下一代工作品牌，形成四个关爱工作品牌。积极开展青少年“中华魂”（科技托起强国梦）主题教育活动。7月，市、区两级关工委在市图书馆开展“中华魂”主题教育活动启动仪式，积极探索以社区为基础服务青少年，让普通甚至有困难的家庭孩子也能感受到科技的力量，激发学习积极性。2020年，向全区中、小学及企业赠送全国“中华魂”主题教育活动用书5000册。

*强化普法教育，预防青少年犯罪。*深入学校社区，开展普法宣传教育。9月，梅列区关工委在沪明小学开展第四届“关爱明天、普法先行”——青少年普法教育暨继续创“未成年人零犯罪学校、村（社区）”活动启动仪式。12月，到三明十一中开展法治宣传日暨宪法宣传周系列活动，帮助学生提高了宪法和法治意识，在校园内营造尊崇法治、维护宪法的浓厚氛围。做好关爱未成年人，创建“零犯罪学校、村（社区）”工作，全区有14所学校、44村（社区）积极做好申报工作。

【提振干部队伍干事创业精气神】　2020年，区委老干部局坚持思想引领，强化干部担当精神。围绕深入学习贯彻习近平新时代中国特色社会主义思想和中共十九届五中全会精神，坚持用新时代中国特色社会主义思想武装干部头脑。组织党员深入学习《习近平在福建》《习近平在厦门》《习近平在宁德》《习近平在福州》等读本，能抓好意识形态工作，推动支部党员进一步树牢“四个意识”，坚定“四个自信”，做到“两个维护”。

*强化作风建设，提升干部担当能力。*深化“亮灯行动”，

落实“五抓五做”。制定下发《梅列区委老干部局党支部“亮灯”行动实施方案》明确目标任务，严格落实“支部主题党日”制度。以开展“亮灯行动”为载体，每月月底周末，定期组织全体党员干部到挂点社区梅岭社区开展志愿服务活动。落实全面从严治党，转变观念，改进作风，提升执行力。健全完善老干部局各项规章制度，较好地完成精神文明建设、平安创建工作及挂点社区工作。积极开展疫情防控，配合社区做好上门排查、路口值班和宣传工作。创城期间，协助社区做好巡查、保洁工作。

坚持实干导向，激活干部担当动力。领导带头履职尽责，树立用人导向。在徐碧旧城改造项目中，从细微处入手，能形成合力，解征迁户真正需求，入户调解纠纷，并帮助协调解决其他实际困难，用耐心细致的服务打动征迁户。老干部局于开始签合同的第一天率先完成4户征迁任务，签证率达100%，并在完成任务的同时，协助4个兄弟单位完成征迁任务。

提升舆论宣传，落实意识形态工作责任制。全面贯彻落实区委关于加强意识形态工作决策部署，把握正确的舆论宣传导向，加强与社会新闻媒体对接，充分利用各种传媒手段多渠道，多层面宣传报道梅列区老年工作动态、老干部工作先进典型。全年被《福建老年报》《三明市老干部工作信息》、福建老年大学网站、市区微信公众号、梅列区政务网和《梅列信息》等新闻媒体及刊物采用的信息、稿件20多条。

落实党风廉政建设，筑牢廉洁自律防线。强化廉政教育，树牢思想防线。坚持党性党风党纪教育常态化，认真学习《中国共产党廉洁自律准则》《中国共产党纪律处分条例》等党内法规制度及案例分析，组织观看系列廉政警示教育专题片，教育党员干部时刻绷紧纪律规矩之弦。2020年6月23日，区委巡察二组反馈了巡察情况，制定整改方案。针对反馈的问题，局长作为支部书记切实负担起巡察整改第一责任，带头履职，以身作则，带领全局上下在规定时间按照要求进行了全面认真的整改落实。

（魏丽红　魏芳磊）

机构编制

【概况】 2020年，中共梅列区委机构编制委员会办公室（简称区委编办）主动适应新常态，紧紧围绕区委、区政府决策部署，提升机构编制工作服务中心、服务大局科学化水平，较好完成各项工作。

【机构改革】 全面完成镇（街道）机构改革工作。2020年7月30日，正式印发实施梅列区各镇（街道）《机构改革实施方案》，结合辖区实际，2个镇综合设置6个内设机构，3个街道综合设置4个内设机构，整合镇（街道）所属21个股级事业单位，重新设置15个副科级财政核拨事业单位。开展规范“属地管理”工作试点，制定《乡呼区应属地管理主体责任和配合责任清单》以及8个配套文件，进一步明确区、镇（街道）的职责分工，建立准入办法、统筹管理机制，明确考核标准，并将镇（街道）对区级职能部门的考核评价结果纳入区级职能部门绩效考核指标体系，按照指标考核分30%权重计入被考核部门年度绩效考核得分，避免出现推诿扯皮现象。

全面理顺机构归属划转工作。落实综合执法改革要求，积极配合做好农业、交通、文化3个领域执法队伍的上收市级工作，全面完成32名编制、24名在编人员的上收工作，原3个领域5支执

2020年6月20日，梅列区委编办组织党员开展党日学习活动，参观上街村党建展览室，举行社会主义宣传教育，在党旗下接受心灵的净化和洗礼

法队伍不再保留。做好公安体制改革工作，全面完成森林公安23名政法专项编制、18名在编人员的上收工作。全面完成三明市市场服务中心下放机构及人员的接收安置工作。做好防汛机构、防火机构的划转工作，将原区农业农村局所属的防汛办、自然资源局所属的防火办划转至区应急管理局管理。

【机构编制管理】　围绕做好“四篇文章”，全面服务保障重点工作。积极推进中小学教师“县管校聘”管理体制改革，完善“总量控制、统筹城乡、结构调整、有增有减”的教职工编制管理机制。2020年，同意中小学、幼儿园教师用编136名，实际入编121名。同意2021年中小学、幼儿园教师用编100名。2020年11月，新设立区贵溪洋小学和沪明幼儿园。保障重点工作，为加强梅列区重点工作、中心工作人员配备，全年办理入编新考录、新调入或新安置梅列区54名机关事业干部。同意2021年区属事业单位招考计划用编39名；为做实“红色三明”文章，加强苏区办工作；核增区发改局3名行政编制，核增1名副科级领导职数用于配备苏区办工作人员。创新“柔性引才”机制，建立“人才编制池”，4月28日，区委组织部、区委编办、区人社局、区财政局联合印发《关于加强区级“人才编制池”编制使用管理的意见》，从区级存量事业编制总量内调剂10名事业空编，建立区级“人才编制池”。建立“保障急需、单列管理、专编专用、空编置换、人退编收、循环使用”的区级“人才编制池”编制使用管理制度。

【事业单位登记管理服务】　落实事业单位登记管理服务标准化，清理已撤销未注销登记事业单位。全年完成事业单位法人年度报告公示147家，办理事业单位法人设立登记4家，事业单位法人变更登记49家，事业单位法人注销登记5家。

（黄启张）

党史和地方志

【概况】　2020年，梅列区委党史和地方志研究室（简称区委史志室）扎实开展“不忘初心、牢记使命”主题教育，贯彻《福建省地方志事业发展规划纲要（2016—2020年）》，落实上级史志部门交办的各项任务和区委、区政府工作安排，扎实开展志鉴编撰、党史研究等工作。

【《梅列区革命老区发展史》编纂出版】　区委史志室开展《梅列区革命老区发展史》编纂工作。积极与市老区促进会对接，征求编写意见和获取上级部门业务指导支持，认真梳理汇总有关部门上报材料，深入基层开展调查走访参加三明梅列辖区建设初期的老干部，掌握第一手资料，积极挖掘红色资源。《梅列区革命老区发展史》由海峡书局印刷出版，全书22万字。成为党史学习教育生动教材。

【红色文化活动】　根据上级部署，结合《中央苏区工作组工作方案》任务，进一步做好革命旧址保护利用行动计划和唱响“风展红旗如画”红色文化品牌行动计划。以“风展红旗如画”红色故事宣讲活动为契机，配合市里做好红色文化、革命文化等资料的整理完善工作，进一步做好红色资源的挖掘整理、保护利用，为全力唱响“风展红旗如画”红色三明品牌提供党史资料的支撑，把好史实关。深入挖掘红色文化资源，加强辖区碧溪“中央红军村”建设、保护和管理。深入陈大镇长溪村、碧溪“中央红军村”，红军强渡沙溪河战斗遗址，开展革命遗址实地走访，进一步摸清梅列区红色资源情况，深入了解革命遗址的保护措施和传承现状，为做好红色遗址保护工作奠定基础。多次参与洋溪镇“公社文化”调研，提供史料，查找历史资料挖掘文化资源，为洋溪镇打造“文旅小镇”提供智力支持。

【《梅列区志》编修印刷出版】　区委史志室积极与各承编单位沟通，汇总修改信息，征集图片资料，完成《梅列区志》资料的补充、核实、修改工作。7月，《梅列区志》通过市委党史和地方志研究室审查验收。8月，经区政府采购平台公开招标程序，区委史志室和印刷出版机构签订《梅列区志》印刷出版合同，报送至海峡出版发行集团审校出版。

【《梅列年鉴（2020）》编纂】　主动与各承编单位沟通机构改革人事变动情况，收集梅列区机构改革和人事变动文件比对，按照《地方综合年鉴编纂出版规定》及三明市县（市、区）年鉴推荐会议传达的精神，认真细致对资料进行反复核对，完成《梅列年鉴（2020）》的编纂工作，交付出版社审校。

【开发地情资源】 协助区政协编纂《梅列区政协志》，协助梅列区民政局编纂出版《梅列区地名志》，开发梅列区地情资源，为区直各单位及社会各界提供地情资料服务。

【服务中心工作】 围绕区委、区政府重点难点工作，认真整理汇编区委大事记12期；积极开展“进企业、解难题、办实事、促发展”活动，为挂包的三明皇家红工艺家具有限公司、三明欧派海鑫建材有限公司2家企业提供智力物力支持。

主动参与梅列区创建省级文明城、省级卫生城市等工作，到挂点社区洋溪镇上游社区同社区党支部共同开展防控疫情宣传、创城宣传、平安建设“三率”宣传、深入推进移风易俗宣传、学习贯彻落实中共十九届五中全会精神宣传等系列宣传工作，累计宣传到户73户133人；推进志愿服务开展，结合工作实际，广泛开展节假日风景区环境卫生整治、文明交通劝导、公益宣传等各类专项志愿服务活动，显示志愿服务团队精神，弘扬先进典型，积聚正能量。

积极参与徐碧村“旧城改造”项目征迁工作，区委史志室4名工作人员，承担4户征迁任务，顺利完成补偿协议签订、征迁户腾房、二次装修评估认定、征迁户选房等工作。区委史志室主要领导在完成本单位征迁对象的签约任务后，又协助区委政法委完成1户征迁工作进展困难的对象的签约任务。年内，及时报送各类征迁信息以及典型故事共计20篇，其中2条典型故事被“梅列微时代”采用。

【疫情防控】 区委史志室认真落实区委、区政府关于疫情防控的值班制度，强化责任意识，时刻绷紧疫情防控这根弦，分工负责，守好责任田，做好24小时值班值守，毫不松懈地抓好常态化和秋冬季各项疫情防控工作，全体工作人员轮流参加麒麟山酒店隔离观察点值班。

（王培敏 王晓娟）

档案

【概况】 2020年，梅列区档案馆坚持以习近平新时代中国特色社会主义思想为指导，时刻牢记“为党管档、为国守史、为民服务”神圣使命，紧紧围绕上级档案部门和区委、区政府的决策部署，认真履行职责，担当作为，努力助推全区档案事业向高质量发展。

【突出政治引领，坚持党要管档】 充分发挥党支部思想阵地作用，认真落实党组织生活，进一步夯实基层党组织建设。开展机关党建“亮灯行动”，坚持每月至少开展集中学习交流1次，每月开展1次党日活动，每月开展1次党员义务劳动。坚持从严治党，将廉政教育贯穿于各项工作的始终，以巡察整改为契机，落实全面从严治党主体责任，切实把纪律挺在前，牢固树立组织纪律意识，深入开展“一季一警示”、纠正“四风”等活动，引导党员干部把思想统一到党中央、上级党委政府和区委、区政府的决策部署上来，明辨是非、澄清认识，增强“四个意识”、坚定“四个自信”、做到“两个维护”。

【局馆联合协作，共促档案发展】 2020年，区档案局与区档案馆根据职责分工，发挥各自优势，注重协同联动，共同推动档案工作发展。区档案局依托区委办统筹协调的优势，使档案工作得到了区委、区政府的重视和支持，档案工作被列入全区年度绩效考评，占依法行政总分10%；区委分管副书记多次关心档案工作，听取档案工作汇报，并对新时期档案事业发展和档案工作提出明确要求。

【联合开展档案执法监督检查】 年初，区委办下发《关于开展档案处置情况检查的通知》，由区档案局和区档案馆通过“双随机”的检查方式，联合对区委宣传部、统战部、工信局等10个涉改部门开展档案处置情况专项检查，重点检查档案移交进馆、档案室建设、立卷归档等情况，并予以通报。同年6月再次以区委办的名义下发了《关于开展档案工作报务农村基层社会治理试点情况督查的通知》，区档案局和区档案馆联合对各村（社区）档案立卷、移交托管和镇街档案室建设等情况进行了检查，并将完成情况、存在问题进行了通报，提出了整改工作要求。

【协助开展日常工作】 在日常工作中，区档案馆与区档案局加强沟通联系协调，区档案馆发挥经验优势，继续协助区档案局落实好监督、指导、管理工作。利用区政府网络平台梅列档案管理系统对机关档案工作开展“一对一”“点对点”的在线业务指导和监督，协助做好机构改革新成立单位保管期限表审批，使立档单位收集整理文件材料、录入数据更加规范；协助参与徐碧征迁、疫情防控、国有企业退休人员社会化管理等工作的档案指导，指导收集疫情防控材料149件；协助完成权责清单制定。

【打造温馨的查档窗口】 梅列区档案馆完善AB岗设置、电话咨询等服务措施，与区民政局建立婚姻档案数据共享，与各省、市及兄弟县签订了跨馆查档案协议，将“让群众多跑路”变为“让信息多跑路”，最大限度满足群众查档需求，年接待查档近600人次。

【加快数字化转型】 截至2020年12月，馆藏档案数字化扫描率已达到40%以上，通过梅列档案管理系统，各立档案单位可以共享档案数字化扫描成果，逐步实现档案室与档案馆同步查档、同步共享档案资源，更加便于各立档单位和社会各界利用档案。

【优化查档环境】 疫情防控期间，为确保查档安全，区档案馆加强查档环境消毒，一开馆就与区消毒部门联系，请消毒站工作人员每2天对阅档室、库房、办公室等区域进行1次消毒。同时通过梅列微时代、梅列区政府公众网和张贴《梅列区档案馆关于重新开馆的有关通知》的形式，向广大市民提倡优先使用电话查档等“不见面利用”和“无接触服务”，公布预约电话，错峰安排查档利用，切实为市民查档提供安全健康的阅档环境。

【推动档案资源体系建设】 加大到期档案接收力度，年接收到期档案460卷5629件。加强特色档案资料的整理，对抢救修裱的34册土地清册资料进行重新整理、编号、编目，形成土地清册档案110卷，接收纪检案件档案485卷。同时，作为区委、区政府指定的国有企业退休人员档案接收机构，认真贯彻区委、区政府关于国有企业退休人员社会化管理工作部署，及时跟进、主动服务，与相关国有企业密切沟通，互通信息，做好库房的增容工作和档案接收工作。投资6.4万元，增加密集架13列，接收辖区及省内外93家国有企业退休人员档案9388卷。

【落实库房安全保管措施】 一是开展经常性的安全教育。采取以会代训的形式，经常性地强调档案安全的重要性，加强档案法律法规的学习，利用其他档案馆发生的安全事故，开展警示教育，增强全局干部的安全防范意识。二是坚持库房巡查，在库房日常管理中，坚持库房巡查，将“八防”要求细化到每个环节，特别加强对库房内极易发生隐患的墙体、线路、电器等部位的巡查，按时对库房设备进行安全检查，及时发现和处理安全隐患，做好安全检查记录。三是做好档案消毒、上架，最大限度地延长档案实体的保存年限。四是继续开展档案数据异地和不同载体备份，确保档案数据安全。

【加强档案普法宣传】 在“6·9”国际档案日、“12·4”国家宪法日，组织全馆干部上街开展《中华人民共和国档案法》宣传活动，在厦商百货前设立咨询宣传台，印发以新修订的《中华人民共和国档案法》为主要内容的档案普法宣传材料200多份，宣传材料以“一问一答”的形式，简单明了，使市民更加直观地了解《中华人民共和国档案法》，增强宣传成效。

【提升干部队伍素质】 进一步拓宽学习渠道和平台，充分运用学习强国、干部网络学院等新媒体手段，组织全体干部学习新修订的《中华人民共和国档案法》和最新的时事理论知识，参加“学习贯彻党的十九届四中全会精神专题培训会”“基础法律知识测试”、全省国家工作人员统一学法考试等，做到与时俱进，增强履职能力水平。

【营造创业良好氛围】 在工作中，注重发挥领导干部“领头雁”作用，在全年开展的疫情防控、征迁、创城、“五比五晒”工作中，领导班子成员身先士卒，发扬不怕困难、攻坚克难的精神和决心，组织带领全体干部深入一线，开展疫情防控入户宣传和防控点值班巡逻、徐碧旧改征迁动员、平安宣传、文明劝导和环境卫生清理保洁等工作，完成区委、区政府交办的工作任务。

【抓好巡察整改】 坚持立行立改、举一反三，全面落实好整改责任和整改措施，以实实在在的整改成效推进各项工作，着力打造忠诚、干净、担当的档案干部队伍。

（苏晓霞）

（编辑：范毅民）

梅列区人民代表大会

综述

2020年，梅列区人大常委会全面贯彻落实习近平总书记关于坚持和完善人民代表大会制度的重要思想，围绕“机制活、产业优、百姓富、生态美”新福建建设和市委做实“四篇文章”、推进“四个着力”、深化“五比五晒”的决策部署及区委工作要求，认真履行法定职责，积极推进治理体系和治理能力现代化，助力全方位推动高质量发展超越，努力为新时代新梅列建设贡献力量。2020年，共召开常委会会议7次，主任会议17次，作出决议决定4项，听取和审议专项工作报告18项；组织开展执法检查1项，专题询问1项，工作测评2项，视察调研20次，配合省、市人大常委会开展立法调研、执法检查、工作调研等活动21次，全面完成了区九届人大四次会议确定的年度各项任务。

重要会议

2020年，梅列区人大常委会召开常委会会议7次，主任会议17次，听取和审议专项工作报告18项。

2020年梅列区九届人大常委会会议一览表

表1

时间	会议	主要内容
4月27日上午 会期半天	第二十三次会议	听取和审议区人民政府关于2019年环境状况和环境保护目标完成情况及环保督察整改落实情况的报告；听取和审议区人民政府关于2019年法治政府建设情况的报告；审议有关人事事项
5月22日下午 会期半天	第二十四次会议	听取和审议梅列区人民政府关于梅列区行政区划调整的议案
6月29日上午 会期半天	第二十五次会议	听取和审议区人大常委会执法检查组关于检查《中华人民共和国食品安全法》及《福建省食品安全条例》贯彻实施情况的报告；听取和审议区人民政府关于2019年区本级财政决算（草案）的报告；听取和审议区人民政府关于2019年区本级预算执行和其他财政收支情况的审计工作报告；听取和审议区人民法院关于生态环境司法保护工作情况的报告；审议有关人事事项

续表1

时间	会议	主要内容
8月28日上午 会期半天	第二十六次会议	听取和审议区人大常委会执法检查组关于检查《中华人民共和国慈善法》贯彻实施情况的报告；听取和审议区人民政府关于2020年上半年国民经济和社会发展计划执行情况的报告；听取和审议区人民政府关于2020年上半年区本级预算执行情况的报告；听取和审议区人民政府关于“七五”普法规划实施情况的报告；听取和审议区人民政府关于区九届人大四次会议以来代表建议办理情况的报告；听取和审议区人民政府关于民办幼儿园工作情况的报告
10月27日 会期一天	第二十七次会议	听取和审议区人民政府关于公共卫生服务体系建设工作情况的报告；开展公共卫生服务体系建设工作情况专题询问；听取区人民政府关于区本级行政事业性国有资产管理情况及区本级国有资产管理情况的报告，审议区本级行政事业性国有资产管理情况的报告；听取和审议区人民检察院关于未成年人刑事检察工作情况的报告；听取和审议区人民政府关于《中华人民共和国农产品质量安全法》执法检查报告审议意见研究处理情况的报告并进行满意度测评；审议有关人事事项
12月8日上午 会期半天	第二十八次会议	听取和审议区人民政府关于城市管理工作情况的报告；听取和审议区人民政府关于区九届人大四次会议重点督办建议办理情况的报告，并对重点督办建议办理情况进行满意度测评；听取区人民政府关于社区居家养老工作情况的报告（书面）；审查和批准《区人民政府关于2020年区本级预算调整方案（草案）的议案》；审议《梅列区人民代表大会常务委员会关于召开梅列区第九届人民代表大会第五次会议的决定（草案）》
12月17日上午 会期半天	第二十九次会议	补选三明市十三届人大代表；听取和审议区人大常委会代表资格审查委员会关于个别代表资格的审查报告；审议有关人事事项；听取区九届人大五次会议筹备工作情况及大会有关事项的报告

决定决议

2020年，作出决议决定4项，其中有关区划调整工作1项，有关财经工作2项，有关召开会议1项。

2020年梅列区人大常委会通过的决定、决议一览表

表2

时间	会议	通过决定、决议
5月22日	第二十四次会议	关于同意《梅列区人民政府关于梅列区行政区划调整的议案》的决定
6月29日	第二十五次会议	关于批准2019年区本级决算的决议
12月8日	第二十八次会议	1. 关于召开梅列区第九届人民代表大会第五次会议的决定 2. 关于批准2020年区本级预算调整方案的决议

人事任免

2020年，区人大常委会依法任免国家机关工作人员49人次，补选市十三届人大代表3人，接受辞职2人。

2020年梅列区人大常委会任免的国家机关工作人员一览表

表3

时间	会议	任免名单
1月1日	区第九届人民代表大会第四次会议	依法补选杨通盛为梅列区监察委员会主任，罗亦明为梅列区九届人民代表大会常务委员会委员
4月27日	区九届人大常委会第二十三次会议	任命夏永桦为梅列区人民政府副区长；任命谢映华为梅列区教育局局长；任命林阿茹为梅列区人力资源和社会保障局局长；任命魏运朝为梅列区交通运输局局长。 免去钟火阵的梅列区人民政府副区长职务；免去薛军的梅列区人民政府副区长职务；免去蔡宗平的梅列区教育局局长职务；免去陈建基的梅列区人力资源和社会保障局局长职务；免去张平的梅列区交通运输局局长职务 任命刘岚为梅列区人大常委会监察和司法工作委员会主任。 免去刘岚的梅列区人大常委会内务司法委员会主任职务 任命林腾龙为梅列区人民法院副院长、审判委员会委员、审判员（挂职1年，挂职期满职务自然免除）； 任命李琳为梅列区人民法院审判员； 任命余鲁闽为梅列区人民法院审判员； 任命田加渫为梅列区人民法院审判员 任命葛晶为梅列区人民检察院检察员； 免去邵钢的梅列区人民检察院检察员职务
6月29日	区九届人大常委会第二十五次会议	任命叶玉坤为梅列区司法局局长； 免去邓志华的梅列区司法局局长职务。 任命汤建生为梅列区人大常委会列东街道工作委员会主任；任命叶丹为梅列区人大常委会信访室主任。 任命刘双平为梅列区监察委员会委员。 任命甘峰才为梅列区人民法院立案庭副庭长；任命傅炳林为梅列区人民法院立案庭副庭长；任命陈昌为梅列区人民法院立案庭副庭长；任命阮训升为梅列区人民法院民事审判庭副庭长；任命杨伟光为梅列区人民法院民事审判庭副庭长；任命俞美华为梅列区人民法院生态环境审判庭副庭长。 免去甘峰才的梅列区人民法院民事审判第一庭副庭长职务；免去傅炳林的梅列区人民法院刑事审判庭副庭长职务；免去陈昌的梅列区人民法院民事审判第一庭副庭长职务；免去阮训升的梅列区人民法院执行庭副庭长职务；免去杨伟光的梅列区人民法院少年审判庭副庭长职务；免去俞美华的梅列区人民法院民事审判第二庭副庭长职务；免去林伦兵的梅列区人民法院刑事审判庭副庭长职务；免去李强的梅列区人民法院民事审判第二庭副庭长职务；免去朱国建的梅列区人民法院行政审判庭副庭长职务；免去丁捷的梅列区人民法院调解速裁庭副庭长职务；免去裘红曼的梅列区人民法院审判监督庭副庭长职务；免去秦榕的梅列区人民法院立案庭副庭长职务
10月28日	区九届人大常委会第二十七次会议	接受蔡燕燕辞去梅列区人大常委会副主任职务的请求。 任命廖才添为梅列区人民政府副区长；任命吴晓文为梅列区人民政府副区长； 免去陈占昌的梅列区人民政府副区长职务。 免去马骞的梅列区人民法院执行庭庭长职务；免去郑芳远的梅列区人民法院林业审判庭庭长职务；免去陈奕光的梅列区人民法院林业审判庭副庭长职务
12月17日	区九届人大常委会第二十九次会议	任命王文光为梅列区人民法院副院长、审判委员会委员、审判员； 接受王茂华因工作变动辞去梅列区人民法院院长、审判委员会委员、审判员等职务的请求； 梅列区人民法院王文光副院长代理院长职务

强化责任担当

【概况】 2020年，梅列区人大常委会准确把握人大政治机关的职能定位，强化责任担当，增强“四个意识”，坚定“四个自信”，做到“两个维护”，自觉将党的领导贯穿于人大工作的各方面、全过程。

【讲政治】 区人大常委会坚持把政治建设摆在首位，牢牢把握重大政治原则，自觉在思想上政治上行动上同以习近平同志为核心的党中央保持高度一致，确保人大工作沿着正确方向前进。深入贯彻习近平总书记对地方人大及其常委会工作的重要指示精神，认真落实省委关于加强新时代人大工作和建设的决定以及区委对人大工作的新要求，发挥常委会党组把方向、管大局、保落实的重要作用，完善和落实重大事项请示报告制度，及时向区委请示报告召开重要会议、重大活动、重要监督工作等，确保常委会各项工作在区委领导下有效开展。充分发挥职能优势，依法审议通过梅列区行政区划调整的议案，推动市、区委重大发展战略、重大决策部署的落实。坚持党管干部与人大依法任免有机统一，落实区委人事安排，全年依法任免国家机关工作人员49人次，补选市十三届人大代表3人，接受辞职2人。

【服务大局】 梅列区人大常委会班子成员主动融入全区工作大局，积极协调推进挂钩重点项目，在“五比五晒”、依法和谐征迁、创建全国文明城市和省级文明城区等中心工作中彰显人大作为。常委会机关全员参与徐碧“城中村”旧城改造项目征迁工作，连续攻坚奋战25个日夜，全面完成84户征迁任务，有效做法得到市委、区委充分肯定。同时，常委会领导还承担2020年“依法和谐征迁”市领导挂钩的重点项目——碧湖片区征迁工作，按照“科学分类、一企一策、逐一突破”攻坚办法，大干100天，完成该项目五家企业和一家教堂的签约任务。常态化开展“访企业、解难题、促六稳”专项行动，主动靠前服务，有针对性地帮助企业协调解决实际困难，挂包企业三明市金圣特钢有限公司入选工信部新一批专精特新“小巨人”企业名单。着力助推洋溪镇文旅小镇建设和农村人居环境整治工作，常委会组成人员先后20余次到项目点进行实地调研，现场办公，协调解决项目建设中的实际问题，为洋溪镇获评省级乡村治理示范乡镇、挂包岩兜村入选新一届省级文明村献计出力。认真落实区委发动一切力量决战决胜“创城攻坚战”的工作要求，常委会领导带队督查创城工作，人大机关干部积极投身创城活动，为三明成功蝉联全国文明城市、梅列创建省级文明城区做出积极贡献。

【防控疫情】 梅列区人大常委会贯彻落实中央和省、市、区委关于统筹推进疫情防控和经济社会发展工作的部署要求，认真贯彻执行全国人大和省人大常委会作出的相关决议决定，向全区各级人大代表发出倡议书，广泛动员代表在疫情防控工作中打头阵、当表率、做贡献。常委会班子成员率先垂范，冲锋在前，坚持每日深入挂钩联系村和社区督导疫情防控工作，排查安全隐患，协调解决防疫物资、企业复工复产和基层实际困难。机关全体干部下沉一线，共同参与社区及居民小区值岗值守、信息核查、防疫知识宣传等工作；辖区各级人大代表积极响应号召，踊跃投身抗疫，在病员救治、医疗物资保障、普法宣传、基层社区防控、复工复产等各条战线积极作为，凝聚起共克时艰的强大力量。郑学友代表主动请缨，逆行出征、驰援武汉，在武汉光谷方舱医院参加救治工作的30多个日夜里，与医疗队队员们共同治愈210名患者。为解决“一罩难求”的困境，陈阳升代表带领普诺维机械有限公司全体职工加班加点，全线转产，成功研发出一次性成型无纺布口罩模切辊，提高口罩生产率近10倍。陈红代表率领富华社区工作人员出色完成疫情期间社区摸排、管控和服务困难群众等各项任务，被市委、市政府授予“新时代新三明百名担当作为青年”称号，被省总工会授予“五一劳动奖章”。朱建辉、叶德福、姚弓善、邓集吉等代表慷慨解囊，捐款捐物，倾情助力疫情防控工作。截至2020年12月，全区各级人大代表捐款捐物达91.7万元。

监督工作

【概况】 2020年，梅列区人大常委会紧扣经济社会发展重点难点，坚持监督有据、监督有理、监督有力、监督有效的“四有监督”工作理念，助推全区经济社会持续健康发展。

【强化监督助推发展】 区人大常委会听取和审议预算执行情况、决算报告和其他财政收支审计情况、国民经济和社会发展计划执行情况的报告，审议和批准2020年区本级预算调整方案，及时分析和查找经济运行中出现的困难和问题。重视审计结果运用，专题听取审计发现问题整改落实情况，督促政府重视存在的问题，责成有关部门认真整改，提高贯彻实施《中华人民共和国预算法》的自觉性。认真落实《中共福建省委关于建立省政府向省人大常委会报告国有资产管理情况制度的意见》精神，首次听取区政府国有资产管理情况综合报告，审议行政事业性国有资产管理情况，提出健全管理机制、全面摸清“家底”、规范和加强监管等建议，维护国有资产安全，促进国有资产保值增值。围绕做大做强市区工业经济，对泉三高端装备产业园建设发展情况进行调研，针对园区发展存在的土地供应跟不上、基础设施和综合服务配套滞后、现场管理有待加强、政策兑现不够及时等问题，从“建平台、优服务、促保障、抓招商”4个方面提出建议，助力工业投资项目高效推进。关注梅列区“十四五”规划编制工作情况，做好审查批准前期工作，专题听取区政府关于“十四五”规划编制情况的报告，组织动员各级人大代表立足梅列实际，围绕发展定位、产业布局、养老服务、医疗教育、基层治理等方面工作积极建言献策，为高质量推进梅列区“十四五”规划编制提供支持和参考。

【促进民生改善】 围绕梅列区疾病防控、健康教育、妇幼保健、应急救治、卫生监督、爱国卫生运动等方面工作，开展公共卫生服务体系建设情况调研并进行专题询问，提出完善工作机制、补齐人才短板、提升项目服务质量、加快推动卫生健康大数据开发运用等建议，不断提升梅列区公共卫生服务的整体水平。根据省、市、区人大三级联动开展执法检查的工作部署，开展《中华人民共和国食品安全法》和《福建省食品安全条例》贯彻实施情况执法检查，针对个别超市和小餐饮店卫生状况较差、农村食品安全监管较为薄弱、食品监管力量亟待加强等问题，督促政府及相关部门依法履行监督职责，进一步做好食品安全“一法一例”等法律法规宣传，强化食品安全重点领域专项整治和部门联动执法，提高群众对食品安全的满意度。关注城市管理工作，在2019年专题调研的基础上，2020年，对这项工作进行跟踪监督，推动政府进一步理顺城市管理体制机制，抓好城市管理“顽疾”治理，提升城市智慧化管理水平，以更高标准、更实举措推进城市精细化管理。听取和审议了民办幼儿园工作情况的报告，提出对民办幼儿园要增加经费投入，稳定教师队伍，强化园务管理，提高保教质量等建议。持续关注养老事业，连续3年将社区居家养老工作列入监督工作计划，强化跟踪问效，助力老有所养。

【助力绿色生态发展】 围绕绿色生态发展，听取审议年度环境状况和环境保护目标完成情况报告，持续紧盯突出环境问题清单，推动有关部门进一步树牢绿色发展理念，统筹推进环境综合整治和产业转型升级，助推全区生态环境质量持续向好。进一步发挥“林深水美人长寿”的环境优势，做实绿色生态文章，专题调研森林康养产业发展工作情况，建议政府深挖梅列区特色资源，策划森林康养项目，打响森林康养品牌，加大招商引资和对外宣传力度，推进森林康养产业加快发展。听取和审议区法院关于生态环境司法保护工作情况的报告，提出进一步强化生态环境司法保护意识，加强生态环境司法保护力量，完善生态环境修复制度等建议，为推动梅列区生态环境保护与经济社会协调发展提供有力的司法保障。

【法治建设】 坚持以习近平法治思想为指导，维护宪法和法律权威。认真落实宪法宣誓制度，2020年，先后组织13名新任命国家机关工作人员向宪法宣誓。开展宪法宣传系列活动，组织常委会组成人员专题学习宪法、民法典等法律法规，召开宪法日座谈会，开展宪法知识测试等，进一步提升组成人员的法律素养。听取和审议区政府关于“七五”普法工作情况的报告，要求职能部门围绕依法治区目标任务，强化责任担当，抓好工作落实，不断提升法治梅列建设成效。与省、市人大联动开展《中华人民共和国慈善法》贯彻实施情况执法检查，提出加强监督管理、培育慈善组织、落实政策激励等建议，推动慈善事业健康发展。组织开展《中华人民共和国农产品质量安全法》执法检查，找准农产品监管工作特别是法律实施方面存在的突出问题，切实维护法律法规执行的严肃性和权威性。听取和审议区检察院关于未成年人刑事检察工作情况的报告，督促检察机关持续推进未成年人刑事案件审查模式改革，坚持“捕诉监防”一体化，扎实推进未成年人刑事检察工作专业化、规范化、社会化建设。配合省、市人大开展《三明市市区环城山体保护条例》《三明市公共文明行为促进条例》等立法调研工作，通过召开征求意见座谈会、实地走访调研等方式，促进相关法律法规的修改和完善。认真做好群众信访工作，完善和落实信访事项办理反馈和工作协调机制，全年共受理来信20件，接待来访群众17人次，努力维护社会和谐稳定。

代表工作

【概况】　2020年，梅列区人大常委会坚持把充分发挥代表主体作用作为密切联系群众、提高常委会工作质效的重要抓手，完善保障机制，创新服务载体，不断提升代表工作水平。

【深化代表联系群众工作】　梅列区人大常委会认真落实《梅列区人民代表大会常务委员会关于常委会组成人员联系区人大代表的意见》，定期开展走访活动，向代表通报常委会主要工作情况，听取和征求代表对常委会工作的意见建议。扩大代表对常委会工作的参与，全年共邀请辖区各级人大代表列席常委会会议、参与视察、调研、执法检查等活动270余人次。认真组织闭会期间市、区代表活动，指导代表小组开展联组活动、异地视察调研和专项调研，拓宽代表视野，提高活动实效。深化“人大代表在身边”工作，建成线上履职、反映民意、接受监督、知情知政的代表履职微信平台，加强线下“人大代表联系群众活动室”规范化建设，开展“人大代表走基层、助力群众奔小康”主题活动，健全群众诉求处理反馈工作机制，推进代表联系群众活动常态化、规范化，有效打通代表联系群众“最后一公里”。截至2020年12月，群众通过微信平台和活动室反映问题297件，其中代表直接答复208件、转交有关机构办理55件、形成代表建议34件，办结率100%。

【强化代表履职服务保障】　梅列区人大常委会充分利用福建省三级人大代表履职服务网络平台和“梅列区人大代表在身边”微信公众号等平台，为代表履职提供智能化手段，为代表意见建议收集和办理提供全程信息化服务。探索小型化、差别化、精准化的方式开展代表培训，为代表订阅报纸、杂志等学习资料，着力提升代表依法履职综合素养和能力水平，全年共组织100余人次参加各类型的学习培训，为代表本届任期内参加培训全覆盖打牢基础。加强和规范代表活动经费管理，落实区人大代表履职经费补助制度，更好地支持和保障代表依法履职。加强代表履职先进事迹宣传推介，激发代表履职热情，提高代表履职影响。2020年，先后有7名代表先进事迹被市级以上各类媒体刊发、转载。

【提高代表建议办理水平】　梅列区人大常委会进一步加强代表建议集中交办、日常督办、重点督办、协调督办等工作。坚持从源头入手，在人代会前先行组织代表与政府有关部门沟通对接，引导代表聚焦人民群众关注的热点难点问题开展集中视察调研，为会议期间提出高质量的议案建议作充分准备，同时加强代表建议撰写指导，把好意见建议质量关。协助政府及相关部门准确理解代表建议核心内容，系统梳理、科学分类，把好意见建议交办关。以提高解决率为重点，落实人大常委会和区政府领导督办领办机制，听取和审议代表建议办理工作情况报告，持续开展重点督办建议办理情况满意度测评，把好意见建议督办关。主任会议成员领衔督办4件代表重点建议，在“一府一委两院”和有关部门的重视配合下，都得到较好的落实。其中，区城管局办理的“关于做好五路大桥和西江滨路交叉口交通疏导的建议”，通过与市级主管部门对接沟通，推动实施了西江滨路扩宽改造工程，有效缓解交通拥挤情况。区工信局办理的“关于加快规划建设洋溪镇110千伏变电站的建议”，被列入福建省“十四五”电网规划，正在进行地块征收和苗圃安置。区民政局办理的“关于加强和改进社区建设的建议”，在市区两级的共同努力下，已出台《三明市关于加强城市社区治理的若干措施》。此外，“关于碧桂园道路纳入市政管理的建议”，由于代建道路未移交政府，目前尚未完成。区九届人大四次会议以来，代表提出的59件建议均已办结，代表对建议办理情况的满意和基本满意率达到98%。

自身建设

【概况】 2020年，梅列区人大常委会坚持把自身建设作为一项基础性、经常性工作来抓，增强履职能力，加强理论学习，坚持党的领导，提升工作效能，讲好人大故事，传播人大声音，不断扩大人大制度影响力。

【理论学习】 梅列区人大常委会持续巩固“不忘初心、牢记使命”主题教育成果，健全常委会党组中心组学习制度，以常委会领导上党课、集体学习研讨、听取专题辅导报告等多种形式，及时组织学习习近平总书记最新讲话和指示批示精神，先后开展《习近平谈治国理政》（第三卷）、习近平法治思想、《习近平在福建》系列采访实录等主题学习研讨。把学习宣传贯彻中共十九届五中全会精神作为重要政治任务，常委会党组成员率先垂范，带头抓学习、抓宣讲、抓落实，引导、带动全区人大系统干部迅速掀起学习热潮，进一步巩固信仰之基，补足精神之钙，擦亮政治机关底色。

【党建工作】 梅列区人大常委会深刻把握新时代党的建设总要求，始终坚持党要管党、从严治党。全面加强机关党的建设，认真落实《新形势下党内政治生活若干准则》，严格执行民主生活会、组织生活会、“三会一课”和党员领导干部双重组织生活等制度。深入开展“亮灯行动”，扎实推进“五抓五做”，与市人大机关第一支部开展党建共建活动，联合开展“七一”主题党日活动，不断提高机关党建工作水平。切实履行党风廉政建设主体责任和监督责任，坚持把纪律规矩挺在前面，严格执行中央八项规定及其实施细则精神和省、市委实施办法，大力弘扬“马上就办、真抓实干”精神，制定为基层减负的具体工作意见，驰而不息转作风。积极配合区委第三巡察组完成对常委会机关的巡察，建章立制、补齐短板，强化管理、扎实整改，干部职工精气神进一步提振。

【提升工作效能】 梅列区人大常委会坚持民主集中制原则，落实常委会议事规则，充分发挥专门委员会的作用，提高常委会议决效率和工作水平。把调查研究作为人大工作的必修课，大兴调查研究、求真务实之风，围绕全区重大课题、热点问题形成高质量调研报告16篇。其中，《关于区公共卫生服务体系建设》《行政事业性国有资产管理》《泉三高端产业园建设发展》《城市管理工作情况》4篇调研报告呈报区委后，得到区委杨胜书记肯定和批示，为区委决策和政府工作提供了有益参考。积极开展平安（综治）、省级文明单位创建等工作，通过3年持续努力，区人大常委会入围新一届省级精神文明单位。重视干部队伍建设，全面开展机关二级绩效考评，激励干部担当作为。加强与“一府一委两院”的沟通联系，自觉接受市人大常委会的指导和监督，深化对镇（街道）人大工作的联系和指导，不断提升全区人大工作和建设整体水平。

【讲好人大故事】 梅列区人大常委会严格落实《中国共产党宣传工作条例》和意识形态工作责任制，守正创新做好人大新闻舆论工作。正确把握舆论导向，立足人大工作实际，融合贯通传统媒体和新媒体，紧紧围绕重点工作，讲好人大故事，传播人大声音，不断扩大人大制度影响力。全年，共在省、市人大报纸、杂志、网站、微平台上发表各类信息20余条，在“梅列区人大代表在身边”微信公众号发布抗击疫情系列报道和各级人大代表先进事迹13篇、人大工作动态102篇，法律法规解读文章21篇，总浏览量达1万余次。《为幼有所育保驾护航》《致富思源，奉献社会》两篇文章获三明市人大新闻三等奖；代表先进事迹文章《企业发展树典型，勤勉履职勇担当》被《2020年中国人大年鉴》收录；工作经验交流文章《强化联组建设　激发代表活动》被《新时代福建省县乡人大工作创新案例》一书收录，同时被省、市人大公众号转载，获得良好的宣传效果。1名干部获评三明市人大新闻宣传工作优秀通讯员。

（邓玉婷）

（编辑：范毅民）

区政府常务会议

3月9日上午，区政府区长张昌平主持召开政府常务会议，听取加强危险化学品安全生产工作情况汇报，研究全域旅游发展规划、洋溪文旅小镇及砂蕉村控制性详规编制、新材料生产中心和橡塑机械制造项目入园、组建徐碧“城中村”改造项目公司等问题，审议《梅列区2020年小流域整治方案（送审稿）》《梅列区2020年小蕉工业区突出环境问题整治方案（送审稿）》《梅列区2020年餐饮油烟和环境噪声整治方案（送审稿）》《梅列区2020年农村污水治理整治方案（送审稿）》《梅列区2020年施工扬尘和渣土运输整治方案（送审稿）》《梅列区人民政府工作规则（送审稿）》。

4月20日下午，区政府区长张昌平主持召开政府常务会议，听取“十四五”规划编制、洋溪镇及陈大镇道路系统及重点片区节点规划方案编制、小蕉工业园新材料生产项目和工程机械及配件生产项目挂牌出让、第七次全国人口普查工作、循环化改造项目调整、“1128”项目等情况汇报，审议2020年“五个一批”项目推进、重点产业招商引资、环保督查整改、城市管理“五难”治理4个专项行动方案、《2020年梅列区“依法和谐征迁”行动工作方案（送审稿）》。

5月21日下午，区政府区长张昌平主持召开政府常务会议，研究生态环境保护工作、2019年度绩效考评、三明生态环线长溪至富口交界公路建设、收回天尊不锈钢南洋垅地块、含金属废物处置及资源化利用项目挂牌出让等工作，审议《梅列区项目前期经费使用管理办法（试行）》《梅列区2020年“城市双修”行动计划实施方案（送审稿）》。

7月3日上午，区政府张昌平区长主持召开政府常务会议，听取永兴盛（二期）、金成机械项目入园、泉三高端装备产业园一期三批次土地平整施工招投标方案、小蕉工业园3宗用地挂牌出让情况汇报，审议《关于做好财政增收节支管理的若干措施（送审稿）》《2020年度梅列区绩效考评工作方案（送审稿）》《关于进一步加强和完善2020年度二级绩效考评工作有关事项的通知（送审稿）》。

7月29日上午，区政府区长张昌平主持召开政府常务会议，研究徐碧“城中村”改造项目工作，区政府党组成员、副区长，徐碧街道、住建局、自然资源局、财政局、审计局、司法局、征迁指挥部技术组等单位负责人参加会议。会议听取了徐碧“城中村”改造项目工作情况汇报，专题研究《梅列区徐碧“城中村”改造项目集体土地上房屋征收补偿安置方案》（简称《安置方案》），并就下阶段工作进行安排部署。

9月4日上午，区政府区长张昌平主持召开政府常务会议，听取行政事业单位国有资产清查和实施资产动态监测管理、小蕉工业园区及周边企业生态环境问题整治、城区生活垃圾分类等工作情况汇报，研究玫瑰新村45幢和乾龙新村118幢房屋征收、工业项目入园、小蕉小学教学楼重建、洋溪镇机耕道路建设等问题，研究《梅列区以食用为目的野生动物养殖场退养转产转岗实施方案（送审稿）》《陈大镇公共租赁房空置房源分配方案（送审稿）》《梅列区疾病预防空置中心综合改革方案（送审稿）》。

11月5日上午，区政府区长张昌平主持召开政府常务会议，听取推广农村相对贫困家庭精准帮扶、禁毒工作、有线数字电视整体转换工作、小微企业创业园（二期）、电子科技、智能传感器和智能制造等项目建设情况汇报，研究有线电视网络资产及管理权、收费权等职能整体移交、小蕉片区第二供水工程项目建设、建筑产业现代化商品住宅购房契税奖励等问题，审议《梅列区实验幼儿园D级危楼重建方案（送审稿）》及《陈大片区项目土地和房屋征收补偿实施方案（送审稿）》等征收补偿实施方案。

12月10日下午，区政府张昌平区长主持召开区政府常务会议，研究讨论“三大攻坚战”、国有企业整合重组、永星国际项目处置等有关问题。

12月29日上午，区政府张昌平区长主持召开区政府常务会议，审议《政府工作报告（送审稿）》《梅列区2020年国民经济和社会发展计划执行情况及2021年国民经济和社会发展计划的报告（送审稿）》《梅列区国民经济和社会发展第十四个五年规划和2035年远景目标（送审稿）》《梅列区2020年预算执行情况及2021年预算情况的报告（送审稿）》。研究2021年为民办实事项目安排、组建区专业森林消防队伍、2021年财政预算编制等问题。

区人民政府办公室工作

【概况】 梅列区人民政府办公室（简称区政府办）内设综合股、行政股、信息股、秘书股、政策法规股、外事股、金融工作股(加挂“三明市梅列区金融工作办公室”)、效能管理股（加挂“三明市梅列区机关效能建设投诉中心”）、督查室，实有干部职工33人。2020年，区政府办紧紧围绕全区改革发展稳定大局，充分发挥以文辅政、后勤保障、信息发布、督查问效等职能，为落实区委、区政府各项决策部署，全方位推动梅列高质量发展超越提供了有力保障。

【精文简会】 紧紧围绕区委、区政府中心工作，大力精文简会，严格公文审核把关，规范、及时运转各类公文。全年草拟各类汇报、领导讲话材料400余篇、政府常务会议纪要9期、专题纪要24期、备忘录11期，印发区政府和政府办公文200份，协助疫情防控指挥部起草制定相关文件130余份。严控会议次数和规模，严格议程、议题审核把关，从源头上确保会议的权威性和高效性。全年共组织完成区政府各类大型会议17场，保障各类会议500余场，高效推动各项工作顺利开展。

【信息工作】 紧盯社会关注热点、焦点问题，编写上报政务信息358篇（条），上报省外市区创新举措及经验做法420条，通过政府网站发布工作动态1900余条。围绕主导产业发展、招商引资、征迁工作等课题深入镇街、开发区、重点企业、机关单位调研，掌握第一手资料，认真分析梳理，撰写5篇调研报告。

【政务督查】 围绕区政府决策部署、会议议定事项、领导批示件开展督查，全力推动各项工作落到实处，全年通过现场督办、查阅资料等形式，对生态环保、城乡两险、“两高”沿线环境综合整治等进行督查17次，下发《督查通报》7期，办理人大代表建议59件、政协提案84件，满意率99.3%。

【机关事务管理】 强化专人管理责任，全面加强政府大楼、机关食堂管理，实行24小时进门登记、测量体温制度。着力对政府环境卫生、公务用车、水、电等内部事务的规范化管理。加强应急值守，进一步完善值班应急工作制度。加强安全管理，对办公大楼进行消防隐患排查和电力设备安全排查。严格遵守各项保密管理制度，不断强化涉密人员保密意识，全年未发生泄密事件。进一步规范财务管理，坚持重大经费开支办公室室务会议集体研究决定，对大宗物品的采购，严格执行政府采购的相关规定，确保财务管理严格规范，为政府工作的顺利开展提供强有力的后勤保障。

【政务公开】 加强政府门户网站管理，确保法定主动公开内容全部公开到位，全年共公开各类信息101条、发布网站信息4100余条。开设“信用专栏”“三大攻坚战”“六保六稳”等专栏，以政务公开助推改革。梳理网上办事栏目，实现政务服务事项网上受理办结19000余件，办结率100%。

【行政效能】 发扬“马上就办、真抓实干”作风，持续强化机关效能建设，围绕区委、区政府重大决策部署和中心工作，开展效能督查40余次，下发《效能督查通报》6期，同时开展疫情防控专项日常督查30余次。继续开展二级绩效管理工作，完善办公室内部二级绩效考评方案，推动机关作风加快转变，行政服务更加高效，全年通过“12345”平台共受理群众各类诉求件489件，办结489件，诉求办结率100%；开展意见征集和网上调查24期、在线访谈12期。

【行政决策】 健全重大行政决策机制，认真落实公众参与、专家论证、风险评估、合法性审查、集体讨论决定等制度，事关全区经济社会发展全局、涉及群众切身利益、重大建设项目、重要文件制定由集体讨论决定，广泛听取人大代表、政协委员及各界专家意见，自觉接受人大及其常委会的法律监督和政协的民主监督，全年共召开政府常务会议9次和专题会议24次。

【法治建设】 积极做好法治政府建设、“七五”普法等宣传工作，全年审查合同或相关法律文件68份、规范性文件合法性11件，清理审查2000年以来政府办规范性文件22件。应对行政诉讼2起，与政府有关的民事诉讼并起草呈阅件及汇报材料6份，处理涉法涉诉事宜36次。

（张少龙）

金融风险防控工作

【概况】 2020年，梅列区政府做好不良化解和增贷工作，不良贷款率方面，截至12月31日，不良贷款率为0.95%，比年初下降0.3个百分点。新增贷款方面，截至12月31日，贷款总额为542.32亿元，比年初新增19.29亿元。政府性融资担保方面，目前，兴业融资担保公司已与三明农商行合作开展普惠贷批量担保业务，相关数据已完成录入，担保额度1.29亿元，业务总数170笔，为金融风险防控指标考评做好保障。

【应急转贷工作】 设立应急转贷资金帮助企业解决资金难题，防止出现新的不良贷款，截至12月底共完成政府转贷资金12笔，累计金额1.06亿元。

【保障信贷投放】 召开政银企对接会，邀请市本级16家银行和辖区内的优质企业进行对接，通过银行和企业坐在一起，面对面交流，实现银企信息的有效对接。做好“白名单”企业申报，持续向上推送无欠息无欠薪的区内优质企业，让企业能享有更优质的信贷服务，截至10月，已向上推送37家区内优质企业。强化企业纾困，用好“金浮云”平台申报全省纾困基金，增加融资的方向，提升融资的额度，截至10月，已申报108家企业，融资金额3.92亿元。

【整治金融乱象】 加强组织各行业对各自区域内金融领域乱象的整治，牵头协调公安、法院以及区直各部门开展“套路贷”宣传活动和风险排查。2020年共受理金融案件206件，诉讼总金额达1695万元。共打击“套路贷”涉黑犯罪组织3个、恶势力犯罪团伙1个，抓获犯罪嫌疑人44名，破获刑事案件25起，查扣涉案资产2660万元。

（申　文）

信访工作

【概况】 2020年，梅列区信访局共受理群众来信、来访、网诉1028件次，其中网上信访占比同比上升18个百分比，以网减访取得新突破。全区进京上访人数为3批7人次（均为外省人口，涉法涉诉普盾案件）；到省上访人数为1批3人次，批次下降50%；到市上访61批567人次，同比批次下降28.2%，人数增加56.2%。省上交办信访积案5件，息访5件。疫情及全国两会期间，梅列区实现群众零进京非访、零滞留的好成效，没有发生影响全市、惊动上级的信访突出问题，没有因信访问题处理不当引发重大群体性事件、个人极端事件和负面炒作。2020年4月，梅列区被国家信访局授予信访工作“三无”县（市、区）称号。

【疏导信访问题】 2020年，全

梅列区委书记杨胜（右二）等领导到区信访局接待群众来访

区5个镇（街道）全面建立信访工作联席会议，镇(街道)综治中心加挂信访办。充分发挥信访联席会议牵头抓总作用，坚持每月梳理排查信访矛盾问题，采取各种有效手段予以处置，并坚持在每月月底召开区信访工作联席调度会上汇报，切实把信访问题解决在当地、化解在基层。全年，梅列区信访联席办共组织召开矛盾纠纷协调处置会20余场次。特别在疫情期间，区信访局强化信访预测、预警、预控能力，通过切实加强对重点问题、重点领域、重点群体的分析研判，摸清积案底数、信访人诉求等情况，逐一做好涉疫情信访化解工作，徐碧村、列东村店面承租人要求减租的信访事项得以妥善解决。

【常态接访】 区领导带头深入基层，倾听上访群众意见，督促相关责任部门解决疑难复杂问题，化解信访突出问题和排查重大风险隐患，“四访四化”（开门接访标准化、全员接访规范化、带案下访制度化、入户走访常态化）和“四门四访”（开门接访、进门约访、登门走访、上门回访）工作机制信访工作机制已成常态。2020年，疫情进入常态化防控阶段后，区委、区政府主要领导第一时间恢复接访、约访，挂包信访积案，带头亲力亲为研究处置信访难题。至2020年12月15日，区委、区政府主要领导主要通过定期接待群众30批81人次，其中当场解决8件，批转各单位答复解决件中，息诉息访率78.2%。

上访群众赠送梅列区信访局锦旗

【迎难而上】 2020年，省、市开展9个专项行动，涉及防控金融风险、防范化解房地产、支持企业发展、整治政府承诺未兑现、破解住建领域难题、解决民生领域痛点难点等方面，梅列区梳理24项信访积案，其中涉房地产5项、涉金融风险1项、涉住建领域9项、涉企业发展类2项、涉民生领域7项，均由区处级领导挂包，明确了包案团队和责任目标，做到因案施策，一案一策，及时进行交办，自查排查信访疑难积案11件，息访7件。扎实开展“治重化积”工作，治重化积率96.5%，位居全市首位。

【规范解决群众信访问题】 落

实“基础业务规范化提升年”行动计划，通过宣传展板、条幅、上街发放宣传单等方式加大《信访条例》颁布实施15周年宣传，畅通网上信访信息系统、人民网、省长信箱等“互联网+信访”信访网络渠道；开展现场跟班培训26人次，规范办信员“网下办理、网上流转”的办理程序，强力夯实信访基层基础。梅列区信访机构及时受理率、责任单位及时受理率、按期答复率均为100%；信访机构满意率99.1%，责任单位满意率98%。把握“最多投一次”要求，纳入“最多投一次”的信访件达85.4%，一次性办结率达99%，平均办理天数为12天以内，位居全市上游，“网上信访，阳光信访”有效快速解决问题的导向已基本建成。

（林　静）

行政服务

【概况】 2020年，梅列区行政服务中心管委会坚持以优化服务为主线，围绕支持梅列经济发展，对中心工作坚持从严要求，对标“六最”，营造一流营商环境；以解决群众合法合理诉求为出发点，落实“24小时在线、365天服务”要求，充分发挥“12345”平台贴近民生、体察民意、解决难题的功能，做到“有呼必应，有诉必理，有理必果”，切实提高企业群众的获得感和幸福感。

【创新“五办”工作法】 新冠疫情防控期间，梅列区行政服务中心管委会积极落实“网上办、掌上办、预约办、邮寄办和智能办”，最大限度采取“少见面，不见面，不出门就办”的工作方式。积极引导群众登录“福建省网上办事大厅梅列分厅”，按流程进行在线办理；或通过手机下载安装“e三明”App、“闽政通”App、各部门办事App及市行政服务中心微信公众号等渠道进行手机办理。全年，行政服务中心共办件114648件，有61626件是采用“五办”工作法，其中不见面办理（网上办、“e三明”、邮寄办）59930件。

【坚持审批时限对标全省最短】 梅列区行政服务中心管委会对标“六最”，组织各入驻部门对入驻事项实行动态管理，时刻对标省内先进地区，力争做到审批时限全省最短。结合每月对窗口工作的考评综合开展入驻部门每月行政服务好差评工作，加强对窗口的业务指导。2020年，区级入驻事项数1205项，有“一趟不用跑”事项1193项，“最多跑一趟”事项12项，合计占比100%；最新承诺时限已压缩到法定时限的7.65%，保持与全省最短一致。

【市场准入创新证照合办】 积极探索新的服务模式，全面开展“证照合办”工作，即全面实行“个体工商户开业登记”与“食品经营许可证(仅限预包装食品销售)”合并办理模式。“一套材料、一窗受理、合并审批、同步发证。”通过加大事前指导的力度，完善告知承诺内容，提供食品安全规章制度范本，“证照合办”的推行，将真正实现办理个体工商户营业执照及食品经营许可证（仅限预包装食品销售）两个事项“最多跑一趟”，缩短了办理时间，方便了办事群众。

【工程建设领域推行联审联办机制】 梅列区行政服务中心管委会在大厅设立工程建设项目并联审批区，按审批阶段顺序集中设置受理窗口、部门单位投资项目实行统一赋码，全部进入投资项目在线监管平台办理，投资项目基本信息准确率要达到95%以上。对涉及多部门办理的事项，实行分阶段会商会审、跨部门联动审批，方便业主办理。通过各阶段审批流程并联处理将承诺时限从54个工作日压缩为28个工作日，形成“一窗受理，内部流转，一窗办结”的一窗式并联审批模式。

【设立惠企政策兑现服务窗口】 区行政服务中心管委会设立惠企政策兑现窗口，汇总政策梳理服务指南。惠企政策兑现窗口采取“一窗受理、分流转办、限时办结、统一反馈”机制。1年来共发放惠企金额18392.93万元。

【开发“e三明”平台“一件事”审批功能】 响应市行政服务中心对事项进行“一件事，一次办”梳理的要求，督促区行政服务中心管委会完成梳理制定21项“一件事”试点清单的任务。并对涉及部门的审批流程进行进一步优化。将“我要开水果店”“我要开美容院”“我要开理发店”“我要经营足浴、洗浴场所”等多个“一件事”在全市率先挂“e三明”平台进行线上、掌上受理，方便个体工商户和小微企业。

【做好“12345”便民服务中心诉求件办理工作】 认真落实区委、区政府的工作要求。关注民生热点，加强部门协调，“12345”平台是市政府的热线，也是政府的便民服务平台。群众在生产生活中遇到问题都会在平台上反映，这有助于有关部门单位早期发现矛盾纠纷。2020年1月以来，梅列“12345”中心以呈阅件的形式向区领导上报8件热点问题，预警辖区内的热点矛盾纠纷，为领导解决问题留下充足时间。做好各部门平台工作人员的业务培训，“12345”平台要能够正常运转，离不开各单位人员的高素质。区中心为平台的正常运转，全年开办2期培训，共有56人次参加培训。全区2020年“12345”便民服务平台共受理诉求12903件，与2019年5180件相比增长149.1%。其中随手拍9210件，电话投诉2236件，网站投诉753件，闽政通投诉585件，“e三明”政企直通车投诉1件，省“12345”平台投诉115件，乡呼县应3件。各责任部门办结12903件，及时办结率100%；已办结件中有5787件诉求人进行了评价，其中“满意”5339件，“基本满意”448件，无“不满意”事件，满意率100%。

【党建】 区行政服务中心党支部高度重视党建工作，年初召开支委会就党建工作进行研究部署，始终把党建工作摆在突出位置，与行政服务业务工作同部署、同检查、同落实。认真落实党建目标管理责任书，细化目标任务，靠实工作责任，形成党支部书记负总责，支委班子成员具体落实，党小组组长抓好日常工作，一级抓一级，层层抓落实的工作格局。

【理论学习】 党支部把学习教育作为思想建党的重要抓手，深入开展政治思想教育活动，扎实推进“不忘初心、牢记使命”学习教育常态化制度化，深化巩固“不忘初心，牢记使命”主题教育成果。年初，制订详细的支部学习计划。学习习近平新时代中国特色社会主义思想和中共十九大，中共十九届四中、五中全会精神，《习近平谈治国理政》（第三卷）、《习近平在宁德》、《习近平在厦门》、《习近平在福州》、《习近平关于全面从严治党的论述摘编》及习近平同志关于新冠肺炎疫情防控工作的系列重要讲话等。认真开展廉洁教育，教育引导党员坚定理想信念，树牢“四个意识”，坚定“四个自信”，做到“两个维护”，不忘初心、牢记使命，依法廉洁履行职责。2020年，支部分4个专题组织开展集中学习4次、专题学习讨论会议4场，党员干部职工撰写心得体会70篇。

【创新载体，巩固成果】 区行政服务中心充分运用“学习强国”、党员“e家”等学习平台，规范运用“互联网+党建学习”模式，为党员干部自主学习提供优质服务平台。组织党员干部通过专题研讨交流、应知应会知识测试、观看优秀影片和微电影、微党课等多种形式的学习方式，增强学习教育的实效，巩固了学习效果。上半年，组织全体党员干部职工先后8次观看警示教育宣传片，多次传达市纪委关于违反八项规定的典型案例通报。

【抗击疫情】 新冠肺炎疫情防控期间，区行政服务中心管委会坚决贯彻落实习近平总书记对新型冠状病毒感染的肺炎疫情作出的重要指示批示精神和中央、省、市、区委关于做好疫情防控工作的决策部署，充分发挥党组织战斗堡垒作用，激励全体党员充分发挥先锋模范带头作用，以强烈的政治责任感积极投身疫情防控阻击战，在疫情防控一线践行初心使命。

【党支部标准化建设】 对标对表，扎实推进。认真落实《中国共产党支部工作条例（试行）》《中国共产党党和国家机关基层组织工作条例》，完善党支部工作标准规范，切实落实组织生活制度，扎实推进党支部建设标准化、规范化。2020年，召开党员大会9次，支委员会14次，讲党课4次，落实主题党日活动16次。整改落实，提升水平。认真对照区委巡察二组在机关党建工作巡察反馈的问题，及时制定整改方案，明确整改时限，靠实工作责任，全力抓好整改落实工作，确保整改到位。

（施振奋）

（编辑：范毅民）

政协梅列区委员会

综 述

2020年，梅列区政协深入学习贯彻习近平新时代中国特色社会主义思想和中共十九届五中全会精神，坚持团结和民主两大主题，认真履行政治协商、民主监督、参政议政职能，坚持建言资政与凝聚共识双向发力，不断推动区政协事业创新发展，为加快新时代新梅列建设做出积极贡献。2020年召开区政协常委会会议5次，区政协主席会议5次。按照区委的决策部署，围绕做实“四篇文章”、推进“四个着力”、深化“五比五晒”，全方位推动梅列高质量发展超越，以及人民群众关心的热点难点问题，通过提案积极建言献策，区政协八届五次会议共征集提案92件（立案84件），党派团体、专门委员会提案15件，占16.3%；委员联名提案33件，占35.9%；委员个人提案44件，占47.8%；撰写提案的委员98人次，占66.2%。

重要会议

【梅列区政协八届常委（扩大）会议（第17—21次）】

第17次会议于2020年5月8日召开。会议共有5项议程：传达贯彻近期中央和省委、市委、区委疫情防控有关会议精神；审议通过《政协梅列区委员会2020年工作要点（讨论稿）》；审议通过《政协梅列区委员会2020年协商工作计划（讨论稿）》；审议通过《政协梅列区委员会2020年重点提案（讨论稿）》；人事事项。

第18次会议于2020年5月22日召开。会议讨论通过有关事项。

第19次会议于2020年7月30日召开。会议共有5项议程：听取区政府通报上半年工作情况，听取区法院通报上半年工作情况，听取区检察院通报上半年工作情况，传达省、市经济形势分析会精神，人事任免事项。第二阶段召开“开展农村人居环境整治”专题协商。

第20次会议于2020年11月5日召开。会议共有2项议程：传达学习中共十九届五中全会精神，区政府通报提案办理情况。第二阶段召开“激发多元参与，构建小区共商共治机制”专题协商。

第21次会议于2020年12月30日召开。会议共有7项议程：审议通过《关于召开政协第八届三明市梅列区委员会第五次会议的决定（草案）》，协商讨论《区政府工作报告（征求意见稿）》，人事调整事项，审议通过《政协第八届三明市梅列区委员会常务委员会工作报告（讨论稿）》，审议通过《政协第八届三明市梅列区委员会常务委员会关于八届四次会议以来提案工作情况的报告（讨论稿）》，审议通过关于召开政协第八届三明市梅列区委员会第五次会议有关程序性文件，审议通过《关于授权主席会议审议政协第八届三明市梅列区常委会第二十一次会议未尽事宜的决定（草案）》。

【梅列区政协八届主席（扩大）会议（第19—23次）】

第19次会议于2020年3月16日

召开。会议有5项议程：传达区委常委会会议有关精神，讨论《政协梅列区委员会2020年重点协商计划（讨论稿）》，讨论《政协梅列区委员会2020年工作要点（讨论稿）》，讨论《政协梅列区委员会八届四次会议重点提案（讨论稿）》，人事事项。

第20次会议于2020年5月6日召开。会议有3项议程：1.讨论区政协八届第17次常委会会议议程；2.讨论八届区政协领导班子分工；3.人事事项。

第21次会议于2020年7月20日召开。会议有5项议程：讨论2020年度区政协机关工作人员二级绩效考评方案，讨论区政协八届第十九次常委会会议议程，人事事项，讨论2019年度区政协机关工作人员二级绩效考评情况，其他事项。

第22次会议于2020年11月2日召开。会议有1项议程：讨论区政协八届第二十次常委会议议程。

第23次会议于2020年12月25日召开。会议有5项议程：讨论政协第八届梅列区常委会第二十一次会议议程（草案），讨论《政协第八届梅列区委员会常务委员会工作报告（征求意见稿）》，讨论《政协第八届梅列区委员会常务委员会关于八届四次会议以来提案工作情况的报告（征求意见稿）》，人事事项，其他事项。

党建工作

【概况】 坚持党对人民政协的领导，不断增强“四个意识”，坚定“四个自信”，做到“两个维护”，坚决把中央和省、市、区委的决策部署落实到政协工作的全过程和各方面。

【加强党的领导】 坚持重大问题向区委请示报告制度。政协全会、常委会、重大工作等事前主动向区委请示汇报，2020年先后3次向区委常委会专题报告政协工作，传达中央和省、市委有关政协工作重要会议精神，汇报政协党组工作情况。政协重要会议、重大活动邀请党政领导出席，政协的年度工作要点和年度协商计划，报经区委常委会批准同意后组织实施，确保政协履行职能与全区工作大局同心契合、同频共振。全面贯彻落实《中共中央关于新时代加强和改进人民政协工作的意见》和省委、市委实施意见，组织委员和机关干部收听收看全市关于学习贯彻中央和省委政协工作会议精神宣讲报告会。区委适时召开全区政协工作会议，研究部署加强和改进新时期政协工作的具体举措，进一步夯实团结奋斗的共同思想政治基础，始终做到与党委政治同心、目标同向、工作同步，确保政协事业始终沿着正确的方向前行。

【理论学习】 持之以恒强化理论武装，不断适应新时代新任务新要求。持续兴起“大学习”热潮，把加强和改进委员学习与推进人民政协履职能力建设相结合，突出学习的政治性、理论性、统战性和时代性特点，切实做到以理论学习、思想武装促进政协工作质量提升。通过线上学习和线下研讨交流相结合的方式，深入学习贯彻中共十九大和十九届二中、三中、四中、五中全会精神，围绕《习近平谈治国理政》（第三卷）、《习近平在福建》等系列采访实录和中共十九届五中全会精神开展研讨交流，开展党组中心组集中学习13场次、委员集中宣讲学习2场次，专委会集中学习16场次。积极引导各民主党派、政协各参加单位、广大政协委员在学深悟透新思想中明方向、强定力、聚共识，增进对中国共产党和中国特色社会主义的政治认同、思想认同、理论认同、情感认同。

【政治建设】 发挥党组把方向、管大局、保落实的重要作用。进一步加强政协党组的力量，区委常委、统战部长兼任区政协党组副书记，建立健全党组主体责任、党组书记第一责任、班子成员“一岗双责”的协同机制，以党的政治建设为统领，全面推进政协党的建设。健全完善政协党组工作规则，坚持重要协商计划、重要民主监督议题、委员增补辞退、政协机关干部任免、重要文件出台、大额资金使用等重大事项必须经政协党组会议集体研究决定。健全完善党组成员联系党派，党员委员联系党外委员“双联”制度，发挥党员委员在各项工作中当先锋、作表率的模范作用。不断加强政协党的组织建设，形成了以政协党组为核心，政协机关党支部、专委会功能型党支部、重大活动临时党支部各司其职的党建工作机制，实现党的组织对党员委员全覆盖、党的工作对政协委员全覆盖。

建言资政

【概况】 聚焦主责主业，坚持双向发力，紧紧围绕区委的部署要求，精选议题，深入调研，开展广泛、多层协商议政活动，充分发挥人民政协重要协商渠道和专门协商机构作用，努力为推动高质量发展超越建言献策。

【提案协商】 发挥提案在委员履职中的主体作用，坚持用提案反映民意，以提案凝聚共识，以提案促进发展。八届四次全会以来，共征集集体和委员提案91件，立案84件。其中经济建设方面的提案19件，占22.6%；文化建设方面提案2件，占2.4%；社会建设方面提案59件，占70.2%；生态文明建设方面提案4件，占4.8%。截至2020年11月，立案的84件提案已全部办复，办复率100%。从办理的情况看，提案所提问题已得到解决和基本解决的57件，占65.5%；正在解决或列入计划逐步解决的26件，占33.3%；因条件限制暂时无法解决的1件、占1.2%。通过开展提案办理协商、重点提案领导督办、提案办理评议等方式，形成谋发展、促落实的浓厚氛围。如在徐碧"城中村"改造项目工作中，为了进一步凝聚共识，市、区政协联合开展现场调研视察活动和"关于创新旧城改造思维，提升城市建设品位的建议"重点提案督办活动，促进各方同心协力，助力征迁工作完成。

【专题协商】 着眼党政关切、群众关心、社会关注问题，开展专题议政性常委会会议协商。区委、区政府主要领导高度重视政协常委会专题协商议题的确定，年初，区委主要领导亲自点题，并经区委常委会研究确定"农村人居环境整治""激发多元参与，构建小区共商共治机制"2个课题作为政协常委会专题协商议题。政协专门成立2个课题小组，精心制定调研方案。课题组在对农村人居环境整治、小区共商共治的现状、问题深入剖析的基础上，提出对策建议。7月30日、11月5日分别召开第19次、第20次常委会，区委、区政府领导到会与委员面对面协商互动，对课题组提出的"政府引导，群众参与，建立健全农村人居环境整治长效机制""坚持党建引领，凝聚小区治理合力"等10条建议给予积极评价，对委员履职给予充分肯定，并就成果转化落实提出具体要求，极大激发了委员参政议政热情。三明电视台对专题协商课题进行了跟踪报道，提升常委会专题协商会的社会影响力。

【调研视察】 着眼贯彻新发展理念和全方位推动高质量发展超越要求，把调查研究作为提高协商议政质量的重要基础，不断改进调查研究的方式方法。8个专委会重点围绕经济建设、司法建设、乡村振兴、社区建设、健康养老、民族宗教等年初制定的16个调研视察议题，严格按照工作计划开展调研视察和学习考察，相关课题调研组听取三明学院、三明医科技术职业学院专家教授的意见建议，并赴福州、厦门等省内相关地区开展课题调研，课题组深入当地社区、农村、企业，在认真学习、吸收、借鉴好做法、好经验的基础上，结合梅列实际，形成了《发展"夜经济"》《关于梅列区发展城市养老康养产业》《关于发挥绿色生态优势，发展我区中药种植及加工产业》等8篇贴近本地社会经济发展的调研报告，为区委、区政府科学决策和相关部门推进工作提供参考和借鉴。

助推发展方面

【概况】 坚持发展第一要务，把政协工作融入全区发展大局中谋划推进，努力为全方位推动梅列区高质量发展超越汇聚合力。

【围绕中心抓落实】 聚焦区委、区政府重大决策部署，全力助推工作落实落地。区政协领导班子按照区委、区政府的工作部署，积极投身"五比五晒"，抓好挂包项目建设，六路商圈、建祥机制砂等项目有序推进，市残联办公大楼征迁等项目顺利完成。政协机关干部积极参与区委、区政府中心工作，在包村挂点、精准扶贫、文明城创建、志愿者服务等各项工作中，勇担当善作为。委员们积极主动参与区政协组织的"优化营商环境""委员河长制""厉行节约制止餐饮浪费行为""文明净走助力创城"等活动，积极参与司法援助、婚姻调解、人民陪审、社区义工、公众评议、老旧小区增设电梯听证会、社区治理等活动，弘扬正气，释放正能量。

【防控疫情】 面对突如其来的新冠肺炎疫情，区政协第一时间发出倡议，号召全体委员坚决贯彻落实中央和省、市、区委的决策部署，以高度的行动自觉，强烈的职责使命，全力投身抗疫一线。政协委员以志愿者、党员服务队等不同方式投身疫情防控，带头支持疫情防控的各项管控措施，委员邓丽萍疫情防控中的事迹，被省《政协天地》宣传报道。政协领导班子成员按照区委的分工部署，积极参与疫情防控指挥工作，深入到挂包村（居），全力督导落实疫情联防联控机制。政协机关干部组成两支小分队，分别奔赴孝坑村和碧湖社区，从正月初三开始开展全天候疫情防控值守，逐幢逐户摸排造册。委员企业带头出钱出力，以个人或企业名义向市、区两级红十字会捐款捐物110多万元；委员企业带头复工复产，以实际行动保障供应、保障就业，恢复生产生活秩序。

【征迁工作】 在徐碧“城中村”征迁项目中，区政协负责征迁第三组。在攻坚克难过程中，充分展现了区政协领导班子和机关干部的一线作为、一线担当精神和政协委员敢担当、善作为的风采。针对摸排出来的5户征迁“困难户”，政协领导统筹安排，整合资源，抽调精干人员，集中力量攻坚，克服种种困难，突破层层阻力，打破僵局，在各有关单位的大力支持配合下，攻克堡垒。政协机关干部全员上阵，走家串户宣传政策、解读方案、答疑解惑，帮助征迁户分户析产、调解纠纷、化解矛盾，协助征迁户精准设计回迁安置计划，用足用好征迁政策，服务到位，让征迁户满意，如期完成14户和2个宗祠（祖屋）的征迁任务。同时协助第三组其他11个单位做好二次装修评估、面积复核确认等后续工作，促进第三组率先完成腾房任务。区直机关政协委员充分发挥团队协作精神，主动帮助其他工作组攻坚克难，成为徐碧“城中村”改造项目征迁工作的骨干力量。在市委、市政府记功和嘉奖的23人中有6名是区政协委员，在区委、区政府记功和嘉奖中有3名是区政协委员，区政协机关获得集体通报表扬。

自身建设

【概况】 始终高度重视政协委员和政协机关干部“两支队伍”建设，不断提升政协委员的履职能力和机关干部的服务水平。

【提升委员履职力】 政协作用发挥在委员、活力展现看委员、事业发展靠委员。按照“懂政协、会协商、善议政，守纪律、讲规矩、重品行”要求，不断提升“四种能力”。强化委员学习，组织全体政协常委集中学习贯彻省委、市委政协工作会议精神，举办党的十九届五中全会精神委员学习读书班，引导委员入好政协门、当好政协人、干好政协事。不断完善丰富梅列区政协《委员履职考核办法》，建立“一人一档”考核制度，每年向各专委会通报委员履职考核结果，督促委员出色完成“委员作业”，以机制激励先进，鞭策后进。区政协常委会每半年邀请区政府、区法院、区检察院通报工作，组织常委视察梅列全年经济社会发展亮点，知晓重大项目进展情况。各专委会不定期组织委员到相关部门单位开展调研、收集信息，为委员搭建平台，为委员知情明政畅通渠道。

【增强专委会组织力】 健全完善政协班子成员分工联系专委会、专委会对口联系部门和界别委员工作机制，强化专委会组织协调功能。根据委员增补和调整情况及时调整专委会、委员联络组负责人和组成人员，充分发挥专委会在政协工作中的基础性作用。根据2020年疫情防控的特殊情况，各专委会精心组织考察调研，各课题组按照就近、小型的原则开展课题调研考察，对调研组成员选择、线路安排、考察地点确定等进行了精心准备，做到考察目地明确、事前准备充分、时间安排紧凑、考察效果明显。2020年，各专委会共组织开展协商议政、调研视察、提案督办、联组视察等活动24次，形成调研报告8份。专委会作用的有效发挥，有力地促进委员履职的提质增效。

【提高机关保障力】 牢固树立政协机关就是服务机关，必须全心全意为委员履职提供服务和保障的理念。扎实做好市政协到梅列考察调研和视察的组织、协调和准备工作，全年共对接市政协考察调研11次。政协机关各委室积极对接各专委会，协助各专委会共同制定工作计划，共同组织开展活动，共同促进工作落实。政协办主动承担各调研组外出考察调研联系联络工作，沟通协调，为调研组真取经、取真经做好后勤保障。同时，认真做好外地政协考察组到梅列的接待工作，按照来访考察组的意图，精心安排考察线路、考察地点，全年共接待省内外政协考察组6批次50多人。大力宣传政协履职成效和委员风采，全年向上级政协报送社情民意50多条，向《中国政协报》《政协天地》《三明日报》报送宣传稿件30多条，在《梅列微时代》刊发委员履职宣传报道52篇。

（陈志胤　高明惺）

（编辑：范毅民）

纪检监察

综　述

2020年，梅列区纪检监察机关忠实履行党章和宪法赋予的职责，深入推进全面从严治党、党风廉政建设和反腐败斗争，充分发挥监督保障执行、促进完善发展作用，各项工作多点突破、纵深推进，为决胜全面建成小康社会、决战脱贫攻坚、全方位推动高质量发展超越提供了坚强保障。

中共梅列区纪委九届五次全会

2020年1月22日召开。区委书记杨胜出席会议并讲话，区委副书记、区长张昌平传达学习中央和省、市纪委全会精神，区委常委、区纪委书记、区监委主任杨通盛作工作报告，区四套班子领导出席会议。

杨胜指出，习近平总书记在十九届中央纪委四次全会上的重要讲话，对全党上下坚定信心，凝聚共识，纵深推进新时代全面从严治党各项工作具有重要指导意义。我们要深刻领会和准确把握新时代全面从严治党的伟大成就，深刻领会和准确把握新时代全面从严治党的实践经验，深刻领会和准确把握新时代全面从严治党的总体要求和重点工作，确保中央决策部署在梅列落地生根。

杨胜指出，刚刚过去的一年，全区各级各部门坚持以习近平新时代中国特色社会主义思想为指导，深入贯彻中共十九大和十九届二中、三中、四中全会精神，按照中央、中央纪委国家监委和省市委、省市纪委监委的部署要求，坚决扛起全面从严治党政治责任，扎实推动全面从严治党向纵深发展、向基层延伸。管党治党责任进一步夯实；作风建设成效进一步显现；审查调查力度进一步加大；纪检监察体制改革进一步深化。但要清醒地认识到，一些长期积累的矛盾和问题还没有得到很好的解决，要切实增强担当意识、责任意识、使命意识，坚持问题导向，强化底线思维，持之以恒推动自我革命，努力营造风清气正的政治生态。

杨胜强调，一要坚持政治统领，不断增强“两个维护”的自觉性坚定性。二要加强作风建设，驰而不息纠“四风”、树新风。三要突出高压震慑，构建一体推进不敢腐不能腐不想腐体制机制。四要凝聚监督合力，持续深化纪检监察体制改革。

杨通盛代表区纪委常委会作了题为《坚定不移深化全面从严治党　为全面建成小康社会提供坚强保障》的工作报告，强调全区纪检监察机关要以习近平新时代中国特色社会主义思想为指导，认真学习贯彻习近平总书记重要讲话重要指示批示精神，在市纪委监委和区委的坚强领导下，紧扣践行党的初心使命，紧扣全面从严治党方针要求，紧扣全区改革发展稳定大局，忠实履行党章和宪法赋予的职责。要坚守初心使命，不断增强“两个维护”的自觉性坚定性。聚焦群众期盼，集中整治群众反映强烈的突出问题。持续深化改革，着力完善监督体系。抓牢监督专责，强化对权力运行的制约和监督。完善长效机制，深化拓展作风建设成果。紧盯巡察质效，推动巡察工作高质量发展。推进“三不”建设，进一步巩固发展反腐败斗争压倒性胜利。强化使命担当，建设高素质专业化纪检监察队伍。

全会审议通过了区纪委常委会工作报告，审议通过了区纪委九届五次全会决议。

坚定不移践行“两个维护”

【概况】 坚持“第一议题”制度，区纪委常委会带头学习贯彻习近平新时代中国特色社会主义思想，带头提高政治判断力、政治领悟力、政治执行力，带头增强“两个维护”的政治自觉。

【加强政治监督】 把讲政治落实到具体行动上，推进政治监督具体化常态化，梳理制止餐饮浪费、落实教育公平、推动减税降费等10个方面43项监督重点，项目化监督落实。

【助力疫情防控】 全力保障打赢疫情防控攻坚战，全区纪检监察干部闻令而动，下沉一线，跟进监督，警示督促党员干部令行禁止，推动发放防疫补贴100万余元，保护基层干部防疫积极性。

【服务发展大局】 坚持在监督中服务、在服务中监督，聚焦疫后重振，紧盯复工复产、生态环保领域、“难、硬、重、新”专项行动等，开展滚动式全覆盖暗访督查，监督质效明显提升，有力推动“六稳”“六保”任务落地。

严肃查处群众身边腐败和作风问题

【概况】 拓展专项整治漠视群众利益问题工作成果，对5大方面14个问题进行集中整治，督促整改问题139个，推动完成民生领域事项197个。

【推进打“伞”破“网”】 成立专班集中攻坚，立案查处涉黑涉恶腐败和“保护伞”案件12起12人，其中“保护伞”案件数居全市首位，区违纪查办组工作居全市前列。

【助力脱贫攻坚】 建立提级挂钩监督工作机制，协调解决房屋安全、就业创业等群众实际困难16个。延伸监督城市困难家庭精准帮扶工作，发现资金使用管理不规范、困难家庭情况调查不实等问题67个，清退不符合低保条件人员45户77人，挽回损失12万余元。

【持续纠治“四风”】 聚焦重点，集中整治形式主义、官僚主义，建立问题“监测点”机制，拓展基层减负成果，全年共查处“四风”问题24起26人，给予党纪政务处分17人，清退、收缴违规资金22.68万元。

【做实一线监督】 开展信访举报“制度规范落实年”活动，制发入户走访工作方案，共入户走访245户，做到“举报在一线受理、监督在一线跟进”。

压紧压实全面从严治党“两个责任”

【概况】 切实履行监督第一职责，把监督融入日常抓在经常，及时了解党员干部的思想、作风、生活状况。

【履行协助职责】 协助区委深化全面从严治党，先后就徐碧旧改、文明城市创建、生态环保等工作向区委专题报告，区委主要领导批准立案审查调查8人次，为党委履行主体责任提供有效载体。开展全面从严治党主体责任检查，督促推动省委主体责任检查反馈“问题清单”整改落实，移交问题133个，提出工作意见和整改要求96条。

【规范委托谈话】 率先出台委托党委（党组）书记谈话方式处置问题线索工作规范，处置问题线索9件，既压实“一把手”责任，又发挥其熟悉谈话对象优势，提升了监督温度。

【注重实事求是】 坚持审慎精准问责，探索制定问责工作指引，细化问责程序要求，全年共问责党员领导干部7起9人，其中问责“一把手”3人。综合运用“四种形态”一、二种形态处理116人次，占总数的87.1%。

【政治生态评估】 推行政治生

态“评估研判+预警纠偏”机制，对5个镇（街道）、45个村（社区）和31个区直部门进行政治生态分析，督促整改问题145个，推动全区政治生态持续向好。

持续深化纪检监察体制改革

【概况】 坚持党对纪检监察工作全覆盖、全方位、全过程领导，注重向改革要动力，积极推进制度机制创新。

【加强审查调查制度建设】 出台问题线索处置暂行办法，明确提级把关、从严审批等措施，有效提升了问题线索处置质效。制发“走读式”谈话安全负面清单、“走读式”谈话审批备案、安全检查工作规范等制度，形成审查调查安全完整链条。

【推进案件审理规范化建设】 编印《模拟案卷》4卷，绘制审理工作流程图，制定案件质量评查规范，申报并被确定为全市唯一的省纪委案件审理工作联系点，在全省联系点座谈会上做了经验介绍。

【促进基层监督质效不断提升】 深化纪检监察机构片区协作制度，充分发挥联系室作用，通过向上借力、向下融合，实现基层监督力量攥指成拳。开展乡镇纪委监督执纪工作提升年活动，设立10项量化考评指标，规范“五档五帐”建设，各项工作质效大幅提升。探索“一季一专项”重点监督，基层纪检监察机构立项监督24批次，发出纪检监察建议7份，推动建章立制39项。

充分发挥巡察政治监督作用

【概况】 坚持常规巡察与专项巡察相结合，按照“四个对照”监督标准，围绕“三个聚焦”精准发现问题、查纠政治偏差。

【顺利完成巡察全覆盖】 高质量完成九届区委第17轮、第18轮常规巡察，实现本届区委巡察全覆盖。组织开展脱贫攻坚专项巡察“回头看”，提级延伸巡察4个重点村，发现问题117个，移交问题线索13条。

【巡察整改常态化督查】 建立巡察整改常态化督查机制，坚持全过程指导、阶段性跟进整改落实情况，已专项督查18个单位，督促限期整改问题76个、出台制度规范12项。

【抓好巡察整改和成果运用】 探索巡察整改报告“六联审”机制，构建由巡察机构牵头，纪检监察、组织、宣传等部门分头把关的审核机制，保障巡察整改报告质量。建立成果共享和问题线索处置留痕追溯机制，统一问题线索管理和移交标准，做到全程留痕有记录、精细把控可追溯。

一体推进不敢腐、不能腐、不想腐

【概况】 坚持宽严相济原则，充分释放监督执纪的善意，全面、辩证、历史地看待干部的错误行为，最大限度教育人、转化人、挽救人。

【保持反腐高压态势】 坚持有腐必反、有案必查，持续释放尺度不松、力度不减的强烈信号。全区纪检监察机关共立案44件44人，其中科级干部9人，移送审查起诉4人。

【坚持严管厚爱】 建立典型案件“一案三促”案后整改机制，做深案件剖析、做细问题整改，发出纪检监察建议书4份，推动发案单位建章立制16项。坚持纪法情理贯通融合，加大受处分处理人员教育关怀力度，组织对36名受处分人员进行回访教育，促进干部担当作为。

【宣传廉洁文化】 深化“一季一警示”“一镇一孝廉”，用好用活警示教育本土资源，全区开展警示教育239场、6250人次参加。讲好正风肃纪反腐的梅列故事，问题线索处置、政治生态评估等经验做法被中央级媒体采用17篇、省级媒体采用47篇、市级媒体采用171篇，同比分别增长467%、300%和93%。

打造高素质专业化干部队伍

【概况】 把强化自身建设摆在基础性、战略性位置，坚持系统观念，突出顶层设计，以培育一流作风、建设一流队伍、创造一流业绩的“一流机关”为战略目标，促进统一思想、凝聚共识。

【突出创先争优】 以开展“比亮点、创一流”活动为载体抓手，营造良好干事创业氛围，干部工作作风和精神面貌焕然一新，区纪委监委机关被推荐为省级文明单位。深入开展“亮灯行动”，创建“以五心映初心”机关党建品牌。

【注重常学常新】 坚持政治引领，以多种方式深入学习习近平新时代中国特色社会主义思想。把夯实业务基础作为固本之策，深化“书香机关”建设，开办“纪检监察夜校”“名家讲坛”，在全市率先举办“大比武、大练兵”模拟实操竞赛。

【从严管理队伍】 从严教育管理监督干部，严抓干部“八小时以外”监督，常态化、制度化开展集体谈话、个别谈话和家访活动，使干部习惯在受监督和约束的环境中工作生活，严防“灯下黑”。

（林彬文）

（编辑：范毅民）

梅列区总工会

【概况】 2020年，梅列区共有基层工会2163个，其中企业工会2283个，工会会员3.79万人。

【劳动竞赛】 在“六稳六保”中发挥工会作用，对接全区产业发展布局和辖区企业生产实际需求，牵头组织全区性劳动竞赛5场，推进产业工人队伍建设，推荐获评省五一劳动奖章2名、省“工人先锋号”“五一先锋号”各1个、市“工人先锋号”10个；福建省百万职工“五小”创新大赛二等奖、三等奖各1个。举办助企用工专场招聘会，首次使用“线上直播+现场洽谈”的模式，推行“线上+线下”技能培训模式，开辟网上技能课堂，开展线下职业技能培训3场，深化职工职业技能提升行动，推进产业工人队伍建设。

【职工文化】 认真落实意识形态工作责任制，深入学习贯彻中共十九大和十九届二中、三中、四中、五中全会精神，深化“中国梦·劳动美”主题宣传教育活动，在消防大队共享职工之家、劳模工作室开展职工“大学习”活动；组织职工学习《习近平在厦门》《习近平在宁德》《习近平在福州》采访实录；在微信公众号开辟“最美劳动者”专题，讲述7名劳模工匠故事；劳模宣讲小分队深入企业运用生动活泼、接地气的语言，向300余名一线职工宣讲中共十九届五中全会精神，并向企业职工书屋赠送书籍。选送职工参加“中国梦·劳动美”三明市第八届职工歌手赛获一等奖1名，书香筑梦全市职工“大学习”演讲比赛获优秀奖1名。

【精准帮扶】 通过精准施策、送温暖慰问、金秋助学、大病医疗补助等相互衔接、各有侧重的梯度帮扶体系，全区在档困难职工已全部解困脱困并开展回头看。加大资金投入，深入开展“两节”送温暖、金秋助学活动，全年发放各类慰问资金25.4万元，372人次患病职工从职工医疗互助中受益35.84万元，第11期医疗互助参保任务超额完成，完成任务数位居全市第一。

【服务职工】 继续推行服务承诺制，环卫工人微心愿、职工子女暑托班、职工示范疗休养、首次挂牌启用医生休息室、改造提升户外劳动者休息室等“服务职工10件实事”全部落实到位。加快推进区职工疗休养基地建设，区总工会组织开展市区两级3期79人职工示范疗休养活动，推动基层工会开展职工疗休养5期64人，向全市新推荐梅列区春秋游基地6个，吸引外地职工到梅列区疗休养。联合市、区总工会开展常态化职工婚恋交友活动。

【权益保障】 开展“安全生产月”系列活动，获评2019年度省级“安康杯”先进单位2家、先进班组2个。加强法律援助维权服务，举办普法知识有奖竞答、公益法律服务进企业10余场，提供维权日现场解答及电话咨询23件，参与劳动争议案件63起，共涉及金额64.6万元。集体协商“特别要约”发出提示函68份，覆盖企业1780家，覆盖职工2.8万人。集体协商“特别要约”发出提示函68份，涉及百人以上企业12家、区域性6家、行业性4家，覆盖企业1780家，覆盖职工2.8万人。

【建会建家】 持续推进货车司机等“八大群体”职工建会入会，共举办5场组织510名新兴职工群体参加集中入会。举办“闽晟杯”第二届篮球邀请赛，推进非公企业职工群众性文体活动健康开展。新增省级模范职工之家2个、小家3个，市级模范职工之家、小家各9个，推荐获评优秀工会工作者全国级1人、省级3、市级9人。以梅列消防救援大队职工之家为主体布点建设共享职工之家，辐射周边机关单位、街道社区、商圈楼宇等23个单位2300名职工聚集区，提升传统主体型职工之家建设水平，三明市梅列区消防救援大队共享职工之家获评全省消防救援队伍首个“省级共享职工之家”。

【防疫复工】 全体干部职工全力参与疫情防控，深入挂点村下坑村入户摸排、防疫宣传，做好麒麟山酒店隔离点防疫值守。深入挂包企业开展“进企业、促防控、助复工”专项行动，制定实施应对疫情扶持小微企业共渡难关等12条措施，为辖区内18家工业企业、373人全额补助返梅交通补贴9.24万元，稳岗补贴活动在全市推广公开。发放因疫情致困生活补贴及疫情防控相关人员慰问金、慰问物资共计5.6万元，返小微企业工会经费43.57万元，全市位列第二，引导基层工会采购扶贫农特产品154.97万元。

【自身建设】 持续巩固“不忘初心、牢记使命”主题教育成果，大力弘扬“四下基层”“马上就办、真抓实干”等优良作风，开展“访企业、解难题、‘促六稳’”专项行动，推动工会干部经常深入基层一线、服务职工群众，进一步密切与职工群众的联系。贯彻落实新时代全面从严治党的新要求，加强机关党的建设，发挥党员先锋模范作用深化“亮灯行动”，带领工会党员干部积极投身徐碧“城中村”征迁项目、创建全国文明城市及省级文明城区等中心工作。主动融入中心工作，完成“五个一批”谋划项目1个、签约项目1个。做好《福建省基层工会经费收支管理实施办法》的政策解答和宣传培训，指导基层工会规范经费收支管理，保障职工正常福利，全年对23家基层工会开展“1+X”专项督察，提出47条整改措施。加强信息工作，全年在区级以上媒体刊物上宣传报道97篇，其中在中华全国总工会媒体平台“中工网”上刊登15篇，梅列微时代微信公众号36篇。区总工会经审会获得“2019年度三明市县级工会经审工作规范化建设考核A等级”称号。

（王莹莹）

共青团梅列区委

【概况】 2020年，梅列区共有基层团（工）委21个、非公团支部39个、基层团支部144个，共青团员1999名。全年发展新团员281个。

2020年，梅列团区委坚持以习近平新时代中国特色社会主义思想为指导，围绕做实“四篇文章”、推进“四个着力”、深化“五比五晒”，持续精准发力、主动担当作为，推动团的各项工作创新发展。2020年，被评为省级优秀少先队辅导员1名，省、市优秀少先队员10名，市优秀志愿辅导员3名，市优秀少先队大队2个，市优秀少先队中队5个，创建市级“青年文明号”集体6个，市级青年安全生产示范岗2个，市级青年岗位能手2个，组建了服务发展突击队10支，服务重点项目突击队9支。

【强化意识形态教育】 加强青少年思想政治引领，深化“青年大学习”行动，推动习近平新时代中国特色社会主义思想在广大团员青年中落地生根，2020年共组织开展了20期“青年大学习”网上主题团课学习活动，全区平均参与率71.31%，居全市第一。认真落实“智慧团建”工作要求，扎实开展团员报道、组织关系转接、团员教育、基础团务等工作，2020年，梅列区团员共1999人，团员报道率76.3%，组织关系转接成功率85.86%，三星级及以上团支部创建率92.38%，组织整顿率100%，综合指标居全省第一。扎实做好青少年思想引领工作，着力加强青少年思想道德建设。抓好新媒体建设，持续提升新媒体矩阵的活跃度、传播力和影响力，成立“青微梅列”新媒体工作室，“梅列共青团”微信公众号进入全省县级团委微信公众号综合影响力50强。抓好

2020年12月12日，梅列团区委组织青年干部读书班全体学员赴明溪县夏阳乡紫云村开展“寓情绿水青山，脉动激情青春”主题研学活动

信息宣传报送工作，组建宣传信息员队伍，建立信息“三审”制度，2020年，在团市委、团省委、团中央等门户网站发稿147篇，其中，《圆梦微心愿　点亮城市光》《热心警花翁梦芸》在学习强国平台播发，《梅列团区委立足职能助力抗“疫”》《梅列区全力推进“青春护雏”计划》文章在省委《八闽快讯》刊登，《绽放战疫青春　坚定制度自信》《圆梦微心愿　点亮城市光》《青心同行送清凉》等在“e三明”刊登。开展纪念“五四”系列活动，通过“我拍五四、我赞五四、我绘五四”的形式，引导全区团员学生传承五四精神，致敬抗疫英雄。

【助力中心工作】　围绕创城中心工作，常态化开展志愿服务活动，通过“共青团员义务星期六”“满意在梅列，青年在行动”“小手拉大手，文明一起走”等主题，组织开展各类志愿服务活动70余场，特别是开展“创城有我　文明同行”创城知识有奖挑战赛，吸引辖区3万余名群众积极参与，有效宣传了文明创城知识。在辖区3个点成立快递外卖小哥“青心同行”驿站，为高温下的快递小哥提供便利。围绕做好“四篇文章”，助力“五比五晒”，积极指导辖区6个单位创建市级“青年文明号”，组织开展“助力创城　青年当先”青年文明号文明创建进社区暨诚信示；面对疫情，团委主动作为，牵头成立应对疫情防控心理疏导工作组，开通心理疏导热线1条，组织15名心理专家开展线上线下服务50余人次。深入开展“前线有你后方有我”“同舟共济　青春偕进”等主题活动，组织青年志愿者为援鄂家属、一线抗疫人员、青年突击队等送去慰问帮扶物资5万余元。发挥青年抗疫示范作用，组织20余名青年企业家捐款及捐赠口罩、食品、保暖品等各类防疫物资70余万元。组建“抗疫情”“助复工”等青年突击队20支205人，青年志愿服务队伍8支195余人，开展入户摸排、社区宣传等志愿服务活动1980余人次，在抗击疫情的战场上发挥出生力军和突击队作用。

【提升服务青年履职力】　依托梅列齐信青年创业孵化基地，开展青年创新创业培训、公务员、事业单位考前公益培训活动4场，服务创业青年700余人次。积极开展“普惠金融•起航卡”“创青春•建未来”青年创新创业创造专项金融服务工作，上半年累计发放创业贷款50笔1768万元，帮助创业青年解决资金困难。积极开展“双百”行动，帮助10名创业青年与创业导师结成“一对一”辅导。针对疫情期间企业用工难问题，联合三明小鱼网开展网上“云”招聘活动。结合“进企业、促防控、助复工”主题活动，走访青年企业30余家，帮助企业协调解决问题20个。持续开展大学生“返家乡”社会实践活动，为返乡大学生提供企事业单位实习岗位20余个。切实关爱青年成长，组织召开梅列区青年工作联席会，审议通过了《梅列区青年工作联席会议议事规则》，积极申报福建中长期青年发展规划实施试点县(市、区)，按照“有规划(方案)、有机制、有政策、有项目、有保障、有落实”的要求服务青年发展。深化“青年干部读书班”品牌，按照“一年一期一班”的形式，组织43名学员参与思想武装、本领锤炼、担当作为、纪律养成4项工程12个项目，实行“一月一主题”“积分考评”等机制，通过实地学习调研、座谈交流、讲座论坛等形式，不断提高青年干部思想政治素质和业务能力水平，2020年累计开展“绽放战疫青春，坚定制度自信”“走进三钢”等主题3

2020年5月28日，梅列团区委联合三路社区开展“青春护雏”——“四点半学校”开班仪式暨“雏燕之家”揭牌仪式

个、活动10余场。认真履行区预防青少年违法犯罪工作领导小组办公室职能，统筹协调各成员单位，深入开展预防青少年违法犯罪工作，全年共争取各类项目经费46万元，开展“雏燕之家”关爱贫困留守儿童、“健康人生·绿色无毒”禁毒宣传、“风雨彩虹·铿锵少年”青少年社工服务、附条件不起诉未成年人考察帮教等项目10余个，取得了良好成效。活动方面，结合青少年实际，开展“无毒前行·青春有梦”校园禁毒云竞赛，全区1万余名中小学生参与线上答题；开展“法治进校园”“孝廉文化进校园”“青春自护，暑期安全”“轻松备考·12355与你同行”中高考减压等活动20余场，受益青少年14000余人次。

【团组织建设】　认真贯彻中央、省、市委关于深化共青团改革的一系列重要要求。规范少先队入队工作，制定出台《梅列区少先队“双评分批”入队工作实施意见》，通过量化考核、分段培育、双层考评，实现分批入队，构建完整的少先队员成长评价体系。严格按照团章规定的标准发展团员，实行分批下发团员发展编号、分批入团的形式，严格规范入团程序，控制发展团员数量，全年发展团员281名，初中团学比例为12.3%，高中团学比例为28.61%，均达到团员调控比例要求。组织各校少先队辅导员和团委书记成立“张桂秀名师工作室”，定期开展主题团课、主题队课研讨，丰富团员活动内容。督促团员认真履行团章规定的团员义务，特别是抓好学生团员参与团课学习，实行学生参与“青年大学习”情况与学校发展团员名额相挂钩的制度，督促学校积极组织学生参与团课学习。试点开展将优秀少先队员培训纳入团干部培训体系，强化学生团员集中性教育和经常性教育，动员入团的少先队员参加每月1次的团员志愿服务活动，接受教育和锻炼。务实基层组织建设，认真落实《福建共青团基层组织力整治提升三年计划（草案）》要求，制定出台《关于加强智慧团建工作的试行办法》，以“智慧团建”为抓手，着力加强基层团组织建设。积极扩大团组织对青年的有效覆盖，重点在“两新”及非公企业领域取得突破，上半年新成立非公企业团支部15个。2020年，共有非公企业团支部39个，团员报到262余人。

（陈金煌　欧春晖）

区妇女联合会

【概况】　2020年，梅列区妇女联合会（简称区妇联）思想领航，引领广大妇女坚定地听党话跟党走；巾帼建功，为梅列高质量发展贡献“半边天”力量；创新载体，不断提升文明建设内涵；巾帼维权，不断提升妇女儿童获得感幸福感；深化改革，建设更加坚强有力和充满活力的妇联组织，团结动员全区广大妇女，为加快新时代新三明建设、决胜全面建成小康社会贡献巾帼力量。

【思想政治引领】　区妇联牢牢把握“巾帼心向党”主基调，提高政治站位，学习宣传贯彻中共十九届五中全会精神。组建8支巾帼宣讲队，走进学校、村居、企业、田间地头开展十九届五中全会精神宣讲活动，让妇女群众把思想和行动统一到全会精神上来，在思想上、政治上、行动上同以习近平同志为核心的党中央保持高度一致。深入学习宣传贯彻习近平总书记关于打赢疫情防控人民战争、总体战、阻击战的系列重要指示精神和党中央决策部署，及时宣传广大妇女、家庭、巾帼志愿者积极参与抗疫的先进事迹和疫情防控的动态、政策和知识，引导妇女群众积极参与联防联控、群防群治。

【树立榜样】 为树立榜样、表扬先进，进一步引导和激励更多的妇女继续奋斗，区妇联召开表彰大会，授予20个区级“三八红旗手”、10个区级“三八红旗集体”称号，命名10个区级“巾帼文明岗”，揭晓30户区级“最美家庭”，翁梦芸等3名女性被授予市三八红旗手。积极培树典型，推荐庄彩男等11户家庭参选市级以上先进家庭，其中高文香家庭已获省抗疫“最美家庭”。推荐梅列区实验小学等10个单位参选市级以上“巾帼文明岗”。并通过微信公众号发布先进女性岗位和优秀女性事迹，讲好梅列区女性先进典型故事，展示梅列区优秀女性形象。

【宣传阵地建设】 坚持正确的政治方向，推进妇联系统融媒体建设，利用“梅列妇联”“梅列微时代”微信公众号、“一呼百万梅列姐妹群”等平台构成的媒体矩阵。主动开展有特色有亮点有声势的妇女新闻舆论宣传工作，围绕“抗击疫情”“巾帼暖心”“梅姐姐普法”“榜样的力量”等专题策划系列报道，提高了宣传的吸引力和传播力。压实意识形态工作责任，提高妇女儿童工作领域的舆论引导能力。2020年，“梅列妇联”微信公众号发布媒体报道330余条，在区级平台“梅列微时代”发布媒体报道50余条，在“三明女性之声”发布媒体报道20余条。

【防控疫情】 主动作为，坚决打赢防疫抗疫阻击战。发挥组织优势。第一时间发出倡议，引导广大妇女、家庭和社会力量投身防疫抗疫。印制《为打赢疫情防控阻击战贡献半边天力量倡议书》《我家承诺！抗击疫情 严把家庭关》倡议书1.2万余份，制作各类宣传视频20余个，阅读量达3.5万余人次。

主动担责。组织1500余名各级妇联执委、妇联党员干部、巾帼志愿者投入到疫情防控中，动员全区广大家庭严把家庭关，管好自家人、守好自家门。号召辖区女企业家积极捐款捐物，共筹集18万元专项资金和2万个口罩支援防疫抗疫。

助力复工复产。深入挂包企业三钢劳服公司和福建省群辉贸易有限公司，及时向企业传达复工复产政策，为企业做好招工、协调防疫物资等，助力企业复工复产。

【参加徐碧“城中村”及周边地块改造项目】 区妇联主要领导率先垂范，带领工作队成员，按照区委、区政府和指挥部工作部署，充分发扬“5+2”“白+黑”工作精神，积极开展征迁动员、入户走访、用地丈量、商谈签约等工作，顺利完成15户征迁工作。

【促进妇女创业就业】 联合举办“梅列区2020年‘职’在民企‘就’有未来暨助企用工专场招聘会”，共36家企业到会招聘，提供就业岗位740多个，吸引高校毕业生、退役士兵、农村转移劳动力、城市精准贫困户等各类求职人员830多人应聘，现场达成就业意向111人，发放各类政策汇编、宣传手册、服务指南等宣传材料1000余份。推荐4个以女性为创办主体的项目参加市2020年度优秀创业创新项目竞赛，2个项目分别获得二、三等奖。加强职业技能培训。联合区人社局等八部门联合下发《关于开展2020年梅列区免费职业技能培训报名的通知》，免费为贫困家庭子女、城乡未升学初高中毕业生、农村转移就业劳动者、下岗失业、戒毒康复、刑事解教等人员开展育婴员、创业培训、家政服务员、电工专业等职业技能培训。

【推进两纲重难点目标落实】 区妇联发挥妇儿工委办公室职能作用，协调有关部门做好监测数据更新和重难点指标调研，及时梳理和反映指标进展、趋势研判、存在问题和建议意见，除村委会主任中女性比例、中等职业教育在校生数2个指标较难达标外，其他指标均已提前达标或有较大改善。

【传播和普及茶文化】 为助推梅列区文旅康养产业发展，5月上旬举办茶文化进机关活动，共有60余名机关工作人员、企事业单位茶艺爱好者参加。通过培训组建1支30余人的梅列茶艺小分队，选送12人参加全市首届茶艺个人比赛，其中1人取得三等奖的好成绩。组建1支茶艺队伍参加市茶艺团体赛，获得优秀组织奖，并参加林博会生态茶文化交流活动和中央媒体三明集中采访期间茶文化展示活动。

【“美丽庭院”创建活动】 结合推动农村人居环境整治，完善“最美庭院”创建工作方案，动员广大农村妇女开展家园清洁行动，通过发放倡议书、村广播、LED屏幕、公告栏、微信群信息发布等，确定创建重点镇、村，并组建巾帼网格队伍，扎实推进创建工作。

【开展家庭教育指导服务】 继续开展家庭教育公益巡讲活动，开展家庭教育公益讲座9场，参与家长人数达800余人。继续在乾龙等社区开展“智慧父母读书会”，目前共开展读书活动118期，累计参与活动1500多人次。

【巾帼维权】 加强源头维权建设，夯实妇女群众维权根基。建立保护妇女儿童权益工作合作机制，区妇联与区检察院等9个部门制定《关于开展性侵未成年被害人救助工作的意见》，与区教育局等14个部门制定《关于印发全区未成年人涉黑涉恶问题专项整治实施方案》，与区教育局等11个部门制定《梅列区进一步加强中小学生欺凌综合治理实施方案的通知》等文件，在涉黑涉恶、校园欺凌、未成年人保护等方面开展合作，严厉惩治侵害妇女儿童权益犯罪，全面、综合、有效保护妇女儿童的合法权益。

创新工作机制，强化妇女儿童权益保护。拓宽维权工作思路，进一步深化婚姻家庭调解工作内涵，在列东街道成立婚姻家庭调解中心，建立婚姻家庭矛盾纠纷调处长效机制，扎实推进婚姻家庭矛盾纠纷化解。中心成立1支由婚姻家庭咨询师、心理咨询师、社会工作师、法官、律师、人民调解员、退休教师等志愿者组成的工作队伍，采取“专业人员+志愿者”服务模式，以轮流值班、“一对一”辅导为主，小组活动、集体讲座为辅，开展婚前教育引导、婚姻家庭关系辅导、离婚调适辅导服务、家事调解等服务。

【关爱妇女儿童】 利用春节、母亲节、儿童节、重阳节等节日开展关爱慰问困难妇女儿童各项活动，常态化实施“春蕾计划”“母亲将康1+1”“雏燕关爱行动 爱心家长计划”“暑期留守儿童夏令营”等项目。全年共开展关爱慰问活动22场次，慰问金额14.2万余元，受益群众350余人次。

【基层组织建设】 区妇联为持续推进妇联改革落地见效，实施“改革破难行动”，全面启动“妇女微家”建设工作，着力在徐碧中央商务区打造楼宇“姐妹微家”特色工作品牌，按照成熟一家挂牌一家的思路，已成立厦门银行等5个“姐妹微家”。加强对光明联村片区妇联、福建枫桦律师事务所妇联的指导，组建洋溪镇“四村一企”片区妇联，打造成为片区妇联示范点。在全区村（居）妇联开展以“五好一创新”为主要内容的争创“星级村（居）妇联”活动，共评选出3个五星、4个四星、18个三星级村（居）。

【队伍建设】 深入贯彻落实《福建省乡村两级妇联执委学习制度(试行)》，每月在“梅列妇联”微信公众号推出妇联执委微学堂，推送执委必学篇目等学习内容，丰富学习载体、扩大学习范围，营造妇联执委和妇女群众浓厚的学习氛围。举办全区基层妇联干部培训班和执委履职能力提升培训班，举办《中华人民共和国民法典》（简称《民法典》）专题讲座，邀请福建枫桦律师事务所律师授课，提高妇联执委运用《民法典》维护妇女儿童权益，化解婚姻家庭矛盾纠纷的能力，全力推进《民法典》的宣传贯彻落实。

【日常管理监督】 注重对干部职工的平时考核，动态监督和评估干部的德能勤绩廉综合表现，进一步促使干部职工遵守各项行为准则。强化思想政治和作风建设，把党风廉政建设工作与部门业务工作紧密结合，同部署同落实同考核。组织班子成员、机关部室负责人、直属事业单位负责人签订《党风廉政建设责任书》，开展党风廉政教育和廉政谈话，组织开展廉政风险点排查，并制定相应的防控措施。

区科学技术协会

【概况】 2020年，梅列区科学技术协会（简称区科协）积极履行工作职能，团结带领广大科技工作者，探索新形势下科协事业发展的新途径与经验，广泛开展科普宣传，切实提高全民科普素质，参加疫情防控工作，落实“基层科普行动计划”，推动科普阵地建设，开展全国科普日活动，落实《全民科学素质行动计划纲要实施方案》，做好迎检工作。

【科普阵地建设】 区科协开展科普画廊巡查工作。结合创建文明城迎检，做好辖区29座科普画廊修缮和内容更新，包括更换玻璃、外观修整、更新挂图、设施清洁等内容。结合挂点社区，共同开展扫黑除恶宣传。利用科普宣传画廊，挂图涵盖新冠疫情防控、扫黑除恶、“城市四张名片”、反邪教、卫生健康、防灾减灾、禁烟控烟、防毒拒毒等相关内容，加大宣传教育力度。

【创建文明城市和城区实地考察场所申报工作】 区科协深入有关社区，做好入户宣传，深入实地考察场所“青少年科学工作室”，按照考评细则内容要求，逐条抓好落实和准备，完善工作室各项制度，推动青少年科普活动，做好软硬件建设，取得显著成效。

【“三下乡”活动】 2020年1月8—9日，梅列区科协组织科技人员和农技协、老科协有关专家到辖区各镇，开展梅列区“三下乡”活动。为当地群众开展农业种养科技咨询、科学健康生活咨询及义诊等服务活动，发放科学种养、反邪教、营养科学、垃圾分类、防震减灾实用手册五类书籍和宣传资料千余册。科普下乡活动深受广大农民群众的喜爱。

【疫情防控】 梅列区科协积极贯彻落实区委、区政府“新型冠状病毒”防控工作要求，积极主动配合挂点社区落实联防联控、群防群治。1月28日起，入户发放张贴《致来自湖北的梅列区市民的一封信》，开展省外返三明人员情况登记，做好梅列区疫情防控留置点值班工作；流动巡逻宣传《关于对全区村（居）民实行出行管控措施的通告》，做好农贸早市结束以后的消杀，开展《关于关闭牡丹早市、崇桂早市、东安早市等临时市场的紧急通知》的宣传；协助做好社区来访人员体温检测和外来社区人员的登记；积极发动科协全体工作人员利用微信工作群做好网络防疫科普宣传。按照区防疫指挥部要求，认真做好隔离点的值班工作。

【落实“基层科普行动计划”】 落实“基层科普行动计划”。围绕创新科普方式，推进“互联网+科普”形式，加大科普投入，提升基层科普公共服务的覆盖面和实效性。争取资金支持小蕉社区青少年科学示范工作室、列西村省级科普示范村建设专项资金，对资金使用提出要求，严格按照《基层科普行动计划专项资金管理办法》使用资金，单列科目，切实提高资金使用效益。

【开展全国科普日活动】 9月20日，梅列区2020年全国科普日主场活动在龙岗文体公园举办。活动由区科协、区委宣传部、教育局、科技局、农业农村局、卫健局、应急管理局、气象局、龙岗社区联合举办，市机器人协会、区老科协、区农技协、三明医学科技职业学院、三真科技馆共同参与，区委常委、宣传部部长蔡建明到场参加科普日活动。

此次科普日活动以“决胜全面小康 践行科技为民”为主题。主场活动设置图文展示、科普互动体验、科技作品展示、科普书籍发放、健康体检咨询等多个互动展示区。图文展示区展出学生科幻画、野菇中毒预防、绿色食品、气象科普防灾减灾等内容，并发放营养科学、垃圾分类、反邪教、防震减灾等多种类别宣传资料；科普互动体验区，包括机器人互动展示、科技作品小力士伞降展示、人体器官及眼球模型展示、食用菌种类展示等，通过科技辅导教师的介绍，指导学生学习和了解相关知识，亲自动手参与其中，与科技零距离接触；健康体检咨询区免费为现场群众、学生量血压、测血糖；“全民科学素质竞赛”答题区，普及科学知识，吸引了在场的社区居民、青少年参与线上答题活动。

此次科普日活动参与人员达到1500多人次，共发放宣传资料2000册，受到广大群众好评。

【落实《全民科学素质行动计划纲要实施方案》，做好迎检工作】

区科协高度重视纲要落实工作，召开联席会，制定实施方案，分解各项任务落实到有关部门，同时抓好检查督促。6月始起，为了做好评估迎检工作，区委专门召开梅列区科普工作领导小组会议，部署迎检工作，开展“全民科学素质素质竞赛”及“农民科学素质竞赛活动”活动。专门印制宣传单、宣传品千余份，组织全体工作人员深入镇、街、社区宣传全民科学素质竞赛和农民科学素质竞赛线上答题活动，积极动员农民、机关工作者、社区居民、在校学生等人群，积极参加到这两项科普线上竞赛答题活动。全区所有科普画廊都制作张贴迎接“全民科学素质纲要”落实检查、“全民科学素质素质竞赛”“农民科学素质竞赛活动”宣传内容，并且制作悬挂11条开展竞赛、迎接检查横幅。全市排列前10名的竞赛答题达人，梅列区2名入选。

（齐　雯）

区归国华侨联合会

【概况】 2020年，梅列区归国华侨联合会（简称区侨联）充分发挥好“以人为本、为侨服务”的宗旨，紧紧围绕全区工作大局，重视宣传教育，强化侨界群众思想引领；配合调查调研，倾听侨界群众呼声；加强人文关怀，拓展海外侨胞联络联谊；落实精准帮扶，努力改善侨界民生；开展侨情普查，建立健全侨情信息库；围绕中心工作，主动融入“大统战”氛围。主动作为，努力克服新冠肺炎疫情带来的不利影响，各项工作取得新进展新成效。

【宣传教育】 落实“七五”普法规划，举办纪念《中华人民共和国归侨侨眷权益保护法》颁布30周年纪念系列活动，参与中国侨联和全国普法办主办的“纪念归侨侨眷权益保护法30周年暨第二届‘侨商杯’法律知识竞赛”；在洋溪镇举办“梅列区‘侨爱工程’义诊暨侨法专题宣传活动”，发放《福建省华侨权益保护条例》《宗教事务条例》《新型冠状病毒肺炎防护知识手册》等各类宣传资料600多册（份），赠送防疫消毒液、纸巾200余瓶（盒），接受义诊和法律咨询的人员达150余人次；在辖区街道、社区、村广泛开展《福建省华侨权益保护条例》（简称《条例》）宣传教育活动，共发放、张贴《条例》100余张；举办《民法典之婚姻家庭篇》专题学习班，认真贯彻落实全面依法治国的基本方略，积极探索新形势下侨联组织维权方式，着力推动引导侨界群众运用法治和法治方式维护侨益、解决问题。

组织广大归侨侨眷和侨联干部深入系统学习习近平新时代中国特色社会主义思想和习近平总书记关于侨联工作的重要论述，广泛宣传习近平总书记在福建工作期间的重要理论创新和实践探索。组织侨联委员学习宣传贯彻中共十九届五中全会精神，深刻认识中共十九届五中全会召开的重大意义和深远影响，深刻领会和把握党中央做出的新判断、新部署和新要求。

在政府楼院内外LED大屏幕，连续滚动放映习近平总书记关于侨务工作金句，突出侨联组织对侨界群众意识形态领域的引领功能。利用微信、手机、短信、政府网站等通讯、信息平台积极宣传中国、福建、三明、梅列正能量，宣传疫情防控知识和复产复工政策，增进海外侨胞的爱国爱乡情感，增进侨界群众的政治认同，实践认同，情感认同，掌握侨界思想动态，提高思想政治引领的针对性和精准度。

【调研活动】 积极配合省、市、区各级组织、侨联部门开展的侨情、侨企、侨策调查调研工作。疫情期间，完成省统战部、省侨联二次组织人员到梅列区检查调研海外返乡侨胞疫情防控服务工作任务：探望慰问回国被隔离人员当地亲属、走访集中医学观察点、组织3家涉侨企业座谈，收集意见建议并帮助协调解决困难问题。

配合市、区两级人大代表开展贯彻落实《福建省华侨权益保护条例》的情况调研活动，撰写调研材料。配合省中小企业服务中心、省侨商联合会开展“惠企政策进百园入万企”侨商专场活动前期调查问卷工作，向辖区涉侨企业发放问卷调查表，问卷回收率达100%。7月底，组织召开辖区侨资企业家学习贯彻“习近平总书记在企业家座谈会上的重要讲话精神”座谈会，征求企业家对梅列经济社会发展的意见和建议，帮助企业解决复产复工和发展难题，共同研究贯彻落实总书记重要讲话精神、推动经济高质量发展之策。

深入挂点社区和侨资企业，及时向挂包企业（门店）传达复工复产政策。推荐4名侨胞参与“第三期福建省海外中餐繁荣负责人研讨班”；为因疫情原因滞留在海外的涉侨企业负责人申请回国“快捷通道”，同时做好招工、协调防疫物资等工作，助力企业复工复产。

【拓展海外侨胞联络联谊】 疫情期间，区侨联先后多次向广大海内外侨胞发出倡议书（慰问信），有序引导海内外梅列籍侨胞，积极为抗击疫情捐资捐物，同时希望海内外侨胞在疫情期间加强科学防护、团结互助、树立信心。协调海外侨领为困难侨胞、留学生提供免费食宿，发放口罩等防护物资，让在外人员感到家乡的关心。多次到麒麟山集中医学观察点走访调研，督促做好服务保障，尽力解决海外侨胞在梅集中医学观察期间的基本生活需要，送上包含慰问信、健康提醒卡、疫情防控知识手册、防疫物资、特色礼物等爱心大礼包150余份。区侨联副主席张健超还组织枫桦律师事务所全体党员为防疫工作捐资助力；副主席张链翔也主动向梅列区红十字会捐款3万元作为梅列区防疫专项经费；辖区企业闽晟集团筹资2万元向梅列区入境海外乡亲捐赠爱心健康礼包；在梅列发展的意大利侨领吕理财特意从海外购买口罩捐赠辖区中、小学校。

加强与海外侨团和新华侨、新华人、新生代的联系交流，建立意大利、美国等9个国家、地区海外侨胞微信群，时刻关心在外的侨胞。在疫情期间联系海外侨领14人，成立10个海外防疫服务中心，开通侨胞电话热线，提供24小时咨询服务，解答境外乡亲咨询72条，走访慰问侨领家属5户，将海外侨胞、爱心人士连接在一起，做好联谊、服务和引导工作。

【精准帮扶】 落实好“2020年中央华侨事务及省级贫困侨救助资金”发放工作，为辖区特困印尼侨眷申领“因病临时救助金”6000元。持续推进“百侨帮百村—联村助户”活动，发放贫困侨救助资金2299元；向省侨联申报2户结对帮扶户，发放关心慰问金4000元。利用春节、端午、中秋、老年节等重要节日，开展走访慰问活动。春节期间重点走访慰问辖区困难归侨侨眷18户、（省侨办12户13000元、省侨联3户3000元、中国侨联3户6000元），发放慰问金22000元；端午节组织社区工作者走访90岁高龄的印尼归侨林金群老人，并给老人送去“省贫困侨救助专项资金”慰问和慰问品，让老人切实感受到侨联组织“大家庭”的温暖。

【侨情普查】 2020年，区侨联开展侨情普查，建立健全侨情信息库。按属地管理原则，在辖区各镇（街道）、开发区开展重点侨情调查、摸底工作，共收集汇总我区境外乡亲信息479人，侨资（涉侨）企业5家，华侨华人重点人士8人，辖区困难归侨侨眷32人，同时分阶段、有针对性地开展走访、座谈、慰问活动。

【参加中心工作】 围绕中心工作，主动融入“大统战”氛围。区侨联作为统战系统成员单位，能发挥自身优势，主动作为，认真做好党建、综治、文明、征迁、招商引资、挂点社区等各项工作。积极配合梅列区徐碧“城中村”改造项目。严格按照区委、区政府和指挥部工作部署，充分发扬“5+2”“白+黑”工作精神，积极开展征迁动员、入户走访、用地丈量、商谈签约等工作，顺利完成统战部门10户征迁任务。主动跟进“五比五晒”和“信息宣传”重点工作。策划、备案招商引资项目2个，“林博会”期间对接湖北来明考察客商3人；《梅列区发挥统战优势助力海外侨胞抗疫》和《央视纪录片〈匠心智造·走出国门的鳗鱼〉开机》二则信息分别被《八闽快讯》和省侨联“福侨世界总网”的“福建侨讯”专栏采用。投身参与三明驻厦门疫情防控工作。根据“外防输入、内防反弹”的疫情防控工作要求，委派人员进驻厦门协助做好现场集中医学观察及解除隔离后“点对点”转运等衔接工作。

（郑　霞）

区工商联合会

【概况】 2020年，梅列区工商联合会（简称区工商联）牢牢把握“两个健康”（非公有制经济健康发展、非公有制经济人士健康成长）工作主题，坚持政治建会、团结立会、服务兴会、改革强会，贯彻“信任、团结、服务、教育、引导”方针，务实组织建设基础，增强非公经济人士发展信心；营造亲商护商氛围，助力抗击疫情期间复工复产；提倡社会责任担当，鼓励企业奉献爱心投身光彩。围绕中心服务大局，不断增强工商联的凝聚力、影响力、执行力，推进各项工作深入开展。

【政治引导】 区工商联始终把学习贯彻习近平新时代中国特色社会主义思想和习近平总书记重要讲话精神作为首要政治任务，开展非公经济代表人士理想信念教育暨构建亲清政商关系实践活动，举办习近平总书记在企业家座谈会上的重要讲话精神学习会，组织梅列民营企业家学习贯彻中共十九届五中全会精神；召开民营企业“一对一”交流交心座谈，10家执委企业围绕新思想的传递和惠企政策的落实、意识形态的正面引导、对国内经济发展、梅列区经济发展、区委统战部、工商联的工作提出具体建议和意见及疫情期间复工复产遇到困难问题深入探讨。引导非公经济人士不断加强自我学习、自我教育、自我提升，强化法治意识，自觉与党政干部亲清交往，进一步坚定发展信心，增强在疫情期间迎难而上创新求变的能力，保持发展定力。

【商会建设】 区工商联积极筹备街道商会的成立事宜，根据全国和省、市工商联商会组织建设的有关要求，梅列区工商联召开徐碧街道商会筹备成立会，促进辖区企业之间的交流，搭建相互支持、相互信任、合作共赢的平台，高效推进梅列区5个镇（街）商会筹建工作的顺利进行。2020年9月，徐碧街道商会成立；陈大镇商会、梅列区总商会列东街道分会、梅列区总商会列西街道分会、梅列区总商会洋溪镇分会的人选提名、考察协商等前期工作正在进行充分准备。不定期赴厦门梅列商会走访调研，宣传习近平新时代中国特色社会主义思想，交流探讨新的一年工商联所属商会的改革和发展方向，增强了与商会企业之间联系和凝聚力，为招商引资牵线搭桥。

【高质量发展】 开展“讲好梅商故事，推进高质量发展”活动，采集优秀企业事迹，收集、编辑，出版第二期《梅商》杂志。《梅商》展示梅列经济建设的特色和亮点，聚焦梅列区重点项目、经济活动等，向外宣传市委、市政府，区委、区政府领导关心支持民营经济发展和非公有制经济人士健康成长的实例，宣传闽晟集团、华丰机械、天元集团、三菲铝业、鹭燕医药、宝顺冶金、鑫达通讯、众生和生态农业8家非公企业及人士创新创业的好故事，弘扬优秀企业家精神，解读分析各级支持民营经济发展的优惠政策。开展以“服务‘六稳’‘六保’护航民企发展”检察开放日活动，召开商业秘密保护工作宣传座谈会，维护公平竞争市场秩序，提升企业市场竞争力，引导企业树立新时代梅商好形象，促进梅列民营经济提质增效、健康发展。

【抗击疫情，助力企业复工复产】 疫情期间，梅列区工商联采取有力措施，加强引导协调，服务民营企业做好新冠肺炎疫情的防控工作，全力助推辖区企业有序复工复产。

做好“引导员”。走访工商联大厦进行内部防疫消杀、监测体温和协助企业报备工作，加强对徐碧中央商务区商会大楼人员健康管控，严格按照区政府要求，群防群控，为复工企业保驾护航。加强与民营企业联系，到徐碧中央商务区走访5家商会的企业，摸排重点疫情地区企业员工返乡情况，全面掌握商务区470多家民营企业员工健康，主动了解企业复工计划和准备情况，了解企业复工和生产运营中出现的困难和问题，积极为其协调解决；及时将复工复产各项要求传达给民营企业，引导民营企业坚持把防控到位作为企业复工复产的第一前提，做好复工准备和工作筹划。

做好“宣传员”。区工商联依托执委微信群、总商会公众号及时转发、推送《三明市人民政府关于积极应对新型冠状病毒感染肺炎疫情全力支持中小微企业共渡难关十二条措施的通知》和《梅列区疫情期间支持中小微企业复工复产相关政策措施》等关于疫情防控期间各项惠企政策传达给会员企业。同时，针对民营企业复工复产法律服务需求开辟绿色通道，助力企业防风险、解难题、保经营、促发展，区工商联联合区司法局组织福建枫桦律师事务所、福建联合信实（三明）律师事务所律师深入小蕉工业区，为三洋浆纸、华丰机械开展“法治体检”活动，为企业复工复产提供法治宣传和公益法律服务，向民营企业及员工发放涉及疫情防控复工复产惠企扶企、法律援助宣传折页、保障农民工工资支付条例等法规政策宣传资料200余份，并赠送《法治宝典》书籍50余份。

做好“联络员”。通过与企业面对面交心谈话、2019年度全国工商联民营企业社会责任调研表、2020年第二次民营企业运营状况调查等调查问卷等形式，开展企业问情献策工作，梳理问题清单，及时向有关部门或上级部门反映提出解决问题的建议。针对涉企涉疫法律需求，区工商联联合检察院举办“联百企、结百亲、解百难”座谈会2场，钢源粉体、钢城机械、万盛建筑、台明铸管、金对特钢、盛隆矿业、宝顺冶金、普诺维机械、华丰机械等辖区企业被列为“三百”活动联系服务对象，活动内容包括提供“司法体检”服务、帮助解决发展难题、打造“检企联动”平台、开展法治宣传教育4个方面，进一步畅通检企沟通渠道，回应企业的诉求，依法保障民营企业的合法权益。

做好“服务员”。为扎实做好“六稳”工作、全面落实“六保”任务，帮助区内企业疫情防控期间复工复产，减轻中小微企业负担，区工商联开展多项工作。减免租金：为贯彻落实《福建省财政厅 福建省机关事务管理局关于新冠肺炎疫情防控期间减免企业房租和做好防控资产保障工作的通知》文件精神，区工商联认真做好疫情防控期间房租减免和防控资产保障工作，对梅列区工商联大厦承租经营性的中小微企业2月房租全免、3月房租减半。政策兑现：区工商联开展惠企政策兑现工作，制定梅列区《惠企事项办事指南》及政策兑现清单，全面梳理《梅列区促进经济发展有关政策文件汇编》及三明市2020年最新下发的惠企政策，对进驻区惠企政策兑现窗口的惠企政策事项进行进一步梳理，制定惠企政策台账，在梅列区行政服务中心中心大厅“114”窗口（统一受理窗口）加设惠企政策兑现窗口，抽调相关部门工作人员集中办公。截至10月19日，梅列区办理惠企件数20738件，总现金额15136.63万元。税企对接：组织会员企业参加三明市“减税费优服务 助复产促发展”税企座谈会、梅列区工商联（总商会）召开六届五次执委会，邀请区税务局税政专家详细解读了疫情期间国家最新税法政策、地方税种及附加小规模纳税人优惠政策等。兴业银行相关负责人介绍了今年以来国家针对支持中小微民营企业发展出台的各项优惠政策，现场宣传推介金融小微快贷产品，通过现场指导与企业“一对一”对接，分析企业存在的困难，为企业提供全方位服务。

做好“激励员”。根据《三明市应对新冠肺炎疫情工作指挥部关于组织评选疫情防控期间突出贡献企业企业家和社会组织的通知》文件精神，帮助12家疫情期间捐款捐物10万元以上的企业申报表彰。推荐三明中国旅行社有限责任公司总经理朱建锋、三明市恒得顺工贸有限公司负责人李超同为新时代新三明百名担当作为青年先进，并广泛宣传执委企业普诺维机械劳模李玲玲疫情时刻勇担当等疫情防控和复工复产工作中涌现出的先进个人、先进集体的模范事迹，大力弘扬劳模精神、劳动精神、工匠精神，全力营造全社会关心支持抗击疫情的良好氛围，努力为打赢疫情防控阻击战做出新的、更大的贡献。

【鼓励企业奉献爱心】 区工商联认真贯彻落实中央、省、市、区关于脱贫攻坚工作的相关会议和文件精神，以开展“百企帮百村”工作为着力点，积极动员引导辖区企业积极参与脱贫攻坚。

调研摸底。积极开展调研，深入结对帮扶的每个村（岩兜、砂蕉、孝坑、洋山、碧溪），对民营企业的产业、就业、公益帮扶进行走访排查，全面了解掌握民营企业帮扶贫困村的情况，区光彩会与碧溪村开展结对帮扶活动，签订“阳光1+1（社会组织+老区村）牵手行动”协议书，助力乡村振兴，制定精准扶贫实施方案，根据《脱贫攻坚、梅商在行动“双拉手”结对帮扶一览表》组织结对企业赴实地考察4次，及时宣传政策，落实帮扶措施。

开展贫困学子救助。为落实“百企帮百村”精准扶贫行动精神，下坑村贫困户冯宗星女儿冯璐确诊为（盆腔刺穿）恶性小圆细胞性肿瘤，梅列区光彩事业促进会捐助下坑村贫困户冯宗星女儿冯璐5000元。为助力贫困学子，区工商联组织引导民营企业开展对接捐助工作。组织走访慰问了6名大学贫困生参加2020福建省“同心·光彩助学”及“金湖酒业光彩助学行动”，闽晟集团、梅园国际为2020年“金榜题名”职工子女发放仪奖学金3.5万元，组织区巾帼创业联谊会慰问2名贫困生1万元。梅列区4名民营企业家对洋溪镇的14个精准扶贫户因病致贫家庭进行走访慰问，天香贸易为14个精准扶贫户送上了食用油、大米等生活物资，联福建设助学2名贫困儿童，联盛工程和星王锻造各助学1名贫困儿童，企业家们详细了解了这些贫困户家庭的生活情况和孩子学习情况，表示将持续资助贫困孩子上学，直到完成学业。

着力拓宽帮扶领域。充分发挥桥梁纽带作用，引导企业投身光彩事业，积极履行社会责任。凝心聚力抗疫情，自新冠肺炎疫情发生以来，梅列区工商联（总商会）进一步部署动员民营企业和自身带头捐款，向梅列区红十字会捐赠10万元，并通过执委群告知各位执委，发出倡议，号召辖区企业要充分发扬爱国爱乡的优良传统，发挥资源优势，在物资供给、志愿服务、困难帮扶、紧急救援等方面积极作为，从心出发、量力而行，踊跃捐款捐物支援疫情防治工作。全区广大民营企业积极响应号召，大力弘扬梅商精神，累计捐款捐物折合人民币226.3万元，为抗击疫情贡献自己的力量。常委企业勇担当，区工商联常委企业闽晟集团积极响应国家精准扶贫号召，积极参与支持抢险救灾等重大社会公共事件。6月，受连续强降雨影响，沙县205国道路段发生严重山体滑坡，大量泥石流倾泻而下导致道路交通阻断。险情发生后，闽晟救援队立即启动应急预案，第一时间前往灾情现场，共投入挖掘机、铲车、后八轮等应急机械5台，一线抢险人员9人。闽晟集团常年热心公益事业，获三明市扶贫开发协会授予的“2019年度社会扶贫先进单位”、福建省建筑业协会授予的“抢险救灾突出贡献单位”称号，力争成为社会责任行业企业、奉献爱心的典范。结对帮扶送温暖，通过梅列区“青”暖人心，“益”路伴行活动，11家青年爱心企业与11户困难家庭结对签约成功，三明市汽车运动协会等辖区爱心企业还为困难户送上价值9000元的食用油等生活物资；区统战部和工商联到五路社区结对帮扶困难家庭进行节日慰问，为他们送上慰问金2000元；结合“百企帮百村”挂包帮扶等项工作，分别组织城区、泉州、兴化等商会和鸿达电子、闽新集团等非公企业到挂包帮扶的砂蕉、岩兜、孝坑、碧溪、洋山等进行走访慰问，为贫困户送去1.18万元慰问金；开展“双拉手”活动，组织普诺维机械、鑫达通讯、鸿海物资贸易慰问陈大棕南村、洋溪饱饭坑村2500元；梅列区女企业家慈善联谊会在儿童节、重阳节等节日慰问70位困境儿童及老人，送上2.7万元慰问金及大米、衣服等慰问品。通过各种公益形式，共资助结对村及困难家庭5.23万元，为打赢扶贫攻坚战营造良好氛围，促使更多企业参与到精准扶贫中来。

（周柳莹）

区文学艺术界联合会

【概况】　2020年，梅列区文学艺术界联合会（简称区文联）加强政治学习，防控疫情，通过文化活动激发区文联的生命力、影响力。

【政治学习】　11月30日至12月3日，区文联参加在晋江市举办的全省文联系统“大学习、大宣讲、大创作”干部能力素质提升读书班，每讲必听，每课必记，尽力领会，竭求提升。组织各协会负责人及部分协会骨干认真学习中共十九届三中、四中、五中全会精神，认真学习《习近平谈治国理政》（第二、第三卷）及习近平在福州、厦门、宁德等地工作的光辉事迹，沿着领袖的精神足迹前进，争取不断进步。积极参加区委宣传部机关支部的政治学习活动，认真准备有关材料，积极参与交流，扬长避短，共同提高。

【文化活动】　通过活动激发文联的生命力、影响力。在防控疫情期间，积极通过网络开展活动。书法协会通过录制写字视频，对部分社区居民开展教学活动。并组织会员举办一场别开生面的网络书法展览，受到各界欢迎；摄影协会会员在微信群里经常联系，互相提醒注意安全的前提下，扛起长枪短炮或抄起手机，用镜头记录身边人携手抗疫的动人一幕幕。

协会紧密联系基层。深入基层搞活动，接地气，有号召力。摄影家协会常结合市、区、镇的活动，到三元区的龙安村拍日月星辰，到沙县湿地公园，到将乐龙栖山定格红树林美景，到辖区洋溪镇徜徉秋菊的缤纷……

邀请名家画梅列，举办展览颂梅列。10月16日起，广邀省内外23名国家美术家协会会员到梅列市区、郊野，用他们的艺术之笔一展梅列在做好市里统一部署的“四篇文章”过程中的出彩表现。同时，在三明市书画院对市民展出10天，让美丽梅列印象走进寻常百姓家；并把名家画梅列的好作品延展进校园，首次把名家手画向广大师生推送，零距离看画、无差别赏美。

（郭新军）

区残疾人联合会

【概况】　2020年，梅列区残疾人联合会（简称区残联）围绕残疾人的基本需求，切实加强残疾人组织建设、康复教育、就业培训、扶贫帮困和社会保障等工作，充分发挥“代表、服务、管理”职能，一心一意为残疾人做好事、办实事、解难事，取得一定成效。

【疫情防控，复工复产】　1月30日开始，区残联在全区范围内，摸排统计接触过湖北人员及前往过湖北的残疾人及残疾人工作者，每日填写上报全省残疾人和残疾人工作者疫情调查表，并重点要求各镇、街道残联对辖区建档立卡贫困户进行摸排了解，及时帮助解决困难；根据省、市残联相关文件精神，在新型冠状病毒感染肺炎疫情防控工作中，加大关心关注残疾人生命安全身体健康和基本生活力度，下发《关于进一步做好在新型冠状病毒感染肺炎疫情防控工作中切实关心关注残疾人生命安全身体健康和基本生活的通知》；根据《福建省残联残疾人在线康复服务方案》要求，区残联及时落实线上康复服务工作，积极向各残疾人专门协会、康复机构以及辅具适配机构宣传推广残疾人线上康复模式，疫情期间，辖区内康复机构共发布残疾儿童康复训练视频45个，开展网络课堂23次，进行线上指导315次；在疫情防控期间，进一步拓宽就业渠道，帮助暂时难以外出且有就业意愿的残疾人就业，区残联通过网络，开展“2020年春风行动暨就业援助月活动”为三明梅列大润发商业有限公司、三明百福多餐饮管理有限公司、百胜餐饮（福州）有限公司三明万达肯德基等三家公司填报网络招聘会招聘信息登记表，及时上报市残联统一进行发布，并通知各镇、街道残联宣传网络招聘工作；积极协助省直机关选派第二批下基层强化特殊场所和重点人群防护支援队梅列区分队开展工作，并将收到的500个口罩和25套防护服分发给梅列区盲协、三明市梅列区乐源社会服务中心等6家相关机构；根据市残联《关于在疫情防控期间组织实施惠残政策措施的通知》文件精神，为梅列区11家盲人按摩店和3家康复机构发放复工复产扶持资金5.3万元。

【区残疾人联合会改革】　根据《中共中央关于加强和改进党的群团工作的意见》和《中共福建省委关于加强和改进党的群团工作的实施意见》，福建省残联给各县（市、区）残联印制残联改革实施方案参考框架，并要求各县（市、区）残联必须于6月底前出台改革方案提交常委会研究审议。2020年5月，区委杨胜书记对区残联改革工作做出批示，区政府分管领导立即牵头组织残联人员开展起草工作。6月18日，方案通过区委常委会，在全市范围内率先印发《梅列区残疾人联合会改革方案》，增设兼职理事长与挂职理事长各1名。11月13日，区残联向组织部推荐报告推荐挂职副理事长与兼职理事长人选。12月23日，区组织部将人员审批表上报市残联审批。

【慰问活动】　5月14日开始，区残联组织慰问小组对辖区内的13户17人农村建档立卡残疾人及2户2人城市精准帮扶残疾人进行走访慰问，为他们送去大米和油等慰问品；中秋佳节为弘扬扶残助残传统美德，营造良好的节日气氛，为辖区609名困难残疾人发放月饼，共计10万元；于国际残疾人日与区慈善总会对符合条件的10名困难残疾人进行慰问，共计1万元。

【康复辅助器具社区服务项目】　梅列区残联开展“绿色回收·爱的循环”康复辅助器具社区服务项目，在辖区内设立5个辅具借用点，全年共提供辅具278件，回收辅具20件，辅具借用服务67人次，辅具维修、保养服务38人次，提供政策咨询864人。“绿色回收·爱的循环”康复辅助器具社区服务项目将那些没有得到使用的辅助器具循环利用，提高了辅助器具的使用效能、降低使用成本，也便利残疾人的生活。

【残疾人节日活动】　区残联组织各协会先后在“全国残疾人日”“国际聋人节”“国际盲人节”期间在各残疾人协会，开展形式多样、丰富多彩的宣传文体活动。特别是第29个国际残疾人日期间，在万达广场区残联以“温暖爱心，让爱飞翔”为主题精心组织开展活动，现场既有文艺表演，又有残疾人志愿者活动，现场既有捐赠活动，又号召社会来关心关爱残疾人群体。市残联领导以及区残联领导参加活动，活动社会反响良好。

【第三代残疾人证（智能化）换发】　区残联2020年开展第三代残疾人证（智能化）换发工作以来，通过制卡商招投标工作，人像入户采集，系统二代转三代，

第二十九个国际残疾人日期间，区残联在万达广场以“温暖爱心，让爱飞翔”为主题开展残疾人爱心帮扶公益慈善捐助活动

卡片个人化等一系列工作。12月31日，所有在册残疾人都跟换为第三代残疾人证，该证在材质、功能、安全等全面升级，原本的第二代残疾人证为纸质，不仅易磨损、易仿造，也不便携带和信息采集。而第三代残疾人证则升级为卡片式，内部封装智能安全加密芯片，是集身份识别、业务管理、社会服务等多种功能于一体的证件，证件正面标注姓名、残疾证号、发证日期等信息，右上角增加了盲文，便于视力残疾人辨别，右下角有二维码可供识别信息，还兼具公交卡功能，残疾人可刷卡免费乘坐市区公交车。第三代智能化残疾人证将通过技术升级和数据共享，将逐步实现“一卡在手、服务全有”，对智慧残联的建设，加快推进梅列区残疾人工作信息化进程具有重要的意义。

【民生保障】　落实医疗兜底保障措施，辖区残疾人医保政策全覆盖，其中享受居民医保2556人，享受重度医疗救助1403人；扎实开展“爱心工程”。为辖区70岁以下除精神残疾外的所有残疾人购买一份意外伤害保险，辖区共有2217人享受此政策。严格燃油补贴政策的执行，经审核并经理事会研究，符合燃油补贴政策残疾人仅有1人，已完成发放工作。落实无障碍改造政策，年内为有改造需求的1名残疾人开展家庭无障碍改造。认真审核两项补贴工作，辖区共有1486名残疾人享受政策补贴，其中，享受重度残疾人一级护理补贴418人，享受二级护理补贴740人，享受困难生活补贴328人；低保重度一级肢体残疾人专项护理政策的落实，对符合要求的13名残疾人，发放2.6万元专项护理补贴，以减轻低保家庭中重度一级肢体残疾人长期瘫痪在床的护理费用支出；一户多残补贴项目，2020年开始对符合要求的26户、58名残疾人，发放3.48万元的生活困难补助，进一步改善“一户多残”残疾人家庭生产生活状况，减轻残疾人家庭压力。

【精准康复服务】　区残联认真贯彻落实《福建省残疾儿童康复救助办法》和《梅列区残疾人精准康复服务行动实施方案（2016—2020年）》，主要开展工作有继续开展0—10岁残疾儿童和10—14岁困难残疾儿童抢救性康复服务工作，今年以来，辖区共有113名残疾儿童进行康复训练，该政策深受残疾儿童家庭和社会各界的好评。

制定老年残疾人精准康复服务方案，在2019年3个街道试点开展老年残疾人精准康复服务工作取得良好的基础上，2020年区残联将老年残疾人精准康复服务工作扩展到辖区5个镇、街道，实现辖区全覆盖。该项工作采取政府购买服务的方式，通过公开招投标，由三明梅列劲松医院中标开展精准康复服务，入户筛查残疾人2008人，开展居家服务63人。

落实残疾人辅助器具适配服务工作。年内，开展残疾人线上申请辅具适配以来，为辖区177名残疾人适配219件辅助器具，补助金额18.89万元。为推进辅具适配工作，为残疾人提供“一站式”服务，于9月27日上午及10月29日上午，梅列区残联组织辅助器具适配机构适配人员在洋溪镇和陈大镇开展“办实事、献爱心、送温暖”精准康复辅具适配下乡推进服务活动，该活动共为27名残疾人适配助听器、轮椅、拐杖、生活类辅具等共计38件，发放宣传单500余份，接待200名对象。活动的开展，得到了残疾人的一致好评，深化推进残疾人辅具补贴制，进一步提高辖区残疾人精准康复辅具适配服务率。

【推进残疾人就业工作】　严格落实省级扶持农村困难残疾人就业创业项目（每人补助5000元）。根据市下达梅列区5人的任务指标，区残联将政策向农村建档立卡户倾斜，严格按程序办理，共计发放资金2.5万元。

规范实施省级残疾人托养服务项目。其中居家托养项目（每人补助2000元），根据市下达梅列区60人的任务指标，严格按程序办理，共计发放资金12万元；另机构托养项目（省级补助每人5000元、市级叠加补助每人5000元）任务指标20人，已完成20人的任务指标。

开展残疾人职业技能培训工作。组织开展1期茶艺培训班，有35人次残疾人参加培训；组织开展1期农村残疾人种养殖培训班，有23人次参加培训。

规范开展残疾人就业审核工作。严格按照《残疾人就业保障金征收使用管理办法》规范使用管理残保金，至目前为止，已审核认定安排残疾人就业的单位28家。

全面开展省扶持残疾人就业创业六项政策的执行工作。于10月21日为1家盲人按摩机构发放补贴2.5万，为1家超比例安排残疾人就业的企业发放奖励资金0.69万元；于10月21日、22日为125名残疾人发放自主就业创业社会保险补贴资金540710.9元。

【精准扶贫】 加强与扶贫办的沟通及数据比对，深入建档立卡贫困残疾人家庭了解调查情况，详细掌握第一手资料，2020年，梅列区建档立卡贫困残疾人变更为13户、17人，已全部脱贫。区残联以户为单位把残疾人建档立卡户基本状况、需求状况及已享受的各类普惠、特惠政策详细列出，动态掌握残疾人建档立卡户信息，不断完善残疾人建档立卡户电子台账，积极推动和跟踪残疾人建档立卡户精准扶贫措施落实情况。

【教育助残工作】 扎实开展公益助学（学前教育）工作。根据市级下达9人任务指标（每人补助3000元），区残联及时与区教育局联合开展摸底工作，并通过审核公示审批等程序，于8月底将资金发放至监护人银行卡上。为辖区2名残疾人及低保残疾人家庭子女发放市级助学补助8000元；为1名困难残疾人家庭子女发放区级助学补助1500元。

【市区残疾人综合服务中心引进项目工作】 建设公益性服务场所“福乐家园”。引进三明市乐源家庭社会服务中心机构，该机构是专门为智力、精神、重度肢体残疾人服务的日间托养机构，主要用于帮助残疾人提供生活照料、康复教育、技能培训、文化娱乐等服务；利用其中部分场所引进残疾儿童康复服务机构。引进大田东南医院（与梅列劲松医院合作）开展脑瘫儿童康复工作，填补梅列区儿童康复机构的不足。2020年，梅列区有智力、听力、自闭症、脑瘫四类残疾儿童康复机构，最大满足残疾儿童康复的需求。

【加大信访维权力度】 落实全省“七五”普法规划开展残疾人普法宣传工作，利用法制宣传日、残疾人节日开展普法宣传活动，加强信访维权举措，来电来访所提的诉求通过梳理和与相关部门沟通协调，都得到合理解决，切实维护残疾人的合法权益。

【宣传工作】 区残联共在市、区各信息平台发稿33篇，其中，梅列区微时代10篇、三明新周报6篇、残疾人在线26篇、梅列区人民政府网19篇。在新浪博客、新浪微博、腾讯微博、新华网等平台进行网络精神文明传播篇数达371篇，积极宣传正能量，营造了良好的舆论氛围。

【举办残疾人联络员培训班】 9月24—25日，梅列区残联在三明市阳光假日酒店举办残疾人联络员培训班，各镇（街道）和村（社区）共50名专（兼）职残疾人联络员参加培训。此次培训邀请福州闽人学校的老师授课，为联络员们讲授了习近平新时代中国特色社会主义思想、现代文明社会残疾人观及其社会意义、残疾人辅助器具与补贴制度、残疾人信访维权政策法规与接访技巧、残疾预防与残疾人康复讲座等课程。通过此次培训，使基层残疾人联络员进一步熟悉残疾人事业的法规、政策和残疾人业务工作等有关知识，帮助他们掌握日常工作方法，明确工作职责，为今后做好基层残疾人工作打下坚实的基础。

（赵 毅）

区红十字会

【概况】 2020年，区红十字会紧紧围绕区委、区政府中心工作，认真履职，努力当好党和政府在人道救助领域的助手，着力做好新冠疫情防控工作，在做实梅列“四篇文章”上发挥“人道、博爱、奉献”的作用。

【做好重点工作】 突出巡查整改落实，9月，完成区委巡察二组对区红十字会巡察反馈意见整改落实，所反馈的7个问题已全部完成整改，并将长期坚持。突出清产核资，10月，配合做好三明金财软件服务公司对梅列区红十字会固定资产清查工作。突出经济责任审计，12月，接受梅列区审计局对区红十字会原专职副会长经济责任审计。

【疫情防控】 新冠肺炎疫情发生期间，区红十字会在区指挥部的坚强有力领导下，履职尽责，强化担当，克服人员少（仅1人）、无红十字会仓库等困难，全力做好社会各界捐赠款物接收工作。1月28日，发出《关于接收社会捐赠的公告》，截至12月，累计接收捐款142笔125.27万元；接收捐赠物资7批（含省、市红十字会定向转赠2笔）、价值63.24万元。先后在区政府门户网站、“梅列微时代”微信公众号、区政府政务公开栏等平台公示7次，接受社会和群众监督。

着眼效率更高，让“一个人活成一支队伍”。面对全市红十字会系统梅列区人员最少（仅1人在编在岗），且没有仓库的实际短板，自春节以来连续奋战60天，到3月27日恢复双休日后，才转入常态，在有关单位的不懈努力下，顺利完成梅列区建区以来最繁重的捐赠接收任务（百万元以上）。

着眼手续更优，让“每一笔捐赠都有完整手续”。在省、市红十字会和兄弟县市区均没有可以参照的接收手续模板情况下，一边接收物资、一边完备手续，进一步规范接收款物流程，探索建立“申请部门报告→区指挥部研究拨付→规范接收工作报表”的工作制度，并按照区指挥部指令，将接收的非定向捐赠资金125万元拨付给区卫健局，将7批捐赠物（含省、市红十字会定向转赠2笔）价值63.24万元拨付给医疗物资保障组。3月，顺利通过区审计局疫情防控资金和捐赠款物专项审计。11月，通过福建武夷会计师事务所第三方专项审计。

着眼效果更佳，让“每一笔捐赠讲述梅列好故事”。深入挖掘捐赠背后的动人故事，积极采编梅列“疫”线捐赠小故事等事迹文稿8篇，在《三明日报》、“e三明”“梅列微时代”微信公众号等主流媒体刊发；印制《小城大爱——“疫”线捐赠小故事汇》100本，回馈给爱心企业、爱心团体、爱心人士。

2020年，梅列区红十字会防控疫情，全力做好社会各界捐赠款物接收工作

【应急救护“六进”活动】　根据省红十字会、省卫健委《关于开展应急救护知识“六进”活动的通知》要求，以“推广急救知识，建设健康福建”为活动主题，结合梅列区情况，把红十字运动基本知识、心肺复苏术、气道异物梗阻现场急救法及AED的使用法作为2020年应急救护知识传播培训的重点，同时根据受众对象的不同，各有侧重，有序推进应急救护知识进社区、进农村、进学校、进企业、进机关、进家庭“六进”活动。全年，累计开展应急救护知识“六进”活动5场次，吸引辖区300多人参加。

【宣传工作】　围绕“福建爱心公益日”、“5·12”全国防灾减灾日、全国安全生产月、“9·9”公益日活动等系列重要节日，持续开展宣传活动。

（曾　琦）

区社会科学联合会

【概况】　2020年，梅列区社会科学联合会（简称区社科联）认真抓好理论学习，积极开展课题研究，周密组织“科普周”活动，开展全国科普日活动，始终坚持以习近平新时代中国特色社会主义为指导，立足实际，扎实工作，取得较好成效。

【理论学习】　不断加强学习，努力提高政治理论水平，确保社会科学研究方向的正确性。2020年，区社科联把学习、宣传、贯彻中共十九届四中、五中全会精神作为首要的政治任务，紧抓不放。8月21日，邀请三明市社科联党组书记、主席蔡建境为全区四套班子、处级以上干部、科级以上干部进行作“坚定制度自信，推进国家治理体系和治理能力现代化——学习贯彻党的十九届四中全会精神”专题讲座。积极配合省、市社科联开展“深入学习贯彻党的十九届五中全会精神”网上有奖竞答活动，发动全区3万余人参与知识竞赛，提升梅列区群众社会科学参与感。

【课题研究】　区社科联围绕梅列经济社会发展实际开展研究，为党委和政府科学决策提供理论依据和智力支持，2020年，区社科联坚持立足梅列实际，突出重点，积极组织开展课题研究，努力提高社科研究成果的质量。按照开展增强“四力”教育实践活动要求，结合市委九届九次全会提出的做好“四篇文章”、突出“四个着力”的工作部署，联合农业农村局开展《关于“福林贷”典型经验案例》的课题研究。5月，申报2020年革命老区中央苏区社科普及特色活动资助项目，联合梅列团区委开展“不忘初心、牢记使命”梅列区青年干部红色文化主题教育活动，助力打造红色三明，做实“四篇文章”。7月，组织青年干部赴陈大镇“中央红军村”碧溪村开展红色文化教育活动，使广大青年干部接受革命传统教育，坚定革命信念，树立务实奉献的作风。

【“科普周”活动】 市委宣传部和市社科联联合下发开展“科普周”活动通知后，区社科联认真组织学习，深刻领会此次科普周的重要意义，并进行周密的筹划和部署。认真研究制定《梅列区社会科学普及周活动方案》，对科普周活动做了详细部署和安排。10月23日，在梅列区徐碧街道北门社区万达广场举行主题为“决胜全面小康　决战脱贫攻坚”的社会科学普及宣传周启动仪式，现场举行“风展红旗　如画三明”主题文艺展演、“社会科学在你身边”普及咨询、社会科学知识有奖竞答、社科主题图片展、社科图书优惠展销等活动。该届“科普周”活动共有35多家单位，1000余人参加服务活动；实施各类服务项目53个，展出各类宣传画板500余张，发放各类图书、刊物及宣传资料2000余份，现场咨询指导800余人次，制作有奖问答1500余条，义诊及推拿900余人次，免费发放各类药具130份，义务修理家电85件，受服务群众达1万余人次。

【全国科普日活动】 此次科普日活动以“决胜全面小康　践行科技为民”为主题，主场活动设置图文展示、科普互动体验、科技作品展示、科普书籍发放、健康体检咨询等多个互动展示区。图文展示区展出学生科幻画、野菇中毒预防、绿色食品、气象科普防灾减灾等内容，并发放营养科学、垃圾分类、反邪教、防震减灾等多种类别宣传资料；科普互动体验区，包括机器人互动展示、科技作品小力士伞降展示、人体器官及眼球模型展示、食用菌种类展示等，通过科技辅导教师的介绍，指导学生学习和了解相关知识，亲自动手参与其中，与科技零距离接触；健康体检咨询区免费为现场群众、学生量血压、测血糖；“全民科学素质竞赛”答题区，普及科学知识，吸引在场的社区居民、青少年参与线上答题活动。

（林少萍　陈　媛）

区计划生育协会

【概况】 2020年，梅列区计划生育协会（简称区计生协会）坚持政治立会、服务兴会、队伍强会，坚守为计生家庭服务的初心，团结带领广大计生家庭和育龄群众，积极参与打黑除恶专项斗争、创建文明城，疫情防控、徐碧征迁等工作，促进梅列区人口长期均衡发展、助力脱贫攻坚、创建和谐幸福家庭。

【加强计生政策引领】 梅列区计生协会紧紧围绕区委、区政府的中心工作，着眼计生家庭，找准工作站位，落实“六项重点任务”，深化生育关怀行动，助力补齐民生短板。充分利用元旦、春节、母亲节、国际家庭日和“5·29”会员活动日、“7·11”世界人口日等重大节日，帮助群众了解中央的决策部署，引导群众有计划、负责任、按政策安排生育。扎实开展卫生健康宣传服务。举办各类宣传活动18多场次，政策咨询服务1100余人次，发放宣传册、宣传单2000多份。巩固和扩大现有计生协宣传阵地作用，积极开展计生协会工作宣传。新建重化、北门社区2个计生协会宣传栏，巩固翁墩和碧湖宣传栏建设。

【精准扶贫】 建立生育关怀保障机制，积极争取省级资金补助，筹集生育关怀资金10.5万元，对计生户进行紧急救助、慰问关怀、金秋助学、保险保障、帮扶资助。做实幸福工程，规范审批流程，加强资金监管，发放幸福工程资金5万元，收回到期资金20万元。

【关爱失独家庭】 根据失独家庭诉求，区计生协在翁墩社区创新开展“暖心家园”“心理慰藉援助中心”建设，围绕心理疏导、关怀安抚、志愿服务、保险保障4个方面开展服务，促进了社会和谐稳定，原市计生协吴金容会长、陈荣得常务副会长亲临梅列调研“暖心家园”，得到了好评。全力加强计生家庭奖扶和特殊家庭帮扶工作，为开展失独家庭住院护理补贴保险，每人每年投入保费300元，由市区两级财政各承担50%，共投入4.71万元，为157人失独家庭提供强有力的医疗保障。

【金秋助学】 经各镇（街）推荐，14名困难计生家庭大学生符合金秋助学条件对象获得资助，合计投入7万元。

【推进儿童早期发展工作】 为更好地落实“全面两孩”政策，回应计生群众新期盼，区计生协会按照省计生协会儿童早期发展项目三年行动计划，积极拓展儿童早期发展工作，制作儿童早期发展宣传册1500本，举办6期科学讲座和6场亲子活动；依托梅列区“彩虹伞早教中心”和“爱乐祺托育中心”，成立2个“梅列区儿童早期发展指导中心”和建立3个“亲子小屋”，促进婴幼儿照护向农村延伸，举办科学育儿讲座和亲子活动各6场。并注重运用《育儿宝典》，普及科学养育理念，推动优生优育进万家活动，形成了“父母课堂”等可借鉴、可复制的典型经验。

【提高计生家庭抗风险能力】 全面推广计生家庭意外伤害保险工作，全年投入41.59万元，受益24954人次，赔付金额达18.11万元，切实为计生家庭保驾护航。

【提高基层组织待遇】 充分调动协会小组长作用，提高村（居）会长、小组长待遇，会长每人每月200元补贴，小组长每人每月100元补贴，规范村级会长补贴，村（居）书记兼任会长，村级计生协秘书长兼常务专职副会长，负责具体事务，享受会长待遇。

【计生家庭维权】 区计生协会继续发挥各镇、街计生协会法律援助站作用，健全区、乡、村三级服务网络，积极维护计生群众的合法权益。全年，受理各类计生法律援助案件1件、调解民事纠纷27件、协调维护计生户合法权益37件、挽回计生家庭经济损失5.5万元，惠及计生群众8900多人，举办宣传活动9场，举办业务培训1次，开展送法进社区、农村、企事业等解决法律咨询126人次。

【关爱留守儿童】 区计生协会联合区团委、区工会、区妇联继续在洋溪镇、徐碧街道共同举办“生育关怀——留守儿童夏令营”活动，服务留守儿童100多名，投入经费3多万元。

【打造家庭健康促进项目品牌】 区计生协会加强与福兴妇儿医院合作，持续开展生殖健康育龄妇女免费普查活动，全年，500多名育龄妇女参加。主动融入健康梅列建设，把握群众新需求，持续开展“家庭健康促进行动”项目，开展健康大讲堂8场，受益群众1600多人，发动会员收听收看中国计生协组办“家庭健康云讲堂”网上现场直播活动，据不完全统计，网络收看2.1万人；培训村（居）小组长兼家庭健康志愿者队伍164人；发放家庭健康应急服务包50多个，有效传播健康知识，增强群众健康理念。持续开展义诊活动，各镇（街）结合重大节日联合辖区卫生服务站开展健康义诊活动累计义诊群众1万多人次。在新冠肺炎疫情防控期间， 区计生协会积极发动全区会员参与疫情防控工作，并发动一百多名会员“捐款一元”活动共捐款2000多元，购买一批防疫用品发放基层，全体协会干部深入防疫一线，积极参加联防联控，助力疫情防控阻击战。

【青春健康教育】 2020年，区计生协会承接省计生协会青春健康教育项目，制作青春健康知识手册1000多份，发放到各中小学及村居民。推动青春健康教育进校园、进农村、进社区。与中小学合作，建立青春健康家长示范学校3个；开展青春健康成长之道和沟通之道公益讲座各3期，受益人数600多人。

【加强组织领导】 区计生协会主动适应人口形势的变化，扎实推进改革。按照省、市计生协综合改革方案和部署要求，梅列区委和区政府领导先后3次专题听取区计生协改革工作汇报，区委书记杨胜亲自对改革作出指示，成立以区委常务分管会长为组长的深改工作领导小组，认真研究计生协改革事宜，并与区委组织部、区委编办、区卫健委、区财政、区教育局等单位积极沟通，争取支持，保障改革顺利进行。

【明确改革任务】 在上级改革意见基础上，区计生协会结合梅列区实际，提出初步改革建议，上报区委领导研究，要求顺应形势转变职能，完善优化机关内设机构和职能，落实“六项重点任务”，实施“六项工程”；建立健全面向基层、面向群众的服务体系。

【突出改革重点】 区计生协会按照群团组织“强三性、去四化”的要求，深入调研，以加强党组织建设和班子建设、队伍建设、调整部室设置、改进工作作风等为改革重点，切实解决发展中的瓶颈，进一步优化村（居）、协会小组组织结构，在翁墩社区新建“会员之家”示范点，规范“会员之家”服务阵地，完善村(居)自治制度，提升自治能力。梅列区计划生育改革方案（草案）经征求各部门及各镇街意见，修改完善后经区计生协会长办公会议上报区深化改革委研究。

（张英誉）

区慈善总会

【概况】 2020年，梅列区慈善总会认真学习贯彻《中华人民共和国慈善法》（简称《慈善法》）和中共十九届四中、五中全会精神，学习贯彻习近平新时代中国特色社会主义思想，坚持以加快推进现代慈善事业为目标，坚持扶贫济困，帮贫解难的宗旨，大力宣传慈善文化，着力培育全社会的慈善意识，积极开展多种形式的慈善救助活动，各项工作取得较好的成效。

【宣传工作】 深入宣传贯彻习近平总书记关于慈善事业的重要指示精神。特别是2020年习近平总书记关于疫情防控慈善捐赠、志愿服务的重要指示精神，大力开展《慈善法》宣传普及活动，向社会各界解读《慈善法》及其配套法规政策，提升社会公众的慈善意识，推动形成崇德向善的社会氛围。2020年9月9日，与市民政局、市慈善总会等单位及爱心企业在万达广场举办以“决胜脱贫攻坚，助力疫情防控”为主题的三明市第5个“中华慈善日”现场宣传活动。现场共发放《中华人民共和国慈善法》宣传册525本。2020年9月21日至10月11日，在三明市“e三明”服务号平台与三明市慈善总会共同出资开展《中华人民共和国慈善法》有奖知识问答活动，活动期间抽奖产生特等奖1名，奖励200元话费；一等奖20名，奖励100元话费；二等奖50名，奖励50元话费；三等奖100名，奖励20元话费；优秀奖222名，奖励10元话费。此次活动除1名三等奖号码空号无法充值，其余中奖号码全部落实到位。

【完善内部管理】 区慈善总会建立和完善内部管理制度，实行决策、执行和监督相分离的运行机制，确保捐赠款物的管理使用阳光操作，公开透明、接受监督，以取信于社会、取信于公众，树立慈善组织的良好形象。根据《慈善法》的有关规定和民政部《慈善组织认定办法》的文件精神，认真学习相关文件，完成各项认定指标。2020年12月4日，区慈善总会被区民政局认定为慈善组织。根据三明市民政局关于《三明市社会组织评估实施办法》的通知要求，区慈善总会完成社会组织的等级评定工作，被区民政局评定为AAA级社会组织。

【慈善资金管理】 区慈善总会认真贯彻落实民政部、财政部、国家税务总局《关于慈善活动支出和管理费用的规定》的文件精神，切实加强对慈善资金的有效监管，确保资金高效运行和使用安全，建立严格的财务管理制度，配备具有专业资格的财会人员，严格财经纪律，规范使用资金，确保会计资料合法、真实、准确、完整。凡对慈善资金的支付使用，须经会长办公会议研究决定，并邀请区慈善总会监事会监事长列席会长办公会参加研究，实行全程跟踪、监督，严格审批手续，做到专款专用。年末，资金结存1659万元。

【慈善募捐活动】 开展“乐善好施”扶贫济困活动，利用慈善总会平台为社会各界爱心企业、爱心人士搭建献爱心的桥梁，积极开展慈善募捐活动，2020年，慈善捐赠收入14.506万元。

福建亿达工程勘察设计研究院，秉承乐善好施传统美德，扶贫济困、奉献爱心，积极参与梅列区慈善公益事业，全年为孤儿吴有妹捐款0.5万元。定向捐赠新冠肺炎疫情防控资金给徐碧街道办事处5万元、列东街道办事处3.26万元、列西街道办事处1.8万元。

接受爱心企业、爱心人士定向捐款给武汉市慈善总会0.67万元、定向捐款给重化社区1.3万元。

江苏豪悦实业有限公司捐赠一批成年护理垫、成年纸尿裤等物质，折合人民币1.976万元，定向用于区各养老院护理使用。

【慈善救助活动】 梅列区慈善总会围绕扶贫济困、助老扶孤、助残助医、助教助学等开展帮扶活动。2020年，发放各类慈善救助资金100.356万元。

开展新冠肺炎疫情防控活动。

面对突如其来的新冠肺炎疫情挑战，区慈善总会积极开展新冠肺炎疫情防控捐赠活动。向梅列区红十字捐款5万元，接受爱心企业、爱心人士定向捐款12.03万元（武汉市慈善总会0.67万元、重化社区中央商务区1.3万元、徐碧街道办事处5万元、列东街道办事处3.26万元、列西街道办事处1.8万元），全部用于新冠肺炎疫情防控支出。疫情期间所接受的捐赠和支出情况都及时公布在梅列区政府网站。

开展“情暖万家”献爱心活动。2020年元旦、春节期间，区慈善总会开展入户慰问梅列区困难家庭活动，共计发放慰问金4.15万元。

“慈善爱心超市救助”活动健康发展。为助力精准扶贫工作，将梅列区农村建档立卡贫困户全部都纳入“慈善爱心卡”发放对象。2020年，向低保特困户和建档立卡贫困户放发慈善爱心卡1459张，支出救助资金11.67万元。

开展多种形式的助学、助教活动。一是继续开展“金秋助学”活动。给予当年考上大学的贫困户子女每人3000元至5000元不等的助学金；2020年，资助7名考上大学的贫困户新生，发放助学金2.7万元。二是做好新学年度助学、帮扶、救助工作，拨付3万元关爱教育基金给梅列区关心下一代工作委员会，慰问梅列区各类困难家庭学生24名。三是为了解决洋溪中心小学自来水食堂用水受到污染的问题，区慈善总会补助3万元，用于洋溪中心小学食堂安装超滤膜组件净化器及后续维护费用。

开展助老活动。向三明芦桥养老院捐赠一批成年护理垫、成年

区慈善总会捐赠8万元，用于碧溪村道路硬化项目

纸尿裤等物质，折合人民币1.976万元。向洋溪怡华敬老院捐助建设经费1万元，用于购买食堂使用的空调、老年人学习使用的电脑等设备。为满足徐碧街道洋山村老人幸福院的正常运营需求，区慈善总会补助4万元，用于老人院配备实施及活动资金使用。

开展特殊困难户临时困难救助项目，对患重大疾病的特困人员实施大病救助，发放医疗救助金1.26万元。

开展推广梅列区城市困难家庭精准帮扶微信公众号活动。为提升辖区城市困难家庭的生活水平，方便困难家庭，及时线上反馈困难需求，有效整合社会力量，提升困难家庭的生活幸福感，为扶贫攻坚注入新活力，区慈善总会和区民政局联合开展推广梅列区城市困难家庭精准扶贫微信公众号的活动。区慈善总会捐助活动经费6万元。

区慈善总会与团区委共同开展城市困难家庭青少年“阳光雨露、精准帮扶”专项活动，2020年捐助经费3万元。

做好国际残疾人日期间困难残疾人家庭帮扶工作，区慈善总会与区残联共同开展国际残疾人

区慈善总会捐赠重点优抚对象和退役军人特困对象慰问金1万元

日慰问活动。发放慰问金1万元。

为了更好地帮助辖区成年心智障碍人士在梅列区乐源家庭社会服务中心得到更加专业悉心的服务，有效地提升他们的生活自理能力，掌握一些基本的生存技能，区慈善总会捐助3万元用于购买康复设备。

开展2020年福建省“阳光1+1牵手计划”，区慈善总会与陈大镇碧溪村（红军村、老区村）签订“一对一帮扶”协议。碧溪村村头道路，多年来因水土流失严重道路失修，给村民生活造成不便。针对碧溪村村集体收入低，资金困难的现状。区慈善总会捐赠8万元，用于该村道路硬化项目。

为更好建立和完善计划生育利益导向机制，弘扬文明辅助特困计划生育家庭，开展特殊家庭独生子女伤残和独生子女困难家庭慰问。补助区计划生育协会计划生育关怀资金2万元。

做好重点优抚对象和退役军人特困对象的慰问工作，捐赠区退役军人事务局慰问金1万元。

区民政局、区慈善总会联合开展推广梅列区城市困难家庭精准帮扶相关活动。按活动主题开展培训讲座、技术指导讲解、邀请相关机构、爱心人士、志愿者组织等开展相应主题活动，活动中发放相应慰问品，慰问困难群众，区慈善总会捐助23万元，由区民政局监管资金使用。

开展女企业家慈善救助活动。女企业家慈善联谊会充分发挥自身优势，积极开展献爱心慈善救助活动，“六一”国际儿童节慰问残障人士、困难留守儿童智障儿童2.86万元；慰问被虐女童0.2万元，“八一”中国人民解放军建军节慰问森林消防救援人员0.21万元，重阳节慰问孤寡老人0.3万元，2020年开展活动共支出3.57万元。

做好市慈善总会布置的“助孤上学”项目的申报工作。及时上报省、市慈善总会各项统计报表工作。

区民政局、区慈善总会联合开展推广梅列区城市困难家庭精准帮扶相关活动捐助23万元

【参加第三届“八闽海峡公益慈善项目大赛”活动】

根据省民政厅、省慈善总会《关于举办第三届“善行八闽海峡公益慈善项目大赛”的通知》，区慈善总会认真梳理总结已开展的各项慈善救助项目，把“大学生金秋助学”项目作为参赛项目。该项目从2006年起，每年8月定期举办“金秋助学”资助仪式，对辖区贫困户子女考上大学的学生，根据贫困程度不同给予当年每人3000—5000元不等的助学金。为了更深入地做好金秋助学项目，区慈善总会从2018年起采取“一对一帮扶”措施，筛选困难家庭群体中更困难的应届生，每年资助5000元作为本科4年期间的学费及在校住宿费用补助，以帮助特困同学能顺利完成大学学业。截至2020年，梅列区慈善总会已经连续14年开展“金秋助学”助学活动，累计发放助学金107.9万元。帮助辖区500余名学子圆了大学梦。该项目实施以来深受社会各界的认可和好评，2020年，在“善行八闽海峡公益慈善项目”大赛中区慈善总会获得了省慈善总会、省民政厅颁发的组织奖。

（颜　俊）

区客家联谊会

【概况】　2020年，梅列区客家联谊会（简称区客联会）坚持客家研究联谊工作的正确方向，积极参加宁化第26届世界客属石壁祖地祭祖大典，开展与兄弟县、市客家社团及乡亲的交流联谊，促进梅列客家事业的发展，及深化改革、实现中国梦，促进区经济发展。

【第26届世界客属石壁祖地祭祖大典活动】 10月16日，由三明市客联会、宁化石壁客家宗亲联谊会、马来西亚居銮客家公会等社团组织共同举办的第26届客家石壁祖地祭祖大典举行。梅列区客联会6人参加祭祖大典。来自国内外50多个客属祖团的嘉宾及本地宗亲齐聚祖地、寻根谒祖、共话发展。

【生态农业调研活动】 10月29日，梅列区客联会邀请市客联会到梅列区洋溪镇清风谷生态农业观光园开展调研活动。该农业观光园从台湾等地引进包括火龙果在内的农业观光项目，结合客家人的传统习俗和饮食习惯，成功打造具有客家文化元素和传统饮食文化郊区观光农业生态园，取得很好的社会效益、生态效益、经济效益。调研中，大家一致认为郊区打造具有客家文化元素和客家饮食习惯的郊区型生态观光园、休闲农庄、主体农业种植示范花园等系列农业观光项目很好，值得倡导、普及和推广。调研中，市客联会的领导对梅列区客联会的工作进行指导，希望梅列区客联会主动担当、主动作为、主动融入把梅列区客联会的工作做得更好。

【参加省客联会会议】 4月7日，区客联会分别参加省客联会召开的工作会议，会议的主题是贯彻落实省委书记于伟国及有关省委、省政府领导批示精神，进一步运用客家文化开展新时代爱国主义教育。会议结束后，区客联会将会议精神进行传达，研究贯彻意见并及时实施工作。按照会议要求向统战部分管领导汇报，联合有关部门推动工作开展、督促乡镇（街道）将省客联会编写的《客家史教材纲要》及快分送有关领导和辖区学校。利用三明市《三明客家》杂志和三明客家网登载，梅列区选的文章让社会各界人士了解运用客家文化开展并把时代爱国主义教育的意义、要点和基本内容。三是加强与教育局和相关学校的联系，教育引导青少年学生学习了解客家史，弘扬客家优秀文化，进一步增强爱党、爱国、爱乡的信念。11月6—7日，参加第二届海峡《厦门》客家青年论谈会。

【到外地参观学习】 9月17—19日，区客联会一行7人前往长汀、宁化等地参观学习。了解客家先辈光辉的历史，长汀是客家先民形成发展的重要核心区。元明之后、闽西人口增长迅速迫使闽客家人往外迁徙去开拓新的家园。汀江成了客家人迁徙的大通道。在宁化，参观张氏宗祠、曹氏宗祠等地，看到毛泽东、周恩来、朱德等老一辈无产阶级革命家带领工农红军队伍，为推翻国民党反动派的统治，为中华人民共和国的成立做出的杰出贡献。

【自身建设】 区客联会重视自身建设。注重学习，特别是重视中共中央全会精神的学习，认真学习习近平总书记新时代中国特色社会主义思想，学习时事政治不断提高思想觉悟。注重廉政建设，不断完善客联会的工作程序和财务制度。主动向区统战部分管领导汇报工作，把客联会的工作做好。注重上下沟通联系。积极参加省、市客联会有关工作会议，及时组织学习贯彻会议精神。同时注重加强与兄弟县（市、区）客联会的横向联系，相互学习，取长补短，做好工作。注重宣传报道，宣传梅列区客联会的史志和工作开展情况，积极撰写新闻和论文。2020年，撰写论文《关于在梅列区建立客家小商品文化街的设想》被《三明侨报》刊用。

（刘彩香）

（编辑：范毅民）

政法委及综治

【概况】　2020年，梅列区政法综治工作（平安建设）坚持以习近平新时代中国特色社会主义思想为指导，深入贯彻中共十九大和中共十九届二中、三中、四中、五中全会精神，认真学习贯彻习近平总书记对政法工作重要指示和对疫情防控重要讲话精神，聚力聚焦维护国家政治安全、扫黑除恶专项斗争、政法领域全面深化改革、政法队伍教育整顿等重点工作，扎实推进市域社会治理现代化工作，全力打好疫情防控人民战争、总体战、阻击战，努力建设更高水平的平安梅列，为梅列经济社会高质量发展创造安全的政治环境、稳定的社会环境、公正的法治环境、优质的服务环境。全年做到严守“五个坚决防止”底线，没有发生影响社会稳定的重特大案（事）件。

当年4月，梅列区被授予2019年全国信访工作“三无”县（市、区）称号，实现全国“两会”、十九届五中全会等重要时期“零进京”“零集访”的安保维稳目标。获全省第四轮第一批平安县（市、区）称号。2020年底全省安全感率测评位列全省第八、全市第一。全年扫黑除恶专项斗争打掉涉黑组织数量、涉黑恶犯罪嫌疑人批捕和起诉数位列全市第一。

【落实综治责任】　年初，区委政法委对各镇（街道）、开发区、区直部门和辖区单位党政领导落实2019年度综治责任制工作进行考评，共表彰113家平安先进单位，82家平安单位，发放平安建设综治奖金3075.89万元。根据《三明市社会治安综合治理问责制度实施细则（暂行）》（明综治委〔2017〕16号）的有关规定，对2家单位实行社会治安综合治理挂牌督办。2月14日召开全区综治责任书签订大会，区委、区政府主要领导带头履行综治第一责任，与5个镇（街道）和梅列经济开发区主要领导签订2020年党政领导平安建设（综治工作）责任书，向110个区直部门和辖区单位颁发平安建设（综治工作）责任书，形成一级抓一级、层层抓落实的综治领导责任体系。

【平安宣传】　结合市级区域性治安稳定突出问题重点整治，上半年梅列区克服疫情防控的影响，通过“梅列微时代”和公、检、法等政法机关微信公众号，发布平安建设、扫黑除恶专项斗争和普法宣传等信息。发挥梅岭路“法治宣传一条街”13块宣传专栏作用，将宣传融入百姓生活。以提升平安建设“三率”为目标，以网格为单位，以村（社区）为主力，以区直部门为辅助，以辖区单位为补充，全范围全覆盖开展平安“三率”入户宣传“敲门行动”，区委政法委每周对镇街宣传情况进行调度，持续保持宣传力度与热度，累计投入资金20余万元，发放宣传单13万份，悬挂横幅122条，宣传彩喷70余块，宣传用品5.8万个；通过移动和电信平台，发送平安短信

20万条，拨打平安“三率”模拟调查电话5万余户。区直单位结合“行业清源”宣传，在新华都、夏商百货和万达广场，相继开展“六进家庭”、扫黑除恶、防范电信诈骗和倡导见义勇为、争当平安志愿者等宣传活动，参与群众累计2万余人。

【夯实基层基础】　区政府分5年每年投入20万元用于维护和升级改造老旧小区视频监控项目，首批维护任务已完成并接入雪亮工程；2020年新增投入30余万元，在城区3个街道的4个小区新建34路视频监控系统。因镇（街道）领导班子人事变动，当年对3个镇（街道）的政法委员进行调整，对政法委员开展岗位培训和述职教育。针对2019年全区“六无”村（社区）数同比下降的被动局面，区委政法委协调公检法政法机关和部分执法单位，提出加大平安宣传、提高服务质量、提升群众满意率等一系列举措，努力提升“六无”村（社区）占比。

【维护安全】　围绕政治安全、政权安全，加强各个敏感节点和重大安保任务的情报收集预警研判。在当年疫情防控期间，配合国家安全单位，做好每周境外人员入梅统计报告，加强对党政机关周边文印店安全检查，严防失泄密事件发生。

【化解各类矛盾】　梅列区自2017年起连续4年开展信访疑难积案化解行动，紧盯城市征迁、非法集资、房产开发等领域矛盾纠纷，广泛开展“控增量、减存量、防变量”矛盾纠纷化解专项行动。

【遏制“民转刑”案件】　制定了《梅列区坚决遏制重大“民转刑”案件提升社会治理水平专项攻坚行动方案》，对可能引发“民转刑”案件的矛盾纠纷迅速展开摸排，对其中可能引发“民转刑”案件的婚姻家庭情感矛盾，逐个建立台账，明确责任单位和责任人和化解举措，坚决遏制“民转刑”案件发生。

【保持严打态势】　开展打击电信网络诈骗犯罪、传统“盗抢骗”犯罪、“禁毒2020两打两控”“飓风肃毒2020”等专项行动，各项指标排名全省前列。6月，梅列公安干警辗转漳州、龙海、平和、云霄、诏安、南平等地，抓获张某良等7名犯罪嫌疑人，成功破获时间跨度20年的“4·1”抢劫杀人案。

【维护社会稳定】　梅列区把切实维稳社会大局稳定作为服务保障发展的实际行动和重要举措，针对岁末年初是各类不确定因素交织叠加、利益诉求群体趋于活跃的不稳定期，在全区广泛开展对房地产、涉众型经济案件、欠薪讨薪、涉校涉生等重点突出问题的风险隐患排查，对风险隐患问题制定责任清单和化解稳控清单，坚决贯彻落实省、市关于做好岁末年初维护社会稳定工作批示精神，落实稳控措施。

【扫黑除恶专项斗争】　打好扫黑除恶专项斗争收官之战。“线索清仓”方面，中央、省、市3年交办的各类涉黑恶举报线索全部核结。“逃犯清零”方面，公安部下达的涉黑恶逃犯抓捕任务全部完成。“伞网清除”方面，纪检监察机关2020年立案查处党员干部涉黑恶腐败和“保护伞”案件全部办结。“案件清结”方面，当年打掉的黑社会性质组织全部完成一审判决，涉恶案件全部判决生效。“黑财清底”方面，当年公安机关查扣黑财占专项斗争开展以来总数的83.28%，一审判决财产刑1071万元。“行业清源”方面，整治市场流通领域，在自然资源、生态环境、交通运输、教育卫生、文化旅游等行业领域开展专项整治，行业清源效果逐步显现。

【部门联动】　政法部门与纪委监委、组织、宣传等部门协同作战，共同推进专项斗争取得实效。公安分局发挥主力军作用，下半年在短时间内实现扫黑战果“零突破”。法院、检察院采取组建专班、提前介入、领导带头办案等有效措施，运用检察建议和司法建议，致力提升审查质效，推动源头治理。纪检监委落实“五步工作法”，促使办案数量大幅上升，当年立案数超过2018年、2019年两年总和。通过扫黑除恶专项斗争，黑恶犯罪得到明显遏制，社会风气得到明显改善，基层组织得到明显夯实，发展环境得到明显优化。

【疫情防控】　1月25日（正月初一），梅列区第一时间启动特别重大突发公共卫生事件一级应急响应。1月28日，全区取消春节假期，全力以赴投入疫情防控工作。公安分局成立疫情数据核查专班，运用“6∶5”坐标数据分析法，精准核查核处各类数据，核查境内外入梅人员车辆信息1万余条，核处各类指令2290条。

加强重点部位警力值守，

确保定点收治医院（市第一医院）、留置观察点（麒麟山花园酒店）及周边的治安秩序平稳。严格落实入住旅客“疫情防控行程卡”“八闽健康码”扫码和实名登记工作，张贴《关于依法严惩非法入境妨害疫情防控违法犯罪行为的通告》6万余份，全面防范境外偷渡入梅人员。

巡逻防控严密有效。按照“1、3、5分钟”要求，严密落实武装联勤巡逻，增加班次、时间、路段，加强人员密集场所的武装巡逻，随时做好应急处突准备；落实校园周边 “护学岗”和“高峰勤务”机制，切实提高见警率、管事率和震慑力。

打击犯罪坚实有效。查破涉疫情违法犯罪案件7起，查处打击6人，查缴涉案资金25万余元，处置涉网络舆情2起2人，抓获涉偷越国（边）境犯罪嫌疑人5名。

强化排查坚定有效。聚焦受疫情影响较大的领域，予以重点关注排查。当年梅列区未出现因疫情产生涉及家庭、征迁、医患、劳动争议等重点领域较大矛盾纠纷问题。

【提升执法司法质效】 立足政法机关职能，充分发挥法治固根本、稳预期、利长远的重要作用，主动服务重大战略，着力解决民生问题，优化法治保障体系。

推进执法司法规范化建设。区法院全面应用福建移动微法院、网上诉讼服务中心等平台，网上立案1540件，线上开庭112次。举办全市法院首场司法拍卖不动产“法院陪您线上看样”网络直播活动，司法网拍成交数162件，成交额2.16亿元，确保在疫情期间审判执行不打折。区法院被市中院评为“2016—2018年基本解决执行难”工作成绩突出集体。印发《中共梅列区委全面依法治区委员会2020年工作要点》，确保全区法治工作统一协调推进，全力推进法治政府建设。

推进智能化信息化建设。区检察院着力提供优质检察服务，强化“12309”检察服务中心作用，实行“双24小时”工作模式，对收到来信做到24小时内拆阅。当年接收群众信访34件，7日内程序回复率100%。梅列公安分局强力推进科技兴警战略，当年新建高清视频监控230路，联网整合社会视频资源200路。截至12月，辖区视频共享平台已建设完成2300余路，全面增强辖区社会面防控能力。

着力优化法治营商环境。区法院出台《关于应对新型冠状病毒感染肺炎疫情为辖区中小企业发展提供司法服务保障的十条措施》，帮助困难企业共克时艰，有序复工复产；区检察院制定检察官联系企业安排表，检察官“一对一”挂点联系企业。当年对4名民营企业家作出不起诉决定，对6件涉民营企业犯罪“挂案”跟进监督给予撤案。

【治理创新】 坚持以点促面、以城带乡，以加快推进市域社会治理现代化为抓手，强化多元共治，深化精细治理，积极探索具有梅列特点的社会治理现代化之路。

打造多元矛盾化解机制。区法院完善诉调一体对接，成立专业化调解工作室，建立由法官、法官助理、书记员、调解员组成的调解速裁团队，能调则调，当判则判；优化“多元受理、分流办理、反馈核验”工作流程，受理诉前调解1978件。区检察院实施“特访特办”工作模式，对简单信访事项，灵活快速采用书面函告、电话答复等多种方式；对重大疑难复杂信访事项，视情采用领导接访、部门联合接访等方式进行充分释法说理，建立“员额检察官+青年干警”的接访模式，实现领导干部接访常态化。区司法局不断扩大人民调解组织覆盖面，在工业园区、行业协会、商会等设立调解组织，建立符合行业专业特点的矛盾纠纷调处机制，排查调解矛盾纠纷732起，调解成功727件，调解成功率99.32%。

推动城市网格化管理。实行网格分级管理模式，按照“全域覆盖、边界明晰、互不重叠、科学调整”原则，根据地域、居民、驻区单位、党组织和党员等情况，将主城区与陈大镇、洋溪镇26个社区管辖范围合理划分为两级网格，调整优化网格设置，整合组建区级网格管理监控中心，全面推行“大数据+网格化”的治理模式，接入视频监控2402路，基本实现主城区主次干道及社区城市管理工作动态实时管理全方位覆盖。

创新基层自治方式。以提升基层治理水平为抓手，创新组织群众、发动群众的新机制，推动社会组织、社会力量参与社会治理。列西街道小蕉村积极探索建立“四个一”联动工作模式，即建立“一个乡贤工作室、一支义务巡逻队、一套安防设备、一个法治广场”，升级村级安防系统，提高群众法律意识，提升村“两委”服务水平，打造品牌村落。徐碧街道探索党建引领社团群众组织、楼栋网格化管理、物业业委会建设，打造邻里互助的“和”文化、“福”文化、“德”文化。陈大镇打造全区首个法治公园，秉承“法治·文化·亲民·和谐”的设计理念，设立法治主题标志区、法治长廊展示区、法治思想教育区3大特色区域。

（陈 亮）

公 安

【概况】 2020年，梅列公安分局深入贯彻全国公安工作会议精神，按照中央、省委、市委政法工作会议和全国、全省、全市公安厅局长会议的部署，牢牢把握“四句话、十六字”总要求，坚持政治建警、改革强警、科技兴警、从严治警，着眼推进国家治理体系和治理能力现代化，以“打防管控建、严廉精爱锻”十字要求为主线，全力以赴战疫情、防风险、保安全、护稳定、促发展，扎实开展扫黑除恶、打击经济犯罪、枪爆违法犯罪、电信网络诈骗犯罪、“盗抢骗”“黄赌毒”犯罪等专项行动和“飓风肃毒2020”“利剑2020”“昆仑2020”专项会战，为加快新时代新梅列建设创造安全稳定的政治社会环境。年内，分局在刑事打击、治安整治、执法规范、队伍管理等方面整体成效居全市前列。“扫黑”考评位居全市第一，“小案快侦”考评位居全省第二、全市第一。分局获全市公安机关警务实战大比武第二名。列西、列东和徐碧3个派出所在全市基础业务工作考评成绩位居全市前列。列东派出所“一室两队”警务模式、列西派出所矛盾纠纷调处和微信派出所建设得到了市公安局高度肯定并全市推广。列东派出所、列西派出所被命名为全省首批“枫桥式公安派出所”。

【疫情防控】 2020年年初，新冠肺炎疫情突如其来，“疫情就是命令，防控就是责任”，分局坚决贯彻习近平总书记“坚定信心、同舟共济、科学防治、精准施策”的总要求，严格快速落实各级应对新冠肺炎疫情工作指挥部的工作部署，全警动员，全力以赴，坚决打赢疫情防控攻坚战。

【维稳工作】 严守维稳底线，全力维护社会大局安定稳定，坚持每月2次“局长接访日”制度，主动化解信访积案，切实减少初信初访。规范巡特警反恐大队建设，配齐配足武器装备和警械，在市区人口密集、政治经济文化和商业中心等重点区域，实行每日2组叠加式常态化武装联勤。规范运作完成全国两会、“数字中国”建设峰会、中共十九届五中全会、“三明实践主题采访”等重大安保任务60余场次。

【刑事打击】 持续保持严打态势，立刑事案件1162起，破709起，抓获刑事作案成员1110人，提起公诉344人。其中，立暴力犯罪案件21起，破25起；立侵财案件739起，破415起；立经济案件40起，破36起；立毒品案件4起，破2起。共立现案1108起，同比下降26.57%；破现案627起，现案破案率56.5%，同比上升11.8个百分点，全省排名前列。6月10—12日，分局按照市局的统一部署要求，辗转漳州龙海、平和、云霄、诏安、南平延平等地，成功抓获张某良等全部7名犯罪嫌疑人，成功破获梅列区20年前的“4·1”抢劫杀人案。纵深推进扫黑除恶专项斗争，共打掉涉黑犯罪组织3个、恶势力犯罪团伙1个，破获九类涉恶案件41起，抓获九类涉恶人员103人，扫黑考评成绩位居全市第一。

【治安整治】 大力推行新时代“枫桥经验”，依托社区基础工作考评，强劲推动派出所工作提档升级。全年共查处治安案件1936起，结案1584起，抓获处理违法人员425人。列西、列东和徐碧3个派出所在全市20个城区派出所基础业务工作考评综合得分位居全市前列。列东派出所“一室两队”警务模式、列西派出所矛盾纠纷调处和微信派出所建设得到了市公安局高度肯定并在全市推广学习。12月30日，列东派出所、列西派出所被命名为全省首批“枫桥式公安派出所”。

【公安改革】 认真贯彻中央、省委、市委、区委的决定，依照《三明市区森林公安机关管理体系调整工作实施方案》要求，顺利完成森林警察大队管理体制调整工作。扎实开展执法勤务和警务技术序列警员职务的晋升工作，分局完成了四级高级警长以上9名和一级警长以下61名执法勤务序列民警职务晋升工作。加快市委、市政府为民办实事“雪亮工程”项目建设。

【队伍建设】 分局始终将政治建警放在队伍建设的首位，每月、每季、半年、年度召开全局队伍思想状况分析会和队伍建设部署会；积极开展党建“亮灯行动”和党支部“提档升级”专项行动，扎实开展党支部达标创星评选，认真落实民主生活会、组织生活会、谈心谈话等制度；开展“入党誓词、铭记在心”“疫情防控、党员先行”等主题党日活动99场次；成立疫情防控应急处突分队，广大党员民警纷纷递交《请战书》，全体党员向党旗庄严宣誓，让党旗在防控疫情斗争第一线高高飘扬。聚焦全警练兵，锻造过硬队伍，分局在全市公安机关警务实战大比武中，获得领导组、民警组、教官组总分第二名的好成绩。强化新媒体时代的公安宣传工作，全局发表在《人民日报》《人民公安报》《法制日报》等中央级媒体共计29篇，在《福建日报》《福建法治报》《福建新闻频道》等省级媒体刊稿128篇，市级媒体35篇，多角度唱响梅列公安防控疫情的“好声音”。

（郑　硕）

检察

【概况】 2020年，梅列区检察院共受理各类刑事犯罪案件358件513人，批准和决定逮捕69件130人，不批捕72人，不捕率35.6%；提起公诉216件369人，不起诉25人，不诉率6.7%。有5个集体和15名个人分别被省检察院授予“新媒体建设特殊贡献奖”，被市委、市政府授予“扫黑除恶专项斗争先进个人嘉奖”等称号。

【服务新梅列建设】 主动参与疫情防控阻击战，检察干警全员参与社区值守、路口管控、集中隔离安置点值班等战疫联防联控任务。严惩涉疫情违法犯罪，从严从快办理涉疫案件2件3人。推行“非接触式”办案，疫情防控和办案两手抓两不误。积极服务民营经济健康发展，对有认罪悔罪情节、社会危害性较小的涉案民营企业人士作出不起诉决定4人。全力投入扫黑除恶专项斗争，依法办理并办结黑恶势力犯罪11件85人，促成涉黑案件中的38名被告人认罪认罚，服判息诉，适用率占比95%，强化“破网打伞”，排查涉黑恶线索4件，向纪委监委移送“保护伞”线索2件，结合办案发出检察建议4件。持续助力打好“三大攻坚战”，依法起诉集资诈骗、传销等涉众型经济犯罪案件5件22人，加大扶贫救困工作，向因案致贫的司法救助对象发放国家司法救助金2万元。对结对帮扶的4户贫困户，及时跟踪了解脱贫进展情况。构建“河长+检察长”工作机制，联合区河长办对辖区“一河六溪”范围内的垃圾倾倒、非法采砂、非法排污等问题的行政执法开展常态化监督，共发出涉水环境保护诉前检察建议5份、汛期安全行政告知函2份。

【业务协调发展】 开展立案监督案件4件，监督立案1件，纠正漏犯1人、漏罪14件，改变案件定性40人。开展强制医疗等专项检察监督活动，检察社区矫正对象153人，针对存在问题发出纠正违法通知书8份，无一脱管漏管。开展民事、行政检察监督案件12件，针对民事诉讼和执行活动中存在的问题，发出检察建议6件，推动多部门协同查处虚假诉讼机制建设，摸排虚假诉讼线索12件，发出再审检察建议1件并获采纳。切实维护弱势群体合法权益，依法支持起诉6件12人。监督纠正适用法律不当、被执行人拒执等案件4件，移送刑事立案1件，协同相关部门完善社会治理，就预防欠薪机制落实、社区环境治理等领域，发出行政督促履职检察建议3件，化解行政争议6件，追回欠薪20万元。针对行政处罚决定错误、行政裁定不当等情形发出检察建议2件，移送刑事立案1件，有力推进行政非诉执行监督。秉持双赢、多赢、共赢检察监督理念，以食品药品安全、生态环境保护等民生领域为重点，审查公益诉讼案件线索19件，立案15件，发出行政公益诉讼诉前检察建议10件，提起刑事附带民事公益诉讼2件。针对发现的生态环境地质灾害隐患，设计创作《汛期生活小提示》公益漫画，向群众传递防汛减灾知识。

【区域治理现代化】 依托派驻公安机关执法办案中心巡回检察室，加强对侦查活动监督。全面推进认罪认罚从宽制度适用，对自愿认罪认罚的258名犯罪嫌疑人、被告人依法从宽从快处理，适用率占同期审结案件数的83%。持续打造“12309”检察服务中心司法为民服务品牌，推进领导干部带案下访，建立“员额检察官+青年干警”的接访模式，办理的34件信访案件全部实现7日内程序回复、3个月内办理过程或结果答复率100%，无赴省进京信访。推进“法治副校长”和“法治进校园”巡讲活动，8名检察官受聘兼任辖区8所中小学校法治副校长，常态化开展法治进校园巡讲活动。联合八部门共同制定《关于开展性侵未成年被害人救助工作的意见》，建立完善“一站式”询问未成年人被害人等特殊保护制度。

【改革创新】 持续深化司法责任制改革。推进领导干部直接办案成为常态，入额院领导带头承办审查逮捕和审查起诉案件28件121人，其中涉黑涉恶等疑难复杂案件6件65人。严格规范和落实检察官权力清单，实现“谁办案谁负责、谁决定谁负责”。抓牢司法规范化建设，坚持受案审查、日常巡查、质量评查、检察业务数据质量专项督察有机统一，对211件案件进行质量评查，撰写案件评查通报11份，形成业务态势分析报告11份，促进案件规范办理。

【队伍建设】 持续深化党建工作，开展“亮灯行动”争创“模范机关”活动，每季度评选办案之星和监督之星。认真履行意识形态工作的主体责任。分层分类强化业务素质培训，组织干警参训率100%。建立每月业务态势分析研判及“案件-比”考评机制，积极推进检察人员业绩考评系统信息化建设，对检察工作的质量、效率、效果实行指标化评价。常态化开展检务督察、警示教育等活动，进行提醒谈话3次、典型案件通报5次，及时查纠苗头性、倾向性问题。坚持每月如实上报“三个规定”执行情况，填报过问或干预、插手检察办案等重大事项记录表9人次。检察队伍连续保持11年以上无违法违纪记录。

【自觉接受人大监督】 坚持向人大及其常委会报告工作制度。建立健全上门走访、赠阅《检察日报》、每半年通报检察工作等常态化联络方式，先后开展“服务‘六稳’‘六保’，护航民企发展”“同舟共济，检护明天”等主题检察开放日，邀请代表委员、民营企业家和师生代表参加，诚恳听取社会各界意见建议。深化检务公开，公开终结性法律文书226份，案件信息395条。

（魏莉婷）

法 院

【概况】 2020年，梅列区法院共受理各类案件7261件（新收6766件，旧存495件），审结6959件，结案率95.8%，收案数、结案数均居全市基层法院第三。31名员额法官人均收案234件、结案224件，人均结案数居全市基层法院第一。获区级以上集体荣誉4项，6人次受到省级以上表彰，18人次受区级以上表彰。

【维护社会安全稳定】 2020年，共审结各类刑事案件241件，判处罪犯408人。严惩涉疫情刑事犯罪案件4件，其中审结利用口罩等防疫物资诈骗案2件；积极参与社会治安综合治理，推进“平安梅列”建设，共审结涉众涉网、涉盗涉抢、涉“黄赌毒”等危害群众生命财产安全类案件60件；审结涉黑案件3件42人、涉恶案件2件14人，其中审结的以被告人艾某某为首的组织、领导、参加黑社会性质组织案系梅列区第一件涉黑案件，审结的林某某等人涉黑案件系梅列区第一件“套路贷”涉黑案件。

【维护市场经济秩序】 全年审结各类民商事案件3229件，标的额12.34亿元。审结金融借款、小额信贷、民间借贷等案件849件，稳妥推动不良贷款清收降压，着力防范化解金融风险；依法审结涉公司、股权、合伙等相关案件73件，平等保护非公经济主体合法权益，服务实体经济发展；坚持善执惠商理念，立足惩戒分级和守信激励，建立执行履行宽限期制度，制定《关于优化营商环境，依法保障和服务民营企业健康发展的二十条措施》，持续优化法治营商环境。

【创新完善生态司法】 树立“生态优先、绿色发展”理念，审结生态资源类案件19件。大力支持检察机关公益诉讼，审结梅列区首例生态诉讼案件1件5人。选派专门干警定期至区河长办法官工作室值班，与区河长办、检察院、陈大国有林场等多部门共同开展巡河清河行动4次。在金丝湾森林公园创建“绿色公益社区矫正基地”，与区检察院、森林警察大队、区司法局共同推广“社区矫正+绿色公益”，扩大补种复绿的适用场地和适用范围，推动生态复绿管护工作的实践创新。

【强化执行攻坚破难】 全年执结案件3405件，同比上升6.3%，执行到位金额10.21亿元。执行法官人均结案数314件，居全市基层法院第一。创新执行工作方式方法，通过VR云看房、云放款等方式，确保疫情期间执行工作不停摆，举办全市法院首场“法院陪您线上看样”网络直播活动，通过淘宝司法拍卖直播平台带领网友看样、竞拍，吸引3万余名网友围观；强化执行措施，开展“六稳”“六保”涉民生案件专项执行行动，执行到位金额919.57万元，其中执结涉农民工工资案件61件，执行到位金额171.8万元；开展“扫黑除恶”“黑财清底”专项执行行动，涉黑恶刑事财产刑执行案件全部执结；开展执行信用修复、失信人员名单专项清理行动，共清理失信人员名单5524条次，修复失信企业名单234条次，助理社会诚信体系建设。

【服务保障中心工作】 区法院出台《关于应对新型冠状病毒感染肺炎疫情为辖区中小企业发展提供司法服务保障的十条措施》，积极应对疫情对中小微企业的冲击，助力企业快复工、全复产，得到区委书记杨胜的批示肯定；在疫情防控期间，院领导多次带领工作小组走访挂点企业，传达上级政策精神、赠送防疫物资，与企业纾困解难；设立疫情防控志愿服务队，助力村社联防联控；对口罩生产企业华灿制药公司解除银行账户的冻结，有力保障疫情防控医用物资顺利生产。院长及各党组成员结对帮扶7户困难家庭，坚持定期走访、节日慰问；积极参与区“访企业、促防控、助复工”活动，院领导带领工作小组走访辖区4家挂点企业30余次，上报、协调解决企业实际困难12项。

【司法服务】 整合线上线下资源，打造“一站式”诉讼服务。通过福建移动微法院、网上诉讼服务中心等平台自助立案1546件，跨域立案117件，深入陈大镇台溪村，为28户村民现场办理执行立案和委托手续，减少当事人往返次数。依托在各村（社区）及大型企业设立的“法官工作室”，加强与劳动保障、交通等行政机关的诉调对接，协调配合处理矛盾纠纷，诉前调解案件752件，司法确认28件；由区法院牵头，与区总工会、区妇联等17个部门（行业）共同成立诉非联动中心，实现调解资源共享。加强对困难群体的帮扶救助，发放司法救助款10万元，对困难当事人缓交诉讼费44020元。

【司法改革创新】 健全审判监督管理机制，加强办案流程管控，定期分析审判态势，明确工作方向，提升审判质量。改变以往二审认定错误才评查案件的方式，将常规评查与重点评查相结合，对二审改判、发回重审的案件均开展交叉评查，得到市委政法委的通报肯定。以司法大数据为视角，形成《梅列区2019年经济社会运行风险评估报告》，为梅列区精准化社会治理及经济社会风险防控化解提供有益参考，受到区委书记杨胜批示肯定。根据上级法院部署，结合工作实际，在三明市台湾同胞投资企业协会挂牌成立“涉台司法交流研究基地”，在梅列工商联大厦设立“法治化营商环境促进基地”。2020年12月23日，在省、市法院领导的关心、协调下，新审判法庭建设被省发改委列入“十四五”规划上报。

【从严治党管院】 进一步明确岗位职责、标准、要求，落实主体责任，从严正风肃纪，加大问责力度，以督促行、以责问效。开展“两个坚持”（坚持党对司法工作的绝对领导、坚持中国特色社会主义法治道路）专题教育、“三个以案”（以案示警、以案为戒、以案促改）及“三个规定”（《领导干部干预司法活动、插手具体案件处理的记录、通报和责任追究规定》《司法机关内部人员过问案件的记录和责任追究规定》《关于进一步规范司法人员与当事人、律师、特殊关系人、中介组织接触交往行为的若干规定》）专项整治等活动，进行“案件廉政回访”调查，常态化开展审务督察工作巡查22次，纠正问题5件，谈话提醒2人，全院无超越职权违规干预、过问案件的情形。坚持严管与厚爱相结合，推行正向激励考核机制，激励干警担当作为。加强对审判业务骨干的培养力度，组织参加各类培训27次；开展案例研讨、庭审观摩、案件质量评查活动63场次；强化学术研讨、调查研究，45篇调研论文在国家级和省、市级刊物刊登，343篇宣传报道、案例解析在省级以上媒体发表、刊载，1条信息被省政府采用，62条信息被省、市法院采用。

【主动接受各界监督】 聘请人民监督员14名、任命各部门廉政监察员8名，形成强有力的内外部监督合力；制定代表委员联系制度，定期走访代表委员，召开座谈会，听取意见建议；向区人大常委会专项汇报生态保护司法工作，对人大常委会提出的整改意见认真落实；加强与政协委员的联系沟通，办复政协委员提出的建议2件，委员满意率100%。深化落实阳光司法，庭审直播1667场，裁判文书上网5575份。

（吉文珺）

司法行政

【概况】 2020年，梅列区司法行政工作切实履行“一个统筹、四大职能”，将司法行政机关的职能优势转化为治理效能，高质量通过“七五”普法终期验收，为梅列区高质量发展落实赶超创造更加安全的政治环境、稳定的社会环境、公正的法治环境和优质的服务环境。

【推进法治政府建设】 出台学习宣传贯彻实施民法典、为疫情防控提供法治保障、推进法治化营商环境建设和加强法治乡村建设等文件，为经济社会发展提供法治保障。积极配合市立法审查机构开展《三明市市区环城山体保护条例（草案稿）》等立法调研工作。全年开展规范性文件合法性审查11件，向区人大常委会和市人民政府报送政府规范性文件备案11份，尚未存在备案文件被纠错问题。组织开展对规范性文件进行定期清理和专项清理，共开展4次规范性文件专项清理活动，涉及食品药品安全领域、野生动物保护领域、证明事项及民法典涉及行政法规、规章和行政规范性文件。积极落实行政执法“三项制度”，对全区15个行政执法单位开展行政执法“三项制度”调研。加强行政执法监督管理，开展执法案卷评查，对梅列公安分局、交通局等9个单位的18份行政处罚案卷进行评查，督促执法单位进一步规范执法立案、调查取证、告知、罚没收入管理等制度。

【创新普法宣传方式】 运用新媒体普法学法，在梅列微时代开辟“梅列普法”专栏上稿35篇、三明长安网上稿4篇、平安三明上稿3篇、福建法制报上稿1篇、学习强国上稿1篇。深入开展《中华人民共和国民法典》系列宣传活动，翻印民法典书籍1000本，印发宣传折页4万份。通过抓好“三个主场活动”和“民法典七进”工作，联合梅列区徐碧中央商务区党群服务中心、中国邮政储蓄银行三明市分行组织徐碧中央商务区企业共200余人在徐碧中央商务区开展民法典进企业宣讲活动。打造普法新阵地，联合市司法局在万达广场共建“民法典一条街”，在陈大镇砂蕉村建设民法典宣传主题墙、法治城墙展示区、在万达金街建成法治文化长廊，成立梅列区首家由法官、律师、法治辅导员等5人组成的品牌普法工作室——艳青普法工作室。开展“法润童心”和贫困留守儿童“雏燕”关爱行动，组建留守儿童法律援助志愿律师团队23人，为辖区各中、小学配备18名律师法治辅导员，开通求助绿色通道。

【“平安梅列”建设】 在全区部署开展遏制重大“民转刑”案件专项攻坚行动，深入开展因婚姻家庭、经济债务、邻里纠纷引发的矛盾纠纷排查，及时妥善化解，严防“民转刑”“刑转命”案（事）件的发生，全力维护社会和谐稳定，全年共排查调解矛盾纠纷959起，调解成功954件，同比增长5%；新增2个行政调解委员会（区交通运输局行政调解委员会、区卫健局行政调解委员会）、1个行业纠纷调解委员会（区涉军行业纠纷调解委员会）。徐碧街道人民调解委员会调解员邱特娜获评司法部通报表扬的“大排查、早调解、护稳定、迎国庆”专项活动表现突出个人；驻列西派出所桂娇调解工作室获评“省级金牌调解工作室”。深入学习宣传和贯彻落实《中华人民共和国社区矫正法》，全年共接收社区矫正对象104名，解除社区矫正119名，累计接收1452名，解除1310名，出具调查评估意见书43份，警告13人次，训诫5人次；在册151名，其中，缓刑148名，假释1名，暂予监外执行2名，全年社区矫正对象未出现脱管、漏管、重新犯罪现象。徐碧司法所撰写的《对社区矫正对象赖某某执行人民法院禁止令》典型案例入选司法部案例库（全市仅3个县、区的案例入选）。扎实推进扫黑除恶工作，加强律师依法规范参与辩护代理指导监督，全年共受理涉黑涉恶法律援助案件64件。

【提升公共法律服务能力】 扎实推进行政复议、行政诉讼工作，2020年共接受行政复议申请案件5件，依法不予受理4件，办结行政复议案件1件；行政诉讼案件1件，一审、二审胜诉；同时，为区政府9个案件提供法律意见。扩大法律援助受案范围，协同推进市区沙县法律援助一体化，优化法律援助服务措施，实现特殊群体法律援助能援优援、可援尽援。2020年接待来电、来访咨询34人次，承办法律援助案件305件（其中，民事法律援助案件24件、刑事法律援助案件137件，其中适用认罪认罚的法律帮助案件144件），为受援人避免和挽回经济损失100余万元。福建枫桦律师事务所的罗建生律师办理的《三明市梅列区法律援助中心对陈某收买、非法提供信用卡信息罪提供法律援助案》获评“福建省2020年度十佳法律援助案例”“三明市2020年度十佳法律援助案例”。

【护航经济】 开展“法律普及战疫情、法治保障暖人心”主题法治宣传活动，编制疫情防控法律知识问答、防疫抗疫典型案例、复工复产法律服务指引等，开展“助力疫情防控、护航复工复产”矛盾纠纷排查化解专项行动。推进民营企业“法治体检”常态化制度化，为三明市星诚化工有限责任公司、三明高捷汽车销售服务有限公司、三明市格力空调销售有限公司等企业开展“法治体检”，解决企业因疫情遇到的困难和问题，增强企业风险防范能力。主动服务“五比五晒”，加大依法和谐征迁法律法规宣传。召集辖区内民事诉讼领域的优秀律师组建资深法律服务团，从法律咨询、纠纷调解、民事诉讼3个方向，切实为徐碧“城中村”旧城改造项目提供全方位、高效、精准、优质的法律服务。提出征迁方案意见建议13条，解决历史遗留问题17个，提供法律意见7条。

（林明芬）

（编辑：唐金涛）

人民武装

【概况】 2020年，梅列区人民武装部紧紧扭住强军主题、铸魂主线、备战主业、动员主责、稳定主调、党建主心骨，科学筹划和组织实施各项工作，较好地完成年度各项工作任务，各项建设扎实推进。

区人武部全年组织应急分队参与47班次的疫情防控执勤任务，查验车辆约1.3万台次，人员约4.7万人。高标准完成新兵征集任务。

宣传报道工作取得好成绩。区人武部全年省级以上报刊媒体上稿10篇，县级以上报刊媒体上稿21篇（含省级以上）。

【政治建设】 坚持把举旗铸魂、笃定信念、永葆本色的政治要求作为思想政治建设的首要任务紧抓不放。坚持把学习贯彻习近平新时代中国特色社会主义思想、习近平强军思想、中共十九届五中全会精神作为思想政治工作的头等大事，注重省军区师团干部理论集训学习成果转化，认真开展“读原著、学原文、悟原理”活动，组织区人武部全体人员深入学好习近平新时代中国特色社会主义思想、习近平强军思想、中共十九届五中全会精神、《习近平谈治国理政》（第三卷），采取同步参加省军区、军分区党委中心组理论学习、个人自学、讨论交流等形式强化学习提高，做到通读与精读相结合、自学与导读相结合，牢固树立习近平新时代中国特色社会主义思想和习近平强军思想的指导地位，不断增强“四个意识”、坚定“四个自信”、做到“两个维护”。

抓好主题教育活动。认真落实党委中心组理论学习，扎实开展“传承红色基因、担当强军重任”主题教育暨“五看五增强”教育活动，深入抓好军委主席负责制学习教育，开展“和平积弊大扫除”等活动，集中搞好清除郭徐房张流毒讨论辨析和对照检查，确保政治上绝对忠诚、绝对纯洁、绝对可靠。严格落实党内政治生活，结合党日活动，组织党员到莘口镇西际村红色教育基地接受党性教育，重温入党誓词，领导干部带头上党课，严格执行过双重组织生活制度。

抓好经常性思想政治工作。紧盯文职人员和职工思想状况，部领导与文职人员、职工经常交流谈心，有针对性做好“一人一事”思想工作。对文职人员，采取单位主官“一帮一”的方法进行帮带。加强与地方党委政府的沟通，在区人武部职工房改、车补、待遇福利等方面搞好对接，保障职工利益。进一步落实完善职工考评办法和相关激励机制，增强文职、职工工作热情和动力。

抓好宣传报道工作。加强本部宣传报道工作，聚焦兵员征集、走访慰问、民兵训练、扶贫助学、大项任务等方面，积极撰稿投稿，2020年，省级以上报刊媒体上稿10篇，县级以上报刊媒体上稿21篇（含省级以上），取得较好成效。

【军事训练】 积极贯彻落实习近平主席训令指示精神，紧紧盯住战斗力标准这个“指挥棒”，狠抓按纲施训。

战备建设。按照《省军区系统战备、训练、工作、生活秩序规范》，调整完善战备值班体系，修订完善各类应急方案，不断提升战备工作水平。以“四个秩序”试点任务为牵引，规范区人武部一楼物资器材库建设，全面提高区人武部战备规范化建设。

首长机关训练。3—5月，在疫情条件下，按照军分区“统一计划、区部同步、岗位自训、分散自学”的方式，组织军事理论自学和平时工作业务自训。6月，疫情影响减弱，组织现役干部和文职人员实弹射击训练考核。7—11月，坚持重点性攻关、普遍性研究、针对性补弱，不断提高参谋业务和战时指挥技能。

民兵骨干队伍训练。大力开展民兵实战化训练，组织应急分队参与47班次的疫情防控执勤任务，查验车辆约1.3万台次，人员约4.7万人次，另外5月派出2名、10月派出3名专武部部长参加全省专武干部集训，有效提高民兵队伍遂行多样化军事任务能力。

民兵训练比武竞赛。积极组织开展民兵营（连）长、基干民兵比武竞赛活动，对取得优异成绩人员进行表彰。

【动员准备】 推进民兵组织调整改革，狠抓规范化建设，不断推进国防动员工作创新发展。

民兵调整改革。突出抓好“十三五”民兵调整改革工作落实，按照军委国防动员部《民兵组织整顿工作实施办法》，编实民兵应急分队，高标准完成基干民兵整组任务。

国防潜力调查。始终把国防动员潜力调查作为完善国防动员体系的重要内容，作为支援保障打赢的基础工程，作为军地各级的共同职责，坚持军地合力、大事大抓，组织区国动委各办密切配合、上下联动，采集完潜力数据，为战区实施动员奠定坚实基础。

兵员征集工作。针对疫情下征兵工作新特点，紧紧围绕“两保、一降、一杜绝”（保质量、保廉洁，降低退兵率，杜绝责任性退兵）和提高征兵“五率”量化排名2个目标，积极采取有效措施，加大工作力度，狠抓各个环节，按照征集条件和政策，从严把关，严格筛选，高标准完成新兵征集任务。

【后勤保障】 严格落实疫情防控。坚决贯彻落实上级关于疫情防控的有关精神，及时完善应急处置预案、印发防护知识手册、落实食堂分餐制度以及碗筷和餐厅消毒、落实休假返回人员隔离等措施。积极配合区委、区政府做好疫情防控工作，成立疫情防控分队，支援地方政府对进出三明北高速路口人员进行排查，每日派员至挂钩点协助进行疫情摸排，安排人员参与地方麒麟山隔离点值班执勤工作。坚持每日与地方卫健部门联系，掌握辖区最新疫情动态，疫情防控工作落实成效受到军地 好评。

武器和装备维护管理。在兵器室管理上，严格落实每周入库检查制度、擦拭保养制度和半年、年终核对检查制度。在车辆保障上，认真做好车辆和驾驶员年度审验工作，严把出车审批，落实各项规定，定期检查维护车辆，全年车辆行驶1.3万多千米，安全顺利，做到交通“零违纪”。

严格规范审批审查。认真学习贯彻财经纪律有关规定，严格按照文件精神和政策法规，对报账单据进行审核审查，配齐报账材料资料，确保各项账目符合要求、经得起审计。进一步规范财务工作，制定本部差旅费管理办法、办公楼公寓房维修细则、采购管理细则，严格按要求进行公务卡清理清查，加强经费管理，提高经费使用效益。

聚焦保障重点工作。落实“四个秩序”规范化建设，稳步推进职工房改事项，积极协调化解矛盾，解决历史遗留问题。抓好安全工作，坚持落实安全管理要求，定期组织电梯、水电等安全检查并做好记录；及时补充消防器材，定期检查灭火器气压；加强食堂管理，严格控制菜谱，保证食品清洁安全。

【班子建设】 坚持从严作风、树新风入手，深入贯彻新时代党的建设总要求，着力强班子带队伍，发挥核心领导作用。

凝心聚力讲团结。坚持用事业心责任感凝聚力量，“一班人”能够自觉把个人的思想意志凝聚到党委的核心领导之中，讲制度、讲原则、讲事业、讲风格，心往一处想，劲往一处使，思想上合心，工作上合力，行动上合拍，内部关系顺畅，团结的基础更加巩固。

决策把方向。坚持民主集中制原则，抓大项、议大事、把方向，严格落实党委集体领导下的首长分工负责制。2020年，先后召开20余次党委会，研究解决干部职工立功受奖、人员任命以及经费开支等问题，都是在充分调查研究基础上，经过反复酝酿、集体研究作出的，做到公平、公正、公开，反映良好。

模范带头当表率。班子成员带头抓学习、抓思想、抓准备的氛围浓厚，对年度各项任务，主官坚持亲力亲为，委员冲在前，以模范表率带动和推进全面建设。

推动重难点问题解决。认真调研、筹划、召开区委常委议军会，推动解决随军家属就业安置等一些急需解决的重难点问题。

【双拥共建】 认真贯彻习近平主席军民融合的建设指导思想，积极参与地方五个文明建设，双拥共建工作取得新成效。

精准扶贫。坚持把精准扶贫工作作为政治任务和主官工程，组织成立领导小组，建立帮扶四项制度（会议制度、定期走访制度、经常性送温暖活动制度、工作反馈制度），定期分析扶贫工作形势，研究制定对策措施。全年共计资助家庭困难学生10名，累计金额2万元。

走访慰问。积极协同地方有关部门，对辖区内参加防汛救灾的官兵家庭进行走访慰问，发放各类慰问品3000余元。

地方创建。积极组织区人武部干部职工和民兵预备役人员参加区里的文明城、卫生城、双拥城创建等活动，先后组织民兵预备役人员参加防台抗汛，先后开展志愿者服务活动10余次，为建设宜居城市贡献力量，受到人民群众的广泛赞誉。

【从严治军】 认真学习省军区司令员在管理教育研讨会上的讲话，紧紧围绕“三个不出”的目标，把安全管理作为保底工程抓紧抓实。

党委常议抓预防。部党委坚持每季度召开安全形势分析会，组织安全隐患排查整治，重要时期及时开展安全工作研究，认真分析部安全形势、人员现实思想反映、查找安全隐患和薄弱环节，搞好营区周边安全隐患系统排查，确保安全管理工作有的放矢。

紧盯安全抓教育。深入开展“严肃军容风纪要求 展现军人良好形象”活动，以“安全大检查”“百日安全”“保密工作集中整治”活动为抓手常态组织安全隐患排查整治，切实掌控风险源、堵住缺漏点。针对疫情期间长期封闭、严格管控的特殊环境，对各类人群进行心理危机干预和心理疏导服务，及时缓解压力，提前化解矛盾，确保安全管理工作有的放矢。

强化制度抓管理。针对区人武部分区部署、楼无院墙的实际，坚持把安全保密、正规有序作为重点。在人员管理上，落实每日交班、上下班签到、离岗请假等制度，防止两头挂空、动态失控。在秩序维护上，落实日督促提醒、周检查讲评、月考勤评分、季分析形势，促进“四个秩序”规范运行。

（包东浩）

人民防空

【概况】 2020年，梅列区人民防空工作在区委、区政府的正确领导和三明市人防办精心指导下，按照工作部署和要求，以人防政策和法律法规为依据，狠抓各项目标任务的落实，进一步加强对民用建筑项目的审批管理，坚持人防工程联审联批制度，强化结建审批工作。

【组织领导】 梅列区人防办不断树牢人防工作就是保护人民群众生命财产安全的底线，始终将人防工作纳入区住建局党委重要工作议程抓紧抓实，充分发挥区住建局在人员、技术等方面优势，实现“一套班子、两块牌子”的重要意义。持续抓好思想先导，结合每月区住建局干部理论学习和中心组学习，将中央《中共中央、国务院、中央军委关于加强人民防空工作的决定》《中华人民共和国人民防空法》《福建省人民防空条例》等人防法规制度纳入学习内容，认真解读人防法规，牢记人防工作要点，进一步阐明人民防空是国防重要组成部分，与保证人民群众生命财产安全紧密关联，不断提升履行使命任务的能力。

【依法行政】 梅列区人防办进一步强化推进人防法治建设，规范依法行政行为，加强与有关部门联系，落实人防各项法规政策，共同把好结建关。区人防办依据（明人防办〔2017〕29号）的管理权限，组织消防、安监、街道、社区、物业等部门对全区的地下人防设施设备和车库进行抽检1次，对检查存在的问题人防、安监、消防部门进行现场指导，并要求业主单位进行整改3处，在检查中发现的安全隐患业主单位在规定的期限内都已经整改到位。

【宣传教育】 以人防政策、法律法规、国防形势和人防知识为主要内容，采取多种形式，对各机关干部、学校师生和城镇居民有针对性地开展各种宣传教育活动，有效地增强广大公民的国防观念和人防意识，营造了领导重视、群众理解、全社会支持的良好氛围。2020年，区人防办在社区开展防空防灾宣传1次；组织防空疏散演练1次，多人参加防空防灾疏散演练，发放多本防空防灾常识手册。进一步提高广大市民对人防工作的认识，掌握应对灾害和自我防护的能力。

【国防动员演练】 根据国防动员委员会统一部署，区人防办参加了由三明市军分区组织的国防动员指挥演练，熟练掌握了动员实施、平战转换等阶段需要完成的工作流程，演练成果得到区国防动员委员会的充分肯定，集中演习对于进一步加强梅列区新时期人民防空工作，完善防空袭预案，提高快速反应能力、综合防护能力、应急救援能力、协调保障能力等都具有重要的现实意义。

【作风建设】 深化机关思想作风建设，认真落实领导干部责任追究制度，加强党风廉政建设。持续深入开展“不忘初心、牢记使命”主题教育实践活动，完善各项工作制度。扎实开展民主评议行风工作，制定了工作方案和实施细则。工作人员在重点工作推进中比贡献、创一流、见成效。强化日常管理，继续推行服务承诺、首接负责等制度。

（黄孙鑫）

（编辑：唐金涛）

自然资源保障

【加强用地要素供给】　2020年，梅列区自然资源局强化资源保障高效利用，持续推动高质量发展。围绕梅列区经济社会发展需求，以项目建设为重点，加大报批、审批力度，强化资源保障服务。加强用地要素供给。新修改的《中华人民共和国土地管理法》实施，部分类型项目用地需待国家层面实施条例和配套文件出台后按国家规定程序审批。为解决重点项目的用地需求，区自然资源局积极对接省、市，争取到不涉及征收的项目优先上报的政策支持。全年共已完成789亩土地农转用报批，全力保障了泉三高端装备产业园工业用地、原列东污水处理厂及周边地块、徐碧“城中村”改造安置房等5个批次23个项目的用地需求，农转用报批平均用时7.37天，较上年缩短25%，为63个项目提供权属证明。同时，按照新土地法流程启动了18个项目的征收前期工作，发布启动公告18个，完成现状调查和社会稳定风险评估12个，发布补偿安置方案公告6个，签订协议4个。2020年，全区供应土地14宗，供应面积816.8亩，土地出让收入6782.69万元。

【盘活土地指标】　通过提高供地速度，促进项目落地，产生433.57亩新增建设用地指标。年内，及时处置批而未供土地1078亩，提高土地资源节约集约利用效率，有效释放空间潜力，为区级土地调控提供强力保障和支撑。

【突出规划管理】　开展梅列经济开发区、翁墩物流园、洋溪食品园规划修编和控规编制，完成陈大、洋溪道路专项规划。开展新型农村试点小区工作，协助完成洋溪镇新街、上街村新村建设地块控规编制。全面推进村庄规划编制，指导编制砂蕉村村庄规划获区政府批复同意。

（王　健）

自然资源保护管理

【耕地保护】　实施最严格的耕地保护制度，组织签订耕地保护目标责任书，严守耕地保护红线。落实耕地占补平衡，及时补充城市建设用地项目占用耕地2.2亩；克服多方困难，推动了进度滞后的洋溪镇旧村复垦项目完成验收结算，共新增耕地12.79亩，产生增减挂钩指标11.93亩；年内补充耕地22.79亩，超过市级下达的新增补充耕地任务。2020年，梅列区耕地数量28962.9亩，永久基本农田数量17001.15亩，全面完成年度耕地保护目标。

【矿产资源开发】　2020年，区自然资源局组织6次矿山现场检查，督促采矿权人按经批准的开发利用方案或“三合一”方案开采。开展矿山GNSS巡查，在册在采矿山基本能履行“边开采、边治理”任务。

【植树造林】 根据疫情防控形势，在做好防疫措施前提下，抢抓时机组织造林复工。共完成造林绿化2512亩，森林抚育7513亩，全部超过下达任务数。同时，组织开展全民义务植树、春节回家种棵树等活动，广泛动员社会力量参与国土绿化美化，营造全民植树的热烈氛围。

【资源基础管理】 完成“三调”整改完善数据库的省级核查，成果提交至省三调办，对梅列区土地利用现状和权限状况做到有底有数；调整完善划定成果，基本确定辖区生态红线范围；启动瑞云山风景区和沙溪（梅列段）自然资源确权登记工作，进一步明晰资源产权归属；开展梅列区自然资源保护地整合优化前期工作，制定预案，为后续实施奠定基础；完成“二类调查”小班内业整理、年度林地变更调查档案数据、森林资源数据库更新，提高了林地监管能力。

【执法监察】 区自然资源局保质保量完成土地卫片执法工作，全年共核查卫片图斑157个，面积1937.08亩，立案查处违法占地案件9起，没收建筑物10881.48平方米，罚款人民币约15.2万元；严厉打击破坏森林资源违法犯罪行为，全年共查处林业违法案件11起，罚款12.96万元，恢复林地50.28亩；抓好梅列区警示案例生态环境问题整改，对小蕉村和列西村辖区内非法改变土地用途的企业和个人全面摸排，对36家企业还未处罚的违法用地行为报生态环境局会商，依法依规进行处置；排查、深挖自然资源领域涉黑涉恶线索，助力扫黑除恶工作顺利收官。2020年，共查处矿产资源领域乱象1起，维护良好的自然资源管理秩序。

（王　健）

森林资源提升

【森林康养产业】 区自然资源局推动清枫谷森林康养基地基础配套建设，申报市级森林康养基地并通过验收，引导广大居民到清枫谷开展本地游和春秋游、主题日活动，努力打造新的职工疗休养基地。利用林博会、贸洽会等平台推介碧溪生态养生谷森林康养项目，努力引进投资主体，拟定基地建设奖励办法，推动森林康养产业发展。

【林博会参展成果】 林博会参展，以“生态梅列　最绿城区”为布展主题，重点展示展销梅列区优质林下经济产品、特色林农产品，共组织17家品牌企业、55个系列产品参展，梅列区推荐的“多花黄精”入选“明八味”道地药材之一。通过举办梅列区森林康养招商专场推介活动，共有10个项目签约，投资额达15.2亿元。

【林下经济发展】 2020年，全区共发展林下种植2.31万亩，林下养殖0.38万亩，实现产值6835万元，继续实行林下经济项目资金补助，拓展林下种养殖规模。

（王　健）

防灾减灾

【地灾防治】 区自然资源局牵头编制《梅列区2020年地质灾害防治方案》，健全区、镇（街）、村（居）、防灾监测人四级群测群防工作体系，积极进村入户，利用各类活动契机普及防灾减灾知识，有效夯实群测群防基础；今年以来，加大对农村居民切坡建房、冲沟沟口建房以及涉疫场所等人口密集区域地质灾害隐患的排查力度，新发现隐患点11个、高陡边坡10个，并对隐患点提出有针对性的防治建议；强化督促指导，全力推进市区后山地灾点治理工程有序复工、有效防疫，实现保工期、保质量、保安全的要求。年内，市委、军分区后山滑坡、梅列区人民武装部后山滑坡、高岩路滑坡等治理工程均已竣工验收。年内，积极向上争取建设深部位移自动化监测设备1套，安装地质灾害专业自动化监测设备1套，在全区范围内安装地质灾害普适性自动化监测设备10套，有效提高梅列区地质灾害防治科技水平。

【林业有害生物防控】 开展13种主要病虫害监测，累计面积107.07万亩，监测覆盖率96.92%，监测准确率96.2%。全年林业有害生物成灾率2.66‰，控制在省、市指标以内。共投入林业有害生物防治资金76.87万元，采用生物药剂及营林等措施进行防治，无公害防治100%。共诱捕松墨天牛28053只，清理松树枯死木1366株，有效减少松材线虫病等森林病虫害造成的经济损失。同时，加强森林防检疫，对18个涉木企业、28个种苗花卉经营单位、7家使用木质包装企业进行摸底调查。检查木材2162立方米，木质包装箱、线缆盘652个，做到进货源头可溯，流向清楚，防止木材及其制品的调运传播涉木疫情，维护辖区生态和生物安全。

【安全生产】 区自然资源局结合安全生产活动月，围绕林业、矿山企业生产、森林防火等内容，举办以“消除事故隐患，筑牢安全防线”为主题的宣教活动。全年共发放宣传资料4000余份，悬挂宣传标语50余条，警示牌6块，发短信、微信15000余条，现场接受群众咨询300余次，提高了干部职工和群众的安全生产意识。同时，开展安全生产集中整治、安全隐患大排查大整治百日攻坚战等行动，针对重点领域和薄弱环节，对粉尘涉爆、有限空间作业、木材生产等人员密集场所等重点领域进行检查。2020年，通过行动发现一般隐患30余个，全部督促企业完成整改。强化火源管理，持续开展森林火灾隐患排查，实现全区连续30年无重大森林火灾事故。

（王　健）

集体林改

【推广“福林贷”】 区自然资源局 持续把推广“福林贷”当作为村民办实事、办好事的具体措施，积极做好“福林贷”贴息申报工作，减轻林农负担，2020年新增发放贷款金额250万元，累计已发放“福林贷”2690万元，促进林业资产盘活和农民受益；

【引导成立股份合作林场】 鼓励引导村集体成立股份合作林场，明确村集体林业财产收入，让农民成为村集体财产经营的参与者，受益者，增加农民财产性收入。2020年，棕南村、渔溪村花桥上小组先后注册成立集体林场，至此，全区已成立4个村级集体林场并投入运营，经营面积5.12万亩；

【探索“林票”经营模式】 支持区属国有林场与村集体开展“企村合作”，探索发展“林票”经营模式。通过“四共一体”经营模式，让“专业的人做专业的事”，切实提高经营效益，兴林助民，有效增加村财和村民收入。目前，促成陈大国有林场与陈大镇棕南村、林业投资中心与长溪村开展林票试点工作，发放林票135万元。

【“放管服”改革】 强化便民服务举措，在提高采伐审批效能上下功夫。2020年，在办理使用林地时同步办理附带性林木采伐申请，实现“一次受理，一并办理”，提高审批效能。年内，共同步办理用地和采伐审批7宗。今年以来，开展“五级十五同”标准目录梳理，进一步方便群众业主办事，全年共办理业务340件，全部办结。

（王　健）

疫情防控

【迅速部署提前行动】 梅列区自然资源局立足部门职能，集全局之力，织密野生动物疫源疫病防控网，全面助力梅列区疫情防控工作。自区政府组织召开疫情防控会议后，区自然资源局第一时间组织人员在春节前开展市场巡查。大年初二，全局干部职工立即投入疫情防控工作，及时成立疫情防控工作领导小组，制定疫情防控工作实施方案，分设5个工作组，开展巡查防控和宣传发动。

【源头环节管控】 持续开展野外巡护，严禁猎捕行为，监测野生动物活动异常或死亡情况。期间，共发现并拆除捕鸟网3张。同时，深入辖区2家野生动物繁育养殖场，实行“一对一”监管，停止对外转运、销售野生动物，督促养殖场做好防护隔离、消毒防疫和异常情况上报。

【查控销售消费渠道】 区自然资源局会同有关部门开展明察暗访，到市区综合市场、超市、餐馆、酒店等场所检查，坚决遏制一切非法贩卖、食用野生动物行为。其间，共发现违法违规猎捕1人，没收野猪夹等14个，及时制止2起经营棘胸蛙、牛蛙行为。

【落实重点场所监管】 区自然资源局深入辖区森林公园、森林人家、动物园等重点场所巡查，要求相关责任单位落实封闭措施，对游客进行劝返，避免人员聚集。

【宣传教育】 严格贯彻野生动物管控“六个不准”要求，共制作宣传横幅37条，张贴和分发宣传单5800余份，发送短信1万余条，并通过LED屏、出动宣传车等形式进一步拓展宣传覆盖面，切实进村到户，提升宣传效果。同时，在多个平台公布梅列区打击非法猎捕贩卖野生动物行为举报电话，实现社会共同监管。

（王　健）

环境质量状况

【环境质量】 年内，空气优良天数达标率100%；主要流域省控“沙8”“沙9”断面水质及陈大镇、洋溪镇集中式饮用水源地水质100%达标，小流域水质基本保持在Ⅲ类。

【品牌创建】 持续推进绿盈乡村创建，辖区绿盈乡村初级版7个，正在创建中级版7个、高级版1个；在中央、省创城验收工作中切实发挥作用，继续保持市级文明单位称号；开展综治平安单位创建，提升单位综治管理水平，继续保持综治平安单位称号。

（姜麟辉）

环保责任管理

【党建引领】 充分发挥党组织战斗堡垒作用，4月21日，完成支部换届选举工作；严格落实环保“党政同责”“一岗双责”制度，将党建工作与业务工作同部署、同落实、同考评，按要求召开分党组会议12次，支委会12次，党员大会2次，上党课2次，警示教育12次，党日活动12次。

【机构改革】 主动融入环保机构改革，配合完成生态环境系统改革，实施三明市梅列环境执法大队改革，相关资产、人员实现划转，并入三明市生态环境综合执法支队。

【压力传导】 制定《关于调整领导班子及股室人员职责分工的通知》，明确领导班子、股室（大队、监测站）职责分工，有序开展各项工作；年初配合区委、区政府召开目标责任书工作部署会，与各镇党委政府、区直相关部门主要领导签订生态环保目标责任书，加大对各责任单位环保的考核权重，有力推动环保责任落实。

【督查跟进】 结合环保目标责任书，及时梳理突出环境问题，密切跟踪污染防治项目进展，配合两办督查室开展督查工作，对污染问题严重、治理工作推进不力的部门及人员进行严肃问责。

（姜麟辉）

环境污染治理

【蓝天保卫战】 督促企业开展大气环境整治工作，小蕉工业园区三明市广明涂料有限公司等4家企业完成VOCS深度治理，实现VOCS减排4.35吨；落实钢铁行业超低排放整治工作，督促天尊新材料有限公司提前完成超低排放整治任务，实现烟尘减排80.84吨、二氧化硫减排171.68吨、氮氧化物减排70.74吨；三明市骊腾金属材料有限公司提前完成炉窑烟气脱硫及在线监测建设工作，实现烟尘减排13.82吨、二氧化硫减排58.17吨。

【碧水保卫战】 三钢后山渣场拦挡坝工程项目及淋溶水氨氮治理项目于5月底投入使用，实现淋溶水氨氮达标排放；小蕉污水处理厂改建尾水排污口工程，正在实施第一期工程；蕉溪黄厝山至三钢渣场淋溶水消纳处理厂段河道整治，于6月底完成；再金养殖有限公司整体搬迁已正在进行新址建设；洋溪污水处理设施已基本完成；开展18个入河排污口摸排整治工作，逐一排查确认，规范化建设，已整治完成16个，补办登记及设置申请6个；开展乡镇饮用水源地基础信息调查及评估工作，完善系统信息；开展乡镇饮用水源地勘界立标，在全市率先完成方案审查及成果审查。

【净土保卫战】 梅列区农村生活污水治理规划已完成专家和部门审查，待修订后上报区政府印发实施；开展农村生活污水治理“回头看”，按序时进度开展验收，已验收17个村庄；开展重点行业企业用地调查工作，完成32家重点行业企业基础信息的风险筛查及信息采集确认工作；开展土壤自行监测、土壤及地下水隐患排查、有毒有害物质情况排查等，全面完成4家省级重点监管企业排查；开展疑似污染地块调查，完成三纺原址地块（一期）、三明市污水处理有限公司（列东分厂）原址地块完成土壤污染地块调查报告及审查；开展受污染耕地安全利用工作，已完成400亩，完成率100%；开展辖区15家涉废企业规范化管理督查考核工作，14家考核达标，1家考核基本达标。

（姜麟辉）

严把环保审批关口

【优化审批服务】 严格落实《三

明市生态环境局授权各县（市）生态环境局开展行政许可具体工作方案（试行）》精神，持续落实“放管服”工作，严格把好审批关。全年，完成建设项目审批36个，缩短审批公示645天，办理即办件262件。

【落实帮扶政策】 落实“豁免购买排放小微污染物建设项目排污权”制度，免除小微交易企业5家，豁免涉挥发性有机物排放小微量企业12家，4.197吨；共豁免二氧化硫1.085吨、氮氧化物2.525吨。

【核发排污证照】 根据生态环境部办公厅《关于做好固定污染源排污许可清理整顿和2020年排污许可发证登记工作的通知》和省、市相关国版排污许可证核发工作要求，提前完成核发任务，梅列区2020年，累计核发登记排污许可证205本，其中，重点管理12本、简化管理38本、登记管理155本。

（姜麟辉）

环保联动执法

【网格管理】 根据《梅列区环境保护工作网格化管理实施方案》，结合河长制，完成洋溪镇生态环境综合管护队试点工作，构建辖区综合管理网络，共有56名网格员，已全部下载企业微信并注册福建省网格监管小程序，稳定开展巡查工作。年内，总巡查数为3353件，人均巡查平均数为51.58件；新增事件总数为976件，人均新增事件数为15.02件。

【环境执法】 坚持日常监管与专项整治相结合，严格按照“双随机”抽查制度，全面保持执法监管高压态势，严厉打击违法排污行为。全年，出动395人次，检查企业213家次，16家企业按要求编制应急预案并进行备案；第一批参评企业完成2020年信用评价；下达责令改正违法行为决定书71份，下达行政处罚决定书11份，处罚金额44.6万元。

【测管联动】 顺利完成辖区内国（省）控断面及小流域监测采样、2020年辖区企业污染源自行监测的数据审核、报送工作和4家污染源监督性监测及农村环境监测工作，做好辖区内的饮食业油烟监测、噪声监测、臭味监测、水质监测、小流域加密监测等相关工作，共出动113人次，为环境执法提供有力支持。

【宣传发动】 在台明铸管顺利召开市工业园区环境规范化管理现场会议，树立典型标杆企业；顺利开展“6·5”世界环境日、“7·2”全国低碳日、列西污水处理厂公众开放日宣传活动，有力提升居民环保意识；紧抓宣传信息提质，共有214条在三明电视台、《三明日报》、今日头条等平台发布，报送量在全市排名前列。

（姜麟辉）

气象工作

【概况】 梅列区气象局负责管理辖区天气预报预警及其他气象信息的发布；管理与指导辖区气象资源的开发、利用和保护；归口管理人工影响局部天气和社会生产、人民生活中与气象有关的安全设施的设计、施工的技术检测。承担的主要工作有气象探测、气象预报与灾害性天气警报、气象灾害防御、气候资源开发利用和保护、气象设施的建设与行业管理等职责，履行法律授予的气象行政管理工作。

【气候影响评价】 2020年，气象灾害总体较轻。年平均气温异常偏高、降水偏少、日照时数正常。冬季温度异常偏高日照偏多，早春季日照偏多，雨季气温异常偏高，秋季气温显著偏高降水异常偏少日照异常偏多，其余正常。

2020年降水量1409.3毫米，较常年偏少。降水主要集中在雨季（420.0毫米）、早春季（412.9毫米）、夏季（384.0毫米）。全年≥0.1毫米的雨日140天，其中暴雨日数4天。年平均气温21.0℃，异常偏高。极端最低气温-0.5℃；极端最高气温39.6℃。2020年日照时数为1688小时，属正常。

2020年，主要灾害性天气有：

暴雨：年内，汛期梅列区雨量总体偏少。2020年，梅列区暴雨过程4次，分别为3月12日、5月18日、8月27日、9月8日，造成不同程度的影响。

台风：2020年，无台风对梅列区造成明显影响。

干旱：2020年，梅列区出现夏秋冬连旱，全市出现中等强度以上气象干旱，对农业生产、水库蓄水、居民生活用水等造成不同程度的影响。

高温：2020年，副热带高压强度偏强，梅列区多次出现高温过程，≥35℃高温日数为71天，为

1961年以来排名第一，其中≥37℃高温日数达32天。7月11日至8月10日连续31天出现≥35℃高温天气，8月12—25日再次出现连续14天≥35℃高温天气，以7月22日39.6℃为最高。

【气象预报警报】 2020年，梅列区气象局面对各类灾害性天气，充分发挥气象现代化建设成果的作用，综合利用气象卫星、自动气象站网、雷电监测系统等现代化探测资料，加强中、短期、短时、临近天气预报工作，尤其是做好暴雨洪涝等灾害性、关键性、转折性重大天气预报和趋势预测，做好短时临近预警业务，通过电视、LED彩色大屏、手机短信、微信、掌上气象台和农村气象灾害预警信息平台等及时准确地将有关气象预警信息送达各级党政领导、专业用户和公众。2020年共发布预警预报服务材料：《重要专题气象服务》5期、《重要天气预警报告》6期、《预警信号》47期、《重要气象信息专报》2期，开展点对点直通式服务5次，以上信息通过微信、传真、邮件、短信等方式发布，发送预警短信65条，预警短信接收人数共计27594人次。

做好气象服务保障工作。提前做好春运、春播、秋收冬种和节假日等重要时期的气象服务工作，并根据天气情况提出可行的建议。共发布为农服务产品72期，其中，《烟草专题》30期、《农业气象旬报》30期、《农业气象月报》12期。以上产品通过电子邮件的方式发布给农林水利局局、烟草局、经作站和农业大户，恶劣天气来临前对部分农业大户进行电话直通式服务。

【强化服务功能，提高防灾减灾效益】 年内，梅列区气象局及时启动人工防雹作业系统，在全区范围内择机利用火箭弹实施11次防雹作业；秋冬季旱情发生之际，梅列区气象局根据上级部署，1次人工增雨作业；共发射火箭弹84枚，减轻雹灾、缓解旱情取得明显的社会、经济效益。

（刘 玉）

（编辑：范毅民）

住房和城乡建设

【概况】 2020年，梅列区住房和城乡建设局（简称区住建局）贯彻落实《三明市实施一二三产业“百千”增产增效行动方案》，主要领导深入辖区入库企业70余家，针对建筑业投资萎缩、企业成本加重、疫情影响企业收入等问题，区住建局加紧完成兑现《进一步促进建筑业发展壮大的实施意见》奖励，纾解企业压力。

当年，区城建组共入库“五个一批”项目27个：谋划项目10个、签约项目11个、开工项目4个、投产项目2个。

全区纳入建筑业产值统计的企业总计为80家，完成建筑业增加值增速6.7%，小组第二位。房地产业入库税收34015万元，同比增收9925万元，增长41.2%，位列小组第二。商品房销售面积增量11.91万平方米，面积增速48.5%，去化周期7.7月。

【持续抓好疫情防控】 加强疫情防控宣传。指导企业做好疫情权威信息和防控知识的科普宣传，教育和引导广大业主和从业人员增强自我防护意识，不信谣不传谣，提高自我防护能力，共发放宣传单329份，手机短信84条。加强对施工工地指导。疫情期间，利用微信平台、电话给辖区在建项目发布紧急通知，各施工单位严格留守人员管理，做好食堂、宿舍消毒、出入人员体温检测。组织辖区27个建筑工地开展对从武汉来梅列、去过或途经武汉来梅列的建筑施工从业人员进行摸排。复产复工期间，认真制定并下发建筑工地复工疫情防控工作方案，及时统计各在建工地复工时间、复工人数等，截至12月，各在建项目已完成计划安排。加强对企业指导。协助各建筑、房地产企业做好疫情防控监测，帮助企业对办公场所组织消毒。组织人员督查辖区房地产、建筑企业办公地的消杀情况。做好途经新增感染地区人员的排查工作，确保企业项目安全有序。

【提升住房保障水平】 依法和谐征迁方面，为全区依法和谐13个征迁项目提供政策技术支持，积极参与2020年涉及房屋征收各项目的前期征收要件收集准备工作。拟订《征收补偿方案》初稿12个，完成原列东污水厂及周边地块项目、原市残联办公大楼2个项目及东新五路税务周边地块玫瑰新村45幢、陈大纤维板厂54户住户1家企业、三明卫校78户住户2家企业、乾龙55、52幢66户住户等征迁任务。共计完成房屋征收259户（其中玫瑰新村45幢48户住户，原市残联办公大楼13户住户、陈大纤维板厂54户住户、三明卫校78户住户、乾龙55、52幢66户住户），占拟征收房屋总数（1123户）的23%；完成企业征收4家，占拟征收企业总数（10家）的40%。

保障性住房方面，积极配合市住建局开展低收入住房困难家庭登记审核工作，每月由分管领导进行核对，认真做好困难户信息报送，确保“不漏一户”。

【强化行业管理职责】 建筑质

量安全监管切实加强。落实“双随机、一公开”监管机制，按照动态监管办法和工作标准，开展施工企业现场质量安全文明行为信用综合评价，评价率100%。2020年受理新报监项目41个，竣工项目15个。全年在建项目43个，对26个可评价项目动态网上签发质量安全督促整改通知单31份(全面停工5个)。燃气企业安全监管成效明显。按照专项检查和日常监管相结合，行政监督和技术服务相结合，综合检查和集中整治相结合的措施，加强燃气监督管理工作，累计检查10次，结合相关安全主题活动，上街宣传燃气安全活动3次。人防工作有序开展。截至12月，共办理人防工程项目15件，凭借住建局和人防办“一个机构、两块牌子”的技术力量优势，开展恒大御龙天峰房地产项目在建人防工程进行质量监督3次，确保在建工程符合人防建设标准。积极开展人防宣传“七进”活动，利用“5•12”全国防灾减灾日等重大节日组织宣传教育，提升群众防控意识。农民工劳务实名制稳步落实。全年组织开展《保障农民工工资支付条例》宣贯活动和“无欠薪项目部”建设暨实名制管理现场观摩活动。结合每季度施工合同履约行为评价及建筑市场专项检查对所有在建工程项目落实工资支付制度情况进行同步督查，推进劳务实名制、工资专用账户等5项制度在所有在建工程项目实现全覆盖，进一步规范建筑市场秩序。

【农村人居环境建设】 切实履行牵头单位责任，根据《2019年人居环境行动实施方案》文件要求，区住建局协调各方，明确职责，形成合力攻坚的责任落实体系，推进整治任务。

*推进农村公厕建设工作。*2020年，梅列区已建成的农村水冲式公厕51座，年初提前完成2020年每个建制村建设1座公厕的任务。根据2020年“厕所革命”任务工作要求，年初，区住建局将3座镇级公厕和3座农村公厕任务数，分解到各镇街，印制并分发给各镇、村40余份《福建省农村公厕建设管理要点一张图》，指导新建农村公厕推广采用木、竹结构坡屋面，加强建筑风貌协调，同时有利于厕所通风、雨天排水等要求。

*大力实施农村生活垃圾治理。*2020年4月中旬，组织相关人员抽查90%以上村庄垃圾治理情况，检查中发现问题要求各镇村根据《福建省农村生活垃圾治理验收办法》进行整改并保持长效治理。

*提升农房整治及村容村貌。*结合“两高”沿线环境综合整治做好农房整治工作，陈大镇大源村及陈墩村房屋整治3000余平方米（其中，拆除乱搭乱建1200平方米、农房平改坡2500平方米、建筑立面装饰450平方米）；卫生治理点7个（其中，清理垃圾堆放点6个、建筑工地3个）；拆除建筑大棚工地1个、拆除废旧电杆线路3处；绿化美化7公顷（其中，铁路沿线生态苗圃绿化6.8公顷、铁路公路夹角地带绿化0.2公顷）。

*加快实施“污水治理”行动。*洋溪镇实施污水处理站（原新街、上街村级污水处理站）提升改造工程于2019年7月24日动工建设，2020年6月投入试运行。区住建局组织相关人员再次抽查各镇村农村公厕及2017年、2018年建设的三格式化粪池使用情况，检查中发现问题在现场即要求整改并保持长效治理。实施“公厕革命”行动3年，区住建局严格按照上级下达的新建和改造公厕的任务数和补助资金分解到各镇街，并认真督促按时完成建设任务。

【扎实推进“放管服”改革】 区住建局认真按照省、市、区部署要求，将审核审批改革工作作为规范审批行为、优化行政服务、改善投资环境的一项重要工作，严格按时间节点抓好各项改革任务落实。2019年工改系统启用至2020年12月31日，施工许可阶段受理105件，竣工验收阶段受理45件，其中16个项目已完成联合竣工验收。按时办结率、现场办结率均为100%，在线开通率为100%。提高办事效率，创造良好的营商环境。

（黄祯勤）

城市管理

【概况】 2020年，梅列区城管局不断健全部门协作机制，提高城市管理综合执法水平，严格落实新冠肺炎疫情防控工作，市容管理、环境卫生、重点项目等各项工作取得新突破，智慧梅列建设工作不断完善，城市管理更加智慧。

【健全部门协作机制】 深化“街长制”工作机制，实行网格分级管理模式，按照“全域覆盖、边界明晰、互不重叠、科学调整”原则，重新调整网格，并明确网格人员构成。将城区按三个街道管辖范围划分为一级网格3个，二级网格24个，三级网格155个；对网格人员配置进行调整，新增加市政、园林监管人员纳入二级网格，市城管巡查人员纳入三级网格。

【提高综合执法水平】 按照“局队合一”原则，进一步理顺区城管局与城管大队运行机制，做到政令统一、财务审批“一支笔”、办公场所、办公机构、执法文书、着装等内部管理“六统一”。加强法律知识培训，严格实行执法人员持证上岗和资格管理制度，完善执法内部监督管理制度，实现执法内部流程控制和执法规范化。加强综合执法管理，建立城管、公安及司法保障机制，逐步加大办案力度，提高市容管理水平。

【完善智慧梅列建设】 整合组建区级网格管理监控中心，接入综治、公安、绿道等各路监控视频，做到应装尽装，应用尽用，加强视频监控系统集成，建立视频捕捉功能，通过系统编码快速确定位置，实现电子系统预警、预报功能，90%以上城管民生问题当日或次日得到及时处理，城市管理更“智慧”。2020年，智慧梅列收集汇总“e三明”、数字城管平台、随手拍等涉及梅列区城市事件、部件管理问题55044件，处置52604件，结案52575件，处置率95.57%、结案率95.51%。相比2019年，受理案件数增长35496件。

【落实常态化管理】 1.做好疫情防控工作，协助挂点社区入户摸排4300户，张贴告示300多处，签署承诺书、发放宣传单2000余份。做好列东街（市邮储银行对面）及和仁新村9幢共计3名特殊困难人员(包括流浪乞讨人员)引导、护送。重点加强废弃口罩规范处置及隔离区域生活垃圾收集，设置废弃口罩收集点86个，规范处置废弃口罩8万多个，收运隔离区域、隔离酒店生活垃圾5000余车。2.强化市容市貌维护。立案查处各类占道以及挖掘道路等违规案件372起。强化夜间监管，延长夜间管控节点，无缝对接智慧梅列，查处夜间违规施工5起。3.强化环境卫生服务。实行路面冲洗常态化，增加主次干道冲洗保洁频率，每周出动车辆98台次、保洁员240余人次。4.强化“两违”综合治理。依法拆除城发广场、小溪农场等处违章搭建900余处、面积25.61万平方米，完成年度目标拆除任务的102.44%。5.强化停车秩序规范。协同交警部门拖离各类“僵尸车”864辆，规范两轮摩托车、自行车有序停放3000多辆次，检查摸排二手车销售中介32家，拖移违停二手车130辆。6.强化渣土运输管控。着重对原三纺地块、徐碧新城地块等辖区在建工地渣土运输巡查，查处渣土撒漏等违规案件201件。7.强化各类广告清理。认真贯彻《导则》，办结户外广告审批、店招牌匾备案378件。清理各类违规广告5000余处、条幅2000余条。拆除大型户外广告326块，面积6366平方米。查处违规案件59起。8.强化文明养犬行为。提倡群众遵守养犬管理有关规定，规范群众文明养犬行为，捕捉流浪犬257只，有效减少因饲养犬只引发的治安问题和社会纠纷。9.强化餐饮油烟排放。全区食堂机关企事业单位、大中型餐饮业油烟净化设施安装率100%。小型餐饮店油烟净化设施安装率90.7%，安装率较2019年提升15.1%。

【重点项目建设】 后山滑坡治理工程如期完成，城市绿道（梅列段）主线及连接线48处地灾点修复使用。老旧小区改造提升顺利实施，完成丹蓉新村、富华新村、麒麟新村等15个小区水、电、路、气等方面的改造提升。深入推进“生活垃圾分类”工作，深坑仔厨余垃圾处理中心及有害垃圾等临时暂存点建成投入使用。深化城市“五难”治理，完成新增停车泊位615个、摩托车位14381个，新(改)建城区公厕14座，完成三钢山头市场改造、列西农贸市场“农改超”等市场整治提升8座，治理背街小巷29条，提升小区物业管理50个。

谋划5个、签约10个、开工4个、投产4个；序时组织推进城管项目组产城融合重点项目17个。完成龙岗江滨绿地、东新公园游艺设施等老年儿童游艺设施项目建设5个。实行街巷亮化工程，深化“点亮楼道灯，温暖回家路”，完成路灯安装及维护760余盏，为居民夜间出行安全提供保障。做好“两会”、高考期间以及全国文明城市创建等重要节点市容保障工作，协同各有关单位全面完成徐碧村旧改、小溪水系整治提升项目涉迁养猪场、重机厂职工宿舍楼等和谐征迁工作。积极向上申请将老旧小区改造、生活垃圾分类示范片区、城乡公厕建设、公共停车设施建设等项目列入计划盘子。

（陈炉亮）

环境卫生服务

【概况】 2020年，梅列区环境卫生服务中心按照区委、区政府和区城管局的工作部署，认真学习、深入贯彻中共十九大精神及中共十九届四中、五中全会精神，以基础设施建设为保障，以规范内部管理为着力点，全面促进环卫工作规范化、精细化、常态化发展，全力打造梅列整洁优美的市容环境。

【生活垃圾日产日清】 依据市、区相关部门关于道路清扫保洁质量考核检查的明确要求，严格落实奖惩制度，强化路段考核督查，发现问题立即整改。加大保洁密度，动态产生垃圾在5—10分钟内处理完毕，确保重点路段及部位的实时干净整洁。结合梅列环卫设施设备实际情况，为确保生活垃圾日产日清，中转站无垃圾积压，实行人休车不休的工作模式，对垃圾收运布局和状况进行全面调整，合理安排垃圾清运作业任务，做到统一安排、灵活调度，确保垃圾随满随清，日产日清。

【车辆管理】 坚持安全行车常抓不懈，杜绝酒后开车和疲劳驾驶，有效减少各类事故发生，提高清运效率。按照创卫生城要求，所有作业车辆每天清洗，保持车容车貌整齐洁净；所有垃圾中转站无残存垃圾和污水，做到清洗保洁见本色、车走地净、周边卫生整洁。按照“门前三包”要求，从自身做起，安排专人每日巡查并及时清理，全区各垃圾中转站门前大件物乱堆放已清理整治到位。

【清理大件废弃杂物】 为妥善处理梅列辖区内的废弃家具、家电堆放问题，区环卫中心成立专业收运队伍，负责清理辖区内产生的废弃家具、杂物等大件物。2020年，全区共计设置70个废弃家具等大件物堆放处置点，环卫大件物收运人员通过日巡查方式清理各处置点堆放的废弃床垫、沙发、桌椅等大件物，并与各社区联动通过微信创建大件物处理工作群，由各社区上报需处置的废弃家具等大件物。全年累计清理废弃床垫、沙发、桌椅等大件物21372处、3313车。

【环境卫生监察】 为减少二次污染，降低保洁员的劳动强度，在区城管局的统一部署下，联合区城管大队向沿街店面发放《市容环境卫生宣传单》2100余份，实施沿街门面生活垃圾袋装化，推行垃圾前端收集工作。加强对过往运输车辆运输撒漏的监管，避免其他物品撒漏，影响道路环境卫生。加强市区流浪犬的管理，美化市区环境卫生。根据区里的统一部署安排，配合做好集贸市场周边环境及文化巷、满园春等专项联合执法整治活动。

【持续推进“厕所革命”】 完成西江滨公厕、碧海公园公厕、三明综合市场公厕等38处公厕指示牌的制作与安装；完成双园公厕，列西龙岗坊江滨公厕、三农绿地公厕、三路社区公厕、江滨路徐碧公厕等13处公厕无障碍扶手制作与安装；完成碧口村、龙腾小区、新园小区及冷冻厂4座公厕的改造。公厕管理由粗放管理向精细管理转变，实施精细化作业。建立公厕管理责任制，安排专员，增加周期性清洁，确保始终达到“十无五有”标准。同时，采取增配除臭设备以及完善内部配套设施等措施，确保日常使用无异味。结合城市管理“五难”治理工作，做好公厕新建、改建任务，进一步细化公厕管理，实行公厕管理精细化、常态化。

【深入推进“垃圾分类”】 持续利用“线上+线下”相结合的方式，开展生活垃圾分类宣传工作，派发宣传单页及环保购物袋5万余份，派发沥水篮948个，鸳鸯桶205份；举办生活垃圾分类积分兑换活动9场次，8月10日晚，区城管局协同徐碧街道在碧桂园举行“参与垃圾分类、共建生态家园”主题晚会，加强垃圾分类宣传，组织启动徐碧街道全省垃圾分类示范工作，开展督导员集中培训工作12次；在碧桂园开展夏令营集中活动2次，梅岭、富华、玖珑3个试点社区参与垃圾分类住户9413户，居民的知晓率99%、参与率86%、垃圾精准投放率94%。

完成碧桂园撤桶并点；完成安装玖珑社区智能回收箱3台及智能厨余垃圾收集箱7台；完成安装碧桂园小区综合楼干湿分类亭2座、环保屋1座；完成梅岭社区前期安装干湿分类亭3座，智能环保屋1座；完成徐碧街道垃圾分类试点方案，完成徐碧街道垃圾分类试点方案，徐碧街道作为生活垃圾分类工作项目业主，于11月初完成生活垃圾分类服务项目招投标。持续进行垃圾分类亭选址工作及硬化垃圾分类亭地面，宣传广告牌制作等。完成深坑仔厨余垃圾处理中心以及有害垃圾等临时暂存点建设，并投入使用。抓好餐厨垃圾收运。利用7辆全密闭式罐装车辆，负责对辖区各事业单位及大小餐饮店、小吃店共计456家餐厨垃圾清运，日均收集餐厨垃圾约50吨，确保餐厨垃圾日产日清。

（王　虎）

梅列区城市建设投资发展集团有限公司

【概况】　2020年12月31日，梅列区城市建设投资发展集团有限公司成立，系区委、区政府直属国有独资企业，为全区首家区属国有企业集团公司，注册资本金6000万元，总资产19.9亿元。集团公司是由梅列区国有资产投资经营有限公司、梅列区城市建设发展有限责任公司及下属隆港夜市公司、众祥市场管理公司、众祥物业公司3家子公司整合重组而成的。

2020年，集团公司下辖城发工程建筑公司、城发置业投资公司、城发物资贸易公司、隆港夜市公司、众祥物业管理公司、众祥市场管理公司6个子公司，内设综合事务部（人力资源部）、资金财务部、工程项目部（预算造价部）、资产管理部、投资发展部、法律事务部、党群工作室、纪检监察室等“六部二室”，领导班子5人，在职员工38人。

【国企改革】　根据《关于印发梅列区区属国有企业整合重组工作实施方案的通知》精神，集团公司大刀阔斧打破现行管理体制和架构，将“业务相近、功能趋同、优势互补”的5家区属国有企业，打造成集城市建设、资产管理、房屋租赁、物流园区开发、物资贸易（仓储）、酒店经营管理、园林绿化、市场管理、物业管理、文化旅游及康养、投融资等功能为一体的集团公司。充分发挥国有企业党组织把方向、管大局、保落实的领导核心作用，把党建写入《公司章程》，并报区市场监管局登记备案。

【党建工作】　落实“五抓五做”，推动党建和公司业务深度整合，党支部制定党建工作计划，做好“三会一课”，充分发挥党员先锋模范和引领示范作用。每月及时收取党费并上缴，并办理好党员进、出手续。经常开展党员教育、党员培训，把有上进心的年轻人吸收到队伍中来，充分发挥国有企业党组织战斗堡垒作用和共产党先锋模范作用。党员骨干下沉到挂点洋山村——全区唯一的少数民族村，帮助村筹措资金，解决村民生用水、村敬老院等实际困难，实现洋山村脱贫摘帽。疫情期间，公司的党员、通讯员与三明日报记者深入市第一医院隔离区，采访战斗在一线的最美“白衣天使”，一线疫情率先在全市新媒体上“发音”，党员志愿者与爱心企业家把150杯热鲜奶茶送到她们手中，“e三明”、《三明日报》作了专题报道。

【疫情防控】　疫情期间，公司领导班子召开防疫工作会议，部署工作任务，1月28日至2月6日组织党员、干部并亲自带队下到挂点棕南村、洋山村了解疫情，与村干部一起执守卡点对出入村主要路口的车辆进行登记，并以发放宣传单的方式对村民普及防疫防控相关知识；2月7日至2月20日配合三钢3个市场、区隔离点、碧湖社区、玖珑社区、青山社区入户摸底做好细致翔实的登记，并组织干部实行两班两运转制，在道口设卡执勤，对所有入梅车辆进行摸排登记，及过往人员进行体温测量；根据区复工复产要求，对挂点6家企业做到“每天一报表”了解企业复工复产情况和人员情况，及时将相关政策传达到企业；根据疫情工作领导小组综合协调组印发《关于区直部门班干部下村（居）协助做好疫情防控工作的紧急通知》，实行网格化管理，按照六天一轮班制落实入住人员的体温监测、人员筛查等防控工作。

【项目推进】　集团公司承建、拟建市区大小项目共17个，总投资约5340万元，保质保量地完成13个承建项目：

1. 新城财富广场与闽中汽车城之间规划道路建成，实现新市北路、新城财富广场大门及乾龙路的贯通，减轻新市北路车流压力；

2. 三明城市物流园破损路面修复工程，为来往车辆提供安全保障；

3. 梅列区广汽传祺4S店地灾点，项目的完工消除了长期的地灾隐患；

4. 梅列区排水防涝隐患治理工程，该项目的建成解决了汛期洪涝排水堵塞问题；

5. 翁墩物流园一期大门口处污水管道抢修工程，解决了污水管道排水隐患问题；

6. 市区公园绿地老年儿童微游乐场改造提升工程（列西水景点、东兴公园、东兴公园上游），为老人与孩子提供休闲娱乐的场所，一致得到市民的高度认可；

7. 梅列小蕉至明溪紫云公路（K3+379.45—K3+581.25）左侧边坡绿化工程，防止边坡土方溜方及绿化美观；

8. 翁墩物流园219平台污水管网完善工程，解决园区及周边企业排污难的问题；

9. 三明城市物流园园区六路道路工程，加快园区建设发展，为园区内企业提供交通便利；

10. 梅列区G205国道翁墩粮油库挡墙塌方抢险修复工程，彻底消除了粮油库塌方段的地灾隐患；

11. 小蕉小学旧教学楼危房拆除及过渡活动板房、施工围挡工程，消除红色安全隐患；

12. 梅列区洋虎线路面改善工程（气象站至卧虎山庄段），标志着仙人谷国家森林公园最后一段路真正实现畅通；

13. 提升改造三钢青山山头市场，商户率先开通“一户一码”电子营业执照，实行智能化管理，所有的食品、商品可追踪溯源，市场内部宽阔整洁、商品摆放有秩、经营规范。

【攻坚克难】 在徐碧“城中村”旧城改造、创建全国文明城市、省级文明城区等重点工作中，集团公司在保证所有承建项目、业务不脱钩，工时进度不落下，工程质量不马虎的目标下，组织力量攻坚征迁挂包任务，顺利完成挂包11户签约任务，并涌现出2名先进个人，获全市通报表扬。三钢家属区也是创建全国文明城市、省级文明城区工作重点区域，领导干部职工与社区、物业公司相互配合，加大卫生清洁保洁力度，争取考核项目不丢分或少丢分。在创城期间，还前往挂点洋溪镇新街村，对街角巷尾、村主干道上及村民家门口存在的乱堆乱放现象进行及时清理，捡拾白色垃圾，还村民一个优美的卫生环境，为争创全国文明城市添砖加瓦。

【民生公益】 “永星国际”项目社会关注度高，是市、区两级政府要解决的“老大难”问题。根据市、区政府关于化解“永星国际”项目工作决策部署，经区政府授权，集团公司与市投资发展集团合作，区国投公司出资50%为1亿元，组建“三明市国投置业有限公司”，收购不良债券包，主要领导任监事长、监事、副总经理，并抽调8个人员入驻“永星国际”项目现场办公，攻坚克难，对所有存在问题进行梳理核实，为后期整体盘活商业经济体奠定坚实基础。积极响应全国、省、市、区政策，为企业复工复产、复企复市，公司率先兑现“减免经营性企业房租成本”，2月、6月房租全免，3—4月房租减半，已为22家中小微企业、226家个体工商户减免租金294.24万元。《三明日报》2次作了专题报道：《梅列：全力支持中小微企业复产》《梅列——不折不扣落实惠企新政》。

【提质增效】 根据区委、区政府的部署要求，城发集团严格按照“企业化管理、专业化运作模式”，进一步盘活区属国有企业资源、优化国有资本投向、确保国有资产保值增值，从“政府融资平台”转型为“专业化、市场化”的投资、融资、建设、经营等现实需要，逐步打造成集城市建设、资产管理、房屋租赁、物流园区开发、物资贸易（仓储）、酒店经营管理、园林绿化、市场管理、物业管理、文化旅游及康养、投融资等功能为一体的集团公司，不断提高国有资本配置和运营效率，向做大做强做优做实目标发展。深化内涵，针对区委巡察组对原国投公司、建发公司及各子公司开展的常规巡察和常态化督查工作中提出的整改意见，公司领导班子高度重视整改工作，精心组织，周密部署，制定整改方案。2020年，根据整改方案，开展自我查摆、“自我体检”逐一对照问题进行自我剖析，针对巡察中提出的问题，完善公司规章制度33项。

（肖世盛 罗丽丽）

（编辑：唐金涛）

综 述

2020年，是决胜脱贫攻坚全面建成小康社会的关键之年，也是“十三五”规划的收官之年。梅列区农业农村局高度重视农业农村工作，深入学习习近平总书记关于“三农”工作重要论述，认真贯彻党中央统筹推进新冠肺炎疫情防控和经济社会发展工作部署会议精神，立足梅列区位特点，着力抓好稳定脱贫和乡村振兴工作，确保有序推进农业农村发展，为梅列经济社会发展提供了有力支撑。

2020年，全区农林牧渔业总产值完成9.7208亿元，同比增长3.0%；第一产业增加值增量0.328亿元。动物疫病防控措施有力，实现连续17年未发生区域性重大动物疫情，未发生非洲猪瘟疫情。安全生产常抓不懈，全系统全年无安全事故发生。

（李雪妍）

项目工作

【概况】 2020年，梅列区农业农村局“五个一批”（产业升级拉动一批、城镇化转移一批、农业现代化托起一批、区域协调发展带动一批、政府宏观调控帮扶一批）项目成效显著，产城融合项目序时推进，辖区现代农业重点项目稳步推进。

【“五个一批”项目成效】 年内，完成谋划项目1个，签约项目1个，开工项目1个，投产项目2个。

【产城融合项目】 2020年，梅列区农业农村建设项目产城融合重点项目共计20个，年度计划投资6.70亿元，完成投资6.95亿元，占总数的103.74%。

【现代农业重点项目】 年内，开展洋溪智慧农业产业园，清枫谷生态农业观光园，碧溪、洋溪流域中小河流治理工程，再鑫标准化生猪养殖基地，洋溪中央坂现代农业产业园，梅列区鸿华源生态养殖有限公司养鳗场6个市区现代农业重点项目建设，全年共完成投资2.327亿元，占年度总投资100.56%。洋溪中央坂现代农业产业园、鸿华源生态养鳗场2个项目建成投产，每年新增产值3亿元以上。

（刘 扬）

振兴亮点

【概况】 全面落实《梅列区农村人居环境整治三年行动实施方案》，以“三清一改”为重点，深入开展“一革命四行动”，农村人居环境整治工作成效显著。11月，顺利通过省上组织的农村人居环境整治三年行动考核验收，考评结果为良好。

【农村人居环境整治】 全区21个建制村开展村庄清洁行动，投入村庄清理财政专项资金32.2万元，共清理农村垃圾2290余吨；打扫房前屋后垃圾4000余处；清理村内塘沟462条，合计191.86公里；清理村内畜禽养殖粪污等农业生产废弃物160余处，农村人居环境面貌明显改善。在农村垃圾治理方面，共下拨141.5万元经费至陈大、洋溪和徐碧街道3个高山村。在农村污水治理方面，编制出台《梅列区农村生活污水治理技术路线实施方案》，完善农村生活污水治理路线。投入150万元在洋溪镇实施村级污水处理站设施提升改造工程，将原新街、上街村级污水处理站设施提升改造，提升改造原管网并延伸3千米，污水日处理量增至350吨，6月投入使用运行。在农房整治行动方面，投入资金439万元，完成陈大镇大源村及陈墩村房屋整治4150平方米（其中，拆除乱搭乱建1200平方米，农房平改坡2500平方米，建筑立面装饰450平方米）；卫生治理点9个（其中，清理垃圾堆放点6个、建筑工地3个）；拆除建筑大棚工地1个、拆除废旧电杆线路3处；绿化美化103亩（其中，铁路沿线生态苗圃绿化100余亩、公路夹角地带绿化3亩）。在村容村貌提升方面，积极打造上街村、砂蕉村为市级美丽乡村精品示范村。

【产业结构】 建设洋溪中央坂现代农业产业园。2020年度完成投资4300万元，完成年度投资计划100.7%，完成智慧农业产业园、特色菊花展示园、共享（亲子）菜园等功能区建设。结合特色菊花展示和乡村游活动，日接待游客上万人，社会效益显著。建设清枫谷生态现代农业观光园。该项目位于梅列区洋溪镇，2020年度完成投资2100万元，完成年度投资计划105%，完成滑草娱乐、儿童水上乐园等功能区建设及配套设施，组织开展休闲娱乐活动，受到社会各界的关注和赞赏。

（阳庆盛）

种植业

【粮食产业】 落实粮食安全各项工作，全年完成粮食播种面积700公顷（1.05万亩），总产量0.39万吨，新种春季蔬菜种植面积480公顷（0.72万亩），超额完成市下达的466.67公顷（0.7万亩）的指导性计划，按时足额拨付耕地地力补贴资金184万元。

【优势特色产业】 2020年，新植果树80公顷（1200亩），新增投产面积133.33公顷（2000亩），全产业链产值增加13%；全区2020年度食用菌产量可达1034吨（鲜品），产值比上年新增6.8%以上；畜牧业方面，完成市下达存栏生猪30000头目标任务。

（高超跃）

精准脱贫

【概况】 2020年，梅列区共有建档立卡贫困户29户57人，其中，低保10户21人，残疾人12户16人，务工人员11人，在校学生7户9人；发展第三产业4户，农业产业7户。全区18户贫困户均实现稳定脱贫。建档立卡贫困户，贫困户人均可支配收入14752元，增长18.7%；8个贫困村平均村财19.65万元，增长29.2%。

【落实主体责任】 围绕高质量打赢脱贫攻坚战目标任务，区主要领导亲自部署、亲自推动、亲力亲为。2020年，共召开5次区委常委会和区政府常务会，扶贫开发领导小组会议6次，形成相关会议纪要。严格认真实施五级书记遍访贫困户行动，区委书记遍访8个贫困村，镇（街道）党委书记和村党组织书记遍访贫困户。实行严格的领导干部挂包帮扶贫困户责任制，做到每个贫困户均有区、部门、镇、村四级领导干部挂钩帮扶，8个建档立卡贫困村均安排第一书记1名。各级帮扶责任人按“311”工作制度，做到处级领导每3月1次、镇领导每月1次、村干部每周1次深入贫困户家中，落实帮扶政策实施情况。全面实施“一户一策”帮扶措施，做到贫困户保管的《扶贫手册》及时变动更新，内容记录及时准确。

【推进扶贫措施】 年初，区委、区政府印发《2020年高质量打赢脱贫攻坚战深化扶贫改革试验区建设工作要点》，详细部署梅列区脱贫攻坚工作要点；梅列区扶贫开发领导小组制定下发《关于开展2020年脱贫攻坚“补短板　强弱项”大排查实施方案》，成立2个排查小组，由区委、区政府分管领导任组长，扶贫办、教育、卫健、住建和水利等相关单位分管领导为成员，逐户深入贫困户家中，对标对表查缺补漏，确保脱贫攻坚“三落实、三精准、三保障及饮水安全”等各项工作不脱节、不掉链。经排查分析，梅列区所有贫困户均有较为稳定收入来源，没有极易返贫和容易返贫户，脱贫成效较为牢靠，没有发生贫困户返贫情况。

【精准扶贫】 住房安全保障方面，委托有资质的第三方通过入户走访、实地查看的方式进行开展住房安全核查，完成了贫困户房屋安全现场鉴定，并逐户出具安全性鉴定报告，全区贫困户中，有4户住房安全等级为A级，其余为B级，没有C、D级住房，符合住房安全等级标准；完成辖区5户13人造福工程已完成建设及搬迁工作。医疗保障方面，开展家庭医生签约服务，积极为贫困户人群开展免费体检和免费送医送药等服务；落实好基本医疗保险、大病保险、医疗救助、精准扶贫医疗叠加、第三次精准补助等各项医疗保障政策，有效减轻贫困户医疗负担，未发生贫困户“看不上病”“看不好病”等情况；建立贫困人口健康服务台账，实行“一户一档、一人一策”的健康管理模式，为全部健康扶贫对象建立健康档案，根据患病人员具体情况制定“一人一策”诊疗方案，准确掌握贫困人口健康情况；努力实现贫困村医保“村村通”或“就近通”，全区8个贫困村中仅连茂村因人口少于800人，按规定可不设卫生所而纳入“就近通”外，其余7个贫困村均已实现“村村通”。教育保障方面，辖区现有建档立卡贫困户学生7户9人，其中，小学3人、初中2人、高中1人、中职1人、高校2人。各学段学生资助政策均落实到位，没有发生贫困家庭学生因贫失学辍学；免费为贫困学生网络学习赠送流量，满足贫困学生在线学习需要；安排学校积极通过微信、短信等形式，加强对贫困学生居家学习的跟踪指导。

【扶贫资金管理】 认真执行省级财政专项扶贫资金项目公示公告制度，在扶贫资金下拨时，资金分配全部在梅列区政府网站公告公示平台公开。2020年，共安排各类扶贫专项资金530.43万元，均按规定要求下拨到位。

【“一键报贫平台”】 共收到47条群众申请。不需要乡镇核实47条（其中，城市居民户口13条，户籍不在梅列5条，市区有商品房3条，登记号码为空号联系不上本人1条，误操作25条），无拟纳入监测对象。

【相对贫困】 制定并下发《梅列区推广农村相对贫困家庭精准帮扶工作机制实施方案》，重点抓好年人均可支配收入低于本地低保标准1.3倍的农村家庭和农村家庭成员中因病、因残、因学、因灾等导致家庭支出较大，且扣除重大支出后年人均可支配收入低于当地低保标准的家庭的精准识别工作。初步识别农村相对贫困11户30人。

【对口帮扶】 梅列区对接仙游县，挂点龙华镇金溪村。完成双方党政主要领导互访。共同制定《梅列区对口帮扶仙游县2020年工作计划》《梅列区对口帮扶仙游县工作制度》《梅列区与仙游县2020年度对口帮扶协作协议》。签订对口帮扶工作协议。协议明确开展领导定期互访、支持干部技术人才相互交流、加强产业园区对接合作、支持开展劳务协作、开展扶贫济困活动5项重点工作，并制定了增强帮扶协作责任意识、落实帮扶协作资金保障、建立工作推进跟踪落实制度3项保障措施，确保帮扶工作落实到位。资金帮扶到位。梅列区安排1200万元用于对口帮扶，资金已经拨付到位。积极邀请仙游企业赴梅拓展市场。林博会期间，梅列区邀请仙游金溪茶叶有限公司赴会参展，有力提升该公司在明知名度。

（张爱华）

河长制工作

【概况】 2020年，梅列区高度重视河长制工作，层层压实工作责任，以“河畅、水清、岸绿、景美”为目标，坚持问题导向，紧扣薄弱环节，健全完善河长制管理的体制机制，着力抓好源头治理、环境监管、长效管理等各项工作，流域水环境质量进一步提升，取得良好成效。

【职责分工】 按照“生态保护、党政主导、综合整治、强化监管”的基本原则，在全区范围内所有河道水库山塘全面推行河长制，建立区、乡两级“双河长”体系。由区委书记杨胜、区长张昌平担任总河长，共有县级河长5人，镇级河长10人，镇级河段长18 人，村级河段长33人。同时每条区级河道安排一个区级部门作为联系部门承担河道河长办职能；深入实施“一河一员四长”机制，建立区域与流域相结合的河长制责任体系，在区级总河长的统领下，设立镇（街）河段长和村（居）河段长，配备村级河道专管员，并创新实施挂村（居）触及领导和区直部门领导分别担任流域河长、副河长，做到全区河段管理责任全覆盖。

【坚持高位推动】 区委、区政府高度重视河长制工作，共召开1次常委会、2次常务会专题研究河湖长制工作，并多次深入现场督促推动河长制工作。年初印发《2020年河湖长制工作要点》，制定《河湖水环境整治提升行动方案》，区政府主要领导亲自部署河湖长制工作，制定任务清单、责任清单，明确工作任务，确保问题逐个整治销号。年内，区政府分管领导共主持召开6次小流域水环境污染整治推进会，督促各项任务落细落实。11月12日，区政府区长张昌平主持召开乡级河长年度述职会议，进一步细化目标，压实责任，推动河湖长制工作有效落实。

【河湖“清四乱”】 积极开展辖区水环境污染问题排查，共摸排上报河湖“四乱”问题14个，已完成清理销号14个，其中，拆除河沟上简易管理房1处、河道上简易旱厕1座、梅列大桥下趸船1处，清理河道边乱弃垃圾7处、河道边堆放石渣1处、企业排污1处，整治非法采砂1处、侵占河道养殖家禽1处。

【攻坚行动】 梅列区坚持以生态环境综合治理五项攻坚行动计划为抓手，标本兼治抓整治、督导检查抓落实、完善体系抓长效，切实推动河长制工作向纵深迈进。开展工业污染专项治理，已全面完成市政府下达的重点废水排放工业企业污染治理任务，完成小流域整治提升2处，占任务100%。开展畜禽养殖污染专项治理，编制《梅列区畜禽粪污资源化利用整区推进项目实施方案》并下发至各镇（街道）贯彻落实，畜禽粪污综合利用率91.17%以上，规模养殖场粪污处理设施装备配套率100%。开展涉砂行为专项治理，已全面完成新一轮河道采砂规划及河道采砂年度实施方案，建立了台账管理制度、日常监管机制和日常巡查机制，全区范围内已实现无非法采砂行为。开展城乡生活污水垃圾专项治理，区财政投入150万元在洋溪镇实施村级污水处理站设施提升改造工程，将原新街、上街村级污水处理站设施提升改造，提升改造原管网并延伸3千米，污水日处理量增至350吨，已于6月投入使用运行，完成17个建制村农村生活污水治理工作，农村生活污水治理率76.47%。开展小水电生态专项治理，梅列辖区闽江流域在册农村小水电27座，共有25座水电站完成生态下泄流量设施改造及执行情况监控，杉板坑电站、砂蕉二级站因年久失修等问题已停产，已向三明市人民政府申请暂不列入生态下泄流量考核，16座不合格的电站全部完成整改。

【加强联动】 加强联合执法，与三元区建立了梅列、三元两区跨行政区界河长制工作协调机制，联合开展蕉溪、台溪流域执法巡查2次；与沙县就两地交界河段、斑竹溪电站开展巡河行动1次；与市水文局建立联动机制，共同开展河道巡查，水质采样；联合水利、环保、自然资源、住建、城管等相关单位对梅列区河湖“四乱”问题进行清理整治。加强河道巡查力度，在市河长办及各镇（街道）河长办的大力支持下，梅列区积极开展辖区水环境污染问题排查，年内，全区乡级河长巡河570人次，河道专管员巡河5677人次，发现问题601个，完成整改601个，问题整改率为100%。加强监督执法，在深化河长制工作中探索实践“行政+监督”模式，在区河长办设立梅列区人民法院驻区河长制办公室法官工作室和梅列区检察院驻河长办检察联络室，积极构建审判机关和检察机关在河长制工作中的司法介入和助推机制，通过行政执法与刑事司法的衔接加大河湖监管力度。本年度全区共开展联合巡河、执法37次，发放检察建议书2份，依法拆除洗砂设备1套，清理河道堆放砂石料2处，拆除河道上简易旱厕1座、简易管理房1处。

【问题整改】 2月，针对蕉溪及洋溪小流域水质超标因子等小流域水环境污染问题，区委、区政府成立梅列区蕉溪流域整治工作组和梅列区栖源溪流域整治工作组，先后印发《蕉溪流域2020年度水环境污染整治方案》《梅列区蕉溪、栖源溪、龙泉溪流域水环境问题整治方案》，严格落实处级领导挂包、街道和开发区牵头、职能部门配合工作机制，开展流域联动治理，对标问题清单，详细部署具体治理措施，并限时整改到位。

【标准化建设】 按照《三明市示范河湖（段）建设要求》《三明市县级河长办标准化建设内

容》《三明市乡级河长办标准化建设要求》，开展梅列区示范河湖（段）、标准化建设。示范河湖（段）建设方面，投入45万元开展辖区河湖生态保护与修复、河湖问题整治及河湖日常管护等，用好无人机巡河、暗访检查等巡查检查方式，持续保持河湖“清四乱”的高压态势，巩固提升清理成果，推进河湖“清四乱”常态化、规范化；河长办标准化建设方面，分别投入15万元至陈大镇和洋溪镇开展乡级河长办标准化建设，实现河长制从“有名”向“有实”、“有实”向“有力”的转变。

【创新机制】 在全市率先采用无人机巡河方式，采取外包购买服务的形式，与第三方签订正式合同，10月起，委托第三方以无人机巡查为主、人巡查为辅的方式统一开展全区河道巡查、卫生保洁、问题处置工作。无人机每日围绕梅列区9条河流开展4次巡河，每日形成日报，内容包括发现问题、具体照片及问题坐标点，河长办对其履责情况进行监督考核，督促推动各项工作有效落实。

【宣传教育】 紧盯世界水日、中国水周等时间节点，利用标语横幅、电子显示屏、短信等宣传媒介，各镇（街）开展多形式、多方位的河长制宣传工作。春节期间，通过中国移动公司发送河长制宣传彩信5万条，组织青年志愿者、百姓护河队等开展护河、宣传志愿活动5场百余人参与，《水清三明》微信公众号采用梅列区河长制工作信息2篇，在梅列区政府网站河长制工作专栏发布各类信息14篇，进一步增强了群众环保意识、责任意识和参与意识得到进一步增强，营造了良好的社会舆论氛围。充分利用“e三明”平台和96133举报电话，加大曝光力度，发挥舆论监督作用，回应群众期盼，营造共治、共建、共享美好水环境的浓厚氛围。共收到群众举报投诉11件，已全部处理完毕，处理率100%，群众基本满意。加强河长公示牌的更新维护。及时对全区所有河长公示牌中相应河长信息进行更新。

（邓俊慧）

水利建设

【概况】 2020年，梅列区水利工作围绕“节水优先、空间均衡、系统治理、两手发力”，十六字重要治水思路，以“十三五”水利发展目标为任务，加强水利基础设施建设，加快推进水利领域补短板，强监管水利发展改革总基调，狠抓工作实效，落实各项目标考核。

【投资任务】 2020年，梅列区水利计划投资14521.5万元，完成14947.5万元，占年度计划比例102.93%。其中，农村饮水安全巩固提升项目完成投资230万元，大中型灌区续建配套与节水改造项目完成投资160万元，水利工程水毁修复项目完成投资1990万元，大坝安全鉴定及水利设施维修养护项目完成投资10万元，山洪灾害防治项目9万元，其他部门水利投入完成4555万元，其他项目投入完成4.5万元。重大水利项目为碧溪及洋溪中小河流治理工程，该工程主要涉及陈大镇渔溪及洋溪镇洋溪流域，2020年项目累计完成投资7989万元，主要开展以防洪堤护岸、清淤疏浚及排涝等工程为主的综合性治理水利工程，综合治理河道长度6.05千米，项目已于12月底完工。

水土保持工作

【概况】 以水土保持生态建设为目标，进一步突出“预防为主”的水保工作方针，全面履行水土保持法律、法规赋予的各项职责。在小流域生态环境综合治理，落实上级水土保持工作责任等各项工作中，建设和谐梅列，美丽梅列。坚持“保护优先”的方针，扎实抓好水土保持监督执法工作。水土保持监督工作主要针对房地产、公路建设等项目，积极督促项目业主申报水土保持方案，并严格按照审批的水保方案落实水土保持措施，使人为水土流失降至最低。

【水土流失综合治理】 梅列区把水土流失综合治理，特别是小流域生态环境综合治理作为一项重要工作来抓，将上级下达的治理任务分解落实到位。通过全区的共同努力，完成水土流失综合治理面积193.33公顷（0.29万亩）。完成三明市水土流失面上治理工程梅列区台江国有林场2020年水土流失治理项目，综合治理水土流失面积18750平方米，其中封禁18750平方米（主要建设内容为封禁18750平方米、机耕道590米、排水沟590米、涵管4处、沉沙池4口、错车道2处）。

【落实水土保持方案申报审批程序】　为强化开发建设单位对水土保持方案的申报和审批工作，进一步提高开发建设单位对水土保持方案编制申报和审批意识，使水土保持方案申报工作制度化和常态化，年内，共下发25份申报水土保持方案通知书，要求业主限期编制水土保持方案和申报审批；共审批水土保持方案13个。

【水土保持监督检查工作】　结合环保督察回头看，对梅列经济开发区小蕉工业园区及在建的公路、房地产项目进行水土保持专项整治检查，重点检查道路工程项目落实水土保持措施情况，拦渣措施、截排水沟和植被恢复情况是否落实到位。1月14日，针对双江采石场建设项目存在的问题建立水土保持监督检查登记表。3月23日，针对辖区经济开发区小蕉工业园水土保持工作中存在的不足，下发《梅列区农业农村局关于梅列区经济开发区小蕉工业园区水土保持监督检查整改意见的通知》，督促该单位进一步提高水土保持意识，积极开展水土保持自检自查工作。

【水土保持行政执法】　积极督促福建永达房地产曼陀山A地块——“翡翠城15—17号楼”编报水土保持方案，目前该项目已编报并缴纳水土保持补偿费，完成水土保持验收工作。2020年，共收缴水土保持补偿费25万元。

【碧溪及洋溪流域中小河流治理工程】　项目总投资3000万元，其中中央资金1650万元，主要开展以防洪堤护岸、清淤疏浚及排涝等工程为主的综合性治理水利工程，综合治理河道长度6.05千米，其中，河道清淤2.72千米，新建防洪堤总长0.399千米，新建护岸总长4.991千米，建成后保护农田0.45万亩，保护人口0.2万人。工程于2020年12月完工。

【安全生产】　开展辖区内8座水库、23座电站、2个水利工程及各村引水工程的隐患排查，共发现水利工程一般安全隐患11个，引水用水问题14项，均已完成整改。目前梅列区所有水库及运营电站已经全部落实巡查员定期巡查，并按照要求开展水库巡视检查工作，设置了大坝监测设施或简易观测设备，并逐库落实观测记录人员，促进水利设施安全运行。制定梅列区农业农村局生产安全事故应急救援预案，建立健全梅列区农业农村局水利系统突发事件应急处置机制。

（刘媛媛）

饮水安全

【贫困户饮水安全】　按照现状100%排查复核、问题100%整改落实、用水100%保障安全的要求，扎实开展了贫困人口饮水安全排查复核和整改落实工作，累计投入10万元，为14户常住村里的贫困户家庭安装前置净水器；积极协调各有关村，减免该14户贫困户的饮用水水费，所有建档立卡贫困户均用上入户自来水，水量稳定充足，水质符合当地饮用水标准，饮水安全有所保障。

【农村饮水安全巩固提升工程】　农村饮水安全巩固提升工程受益村为饱饭坑村、碧溪村、长溪村、下坑村、岩兜村、孝坑村。受益人口3516人。

（姜建勋）

移民生产开发

2020年，梅列区移民发展中心申请库区移民后扶资金1764万元。完成储备项目11个，总投资777万元，后扶基金777万元。其中生产开发项目2个，项目总投资228万元，其中申请后扶补助228万元；受益4个库区镇（街）9个移民村，受益总人口13000人；移民1687人，其中直补移民72人。实施完成2020年移民后扶项目4个，总投资154万元，项目已完工验收75%。

（阮家峰）

（编辑：范毅民）

工业经济与信息化

【概况】 2020年，全区规模以上工业企业共完成产值522.9亿元，其中区属完成244.2亿元，同比分别下降9.5%、13.53%；技改投资增速14.8%。

【服务工业企业】 勤于协调调度。区工信局每月定期召开工业运行工作协调会，与属地企业、区统计局一起协调调度，着力解决工业经济运行中存在的突出矛盾和问题。实施一二三产业“百千”增产增效行动，同时抓牢三钢系列企业及泉三高端产业园项目的建设工作，实施跟踪服务，为企业正常生产和项目顺利建设保驾护航。落实《梅列区规模以上工业企业发展奖励办法》，给予新增规模以上工业企业一次性奖励3万元，同时对规模以上企业统计员发放服务奖励。

【推动复工复产】 新冠肺炎疫情防控期间，区工信局摸清企业底细，做好复工指导，严格落实复工备案制度。成立梅列区工业企业从业人员健康防护领导小组，分组对全区复工的工业企业开展健康防护指导工作，配合卫健局组织专业医生赴全区工业企业开展监督性医学观察，同时督促企业落实常态化疫情防控措施，确保疫情不结束，防控不放松。为助力企业全面复工复产，为企业协调2.5吨消毒水、283把测温枪、187940个口罩。认真落实省24条、市30条、市12条，区6条等一系列政策措施，通过“进企业、促防控、助复工”主题活动，由部门、属地企业做好政策宣传。

【项目建设】 持续抓好项目建设工作，促进工业转型升级，确保工业投资有效增长。突出推进28个工业建设投资千万元以上重点项目的建设，全年计划完成投资26亿元，实际完成投资23.72亿元。重点项目建设中，9个项目投产，16个开工项目序时进行。其中重点球团工程、安德凯项目、普诺维项目投产；推动三钢闽光大数据中心、三钢焦炉升级改造项目、泉三高端装备产业园第一批项目建设进度。落实“五比五晒”，截至12月，已完成谋划项目3个，签约项目10个，开工项目4个，投产项目5个。

【优化工业环境】 继续开展“访企业、解难题、促‘六稳’”专项行动，积极帮助协调解决企业生产经营中的困难和问题。截至12月，问题解决率达96.18%，企业对已解决问题办结满意率为100%。推送三批优质“白名单”企业37家，推送六批纾困企业名单合计73家。同时帮扶中小企业使用政府过桥转贷资金10笔9312万元。新确定6家企业实施“一企一策”。支持帮助三钢集团争取技改项目完工投产奖励1000万元、争取省级技改资金贷款扶持3亿元；为普诺维机械公司等企业争取各类资金600多万元。

【科技创新】 组织项目申报。

组织索富泵业公司、普诺维机械公司2家企业申报科技部“助力2020”科技计划项目，获立项扶持资金150万元。组织索富泵业公司申报2020年度省科技计划项目，获省创新基金项目立项扶持资金30万元。推进高新产业。组织华丰机械和奥托康能源科技2家企业申报国高、5家企业申报省高；20家企业通过国家科技型中小企业评价系统注册。加大研发投入。2019年全区有统计研发费用的企业15家，同比增长36.4%，研发费用投入首次突破10亿元大关，达到10.29亿元（申报数），占生产总值比重为3.1%，（2019年生产总值330亿元）同比增长10.6%。协助研发费用分段补助资金申请，共有6家企业申报2019年研发费用分段补助，申报补助资金118.74万元。开展科技特派员选任。2020年，选派省级科技特派员28名，覆盖全区5个镇（街），涉及经济作物、粮食作物、养殖业、工业生产等领域。陈大镇科技特派员工作站通过市级科技特派员工作站认定。

（王飞松）

商务贸易

【概况】 2020年，梅列区社会消费品零售总额完成51.32亿元，增幅0.6%，总量居全市第一位，增幅居全市第十二位。

全区全年71个攻坚项目，其中招商攻坚项目7个，分别是：安德凯机械生产项目、恒冠达机械生产项目、山水橡塑机械制造项目（建鑫重工）、明泉重工生产项目、梅列区高温合金和高性能橡胶沥青生产项目、嘉越环保科技生产项目、梅列区六路商圈总体招商项目。

区商务局重点围绕主动融入闽西南协同发展区建设，加快推进共建泉三高端装备产业园区建设，与泉州市装备制造协会及多家企业达成合作意向，泉三高端装备产业园正式签约26家，意向8家。2020年，全区共开展各类招商活动128场，落地开工项目144个，总投资86.49亿元，对接洽谈项目14个，总投资35亿元。

【招商工作】 多措并举招商。实行“保姆式”免费服务制，成立多支招商小分队，增设厦漳泉区域招商引资联络处，派驻1—2人长期驻点泉州，负责梅列区有关招商工作联络对接。完善工作机制。修订完善《招商引资工作考核奖惩办法》，建立“一月一会商”机制。优化营商环境。打造政策洼地，相继出台《梅列区发展工业经济优惠政策》等8项招商优惠政策，形成产业集聚的投资高地。

【对外经济】 以落实政策为抓手，加大外贸支持力度。用足用好出口信保等政策工具，重点加大对生产型外贸企业的鼓励扶持力度。

鼓励企业参展。积极推动企业与跨境电商平台、展会公司合作，引导外贸企业参加线上展会活动，2020年，组织怡佳环保公司、普诺维机械公司、市外贸发展公司等多家外贸企业参加线上展示活动、中国（福建）—东盟经贸合作网络推介会、网上广交会、进博会等各类活动，帮助企业增加线上曝光度，稳住海外市场和订单。

支持外贸企业出口转内销。鼓励福建华盛食品等生产型出口企业采取线上商城和线下门店相结合等方式，加大国内市场开拓力度。同时，积极组织福建华盛食品等企业参加第十七届中国（厦门）国际食品交易博览会、源味三明美食嘉年华等促销活动，拓宽销售渠道。福建华盛食品烤鳗当年内销金额突破200万元。

实际利用外资实现零的突破。一方面，出台扶持政策吸引外资。2020年7月7日出台《梅列区2020年利用外资奖励优惠政策》，从鼓励外资企业到资投建、支持外资企业用好人力资源和改善提升投资环境3个方面，鼓励外商来梅投资（增资），更好更快落实稳外资促消费政策。另一方面，助力外资提高服务力度。加大对台明铸管、大润发超市等外资企业跟踪走访，特别是对华云玻璃、浩威融资租赁公司等新注册的外资企业加强沟通联系，做好一站式服务。2020年，全区新注册外资企业7家，外资实际到资1452万元。

【重点项目建设】 六路商圈建设工作有序开展。年底已完成大部分前期工作，第二阶段“整合、改造、招商协同运作”工作已启动；“五个一批”项目正常推进。三产组签约项目4个（祥志物流园、鹭燕办公楼、梅列区贵溪洋商业金街建设项目、三明市贵溪洋明城商业广场建设项目）；续建项目2个（文泰机动车市场、小蕉陶文化），新开工项目3个（睿坤智能化、恒升底盘、华力机械）。

【电子商务】 推动智翔贸易、罗大胡子、老土农业等电商企业做大做强；整合三明农特产品资源，打造“食尚三明”品牌特色，拓展农产品市场。加强人才培训，区商务局积极组织大学生、返乡青年、农民、企业等193人参加三明市智美乡村人才培训班，引导返乡青年和农民利用抖音等直播平台就业创业。鼓励电商企业依托抖音、拼多多等直播平台，扩宽销售渠道。2020年8月16日，举办首届乐购三明直播节梅列区直播活动，当晚各平台联动直播累计63.8万余人次观看，实现销售额3965.37万元。

【疫情防控】 *加强组织领导，强化责任分工*。自接到疫情防控通知，区商务局迅速行动，陆续制定并下发了《梅列区生活必需品市场供应突发事件应急预案》《梅列区商务局关于新型冠状病毒感染的肺炎防控工作措施》《梅列区商务局关于做好应对秋冬新冠肺炎疫情防控工作的通知》等一系列文件，从强化重点公共场所疫情防控、强化经营场所环境管控、强化从业人员健康管理和强化冷链食品核酸监测等方面，要求辖区大型商场（超市）、非星级酒店企业、冷链物流企业做好疫情防控工作。

助力商贸企业复工。1.加大宣传力度。根据区里统一部署，区商务局先后制定《关于商贸服务业领域重点行业企业（门店）节后复工疫情防控工作方案》《关于服务业单位有序复工开业的通知》等文件，对全区162家限上商贸企业复工情况进行逐家摸底宣传，要求企业按照重点人群管理“十一个一律”做好员工分类返工。2.发动全区各方力量助力企业复工。根据区里统一部署，以防控指挥部、两办名义发文，以挂包的形式，发动全区处级领导和区直各部门，在商贸领域开展“进企业、促防控、助复工”活动，积极指导100家重点商贸企业做好各项复工防控工作，协调解决防疫物资紧缺等各项困难29条。3.实地核查督导，确保商贸企业安全复工。区商务局班子领导分组带队，联合各镇街受理企业开复工报备，对人员密集型或员工数较多的企业、中央商务区和限上住宿餐饮企业进行现场核查督导。共现场核查26次，核查企业超100家。4.开展专项检查，提高企业疫情防控意识。区商务局分组分行业对写字楼、物流企业、非星级酒店、商超、4S店等人数在20人以上的共计53家企业开展实地检查，要求企业做好员工健康管理、体温检测、佩戴口罩、工作场所通风以及场所清洁消毒和个人防护等防控措施，发现存在问题7个，已全部督促整改。5.采取有效措施，帮助扩宽销售渠道。积极组织辖区罗大胡子等企业参加三明市智美乡村人才培训、抖音直播培训，提升企业网络销售水平。积极推荐罗大胡子、素佰佳食品、华盛食品等企业参加三明市举办的直播活动，拓宽销售渠道。积极鼓励华盛烤鳗等生产型出口企业采取线上商城和线下门店相结合等方式，开拓国内市场。

加强日常巡查不放松。区商务局坚持对辖区大型商超开展日常巡查工作，督促各大型商超工作人员做好疫情防控工作，为市民提供一个健康、清洁、安心的购物环境。2020年，区商务局累计出动督查人员800余人次，巡查各大型商超4000余家次，各类疫情防控宣传材料1400余份，

加强核酸检测。督促各大型商超、非星级酒店企业和冷链物流企业对从业人员开展核酸检测，要求应检尽检。截至12月31日，核酸检测应检尽检2277人次，同时组织进口冷链食品直接接触人员每7天至少1次核酸检测524人次，餐饮从业人员核酸检测3030人次，检测结果均呈阴性。

加强八闽健康码查验工作。区商务局督促企业组织员工做好八闽健康码申领和查验工作，要引导消费者做好八闽健康码的申领工作。健全防疫物资保障。区商务局积极采购并向上争取口罩等防护物资，全年共为大型商超、电商、商贸、外资等企业发放口罩3.38万个。

【安全生产管理】 2020年，区商务局忠实履行商务部门安全生产管理职责，全方位、多领域地开展商务领域安全生产工作。

开展安全生产动员部署工作会议。5月，组织辖区内重点商贸企业召开商贸领域安全生产大排查大整治工作会议，动员部署开展相关工作，进一步推动开展商贸企业安全生产隐患大排查大整治工作，营造良好安全氛围。

积极开展安全生产宣传动员活动。安全生产月活动中，参加全区组织的大型安全生产月咨询日活动，通过展板展示、现场咨询、发放安全知识宣传材料等多种形式向居民群众宣传消防安全、应急逃生等知识，积极督促相关重点企业开展安全生产宣传活动，组织本单位工作人员与企业安全工作人员积极收看2020年安全生

产月“安全宣传咨询日活动”线上直播，通过警示教育，吸取事故教训，提高安全防范意识和能力。

全年组织开展“今冬明春火灾防控”“安全生产隐患大排查大整治专项行动”“两会”“两节”期间安全生产督促检查等多项安全生产检查活动，走访督促检查全区商贸企业80余家次，出动人员300余人次，现场排查、督促整改隐患50余处。有效保障全区商务领域安全生产“零事故”。

【党建工作】 积极做好党建中心工作，大力抓好党建。建立健全支部学习管理制度，利用“三会一课”、党日活动等载体，组织支部各党员深入学习理论知识，提高思想认识，全年支部共开展月学习例会12次，党日活动（学习）12次，党员领导干部上党课3次，组织观看警示教育片1次，开展中共十九届四中全会精神、中共十九届五中全会精神专题培训班各1次。抓好党员党风廉政教育，对各类违反中央八项规定精神问题进行学习教育，促使各党员自觉抵制消极腐朽思想的影响，坚持秉公用权、勤廉从政。抓好意识形态工作责任制，把中央和省、市、区委关于意识形态工作的决策部署和指导精神作为党支部学习的重要内容，积极开展亮灯行动。

【文明创建】 完成全国文明城市、省级文明城区迎检工作任务。为迎接2020年度全国文明城市及创建省级文明城区实地测评工作，区商务局安排人员对备检点及其他企业逐个排查存在问题，点对点指导督促问题整改；针对公益广告宣传氛围不够浓厚的问题，制作大型海报、KT板、吊旗、门型展架等多种形式的文明健康有你有我、诚信、图说价值观公益广告150余份并协调指导备检点在显眼位置张贴悬挂；针对新的测评标准，迅速反应，加急制作节约用水、节约用电温馨提示300余份，并第一时间下发备检点指导张贴，确保辖区28家大型商场、超市、非星级酒店企业，特别是11家备检点企业顺利迎检。

【平安建设】 积极做好普法、平安“三率”宣传、综治共建等平安建设工作。根据依法治区办工作要求，积极做好七五普法有关工作，做好商务领域普法宣传教育工作。结合综治宣传月，加强对局干部职工、商贸企业职工以及社区居民的平安“三率”宣传工作。全年共开展平安“三率”宣传进机关、进企业、进社区宣传活动6场次。积极开展与挂点社区综治共建工作，如平安“三率”宣传入户、疫情防控、平安建设宣传等。全年共下社区开展平安“三率”宣传入户3次，制作平安建设宣传栏2块。

积极做好“12345”群众诉求件的答复工作。做到快速反应，妥善处理。2020年，区商务局局接到诉求件共计186件，累计答复186件，及时答复率100%，满意率100%。

【徐碧旧改】 在2020年徐碧“城中村”改造项目中，区商务局共挂包9户征迁户。在8月5日首个签约日晚上11点半顺利达成6户征迁户的成功签约，在签约首日完成75%的签约率。在后续的征迁工作中，其中1户无房户调整为征迁指挥部统一负责。区商务局针对征迁户各自的不同情况，安排专人负责跟进动迁工作，分别于8月中旬和9月初成功完成剩余2户的签约。9—10月，区商务局人员继续完成了动迁对象的腾房交接、最终面积确认单、安置户型摸底表、决算表、计算表等材料签订工作。

（陈　征）

烟草专卖

【概况】 2020年，梅列辖区三明市城区烟草专卖局（分公司）全年共销售卷烟15449箱，销售金额50606万元；条均价131元/条，同比增长1.84%，户年均盈利近3.57万元。全年合同种植烟叶113公顷，54户，品种为云烟87，计划收购烟叶4300担，收购烟叶3872.16担，占收购计划90.05%，同比增加695.52担，收购金额（含补贴）654.89万元，上等烟比例80.41%、4C比例41.23%、均价33.83元/千克（含补贴）、亩产值（含补贴）3852.3元/亩，同比提高490元/亩，户均收入12.12万元，同比提高3.7万元/户，烟叶税129.4万元。全年各类涉烟案件146起（其中，5万元以上大要案6起、未当66起、销非10起、销售无合法来源的进口烟草专卖品6起、无证运输12起、无证经营烟草制品零售40起、取消资格6起），查获卷烟5253.2条、烟机1台套，案值469.5万元。

城区烟草专卖局（分公司）获评第十四届省级文明单位，这是城区烟草专卖局（分公司）连续三届获评省级文明单位；连续

11年获评梅列区平安先进单位；梅列区道德模范身边好人联谊会授予城区烟草专卖局（分公司）“爱心单位”。同时获三明烟草系统2019年度卷烟营销网建、专卖监督管理、文明创建工作先进单位。

【卷烟营销】 卷烟销售稳中有进。2—3月针对15个重点规格卷烟的市场库存和需求情况连续开展了3次市场调研，调研逾千户，掌握第一手资料。对收集的数据认真整理分析，了解市场真实情况，并积极向上级部门反馈，定期提出策略建议，满足市场需求。卷烟销量连续3年稳居全市第一，扮演了三明卷烟销售“压舱石”的角色。品牌培育扎实有效。优选200多户客户先后6次发放省产样品烟，开展“免费三天品”活动；并在夜市、酒楼等人流量大的地方开展品吸活动，让消费者“看得见、摸得着、品得到”。利用西凤酒、荷花酒等高端酒会契机，开展免费品鉴活动；在老兵团聚之际，结合红色精神，宣传古田红色基因。城区烟草专卖局（分公司）在自行车运动协会活动之际，宣传古田成功文化，品鉴成功烟；在烟标协会活动之际，向省内外的150位消费者开展七匹狼（古田金中支）主题宣讲。全年共组织5场次、200户次客户参加福建中烟组织的七匹狼（鼓浪扬帆）上市推介会，起到提高品牌知名度的效果。非烟经营成绩亮眼。城区依托先发优势，为每一位员工和茶酒类定点销售客户制作移动视频彩铃；制作专门的车贴安装在全体员工私家车上（约40部），打造一条“流动”的风景线；录制《非烟营销做得好，盈利更上一层楼》《清雅醇和，西凤飘香》等多个小视频，并提炼“国花西凤开，财运自然来”“大唐遗风，一醉千年”等口号在零售户微信群中广泛传播；在户外吸烟亭和室内吸烟室的广告位上面制作国花瓷西凤酒和通仙茶叶的广告，进一步拓展宣传面；针对移动公司、建设银行、兴业银行、招商银行等单位上门介绍产品特征；积极参与开展产品推介会，先后组织600户客户参与各种形式的宣传推介会。开发连锁类客户，夏商百货、好多多集团商贸、佳嘉惠超市、世纪华联超市等总计28个门店订购全系非烟产品，订购金额37万元，户均1.3万元。对接对公单位，代表市公司积极与邮政、中石油洽谈合作，并取得一定成效。烟邮合作13万元，在星桥建设1户“邮烟合作户”，订购非烟产品3万多元。联合好多多超市9家门店开展买啤酒送啤酒杯活动；鼓励客户自行开展买6瓶送1瓶的活动；聘请业务员在夏商百货、三钢超市、龙岗夜市、芙蓉新村夜市等人流量大、目标消费者聚集的地方开展品鉴活动。指导有条件的客户针对非烟产品设置陈列专区、啤酒堆垛陈列，店铺空间小的客户开展烟酒茶组合陈列。同时，针对产品定制个性化的价格标签，最大限度地吸引消费者。经过1年努力，城区共发展非烟客户363户，其中，白酒红酒类客户142户（白酒类128户），茶叶类24户，啤酒197户。非烟产品全年销售总金额达273.1万元，位居全市第一。网建基础持续提升。全年完成132个小组的组建工作，覆盖辖区95%以上客户。年初受疫情影响，组建诚信互助小组小组长群，并把最新的信息发给他们，鼓励小组长通知组员，针对理解能力差的组员重点沟通交流解释。疫情缓解后，先后组织各种形式的小组长会、小组会、品鉴会等20余场，面对面深入交流经营过程中存在的问题，并提出可行的建议。对接农行、兴业银行，为42户客户安装e福通系统，开发了9户智能门店，用大数据分析为客户提供经营建议。全年为客户制作16个背柜、6个收银台、23个烟柜等大型陈列设施；联系福建中烟为35户客户提供菲林片；并向客户提供助推器、新品展示架、挂式小烟柜等设施，指导客户改善店堂环境，营造良好的销售氛围。积极与城管局、园林中心、第一医院、第三医院等单位沟通，确定在万寿岩景区、明湖、起飞广场等地建设5个室外吸烟亭；在新和社区、西际村等地设置66个烟灰柱，为消费者提供消费场地。并组织开展“烟头不落地，三明更美丽”为主题的宣传劝导活动，增加市民对文明吸烟环境建设的理解与支持。

【烟叶生产】 认真落实省、市公司各项工作要求，一手抓好疫情防控，一手抓烟叶生产收购。狠抓烟叶技术，适时移栽，受下霜天气影响，2020年移栽集中在1个星期内完成，相比往年提早1个星期结束。早抓田管，采用发放宣传单的形式，向烟农发放二期共110份烟叶生产资料主要宣传平衡施肥技术、农药安全使用等技术知识。针对城区油泥田多，烟田春季排水不畅，肥料淋溶快等问题积极引导烟农烟田四周开挖深沟，排干水，保肥效。早抓培土，当烟株进入小开盘阶段，督促烟农利用晴好天气抓紧时间结合清沟进行小培土。提高浇施肥料次数，做到以水调肥，巧施烟叶开面肥，在旺长至打顶前以施用硫酸钾为主浇施烟叶开面肥。抓好示范片，安排欧坑村种植烟叶面积33公顷，户数16户，户均规模2.04公顷。扎实抓好烘烤。2020年烟叶烘烤共计453烤，烟叶烘烤较正常，平均单叶重11—12克，比往年提高1—2克，烤后烟黄烟率较高，杂色面小，单叶重、烤后烟叶质量都较好。完善烤房保温密闭性，每个烘烤烤房全部配套保温玻璃门和门窗密封条，在烤时用黄泥巴敷密门窗，防漏气。调整烘烤技术，突出烟叶成熟采收，防止采青，适当延长40—42℃变黄后期时间，控制高温干筋，温度不超过66℃。推广采烤一体化，在欧坑村多年开展专业化烘烤的基础上，重点抓好烤师的培育，选出烟农信任的4名烘烤师傅。精心落实收购。烟技员根据制定的整理分级对照样，逐户指导烟农，督促烟农把不适用的烟叶立地销毁，把好烟与差烟叶按烤次分开堆放，收购时先收好烟，再收差烟。加强督促大户烟农开展烟叶整理保管工作的进度，保证及时交售烟叶。采取技术培训、外地观摩、收前演练、调整细节、密切沟通等措施，确保整个烟叶收购质量追溯系统运作顺畅。优化分级人员队伍，认真落实报名审核、录用考试，培训提高等方式，提高分级队伍的素质和能力，加强分级队伍的考核，把分级工资与分级考核相挂钩，提高烟叶分级纯度，保证收购质量。加强收购现场烟框等物品定点放置，通过画线规范放置空间，保证现场整齐。严格落实总检、主评等级质量负责制，每天等级平衡、抽检规范动作不能少并留下痕迹，对收购站进行驻点检查，并及时响应“中心库”质量检查反馈，将收购质量问题整改到位。根据城区烟叶收购的实际情况建立收购奖惩考核办法，分岗位按情节轻重进行奖罚，责任到人。2020年，城区分公司烟叶收购中等烟等级合格率加权平均得分72分，居全市第一。2020年，烟叶全部调往上海烟厂和贵州烟厂，调运顺畅。

【专卖管理】　围绕市场控制力这一核心理念，以案件经营为抓手，聚焦市场管控，依法行政许可，注重队伍提升，较好地完成专卖管理各项工作。多方协作，强化案件经营。积极与公安、市管、交通、邮管等多部门协同作战，2020年共移送公安5起、市管1起，逮捕4人、取保7人。准确分析、及时收网。准确把握疫情期间人员、车辆流动管控特点，开工复产后立即收网，在3月中旬成功端掉2个涉案卷烟仓库，现场查获卷烟2178条，案值81.5万元。行刑无缝衔接、提升合力。积极协调检察院、法院提前介入，加大抓捕追刑力度。3月和5月，三明市中级人民法院分别对“许井生”非法经营案和“8•3”生产销售伪劣产品案作出终审判决，共判刑14人。多措并举，聚焦市场管控。建立健全情报收集制度和线人管理档案，每名专卖人员发展2名以上有效线人，拓宽情报信息来源，加强证据搜集能力，准确监控异常动态。开展卷烟市场专项治理，全年共组织节假日专项行动4次，查处一般案件60起，占全年案件查处数的40.5%。严格按照《卷烟零售户诚信管理办法》，对辖区零售户进行诚信管理，全年对违法违规零售户进行诚信扣分109户次，促进卷烟零售户诚信、守法、文明经营。联合两区市场监督管理部门开展无证户专项治理行动3次，出动人员135人次，查处无证户40户，其中万元以上案件6起，有效维护市场经营秩序，保证卷烟规范销售。加强电子烟监管。协同市管部门，对辖区电子烟市场进行全面摸排，做好劝导和宣传工作，张贴《通告》、警语1700余份。服务提质，依法行政许可。认真执行省、市局总量控制的决策部署，严格市场准入。2020年，城区共有持证户1682户，同比下降27.7%，全年新办80户，同比下降61.5%，变更11户，延续189户，歇业61户，审批注销29户，收回12户。开展“僵尸户”“无效户”“学校周边户”专项治理，对一人多证、人证不符、证址不符、擅自停歇业等异常零售户进行责令整顿。全年共责令停业整顿11户，取消经营资格4户，取缔违法违规大户1户。按照“稍紧平衡”原则，动态调整合理布局，对新区和老区及时调整，提升许可证含金量。

【基础管理】　围绕不断夯实管理基础、持续提升工作效率、全面展示社会形象等目标，坚持规范与效率并重，为企业高质量发展打牢根基。切实抓好规范管理。在加强日常管理的基础上认真执行公司业务接待费、会议费、食堂管理的相关规定。严格执行采购管理规定，对金叶大厦停车场车辆识别系统、七楼羽毛球场设施等项目进行修缮。通过零售户日常培训、市场检查宣传、“3•15”国际消费者权益保障日、“12•4”法制宣传日等主题宣传活动，加强对打假政策和法律法规的宣传，营造打击制假售假犯罪良好氛围。积极参与执法卷宗和经济合同评查工作，对评查提出的意见或建议进行整改上报。深入推进精益管理。积极推行省局精益管理平台的使用，每周要求各部门员工登录并浏览精益改善和对标管理平台2人次以上。开展管理诊断，办公室、客服中心、专卖办根据实际管理需求、管理重点难点挖掘亮点、发现问题、解决问题各1个。依托精益管理平台开展QC课题、“四小”及合理化建议活动，推选优秀项目参与全市评选。强化综治安全管理，深入推进安全生产标准化建设和事故隐患排查工作，全员签订安全责任书，对照安全生产标准化规范管理要求，严查各类隐患，共开展安全检查12次，发现隐患和问题18个，完成整改18个，开出隐患整改单2张，投入整改资金约0.9万元，顺利实现“九个为零，一个控制”目标。夯实文明创建基础。落实精准扶贫责任，积极开展文明创建工作，充分展示“责任烟草”形象，全年共组织26项目399人次志愿者参与“创建文明城市”“抗击疫情 无偿献血、社区服务”“城市困难家庭精准扶贫”“志愿者服务基金募集”等各类志愿服务活动，累计捐赠2.08万元。

（茅金木）

（编辑：唐金涛）

交通运输

疫情防控

【责任落实】 2020年，梅列区交通运输局落实省、市、区的疫情防控要求，配合区交通检疫组，由区政府分管领导曹盛生、黄立辉、薛军任组长，组员由区交通运输局、梅列公安分局、区卫健局、预备役民兵等区直单位等部门抽调人员组成；同时制定并完善《梅列区新型冠状病毒感染肺炎疫情交通检疫工作方案》《梅列区留验站设置方案》《三明北高速检查点检查方案》等一系列措施，明确各部门、人员职责和工作流程，切实落实查验工作。明确分工，压实责任，按照“一断三不断”的原则，即坚决阻断病毒传播渠道，公路交通网络不能断，应急运输绿色通道不能断，必要的群众生产生活物质通道不能断，全面落实好防控疫情的工作，确保部署的事项一件件落实到位。

【统筹安排】 统筹安排防控力量。在三明北高速路口设置检查点，由区交通运输局、公安梅列分局、梅列交警大队、区卫健局、预备役民兵等单位调专人入驻检查点开展现场查验组成检查人员，严格落实24小时值班和领导带班制度，对三明北高速下来的车辆及人员进行逐车逐人检查，并做好记录，及时反馈至属地镇（街）。同时在三明汽车东站设置检查点，由区交通运输局、区卫健局、梅列公安分局和车站工作人员组成，严格落实“三不进站、八不出站”的要求和旅客体温筛检等防控措施，严防疫情“输入”。防控疫情期间，三明北高速交通卡口设卡累计共检查车辆2.5万辆，检查人员7万余人。并配合街道开展防控工作。在北山新村入口设岗检查，

梅列区政府副区长冯火珠到三明北高速检查口慰问值班干部

每日上午7：00—19：00对进出北山新村的车辆及人员进行检查，共设卡25天，出动人员122人次，配合北山新村外来务工人员居家观察工作。

【建立联防联控机制】 每日由区交通检疫组汇总辖区各检查点的检查情况，并及时将入梅人员信息反馈至区指挥部，确保所有入梅人员均有迹可循，有档可查。截至5月底，向区防控指挥部转送入三明人员信息4.5万余条。

【疫情宣传工作】 利用客货运输的车载语音播报系统、运输场站、候车亭显示屏、宣传栏等媒介，张贴“乘车请自觉佩戴口罩”标语，或语音播报“请乘客自觉佩戴口罩”提示语。同时在5月疫情防控降为低风险后，加强宣传，在车站、公交站粘贴“一米线、勤洗手、戴口罩、公筷制”等宣传标语。

【助力企业复产复工】 保员工返岗，开展定制化运营服务，自2月15日起，面向社会推出“点对点、一站式”定制直达包车运输服务，全力保障节后群众返岗、返工出行需求，助力企业顺利复产复工。截至5月中旬，共包车15辆、830人。保企业畅通，严格落实交通运输部“一断三不断”要求，为疫情应急救援人员、防疫物资运输车辆开辟“绿色通道”，协助辖区运输粮食、药品等应急物资企业办理应急物资及人员运输车辆通行证车次并向上申请免除高速通行费。共办理应急运物质运输保障任务17次，办理通行证17张。

梅列区交通局“点对点”包车助力企业春节后复产复工

【推行“八闽健康码”】 梅列区交通运输局积极落实疫情常态化工作，在三明汽车东站设置“八闽健康码”扫码区域，所有车站进出人员均需检测体温并出示“八闽健康码”。同时在辖区交通运输企业中推广下载“八闽健康码”，通过微信群、朋友圈等形式要求全局干部职工、车站员工、公交车、出租车等驾驶员辖区企业员工下载并开通“八闽健康码”，增加所有入明、在明人员“八闽健康码”的下载率和使用率。辖区共7家运输企业、1个汽车站；一共1103辆客运车辆粘粘八闽健康码，其中，42辆班线客车、30辆旅游包车、407辆公交车、443辆出租车、181辆网约车全部设置健康码。

【接种疫苗】 应检尽检，应接尽接。辖区共1985名道路运输行业公共场所服务人员接种疫苗，其中，班线客运驾驶员（乘务员）90人，包车客运驾驶员28人，汽车客运站一线站务工作人员（含售票员42人、检票员、受理行李托运人员、出站检查人员），网约出租车驾驶员181人，巡游出租车驾驶员972人，公交车驾驶员662人，交通部门一线工作人员23人，其他类别29人。辖区共2436名道路运输行业公共场所服务人员核酸检测，其中，班线客运驾驶员（乘务员）90人，包车客运驾驶员28人，汽车客运站一线站务工作人员（含售票员42人、检票员、受理行李托运人员、出站检查人员）、网约出租车驾驶员181人，巡游出租车驾驶员972人，公交车驾驶员662人，机动车驾驶培训理论教练员54人，机动车驾驶培训驾驶操作教练员221人，机动车驾驶培训机构报名处工作人员19人，机动车维修企业业务接待员112人，机动车维修企业价格结算员79人。

交通安全管理服务

【生态环境保护】 “管发展必

须管环保”“管行业必须管环保”“管生产必须管环保”，梅列区交通运输局不断完善工作推进的长效机制，推进柴油货车污染防治攻坚战，实施清洁柴油车（机）、清洁运输和清洁油品行动，加快油品质量升级，实现“三油”并轨。

*推进老旧车辆淘汰报废。*督促指导柴油车超过 20 辆的重点企业，建立完善车辆维护、燃料和车用尿素添加使用台账，2020年淘汰或更新20辆。

*推进重点行业挥发性有机物治理。*做好机动车维修企业、4S店挥发性有机物治理。2020年，挥发性有机物排放总量比2015年下降10%以上。

围绕建设净零碳排放城市的目标，加大对清洁能源、清洁交通、节能环保车辆的更新，2020年，辖区公交车共有434辆，其中，新能源公交车260辆；出租车总计439辆，其中新能源车115辆。

2020年4月，梅列区交通运输局开展汛期检查，及时发现安全隐患，积极与福建合福三明娱乐有限公司协商并签订船舶拆除协议，将梅列大桥下13艘趸船全部拆解完成，至此辖区再无老、旧趸船，保障沙溪河流域水质清洁。

【城市农村交通运输发展】 新增、优化线路保出行，截至2020年年底，共新增线路2条，优化延伸线路4条。从方便国道百姓出行为出发点，新增开通T116路，解决国道市民前往三明北站的出行问题；针对市民高峰期出行情况及车辆实载率情况，新增微公交V1线路，缓解新市路、徐新路、碧桂园高峰期乘客候车难问题；优化延伸17路，解决碧桂园观澜苑片区居民出行问题；为做好市委、市政府关于三明市区沙同城化交通先行的工作部署，优化延伸K105路至意境天成并加密线路班次，进一步方便三明、沙县两地市民出行；为解决医科学院师生出行问题，优化延伸62路、65路公交车至医科学院北门。

*公交电子站牌建成。*三明市区共建成公交电子站牌190座，实现市区公交线网全覆盖。电子站牌外观简约大方，软件系统与公交调度系统实现无缝对接，除为候车市民提供实时车辆运行信息外，还能准确播报车辆到站信息，并集成LED和LCD电子宣传屏滚动播放各类政务信息、公益广告等便民服务信息。

翁墩公交枢纽站是三明市区北部新城片区的节点型公交场站，项目自2019年建成投用以来，为市区翁墩片区的公交线网完善提供坚实的场站基础。为保障市区新能源公交车进场停放和充电需要，项目于2020年6月启动建设并于近期建成投用，二期项目新增场站面积9000平方米，新增公交标准停车位81座，新建充电桩20座，能同时为40辆新能源公交车提供充电服务。同时，二期还根据运行需求，新建了大型公交车洗车台，能及时对回场公交车进行自动化清洗，保障市区公交车能保持美观清洁的车体外观进行运营。

【安全综合整治】 与交通综合行政执法大队密切配合，深入开展以隐患排查治理为重点的安全生产大排查大整治，全力找问题、补短板、堵漏洞，切实解决道路运输行业安全生产工作中的突出问题和薄弱环节，最大限度消除事故隐患和问题，有效管控各类安全风险，全面夯实安全生产基础。全年，共开展安全大检查12次，专项检查6次，排查企业206家，参加检查人员784人次，排查一般隐患252起，整改率100%。

通过信息化技术手段有效提高行业安全监管水平，启用“福建省道路运输安全监管标准化信息管理系统”，应用安监系统，合理制定安全监督检查计划，针对性开展现场检查，有效减少基层管理部门及运输企业负担，推动行业安全监管数字化、标准化、规范化。年内，106家企业、1941人、1792辆车录入系统。

【道路运输管理服务】 辖区运输生产持续增长1—12月完成货运量789.73万吨，货运周转量77907.83万吨千米，客运量13.48万人%，客运周转量3076.52万人公里。完成客货运周转量78215万吨公里，同比增长5.1%，在三明地区排名第五位。全区从事道路运输的货车有1556辆，计21282吨，客运车辆81辆2642座、出租车439辆2195座。年内，新增物流企业1家，新增货车115辆，共计1493.44吨；新增牵引车77辆，挂车64辆，新增公交车1辆；新增35辆新能源出租车。

提升窗口服务，落实“放管服”改革工作。进一步压缩审批时限。所有审批和服务事项的承诺时限统一控制在法定时限的50%以内，原行政审批事项法定时间为2737天，承诺时限325天。减少时限2412天。落实“一趟不用跑”和“最多跑一趟”办事清单工作，梅列区交通运输局在省网上大厅挂网项目共143项（包括子项），“一趟不用跑”计116项，“最多跑一趟”计27项。已实现

"一趟不用跑"和"最多跑一趟"办事项目超过80%，行政审批总量中即办件占比达50%以上，所有办事项目达到四星以上，并在相关事项办理的工作过程中根据清单严格落实"一趟不用跑"和"最多跑一趟"要求，办件按时率100%，群众基本满意无投诉。简化各类证明材料，规范审批特殊环节，进一步梳理审批和服务事项办理环节，再造和优化服务流程，除个别复杂事项外，审批服务流程统一整合为"受理、审查、决定"3个环节，总体上办件实行"一审一核"两环节制和当场办结制，提升审批服务效率；同时，对基层、企业和群众办事需要开具的各种证明材料进行全面梳理，对没有法律法规以及规章依据的一律予以取消，从源头上避免各类奇葩证明循环证明等现象。梅列区交通运输局按照省交通运输厅统一规范的全省行政审批和公共服务事项的数量和名称，对权力清单进行梳理核对，并做好承接市级下放办事项目。年内，共有107个行政许可项目，29个公共服务项目、5个行政确认项目、1个其他行政权力。其中共承接市级下放6个办事项目。已全部在省网上办事大厅挂网，实行网上公开办理，全年共办件约718余件，其中，承诺件2件、即办件716件，办件率100%。

推广应用智能视频监控报警技术，安装使用智能视频监控报警技术装置，改造升级原有车载视频监控终端和监控平台，实现驾驶员不安全驾驶行为的自动识别、自动监控、实时报警，辖区两客一危企业安装完成智能视频监控报警技术装置。通过卫星定位公共服务平台排查辖区9家危货3家客运企业，全年，共排查166条疑似违规数据，其中，超速11条、疲劳驾驶38条、轨迹完整率110条、车辆离线位移7条，整改率100%。

推动福建省交通运输行业信用体系建设，启用"福建省道路运输市场信用信息系统"。2020年，辖区共考核各类机动车维修企业74家，其中，质量信誉等级为AAA级企业7家、AA级23家、A级39家、B级5家。驾培机构6家，AA 级企业4家（路路通、和欣、永丰、顺达）；评定为A级企业2家（永兴达、明畅）、客运3家、AAA级企业1家、AA级企业2家、危货企业8家、AA级8家、AAA级企业1家、AA级企业2家、A级企业1家、普货27家、AA级企业27家。

【机构改革】 2020年8月，梅列区交通综合行政执法大队在编14人（事业编制20名）全部上收至三明市交通运输综合执法支队，至此梅列区不再保留交通运输相关行政执法机构，不再承担相关执法职责。

（陈 励）

（编辑：范毅民）

财政　税务

财政

【概况】 2020年，梅列区财政局坚持疫情防控和经济社会发展两手抓，在充分做好疫情防控资金保障的同时，继续落实减税降费各项政策，不断强化财政预算管理，全力保障疫情防控、重点项目及社会民生事业发展，大力实施更加积极有为的财政政策，全力推进高质量发展落实赶超，经济社会实现持续健康发展，财政运行情况总体平稳。全区公共财政总收入10.18亿元，比上年减收2983万元，下降2.9%。其中，地方公共财政收入7.73亿元，比上年增收693万元，增长0.9%，地方级一般公共支出13.18亿元，比上年增支1.97亿元，增长17.6%。

【挖潜力优结构，全力培植财源税源】 贯彻落实区政府出台的扶持建筑业、工业、重点营利性服务业、废钢铁配送行业等方面的优惠政策，安排扶持产业发展资金2000万元用于扶持区属企业发展，优化产业结构。制定装配式建筑购房契税奖励办法及办理流程，对符合条件的装配式建筑房产交易个人按其所缴纳的契税给予50%的奖励，促进梅列区装配式建筑发展，推动绿色建筑和生态城市建设。拨付资金3.67亿元支持梅列经济开发区、泉三高端装备产业园等园区基础设施建设，优化投资环境，推动产业升级，提高园区综合竞争力和高质量发展能力。泉三高端装备产业园成功入驻企业26家。全面贯彻落实减税降费工作的重要决策部署，积极应对疫情冲击，激发微观主体活力，为企业松绑减负。梅列区累计新增减税降费2.10亿元。强化全区立项争资力度，完善定期通报和部门协同机制，积极主动配合相关主管部门做好特别国债和专项债券项目储备工作，推动形成“储备一批、发行一批、建设一批、接续一批”的良性机制，共计争取各类专项资金、财政转移支付资金5.85亿元。争取新增地方一般政府债券资金5239万元、地方政府专项债券资金2.96亿元，达到上年全年额度的617%。加快债券资金使用进度，尽早形成实际支出，充分发挥债券资金对经济稳增长、扩投资、补短板的作用。

【补短板强弱项，全力落实“六保”任务】 保居民就业方面，抓好困难群体就业，积极开展精准就业扶贫工程，支持企业和重点项目复工复产，给予企业吸纳就业困难人员社会保险补贴。2020年，下达跨省人员务工奖励直达资金21.03万元。

保基本民生方面，提高城乡低保保障标准，从2020年7月起，提高标准至708元每人每月。2020年，城市最低生活保障支出276.85万元，农村最低生活保障支出91.81万元。为应对新冠疫情挑战，2020年春节前，出台系列应急经费保障措施，简化防疫物资采购和经费使用审批流程，下达疫情防控资金1018.07万元，确保患者救治、关爱医务人员、救治场所建设、医疗设备购置等政策资金落实，为梅列区抗击疫情争取主动。多渠道扩大普惠性学前教育资源供给，投入2200万元梅列区实幼扩建项目已完工，9月投入使用。抓好梅列区洋溪中学、小蕉小学、陈大小学3所农村小学改薄提升项目实施，已安排项目资金1139万元，洋溪中学综合楼正在建设中，小蕉小学重建正在进行前期工作。

保市场主体方面，采取“2月全免，3—4月减半”方式，对中小企业或个体工商户减免租金，共减免租金294万元，帮助中小企业及个体工商户喘口气，渡过难关。为企业梳理各项财政、金融及税费优惠政策，配合各主管部门引导企业向上申报争取福建省中小微企业纾困专项资金，并用好管好省中小微企业纾困专项资金，落实各项减免政策，纾解企业困难，助力企业复工复产。

保粮食能源安全方面，下达农业生产发展资金286万元，重点支持现代农业发展，其中耕地地力保护补贴资金184万元，以粮食种植面积为测算依据直接向种粮农民发放，提高种粮农民积极性。及时下达农田建设补助资金181万元，确保粮食市场保供稳价。

保产业链供应链稳定方面，落实各类行业扶持政策，支持新增企业发展壮大，争取更多的生产型、税源型项目入驻梅列区。加快推进福建省嘉越环保科技公司含金属废物处置及资源化利用项目开工建设，促其早日建成投产。继续培育潜在税源和后续税源，全力抓好金圣特种耐磨钢等24个技改和投资千万元以上工业项目建设，加快泉三高端装备产业园土地平整和基础设施建设，推进恒冠达、明泉重工等一批项目尽快建成投产。全区用于民生方面的支出达10.65亿元，比上年同期增加1.59亿元、增长17.6%，占一般公共预算支出的82.1%。

保基层运转方面，坚持区级部门带头过紧日子，严把支出关口，节省的资金全部用于支持基层正常运转。及时分配下达直达基层、直接惠企利民资金，第一时间将中央下达的抗疫特别国债资金、特殊转移支付资金等1.08亿元全部下达基层，切实兜牢基层“三保”底线。

【防风险促发展，全力打好三大攻坚战】 支持打好风险防控攻坚战，有效防范政府债务风险。完善政府举债融资机制，坚决遏制新增隐性债务，严禁违法担保和不规范的政府购买服务、政府投资基金、“PPP”等违规融资行为。支持打好脱贫攻坚战，加快促进贫困人口脱贫。下达财政专项扶贫资金1278万元，重点支持易地扶贫搬迁后续产业发展、带动贫困劳动力就业和产销对接。支持打好污染防治攻坚战，全区生态环境保护治理资金共支出1714万元，支持打赢蓝天、碧水、净土保卫战，着力解决中央环境保护督察“回头看”突出问题，持续改善农村人居环境，提高环境监测监管能力，有效保障生态环境保护约束性目标任务完成。

【严支出强保障，全力提升财政管理绩效】 严控新开支出口子，坚持“尽力而为、量力而行”，强化预算执行刚性，做到有预算不超支，无预算不列支。进一步压减一般性支出，坚决落实“过紧日子、过苦日子”要求，从严控制追加经费，加大非刚性、非重点项目支出和工作性专项经费的压减力度。严格落实“三保”支出，始终坚守“三保”支出在预算安排和库款调度的优先顺序，集中财力保工资、保运转、保基本民生，库款保障保持在合理区间。完善财政投资评审制度，修订《梅列区财政性资金投资项目对外委托评审管理暂行办法》，2020年送审并完结的项目70个，核减金额1.33亿元，核减率15%。

（张智锌）

税 务

【概况】 2020年，梅列区税务局坚持以习近平新时代中国特色社会主义思想为指导，深入贯彻落实中共十九大和中共十九届二中、三中、四中、五中全会精神，全面夯实从严治党，始终抓牢组织收入，不断推进征管改革，持续优化营商环境，统筹做好疫情防控和服务经济社会发展等工作，较好地完成各项税收工作任务。

【党建引领】 转化巡察整改成果。把配合常规巡察作为重大政治任务，制定146条整改措施，开展谈话提醒34人次，批评教育29人次，通报批评3人次。

发挥党员先锋作用。面对疫情大考，组建11批次党员突击队和志愿服务队，累计523人次参与社区测温消毒、人员摸排、物资发放、交通劝导等地方联防联控工作。

规范基层支部生活。不折不扣落实“三会一课”、主题党日、组织生活会等组织制度，持续打造日趋深入人心的“支部联

动 税企连心”特色党建品牌。

【落实税费目标】 抓收入保质量。2020年，区税务局累计组织各项收入19.19亿元。其中，税收收入13.99亿元，社会保险费4.32亿元，其他非税收入8827万元。累计办理出口退税7750万元。

抓减税惠民生。2020年，区税务局累计新增减税降费2.1亿元。其中：2020年新出台减税降费政策减免1.76亿元；2019年年中出台政策在2020年翘尾新增减税3389.4万元。

抓分析助决策。结合省局出台的12条举措，归纳符合区情实际的税源培植政策，助力区政府出台《关于疫情期间支持中小微企业复工复产相关政策措施的通知》等。

【规范税收执法】 推进依法治税。紧盯税收执法不严格、不规范等突出问题，推行“三项制度”，探索第三方解读协商制度，续聘请法律顾问，在涉税事项办理方面提供法律咨询。

夯实征管质量。接收省、市局41批次444条征管风险任务，评估补缴企业所得税721.45万元；清理合并重复数据10143条；清理欠税5172.8万元；办理延期缴纳税费992万元。

打击涉税违法。在全区开展液化气行业、医药卫生行业扫黑除恶税收征管专项整治；积极联动跨区域稽查模式，对机构合并前由区局处理的未结案件进行全面梳理和移交。

【优化纳税服务】 全覆盖宣传。在疫情防控期间重点拓展线上税收宣传渠道，录制《020让领票更加方便》《遇见》等趣味视频，举办电视台局领导在线访谈，推送税务微信公众号等。

全平台办理。落实185个“非接触式”网上办税缴费事项清单，2020年，共受理网络办件量87663件，“e三明”办件量450件，特色微信拍先办62件。

全流程把关。正式上线的“好差评”系统，对“12366”热线投诉、“12345”和“e三明”平台投诉咨询及时进行承接处理，共计接受纳税人投诉226条，对外举报141条，咨询85条。

【加强队伍建设】 考核增动力。评定年度考核等次优秀人员28人，数字人事一段人员40人；坚持关怀与激励并重的原则，稳妥有序对20名干部开展职级晋升。

培训聚合力。效仿省、市局建立人才库的做法，盘活区局本级“梅税杏坛”讲师、青年创业导师等人力资源，持续推进青年干部培养计划。

文化添活力。充分发挥工青妇等群团组织的桥梁和纽带作用，深入开展“我们的节日”系列活动、趣味文体活动、“创城”“创卫”文明志愿者爱心服务等。

【狠抓纪检监察】 聚焦监督重点。对“三重一大”、减税降费、职务职级并行、税收执法等重点环节进行重点监督，切实抓好分局（所）长这个“关键少数”，将责任和压力向基层传导。

重视作风建设。不定期对节日值班在岗、电话接听等情况进行随机抽查，共开展监督检查24次，对8人次开展预防提醒式约谈，出具各类廉政鉴定175人次。

深化警示教育。贯穿全年开展“纪律教育月”活动等，通过观看警示教育片、参与法庭旁听、走访区纪委等多种形式，组织学习86起系统内外违纪违法典型案例通报。

（李 昂）

（编辑：范毅民）

发展和改革

【概况】 2020年，梅列区发改局在区委、区政府的正确领导和区人大、区政协的监督以及各部门的支持下，坚持以习近平新时代中国特色社会主义思想为指导，认真贯彻落实中央和省、市、区委的决策部署，充分履行发改综合协调职能，全力当好区委、区政府的参谋助手，积极应对新冠肺炎疫情带来的冲击和严峻挑战，统筹抓好疫情防控和经济社会发展各项工作，深入开展“五比五晒”竞赛活动，扎实做好“六稳”落实“六保”各项措施，较好完成了各项工作任务。

【组织实施年度计划】 认真贯彻落实中央、省、市和区委的决策部署，坚持稳中求进工作总基调，坚持新发展理念，围绕高质量发展落实赶超战略目标，编制下发《梅列区2020年国民经济和社会发展计划及经济工作目标》，主动应对新冠肺炎疫情带来的冲击和不利影响，加强主要经济指标的跟踪监测，强化运行分析，细化相关指标责任分解，主动查找差距和不足，认真总结分析增长缓慢、进度滞后原因，及时提出意见建议，促进全区经济社会保持平稳健康发展。2020年，全区实现地区生产总值355.82亿元，增长3.4%。其中，第一产业增加值5.51亿元，增长3.2%；第二产业增加值163.04亿元，增长1.4%；第三产业增加值187.27亿元，增长5.2%。产业结构进一步优化，三次产业比重由2019年的1.55∶48.95∶49.50调整为1.50∶45.80∶52.60，第三产业比重提升3.1个百分点。全年完成农林牧渔业总产值9.72亿元，增长3.0%；规模以上工业增加值增长0.5%；固定资产投资增长4.9%；社会消费品零售总额110.81亿元，下降0.6%；其中，限上零售额完成65.89亿元，下降2.6%；限额以上批发业销售额667.35亿元，增长7.6%；全区财政总收入10.18亿元，下降2.8%，其中，地方公共财政收入7.73亿元，增长0.9%；出口总值9亿元，增长1%；验资口径实际利用外资2350万元。全体居民可支配收入44521元，增长3.3%，其中，城镇居民人均可支配收入45261元，增长2.8%；农村居民人均可支配收入21197元，增长5.0%。城镇登记失业率为1.84%，控制在3.5%的计划范围内；单位生产总值能耗降低和主要污染物排放完成市下达的计划任务。

【发展规模服务业】 持续抓好新增规模以上服务业企业调查摸底，加强新增规模以上服务业企业培育，着力做好重点营利性服务业的协调推进与跟踪服务，规模以上服务业营业收入持续较快增长，全年完成规模以上服务业营业收入33.4亿元，增长1.1%，其中，重点营利性服务业营业收入8.13亿元，增长25.53%，新上规模以上服务业企业8家，10个市级服务业重点项目完成投资7.42亿元，占年度计划106.89%，其中，开工项目7个，竣工项目1个。

【重点项目建设】　深入开展“五比五晒”项目竞赛活动，全力做好疫情防控，健全完善项目工作推进机制，加强要素保障，强化协调服务，推进重点项目建设全面复工复产，倒排进度计划，确保每季度推进一批项目集中开工、竣工。全年新增省“五个一批”项目204个，其中，谋划51个，签约62个，开工34个，投产51个，增资6个。产城融合项目扎实推进。103个产城融合项目完成投资122.3亿元，完成年度计划的131.5%，其中，42个项目新开工建设、35个项目竣工或部分竣工。27个省、市重点项目进展顺利，完成投资32.3亿元，完成年度计划的125.1%，三钢焦炉改造、贵溪洋生态公园等11个项目开工建设，三钢球团、锦龙工程机械等6个项目竣工或部分竣工。“项目攻坚年”活动取得明显成效，列入全市“项目攻坚年”活动的71个攻坚项目总体进展顺利，其中，19个生产总值增长点项目预计完成产值（营业收入）554.6亿元，完成全年目标的103.1%；19个投资增长点项目完成投资20.12亿元，完成年度投资计划的106.1%；8个税收增长点企业实现税收1.8亿元，较上年同期增加8512万元，同比增长89.5%；7个招商攻坚项目序时推进，六路商圈、嘉樾含金属废物处置及资源化利用等项目开工建设；11个市区重点征迁项目完成征地49.4公顷、签约房屋1024户，拆除建筑面积24.92万平方米。同时，11个“五个十”重大项目顺利推进。

【落实粮食安全省长责任制】稳定耕地面积。不断增强粮食可持续生产能力，梅列区2020年末耕地面积为28962.91亩，大于规划下达23800亩指标，其中，2020年末永久基本农田面积17001亩，大于规划下达的17000亩指标；严格执行《基本农田保护条例》，加强基本农田保护，稳定粮食生产，全区落实粮食播种面积1.07万亩，产量0.41万吨。落实扶粮政策。2020年全区共发放耕地地力保护补贴184万元，农机购置补贴30.61万元，受益农户98户，新增机具222台套；水稻种植保险每亩保费15元，其中，区财政补贴1.5元（10%），全区有305户1679.26亩参保，区财政共补贴2518.84元；扶持9户种植大户和新型经营主体发展粮食生产，补贴1.716万元。加强粮食供应保障。根据市政府《关于研究粮食安全储备和生产工作的纪要》，在辖区内增设4家粮食应急供应网点及1家粮食应急配送中心，进一步健全粮食应急供应体系。在疫情防控期间，为保障供应渠道通畅，共为该企业办理车辆通行证19张，累计调运省外大米超5000吨，保障特殊时期的粮食安全。落实“三书”制度。认真开展区域调研，结合地方产业发展特点，向地方政府提交“商标策略建议书”，以推动地方集群产业商标品牌建设；深入联系服务粮油企业，结合粮油企业发展需求，向粮油企业提交4份“商标注册建议书”，以推动粮油企业“创商标，树品牌”，服务和保护粮油企业商标品牌持续发展，2020年，共注册粮食和油脂类商标71件，比上年同期增长了12.7%，粮油商标注册增量提质。

【编制“十四五”规划】　按照省、市关于“十四五”规划编制工作的部署安排，牵头起草《“十四五”规划编制工作方案》，围绕宏观战略、现代产业、区域和城乡发展、深化改革与对外开放、社会事业、生态文明建设6个方面，策划部署28个“十四五”规划重大课题，由区直各有关部门开展课题研究并形成课题研究成果，为编制建议提供重要依据，在此基础上形成了“十四五”规划基本框架，根据区委建议完成“十四五”规划纲要初稿，在全区范围内开展多种形式，广泛征求区人大代表、政协委员和各界人士及专家学者、各镇（街、开发区）、区各有关部门的意见和建议，反复修改完善，按时完成《梅列区国民经济和社会发展第十四个五年规划和二〇三五年远景目标纲要（草案）》（简称《纲要》）编制，提交梅列区第九届人民代表大会第五次会议审议通过。《纲要》重点围绕经济发展、创新驱动、民生福祉、绿色发展、安全保障5个方面，研究提出22个指标体系，其中，约束性指标7项、预期性指标15项，具体为经济发展指标5个、创新驱动指标共4个、民生福祉指标共7个，绿色发展指标共5个。同时，谋划策划“十四五”期间拟实施重大项目285个，计划总投资1021亿元。《纲要》提出，到2025年，梅列区“十四五”期间生产总值年均增长6.5%左右，全方位推动高质量发展超越迈出重要步伐，为全省全方位推动高质量发展超越做出贡献。

【苏区工作】　区发改局设立苏区办，全力抓好中央苏区工作。加强政策措施研究，征集到措施和政策12条，涵盖产业发展、基础设施建设、商圈聚集、文化旅游、城市精准扶贫等7个方面，力争获得中央及省上的政策支持；深化红色文化研究，编制完成《梅列区革命老区发展史》，强化对“中央红军村”红色讲解员的培训指导；加快红色资源开发，积极策划陈大镇双溪（碧溪、长溪村）红色文化旅游项目，着力打造市区最便捷的红色文化及爱国主义教育研学基地。

【投资项目审批服务】 按照“放管服”改革的总体要求和区行政服务中心“三集中三到位”的工作要求，严格落实所有行政审批向政务中心集中、审批事项向政务服务网上平台集中，审批事项进驻政务中心到位、对窗口审批授权到位，全力推进“一趟不用跑”和“最多跑一趟”事项转化，持续简化发改局政务中心审批窗口证明材料，优化服务流程，做到企业投资项目审批全流程网办，业主只需登陆福建省网上办事大厅并完成法人用户注册，选择备案类申报，根据项目实际情况填写相关内容并提交即可完成项目备案申请，区发改局审核审批办每天及时登录在线审批平台查看、办理备案申请，审核无误予以备案后，业主可自行登录平台打印备案证明表；政府投资项目审批及企业投资项目核准可网上申报，相关审批事项需收取纸质材料清单在网上办事大厅公开，项目单位可登录福建省网上办事大厅查看或电话联系区发改局审核审批办咨询，让政务中心真正成为群众办事“一站式”服务窗口。特别是在疫情防控期间，为做好新型冠状病毒肺炎疫情防控工作，减少人员聚集，区发改局审批窗口全面落实政务中心审批服 “五办”要求，实行审批“不见面”服务，做好审批服务工作，2020年，区发改局全年完成审批项目24个、备案项目150个（含建议书、可研报告及节能审查）。

【改革优化营商环境】 持续深化“放管服”改革，建立完善“互联网+监管”系统，全区纳入监管事项主项246个、子事项1083个，监管行为主项覆盖率54.1%。其中，行政检查应梳理实施清单318个，已梳理完成303个，梳理率达95.3%；三级执法平台（行政处罚、行政强制三项、其他事项）总体关联率60.7%。不断优化营商环境，对标“六最”营商环境，全面实行“个体工商户开业登记”与“食品经营许可证(仅限预包装食品销售)”证照合办新模式，在全市率先推出“一件事”套餐式审批流程改造，21个套餐在“e三明”App平台上推广应用，创新“网上办、掌上办、预约办、邮寄办和智能办”五办工作法，推行工程建设领域联审联办机制，形成“一窗受理、内部流转、一窗办结”一窗式并联审批模式，将承诺时限从54个工作日压缩为28个工作日；建立完善信用承诺制度，17个单位参与信用承诺书推送工作，推送并公示信用承诺书1088份；加快“双公示”信息推送进度，全区共推送“双公示”有效信息7025条。

【向上争取资金和专项债支持】 争取资金方面，全年累计争取资金16321万元，其中，第一批、第二批老旧小区改造配套基础设施建设项目共争取中央预算内资金9755万元（其中中央预算内资金6595万元）；地灾防治资金2532万元；山水林田湖草资金1901万元（其中，中央下达山水林田湖草专项资金500万元，2019年度省级绩效考评奖励资金500万元，重点流域水环境治理山水林田湖草专项省级资金901万元）等。专项债方面，累计争取到专项债资金2.96亿元（泉三高端装备产业园项目，争取专项债资金2亿元；立丰棚改项目，争取专项债资金0.96亿元）。

【价费管理】 强化市场价格监测预警，加强与人民群众生活密切相关的重要商品价格跟踪监测，注重民生价格信息发布，提高价格信息发布时效性，正确引导市场预期。加强价费管理，认真落实涉企减负清单，及时上网公示行政事业性收费单位。加强价格监管服务，加强价格法律法规和政策宣传，开展元旦、春节、“五一”国际劳动节、国庆黄金周等节日期间市场价格检查监测，及时办理答复群众诉求件，维护市场价格秩序，全年及时办理答复“e三明”“12345”等网上平台群众反映的诉求问题97件，答复率及满意率100%。

（涂进取）

统 计

【统计指标】 2020年，全区地区生产总值355.82亿元，同比增长3.4%，比全市平均水平低0.7个百分点，总量居全市第二位，增幅居全市第十二位。其中，第一产业增加值5.51亿元，增长3.2%；第二产业增加值163.04亿元，增长1.4%；第三产业增加值187.27亿元，增长5.2%。

全区农林牧渔业总产值完成9.72亿元，增长3.0%，比全市平均水平低1.0个百分点，增幅居全市第十二位。

全区规模以上工业增加值同比增长0.5%，比全市平均水平低2.6个百分点，增幅居全市第12位。

全区固定资产投资同比增长4.9%，比全市平均水平低2.2个百分点，增幅居全市第九位。

全区社会消费品零售总额完成110.81亿元，同比下降0.6%，比全市平均水平低0.3个百分点，增幅居全市第七位。其中，限上零售额完成65.89亿元，同比下降2.6%，增幅居全市第九位。限上批发业销售额完成667.35亿元，同比增长7.6%，增幅居全市第十位。

全区财政总收入10.18亿元，同比下降2.8%，增幅居全市第九位。其中，地方公共财政收入完成7.73亿元，同比增长0.9%，增幅居全市第十一位。全区公共财政支出13.18亿元，同比增长17.6%。

全体居民可支配收入44521元，同比增长3.3%，增幅居全市第十二位。其中，城镇居民人均可支配收入45261元，同比增长2.8%，增幅居全市第11位；农村居民人均可支配收入21197元，同比增长5.0%，增幅居全市第十二位。

【疫情防控】 *工作部署落实到位。*深入北山社区，与社区工作人员一起开展疫情排查工作，确保宣传、服务、排查“不漏一户、不漏一人”，同时加大环境整治，开展卫生消杀，强化检控措施，积极配合区委、区政府工作，切实把各项工作落到实处。

*宣传教育引导到位。*逐户普及防疫知识，张贴宣传标语，协助挂点社区张贴各类宣传单3000余张，悬挂横幅9条，广告牌8块；及时发布政府相关通告文件，教育引导干部、民众不参与各类聚集性、群体性活动，不造谣不传谣。

*信息收集更新到位。*对北山社区摸排登记的外出返乡人员，严格落实监管措施，对从外地返乡人员返岗、返工、返学的情况进行实时更新，对返乡时间在14天以内的人员重点关注，跟踪管理，异常情况及时上报。

*服务企业工作到位。*迅速开展企业问卷调查，通过电话、微信、QQ等线上与实地走访相结合的方式，对各行业生产经营、春节后复工复产、人员返岗率、生产经营面临疫情困难等方面进行调查，助力各行业企业复工复产，助推梅列区经济秩序的正常运行。

【提高统计数据质量】 *扎实开展常规统计调查。*坚持“应统尽统”原则，认真做好常规统计调查和专项调查，严格按照一套表规范流程，强化数据审核评估，夯实源头数据质量，扎实做好农业、工业、能源、建筑业、贸易、居民收支、服务业、劳动工资等常规统计调查，全方位反映梅列区各领域经济发展状况。2020年度区统计局获全市贸易外经统计专业考评第二名、专题分析和信息宣传工作第三名、“福建省第四次全国经济普查先进集体”等称号。

*强化统计业务培训。*加强统计理论学习，提高统计业务水平，增强统计服务意识，开展深层次、多角度的统计业务培训。不仅针对局内业务人员，也包括区直部门、镇（街道）和开发区、企业以及村（社区），同时在条件允许情况下，部分专业邀请上级统计部门或者统计专家授课，提高统计工作者知识面，使统计队伍整体综合素质得到质的提升。全年各专业共培训26场1500多人次。

*严格把控数据质量。*严格落实责任制，坚持“谁把关，谁负责”，严格把控数据质量。严格执行各项工作规章制度，认真履行职责，深入基层开展业务指导。一方面，强化部门间协调配合，加强与区发改、工信、商务、财政等统计相关部门沟通衔接；另一方面，通过入企业、下基层等方式，深入基层检查指导统计常规工作，做到统计数据采集科学，数据支撑坚实可靠，为推动经济社会高质量发展超越充分发挥统计职能作用。

*做好名录库更新维护。*2020年，名录库基本单位共新增1282家，其中，产业活动单位216家，修改各类审核错误346个。2020年新增审批“四上”企业入库100家，其中，规模以上工业15家、辖区内资质以上建筑业企业15家、限上贸易62家、规模以上服务业8家，全年固定资产入库项目数86个。

【提升统计服务水平】 *及时做好统计数据发布。*全年共编印《梅列统计月报》11期、1210册，及时在政府门户网站上发布统计月报和经济运行分析等方面资料，坚持用数据说话，精益求精，为区域经济的发展提供数据服务。

加强经济预警预测工作。每月及时、准确提供该区经济发展数据，做好每月经济运行简况及预计分析，帮助党政领导掌握第一手情况，及时掌握经济发展趋势，确保政府决策的科学性和准确性。积极研究经济运行中存在的问题，围绕区委、区政府的中心工作和经济建设这个中心，狠抓统计服务和统计宣传工作，充分发挥社会经济信息中心这一优势，进一步提高统计部门的地位。牢固树立“大统计”“大服务”的观念，全方位、多角度反映全区经济社会发展情况，积极为区委党政领导提供决策依据，实现了统计服务的主动、超前、优质。

强化统计信息服务。及时更新区政府门户网站信息，丰富网站信息服务功能，为公众查阅统计资料提供方便。截至目前，已完成全年统计数据更新及其他信息公开，累计公开28条。全年累计撰写统计信息49条，分析14篇，其中，10篇呈阅件、2篇《每日调查》、2篇专题分析。2020年，梅列区专题分析和信息宣传工作在全市排名第三位。

【统计法治建设】 深化学习和队伍建设。以集中学习、举办培训班、以会代训等方式，组织全局干部职工、部门、镇（街）、开发区及村级统计员，以《中华人民共和国统计法》（简称《统计法》）作为统计工作的指针，认真学习贯彻落实习近平总书记关于统计工作的重要指示批示精神。依托业务培训等会议，对辖区567家在库联网直报“四上”调查单位，分时间分专业开展统计调查制度和统计法律法规学习，确保培训全覆盖。积极组织国家统计局的执法证考试培训，2020年组织3人参加，取得证书2人。

加大统计普法宣传力度。按照“谁执法谁普法”的要求，全力做好统计普法宣传教育，积极推动全社会了解统计法、熟悉统计法、遵守统计法、维护统计法。落实区政府党组扩大会会议对《统计法》及中央文件《关于深化统计管理体制改革提高统计数据真实性的意见》《统计违纪违法责任人处分建议办法》《防范和惩治统计造假、弄虚作假督察工作规定》（简称《意见》《办法》《规定》），以及全省统计法治专题视频学习会会议精神的贯彻传达学习。抓好领导干部这个“关键少数”开展重点人群的普法宣传，将中央《意见》《办法》《规定》和统计法律法规列入梅列党校（行政学院）第三期科级干部培训班的课程内容，提高了领导干部带头遵守统计法律的自觉性和主动性。加强对全区各镇街及开发区、与统计相关的区直单位统计人员的普法教育，对全区“四上”企业单位开展全面宣传教育，筑牢基层统计人员知法、守法、尊法、用法的自觉性。充分利用“12•4”国家法治宣传日、“12•8”统计法颁布纪念日及第七次全国人口普查开展统计普法宣传。利用新媒体、互联网平台，开发制作喜闻乐见的统计普法宣传产品，通过各类培训宣传，加强对调查对象和社会公众知法守法的普法宣传，不断提高社会公众对统计工作的支持和配合，使参与统计活动的领导干部、统计人员、统计调查对象普遍知晓统计法律、筑牢法律　底线。

强化“双随机”统计监督检查。结合专项整治行动，共抽查16家调查单位，对数据异常的调查单位核查后，违法事实形成了检查报告，并对1家统计违法调查单位进行了行政处罚，责令其改正、给予警告处罚。积极做好国家第七次全国人口普查事后质量抽查迎检工作，期间，对梅列区3个普查小区约300户住户进行逐一入户核实，提高统计数据质量。

【第七次全国人口普查】 领导高度重视。2020年1月17日，成立梅列区第七次全国人口普查领导小组，并下设办公室，以部门（单位）横向联动、镇（街道）纵向推进的一体化工作格局，强有力推进第七次全国人口普查工作。全区2个镇、3个街道、1个经济开发区也相继完成普查机构组建。

要素保障充足。普查经费保障充足。梅列区人口普查经费经区政府常务会议通过360万元，下拨镇（街道）、村（社区）人普工作经费26.8万元；普查资料保障充足。对人普短表、长表、户主姓名底册等报表进行增印，打印考试题1270份、保密承诺书2540张等。普查设备保障充足。梅列区共派发PAD 300台，区人普领导小组成员会通过征用普查员手机和流量补助事宜。安全物资保障充足。人普办共购置1.5万个医用口罩，派发给普查员，保障普查员在摸底入户时的防疫安全。

各级统筹推进。区、街道、社区（村）三级集中力量克时艰，在严格履行保密义务的基础上统筹推进人口普查各项工作任务。区人普办聚焦问题，严把数

据质量关，实行日调度、日通报、日会商工作机制，坚持分片包点，针对性进行业务指导和帮助；各有关部门加强组织领导，压实工作责任，强化协同配合，扎实做好人口普查工作；各镇（街道）、社区（村）坚持依法普查、科学普查，紧抓时间节点，持续启动“白加黑”模式，高效高质量做好第七次全国人口普查各项任务。截至12月底，共完成短表登记户数12.4万户、人数29.25万人次，长表登记户数0.87万户、人数2.54万人次。

业务培训到位。区人普办全覆盖、多批次、“开小班”进行七人普综合业务培训会，共开展培训会22期，培训“两员”1265人。区统计局和人普办组建1支高效精干的“金牌讲师团”，科学组织开展“两员”业务培训，控制每期参训的人数，通过大课、小课、小组研讨、考试等多种形式，努力将每1名指导员、普查员培训成能操作电子设备、能有效与住户沟通、能胜任普查工作任务的“两员”，为后续的人口普查工作质量提供坚实的保障。

宣传成效明显。宣传动员行动快、范围全覆盖、方式多样化，为普查工作顺利实施营造良好舆论环境。各镇（街）有序召开七人普宣传动员会，形成区、镇、村三级联动宣传合力，区人普办统一在各镇（街）、村（居）人群密集地悬挂横幅、设立广告牌，共悬挂横幅163条；协调区市场监管局、商务局等动员各大药店、商超、酒店、房地产中介的LED屏上滚动播放人普相关宣传标语；协调教育局“小手牵大手”，将《一封信》分发给区各中小学校，让学生带回家；利用宣传车在辖区内全面巡街宣传9天；向电信、移动用户发送人普短信共30万条。

【服务中心工作】　做好城市困难家庭结对帮扶工作，区统计局在春节期间慰问3户帮扶对象共900元。局领导多次到挂点社区指导工作，与挂点社区共建文明和谐平安稳定的社会环境。2020年共帮扶补助挂点社区工作经费1万元。

（何清霞）

审　计

【概况】　2020年，梅列区审计局共完成审计项目21个，审计查出主要问题金额19254万元（管理不规范金额19175万元、违规金额79万元），审计处理处罚金额19908.8万元（上缴财政26万元、归还原渠道资金18959万元，核减支出923.8万元），审计发现非金额计量问题58个，提出审计建议40条，被审计单位制定整改措施28条，提交信息63条，被省审计厅采用25条，关于《理清家底、盘活资产、堵塞漏洞、服务发展》的专题分析，被三明市审计局推送到福建省审计厅参加优秀专题分析评选，审计统计工作位列全市前列。

【政治建设】　2020年，区审计局自觉将党对审计工作的领导贯穿于审计工作的各方面、全过程，完善和落实重大事项请示报告制度，凡涉及审计计划安排、审计情况报告、违规事项处理、违法问题移送等重大事项的，及时向区委审计委员会报告。2020年审计项目计划安排、2019年区本级预算执行、决算草案和其他财政收支审计结果报告均经过区委审计委员会审议通过。

区审计局持续深入学习中共十九大及十九届二中、三中、四中、五中全会精神，特别是习近平总书记在中央审计委员会上的重要讲话精神，先后学习了《习近平谈治国理政》（第三卷）、习近平法治思想、《习近平在福建》系列采访实录等。坚持通过线上学习和线下研讨交流相结合的方式，把学习宣传贯彻中共十九届五中全会精神作为重要政治任务，带头学习，带动了全局干部迅速掀起大学习热潮，坚持理论学习与提升审计干部能力建设相结合，切实做到以理论学习、思想武装促进审计工作质量提升。

区审计局强化党支部对意识形态工作的领导，执照“一岗双责”要求，实行党支部书记负总责，其他干部各负其责，把意识形态工作与业务工作同部署、同落实，以“三会一课”为依托，充分利用各种学习载体，认真开展《习近平新时代中国特色社会主义思想学习纲要》《习近平在厦门》《习近平在福州》《习近平在宁德》等的学习及习近平对审计工作的重要讲话精神的贯彻落实。

【预算执行审计】　按照省审计厅工作方案要求，派出审计组对梅列区财政局2019年度区本级预算执行、决算草案及其他财政收支情况、区教育局预算执行情况进行审计。6月30日，受区人民政府委托，向区人大常委会作《关于2019年区本级预算执行和其他财政收支情况的审计工作报告》，受到人大常委会的高度评价，为区人大常委会加强预算监督提供了必要的情况和信息；2020年10月，梅列区人大召开会议，专题听取2019年度区本级预算执行和其他财政收支情况审计查出问题整改落实情况汇报，认为区审计局认真开展审计"回头看"，跟踪落实整改情况，成效明显。

【政策跟踪审计】 围绕疫情防控、"六保"、"六稳"、减税降费、夜间经济发展九条措施等政策的贯彻落实情况，提高政治站位，强化责任担任，聚焦重点，积极开展重大政策跟踪审计，按上级要求重点开展3个政策专题审计，重点关注稳增长、促改革、调结构、惠民生、防风险等方面情况，进一步稳就业、稳金融、稳外贸、稳投资、稳预期，促进政令畅通，推动国家重大政策措施落地生根、取得实效。

【专项调查审计】 2020年，根据省审计厅《2019年财政审计工作方案》总体要求，对职业教育、社保就业、公共卫生服务、支持中小企业发展和管理、自然资源5个方面专项科目和土地收储和存量情况、国有资产和资本运营管理情况2个专项调查审计，提高专项资金的使用效益，特别是对区属行政事业单位国有资产管理审计后，向区委主要领导呈报了《关于我区国有资产运营管理存在的主要问题及建议》的审计呈阅件，得到区委、区政府主要领导肯定和批示，区人大常委会调研组在审计报告基础上形成《关于梅列区行政事业性国有资产管理情况的调研报告》，得到区委书记杨胜批示，为规范梅列区国有资产管理提出审计意见和建议，有效促进区国有资产保值增值和资产安全。

【经济责任审计】 2020年，共开展8个部门单位9位主要领导干部任期经济责任审计，通过经济责任审计工作，促进了领导干部依法行政、依法理财，发挥审计在促进干部队伍建设和廉政建设方面的作用。强化组织领导，进一步健全联席会议制度，及时调整经济责任审计联席会成员，召开梅列区经济责任审计工作联席会议，讨论研究并通过了《梅列区经济责任审计工作联席会议议事规则（试行）》《梅列区经济责任审计工作联席会议办公室工作规则（试行）》，强化协调配合，进一步发挥各成员单位的资源的优势。

【徐碧旧改项目资金审计】 徐碧村"旧城改造"是2020年三明市征迁重点项目，根据区政府的安排，区审计局派出工作组对该项目资金进行核查，针对徐碧旧改项目历时时间长（15年）、人员变动频繁、档案资料不齐全、历史遗留问题多、投入资金量大、涉及单位多等特点，调查组攻坚克难，采取多种措施全面细致开展核查，历时1个月，核实徐碧旧改资金收支情况，对中介机构出具的2014年度和2019年度徐碧旧改审计报告中的5项差错事项进行了调整，核减成本支出923万元，针对审计中发现的7个问题提出合理化建议，并形成工作报告提交给区委、区政府，为徐碧旧改工作的顺利开展提供有力的决策依据。

【疫情防控】 区审计局积极参与到疫情防控工作中，先后到陈大镇瑞云社区、列西街道北山社区、列东街道梅岭社区，牵头制定了疫情防控工作方案，协助社区做好人员排查、防疫宣传、物资保障、卡点值守、小区消杀等工作，安排人员下社区防疫值班126人次，义务劳动50多人次，捐赠善款580元，粘贴疫情防控通知、公告和分发疫情防控宣传单300余份，为社区提供2万元防疫资金，口罩50个、手消液10瓶等财、物支援。

【服务挂点企业】 为扎实做好"访企业、解难题、促六稳"专项行动工作，主要领导坚持亲力亲为，主动深入3家挂点服务企业，了解企业在疫情防控、企业复工复产等生产经营中存在的困难和问题，协调相关部门帮助企业解决办证问题，2020年，协助挂点企业办理减免企业医保、社保8万元，办理减免售后维修车间及待修区城市基础设施配套费18.06万元，已向区相关部门提请解决问题5个，为推动企业复工复产保驾护航，得到挂点企业的充分肯定。

【巡察整改】 梅列区审计局党支部强化思想认识，提高政治到位，承担巡察主体责任，及时制定整改方案，细化整改内容、整改措施、整改时限，制定问题清单、任务清单、责任清单，对巡察中发现的6个方面14个问题全部整改完毕，制定50条措施，完善8项制度，全部收回违规报销、多领补助费，27人次被提醒谈话。

严格巡察程序要求，按期报送整改情况报告和主要负责人组织落实情况报告，并按巡察办的要求进行党内通报和社会公开。

【助力省级审计】 2020年8月上旬，省审计厅派出审计组对梅列区委书记、区长开展任职期间经济责任审计和自然资源资产（离任）任期审计。为确保审计工作顺利开展，区审计局整理细化迎接审计各部门需要准备的资料清单，召开工作部署会，提供审计业务辅导，为审计做好充分的前期准备工作。在审计组进驻期间，积极主动，全程跟踪服务，做好协调配合，助力审计组按时顺利完成省审计厅交办的审计项目工作。

【征迁攻坚】 在徐碧“城中村”旧改征迁项目中，区审计局共分配5户征迁户，面对审计人员少、征迁任务重、审计项目又不能停止的困难，抽调精干人员，集中力量攻坚，带领征迁团队，克服种种困难，充分发挥“5+2”“白加黑”的精神和吃苦耐劳、攻坚克难的工作作风，积极向征迁户宣传政策、解读方案、答疑解惑，化解征迁户心中的顾虑，帮他们算“经济账”“成本账”，用足用好政策，服务热情到位，做到征迁户心服口服，仅用8天时间率先全面完成挂包的5户征迁任务。

【参与社区创城】 为迎接创建全国文明城市检查，8月27日至9月16日，梅列区审计局组织全体干部职工作为志愿服务队，深入挂点瑞云社区参与创城工作，对社区居民和商铺进行宣传和劝导，粘贴、发放创城通知30余份，深入社区居民家中入户宣传创城知识120份，动员100多户居民清理自家楼道的堆放杂物，倡导社区居民和商铺积极参与到创建文明城市的活动中。审计志愿者们拿起垃圾钳、扫把等清洁工具对瑞云社区周边的环境进行清理，仔细捡拾人行道、绿化带里的烟头、果皮、塑料袋等杂物，对社区的公共区域墙上小广告进行统一清理，为三明市争创全国文明城市贡献审计力量。

【平安建设】 按照年初综治平安目标管理考核细则的要求，区审计局积极落实综治平安责任制，不定期组织人员深入挂点瑞云社区开展法治宣传、扫黑除恶、国家安全、平安“三率”宣传等教育工作，先后发放各类宣传单250余份，向区相关网站发送有关平安综治的信息24条，每月定时定点向综治办发送两条信息。建立健全局审计机关权力清单、责任清单制度，使审计人员都能自觉做到依法审计、依规审计、文明审计。

【全面从严治党】 区审计局落实全面从严治党主体监督责任，将全面从严治党执行情况纳入干部二级绩效考评之中，做到同研究、同部署、同落实、同检查、同考核。在所有审计项目实行审前廉政谈话，对重大节假日以廉政短信方式进行警示提醒，2020年先后开展对21个审计项目进行廉政谈话，发送廉政提醒信息62人次。

【队伍建设】 2020年，先后借调1名、抽调1名有会计专长的人员到区审计局工作，与此同时，在审计工作中采取“以老带新、互帮互学”的模式，让新队伍尽快熟悉审计业务，形成战斗力。

强化作风建设，组织干部学习《中华人民共和国公职人员政务处分法》、审计署“四严禁”工作纪律和“八不准”工作要求及市纪委《加强干部“八小时之外”管理办法》，坚持依法审计、文明审计、廉洁审计，从严抓好正风肃纪。

强化能力建设，开展多层次、多渠道、多形式、针对性强的培训，定期召开审计业务讨论会，邀请南平市自然资源审计能手对全局干部进行授课，邀请市审计局专家到区审计局进行审计信息化教学，多次组织干部职工到市审计局学习，全面提升审计干部队伍的业务能力和综合素质能力。

（章诗勇）

市场监督管理

【概述】 2020年，梅列区市场监督管理局认真落实区委、区政府和市局的各项决策部署，坚持以人民为中心，准确把握职责定位，统筹做好疫情防控和经济社会发展，各项工作取得新成效。区市场监督管理局获“2018—2020年省级文明单位”称号；在徐碧“城中村”旧城改造征迁工作中，蔡光赠获个人嘉奖称号；在创建全国文明城市工作中，被三明市委、市政府授予集体三等功，陈永强获个人三等功；在疫情防控工作中多次受到区委、区政府通报表扬，被梅列区委组织部分别授予“疫情防控先进基层党组织”“先进集体”称号，兰文英、吴益斌获“先进个人”称号；注册审批股被梅列区妇联授予“巾帼文明岗”称号，李清珠获梅列区“三八红旗手”称号。

【疫情防控】 *严格落实疫情防控措施*。通过群发短信、张贴通知通告等方式，广泛宣传疫情防控指南和防控措施，严格督促药店、农贸市场、餐饮店等经营主体落实疫情防控要求。认真履行进口冷链食品疫情防控工作专班牵头责任，坚持“人”“物”同防，强化源头管控，组织进口冷链食品生产加工、市场零售等相关从业人员，按规定进行核酸检测，新进人员随进随检，做到应检尽检，并要求三明艾迪康医学检验所有限公司每周抽取市场冷链食品、外环境、海鲜水产交易摊位等样品进行检测，截至12月31日，已对相关从业人员1147人次及740个批次进行新冠病毒核酸检测，检测结果均为阴性。迅速设立集中监管仓，快速处置问题进口冷链食品，获得区委、区政府集体和个人通报表扬。

维护疫情防控市场秩序。围绕民生、防疫物资的保障供应，食品安全和疫情防控，深入推进“保物价、稳供应、讲诚信、安民心”行动，重点查处野生动物非法交易、制售“三无”口罩等假冒伪劣商品、虚假广告、囤积居奇、哄抬价格等违法行为，共查办有关违法案件5件，罚没5.57万元，让市场主体知敬畏、存戒惧、守规矩。

【服务经济发展】 *审批时限更短*。打造“六最”营商环境，进一步提高梅列区企业开办效率和便利化水平，2020年底已实现企业开办时限压缩至1个工作日。畅通市场主体退出渠道，从节省企业公告费用入手，着力降低企业登记成本。截至12月31日，共办理企业简易注销275户，个体工商户依申请简易注销64户。

市场主体增幅更大。2020年，区级登记的市场主体总数共有25069户，共办理食品、药品、医疗器械各类行政许可事项及备案事项2153件，内资企业增量全市排名第一，登记注册与行政审批股被区行政服务中心授予示范窗口6次。

推进企业帮扶活动。深化“访企业、解难题、促六稳”专项行动，成立专班，明确挂包领导和股所，主动征求企业困难问题，帮助企业解决困难诉求。

【市场监管】 *加强年报公示工作*。通过制定序时任务进度，实行每日通报，采取“约谈制”等一系列措施，有序推进年报工作顺利进行。做好市场主体年报工作，2020年内资企业年报率达到93.65%，按期完成上级下达目标任务。

强化市场监管执法。做好跨部门“双随机、一公开”联合抽查工作，2020年，共抽查企业、农专、个体工商户共计526户，其中111户企业被列入企业经营异常名录。充分发挥“双打办”作用，组织开展食品安全系列专项执法检查，全年出动执法人员870多人次，检查食品生产、经营主体218户次，立案36起，结案26起，罚没金额30.35万元，入库20.62万元。

加强企业信用监管。规范经营异常名录管理，全年列入异常名录企业642户，移出114户，因被列入经营异常名录届满3年仍未履行相关义务的564户列入严重违法企业失信名单，约谈企业法定代表人30户，完成信用修复25户。

加强食品安全监管工作。持续推进食品安全“一品一码”追溯管理，认真组织做好辖区餐饮服务“明厨亮灶”省级示范单位的申报、创建工作，三明市梅列区实验幼儿园徐碧分园已获得福建省创建餐饮服务“明厨亮灶”示范单位。围绕2020年春、秋季学校（含幼儿园）及中高考等重要时段，开展校园周边食品安全专项检查工作，出动执法人员218人次，检查学校食堂42家次，食品经营者86家次。做好重大活动餐饮服务食品安全保障工作17次，为重大活动保驾护航，共出动执法人员268人次，下达监督意见书12份，现场快检100余份。组织开展“两超一非”食品安全系列专项整治，2020年共组织各类食品监督抽检473批次，并对1家超限量使用食品添加剂生产企业立案查处，移送公安机关餐饮店非法添加硼砂案2件。

加强药品医疗器械安全监管。重点开展中药饮片、无菌和植入器械、疫情防控医疗器械、药品网络销售、医疗器械清网行动、美容美发机构化妆品等专项整治行动，着力规范药械市场秩序，提高药械安全保障水平，药品抽检82批次，其中1批次中成药不合格，已立案查处；创新药品监管方式，利用“互联网+”的形式，引入第三方电子处方平台，顾客到零售药店购买处方药，可以通过“网上医院”医生开具电子处方，药店凭电子处方可销售

处方药，辖区已有83家零售药店完成第三方电子处方平台签约工作。

开展特种设备安全监察。深入开展特种设备安全专项整治三年行动，落实安全隐患“清零”行动。全方位、多角度推进压力管道信息排查整治、液化石油气瓶、中（高）考期间电梯安全保障和快开门式压力容器等专项行动，全年共发现特种设备安全隐患46项，下达《特种设备安全监察指令书》46份，已整改46项，其中立案处罚1件。

【消费维权】　全年通过“12315”平台和“e三明”受理消费者咨询投诉举报2266件，举报120件，为消费者挽回经济损失153.22万元。结案率和情况反馈率100%，“e三明”考评全区排名第二。尤其是疫情防控期间，依托“12315”投诉举报平台和“e三明”，积极处置因疫情引发的群体性投诉，妥善化解消费纠纷矛盾，有力维护社会稳定。

【区委、区政府中心工作】　深入开展“五比五晒”工作。成立“五比五晒”工作专班，引导全员成员参与。区市场监督管理局全年共完成投产项目1个，开工项目1个，签约项目4个，谋划项目2个。

扎实推进创城工作。深入开展清理整治市场环境卫生专项行动，并全面摸排存在问题，建立问题台账，实行销号管理，及时整改落实。全面摸清各农贸市场活禽销售宰杀情况，对全区10个活禽销售摊（店）实行“一户一策”工作举措，与三明市康民禽业有限公司沟通对接经营者进驻三明市康民禽业有限公司统一宰杀活禽事宜，积极劝导经营者入驻该公司，进一步规范禽类产品销售行为，严禁未取得检疫合格证和标挂合格证标识的禽类产品进入市场销售。

做好徐碧“城中村”改造征迁工作。在徐碧“城中村”旧城改造项目征迁中，区市场监督管理局成立领导小组，对照征迁10户的工作任务，在实行“一人一户”责任制的情况下，每个领导包干到户，明确分工，强化责任，充分带动党员干部的积极性和带头示范作用；定期召开工作会议，认真学习征迁政策，坚持问题导向，做到“因户制宜”，逐户分析问题症结，制定对策，研究攻坚措施，提前完成征迁任务。

【队伍建设】　着力加强党对市场监管工作的全面领导。把党建工作纳入市场监管整体工作部署，坚持党要管党，从严治党，严格履行“第一责任人”“一岗双责”“党政同责”。积极开展“亮灯行动”，充分发挥党小组前沿阵地作用，在组织上体现出保障力，充分发挥党员先锋模范作用，在落实上体现出执行力。抓好理论武装，凝聚思想共识，推动“大学习”向纵深发展，着力建设学习型机关，全年共组织集中学习14次；着力业务融合，举办各类业务培训班5班次，为各相关股所干部职工讲解部门基础业务知识；着力加强干部教育培训，共完成福建干部网络学院参加学习培训116个学时，参训人员140余人次。

（肖陈曦）

（编辑：唐金涛）

安全监管

【**概况**】 2020年，梅列区共发生各类生产安全事故17起（不包括消防），同比上升70% ；死亡6人，同比下降33.33%；受伤15人，同比上升200%，直接经济损失472.72万元，同比上升10.5%。其中商贸制造领域事故1起，死亡1人，建筑施工领域2起，死亡2人；生产性道路交通事故14起，死亡3人，受伤15人；全区未发生较大以上生产安全事故。

【**疫情期间服务企业复产复工**】 强化监督管理。重点是把握好收集信息和工作动态部署2个环节，切实加强对企业复产复工的安全生产监督管理。强化政策指导。结合梅列实际分阶段编写印发致辖区内重点企业的一封信。强化宣传教育。编制1个48秒反映安全注意事项的小视频，通过彩信方式发给梅列区市民，共计发放2.5万条。制定4张“安全生产思维防控疫情”宣传海报，印发给辖区内25家重点企业，共印发海报100余份。强化安全生产和疫情检查。共抽查12家重点企业，提出整改意见9项，要求企业立即落实整改，为企业复工提供安全生产经营环境。强化挂包单位帮扶。由局主要领导带队，深入3家单位挂包企业开展疫情期间复工帮扶工作，帮助企业解决复工复产中遇到的困难和问题。

【**整改区级红色隐患**】 下发《关于切实做好2020区级安全生产红色隐患整改工作的通知》（梅委办发明电〔2020〕28号），继续推行区委、区政府主要领导带头挂钩整改区级安全生产红色隐患机制。2020年，区级红色隐患共12项，全部完成整改。

【**安全生产宣传教育**】 *开展丰富多彩的“安全生产月”活动。*通过举办咨询日、在三钢开展“安全生产事故警示座谈会”、参加指导翁墩油库付油区防溢漏油及火灾应急演练、组织群众参与网上咨询及有奖答题等积极营造活动氛围。活动期间，全区共悬挂横幅100余条，发放宣传资料5000余份，2.5万人次接受安全生产教育，取得较好的效果。

*以案说法加强监管部门警示教育。*通过梅列区“周末党校”教育平台，梅列区检察院检察长程凤娟以《安全生产事故法律责任解读》为题为各级领导干部上了一堂生动的安全生产教育课。

结合全区安全隐患大排查大整治工作要求，印制省、市安办《致企业安全隐患大排查大整治的公开信》各200份，下发至辖区有关企业，要求张贴上墙，强化企业主体责任落实。

*积极开展联合宣传。*联合自然资源、气象、工信、农业农村等部门开展“5•12”全国防灾减灾日、“10•13”国际减灾日宣传活动，向群众发放防灾减灾宣传包1100余份，提高居民防灾减灾意识。

通过应急演练、座谈会、约谈等方式，持续推进事故警示教育活动，提高企业员工安全生产意识，2020年，共组织生产安全事故应急演练35次，在三钢举办座谈会1次，约谈企业13家次。

【排查整治安全隐患】 深入安全隐患大排查大整治和专项整治三年行动。发挥安办作用，印发工作实施方案，突出重点行业，全覆盖检查。全年全区企业开展自查自纠810家次，各行业主管部门共组织开展检查1502次，参加人员6201人次，检查场所2586家次，排查发现隐患总数1728条，已完成整改1695条，整改率98.1%，限期整改160家、停产停业7家、罚款59.44万元、重大隐患挂牌督办6家，约谈企业5家。

抓好应急管理局"责任田"。工贸领域方面，成立市区两级检查组，发挥上下联动作用，查看重点监管企业，并积极参与各镇街、开发区辖区内的企业检查活动，共检查企业62家，发现问题隐患272项，下发责改指令书38份，处罚金额2万元；危化企业方面，成立专项执法检查组，由局长担任组长带队开展检查，并邀请相关专家对辖区内危险化学品生产经营单位进行"深耕式"检查，共检查企业38家，发现问题隐患82项，下发责改指令书13份，同时推进辖区内3家涉及危险化学品重大危险源企业抓紧完成重大危险化学源监控系统建设，目前正按照序时进度开展；非煤矿山方面，根据年度执法计划和大排查大整治行动方案要求，邀请专家参与执法，共检查企业12次，发现问题隐患27项，下发责改指令书3份，4月23日对双江采石场的矿长及主要负责人开展约谈，并对其行政处罚1万元；烟花爆竹方面，把握关键时间重要节点，针对烟花爆竹零售点开展全覆盖检查，共建零售点28家，发现问题隐患17项，下发责改指令书1份，处罚金额3.1万元。区应急管理局要求对发现的问题隐患进行造册登记，分色管理，建立问题清单、责任清单、销号清单，截至2020年12月，所有问题隐患均已按照"五落实"要求整改到位。在自然灾害避灾点方面，全覆盖检查全区自然灾害避灾点63个，发现存在问题隐患共14项，其中，一般隐患13项、重大隐患1项（徐碧村避灾点选址不合理），已全部整改到位。

【执法与服务】 建立健全行政执法三项制度。出台了《梅列区应急管理局行政执法公示实施细则》《梅列区应急管理局行政执法全过程记录实施细则》《梅列区应急管理局重大案件审理实施细则》，并配套出台行政执法服务指南，进一步完善执法全过程记录行政执法公示，严格落实重大执法决定法制审核制度，2020年完成了6个重大执法决定的法制审核。

执行《三明市安全生产轻微违法行为不予行政处罚目录清单》要求，在执法检查中，对一般生产经营单位首次被发现，违法行为轻微并及时纠正，没有造成危害后果的，不予行政处罚。对严重危害安全生产的行为依然从严治理。2020年，对6家企业单位在执法检查中发现的违法问题进行立案，共警告2家，处罚7.1万元；对3家企业在执法检查中发现存在4条重大安全隐患进行挂牌督办，并将行政处罚信息和挂牌督办情况在区政府政务网上进行公示，以案释法。

【防灾减灾救灾】 联合财政部门下拨冬春自然灾害生活补助资金8万元，共救助生活困难灾民520人，解决了冬春群众因灾造成的生活问题。通过下拨25万元避灾点提升改造资金、召开现场会等方式，进一步加强自然灾害避灾点建设管理，7个自然灾害避灾点提升改造已完成。

【"智慧用电"项目】 下发工作部署方案，按照"三个必须"和"谁主管谁负责"原则，进一步明确各单位责任分工，明确实施对象，以点带面，全面推进。进行邀请招标，经过3次招标，梅列区智慧用电安全监管服务系统由中国移动通信集团福建有限公司三明分公司中标。分行业、分重点逐步推进，召开危化、商超、教育、卫生等行业领域四场次专题项目推进部署会，分行业推动落实。全年已完成签约86家，266套，已完成安装42家、179套。

【铁路沿线综合治理】 积极动员部署。下发梅列区普铁沿线环境安全综合整治工作方案，要求各镇（街）认真核查本辖区内隐患点分布情况，制定相应的专项整治行动实施方案，明确时间节点、目标任务及责任人。强化现场督导。局领导先后多次会同区住建、城管、农业农村、自然资源及铁路部门工作人员开展现场督导，全覆盖走访，深入查摆问题，针对攻坚难点，细致剖析症结，合力研讨可行的整改方案。突出跟踪管理。及时跟进每个隐患点的整改销号情况，实行每周一通报，层层压实隐患整改责任，对个别问题难点，及时与铁路部门和责任单位对接，助力提升隐患问题的整改销号。截至2020年12月，高铁沿线5个隐患点，普铁沿线81个隐患点，已全部完成整改销号。

【防汛抗旱与森林防灭火】 通过修订完善应急预案、部署组织汛前安全大检查、加强防汛物资储备和队伍建设、实施山洪灾害防治非工程措施建设、完善乡村预警及群策群防体系、加强值班值守等方式，全力做好防汛抗旱工作。健全和完善森林防灭火行政首长责任制，形成行政领导责任制和行政领导责任追究制，区指挥部成员实行分片包干制，做到目标明确，责任落实，措施到位。利用广播电视、新闻报刊、宣传专栏、宣传车、宣传牌、标语等载体展开形式多样的宣传教育活动。据统计，全年共召开各类防火工作会议10余次，印发各类宣传手册5000多份；全年下发森林防火通知400余份，出动宣传车85车次，群发短信7次，1万多条，发放和张贴森林防火标语600余份、宣传手册（单）5000余份，效果显著。加强火源管控和扑火队伍建设，严格野外用火审批检查，严禁火种进入林区，在高火险天气和戒火期，扑火队伍严阵以待，确保遇火情能在第一时间赶赴火场，快速扑救，确保实现“打早、打小、打了”。10月15日组织开展“梅列区森林防灭火教育培训暨联演联训”，通过培训和联演联训，进一步提高扑火队伍森林火灾扑救能力。

【应急救援】 收集危化、非煤矿山、地质灾害、交通等43份专项或部门预案，全区开展预案演练223次，参演人数2.5万余人次，投入资金25.03万元，确保突发情况发生时能够应急处置到位。根据《关于进一步加强梅列区综合应急救援队伍建设工作的通知》，对全区应急救援队伍情况进行摸底，2020年全区有应急救援队伍33支，796人，其中区人武部、区消防大队、三明森林消防大队共3支专业救援队伍221人，行业及社会应急救援队伍30支575人。采购总中标价83.98万元应急物资装备，区应急管理局局长顾春喜在应急装备调拨交接仪式上将装备移交给三明市森林消防大队、梅列消防救援大队、梅列区武装部，增强梅列区应急救援装备保障，确保遇突发事件时能拿得出，用得上。

（王 莉）

消防

【概况】 2020年，梅列区消防救援大队共接警出动337起，出动消防车692辆次，出动警力3617人次，成功抢救被困人员90人，疏散人员65人，抢救财产价值356.02万元，其中火灾扑救62起，抢险救援143起，社会救助20起，其他出动112起。实现全区灭火救援“零伤亡”，较大以上火灾“零发生”，辖区消防安全整体平稳。大队先后成功参与处置“4•16”尤溪泰森木业火灾、“5•8”永安鑫源仓库火灾、“5•20”沙县青杉活性炭厂火灾、“11•26”梅列区小蕉工业区合金厂火灾等急难险重任务。

【提升综合应急救援能力】 对标“全灾种、大应急”职能任务，始终保持枕戈待旦、快速反应的备战状态，练就科学高效、专业精准的过硬本领。

深化全员岗位实战训练。扎实有效开展常态化练兵考核机制（月考核），制定练兵帮扶指导对策，推动全员岗位大练兵活动走深走实，设置练兵“龙虎榜”“后进名单”渲染练兵氛围，形成“比、学、赶、帮、超”的自主加压模式。在上半年全市冬训全员普考中，实现全员达标且优秀率94%，大队2名指挥员取得全市综合第一的优异成绩；下半年全市岗位大练兵暨装备比武竞赛中，斩获大队和消防站团体第二、装备组第一的好成绩，5名指战员选送参加备战总队比武竞赛。依托区总工会联合开展工会比武竞赛和消防安全知识培训活动，不断强化练兵机制，确保队伍整体战斗力过硬。

强化专业训练。结合辖区灾害事故特点和规律，重点开展水源、道路、高风险单位等“六熟悉”工作，针对161家重点单位，按计划每周开展2次熟悉演练并不断完善灭火救援预案161份；结合辖区3家厂房、7家危险化学品单位，先后开展跨区域大跨度大空间厂房（国投闽光、中石化储油库、三钢危险化学品气体储罐区等）联合应急演练3次，通过联勤联训进一步掌握高风险单位重大危险源和主要灾害事故特征及分布，随时做好应急防范救援准备。针对沙溪河水域特点，由外出水域救援培训骨干每周3次开展水域救援专业训练，一定程度上提高了黄金救援时间和作战效率。依托梅列区东南开锁业务公司建立合作关系，研究发明多功能破拆防盗门工具并选送总队申请专利；加强队伍人员高素质配置，聘请专业体能教练规范日常组训模式，因地制宜，因材施教，科学制定训练计划，有效提升练兵质量。业务骨干先后参加福建省“闽动-2020”地震跨区域救援实战拉动演练、和省级车辆事故、山岳、水域救援、安全员等培训。

锤炼队伍专业化建设。结合混编人员特点，科学制定队伍日常管理办法，稳步推进所属消防救援站消防员日常考评规范试点工作，根据支队《三明市消防救援支队消防员考评办法（试行）》（明消〔2020〕116号）文件精神，配套制定《三明市梅列区列东消防救援站消防员量化考评实施办法（试行）》《关于政府专职消防队员岗位任职、晋升和补贴的方案（试行）》《全员岗位大练兵月考评方案》等管理制度，合理调整战斗力量编成，实行战斗员—骨干—班长—指挥员专业人才培养机制。提高政府专职消防员入职门槛，按岗施训，优化保障，建立政府专职消防员长效增补机制，确保队伍稳定。完成4名政府专职消防员培训、报考、招录工作。

【政治建队】 领导班子引领作用明显。在疫情防控斗争中成立以双主官为组长的党员先锋模范突击队，确保防疫常态化工作落实落细落到位。在大队党委的领导下，严格规范党委议事规程，狠抓议教制度落实，稳步推进全市党组织建设试点工作，制定《中共三明市梅列区消防救援大队委员会议事规则（试行）》（梅消党〔2020〕15号），不断完善党组织制度，结合“五个不动摇”教育实践活动自查自纠，充分发挥党委核心引领作用，在大队党委的领导下，大队先后被省消防救援总队评为“基层建设标兵消防救援站”“先进基层党组织”和“红旗团支部”，大队共享职工之家被省总工会命名为“省级共享职工之家”，大队工会被市总工会评为“三明市模范职工之家”；1人被省消防救援总队评为“先进党务工作者”、1人被评为省级“青年岗位能手”称号、2人被市消防救援支队评为“优秀共产党员”、5人被支队授予“嘉奖”、4人被支队授予“青年岗位能手”称号、1人被团区委评为“优秀共青团干部”、2人获区总工会“五四青年”奖章。

主题教育成效突出。大队党委持续深化“不忘初心、牢记使命”主题教育学习成效，围绕“五个不动摇”教育实践活动大力开展小而精、新而实的四个专题教育学习，通过个人自学、座谈研讨等方式，就中共十九大和十九届二中、三中、四中、五中全会精神内容，习近平总书记授旗训词原文及入队誓词、《治国理政》、“人民至上、生命至上”等内容进行学习研讨，撰写研讨发言材料17篇、党课学习4次。载体上，大队走出去、请进来，开展党课教育、“学习强国”、班子领学、轮流授课、应知应会学习、理论测试等深化学习成效，积极参与中国共产党建党99周年和团区委“绽放战疫青春、坚定制度自信”主题实践等活动搞活主题教育；在调研上始终把提高防范化解辖区消防安全隐患风险和强化队伍建设作为主线，先后撰写《浅谈智慧用电技术在智慧消防建设中的应用》《新时期下关于消防员思想政治教育工作的问题探究与实践策略》《新形势下加强工会组织建设的几点思考》3篇调研文章，确保调研成果不偏不倚；在检视问题上透过现象看本质，始终坚持开门见山，不遮不掩，对检视的问题与实际工作相结合，研究具体举措。在整改问题上不打折扣，把检视的问题作为工作的出发点，把解决问题作为落脚点，始终坚持指战员利益至上的原则，年底前完成指战员宿舍改造，营造舒适温馨的职工之家。

强化典型培树。对标“郑忠华精神”，大队一级消防士郑清图先后参与防疫党员突击队、增援安徽淮南抢险抗洪等先进事迹，并以此为主题拍摄微电影《家的延续》并荣登学习强国，制作微信推送全市。强化思想摸排。通过开展“七个一”活动，结合敏感时段开展思想摸排7次，建立家庭联教机制，定期分析指战员思想动态，深入了解指战员的所思所想，结合新训消防员下队、人员选退等时机，重点加强思想隐患排查，先后为指战员解决实际问题3个，对一时半会解决不了的问题逐一挂账销号。

【落实消防安全责任制】 一方面，当好参谋助手和“主推手”。积极向党委政府报告消防工作，年内，区委、区政府主要领导先后3次对消防工作做出批示，在重要时段，重大节日带队开展消防安全专项检查4次；充分发挥消防联席会议平台作用，推动行业部门贯彻落实“三个必须”、《福建省消防安全责任制实施办法》和《三明市消防安全责任制实施意见》，年内，推动住建、商务、卫健、文旅等行业部门及镇（街道）开展联合检查60余次，检查单位150余家，利用“双随机、一公开”开展消防安全监督抽查单位561家。另一方面，做好疫情防控期间和复工复产企业消防安全工作。通过电话、视频等方式远程指导单位开展防火巡查检查，共计指导单位195家次，推送消防安全短信微信提示2万余条，结合定点隔离酒店、涉疫场所情况联合各部门实地开展检查指导38次；通过消防联席会议平台向各镇（街道）、开发区，辖区各企业、单位发送《关于做好复工复产企业消防安全工作的建议函》，并组织辖区复工复产企业开展消防安全网络直播培训视频。

【防范化解消防安全风险】 以创城“社区四防”攻坚平台为抓手，着力攻坚打通“生命通道”集中治理行动和老旧小区消防安全综合治理。一方面，召集全区60余家物业服务企业开展集中培训，联合物业协会先后2次对全区物业服务企业进行约谈，采取监督员挂点包干的方式，对物业服务企业进行消防车通道画线培训指导工作。实地指导镇（街道），社区及物业服务企业开展“四清一查”和清理消防车通道30余次，清理障碍物200余件，统一印制了1000余份打通“生命通道”通告，在各住宅小区单元内进行张贴。同时，积极协调城管、公安、住建等部门，建立“联合执法机制”“定期协商机制”“信息共享机制”，共同推进消防车通道治理工作。联合交警、城市管理、民政部门对辖区内住宅小区路口与市政主干道之间的背街小巷和无名路段逐街逐巷全面摸排，采取道路定性、路段命名、立牌施划、执法查处的思路，建立42条路段清单，分段施划、联合验收。另一方面，积极对接区政法委为老旧小区采购15万元灭火器、水带等消防器材，逐一发放至各社区网格，在小区醒目位置设置消防器材配置点，落实“人防”“物防”措施。主动对接掌握年内纳入改造的17处老旧小区，推动将消防安全管理和消防设施配备纳入老旧小区改造和“为民办实事”同步规划实施，并采取统一聘请物业的形式，加强老旧小区消防安全管理。

【构建消防安全“防火墙”】 一方面，结合省、市文件，通过消防联席会议平台印发《关于深刻汲取“3·7”坍塌事故教训深入开展消防安全隐患大排大整治百日攻坚专项行动的通知》，细化工作分工、推动工作落实。年内，推动各行业部门印发大排查大整治方案12份，召开协调会4次，共计排查各类场所687家，发现火灾隐患390处，督促整改384处，约谈单位103家次。另一方面，按各级消防安全专项整治三年行动部署要求，结合梅列区实际，建立“四个清单”；依托消防联席会议平台印发《高层建筑专项整治三年行动方案》，组织全区300余幢高层建筑管理使用单位开展消防安全自查自纠工作，将高层建筑治理纳入“双随机、一公开”监督抽查范围，抽查比例达到12%；结合大型商业综合体专项治理，延伸将辖区12家体量不足5万平方米的商业综合体纳入专项整治，逐一开展“体检”；指导2家重大危险源企业落实重大消防安全风险管控、老旧消防设施改造、企业消防力量建设三项任务；主动对接应急局，依托智慧城市，加快智慧用电建设，年内在办公楼、高层建筑、大型企业等场所完成80处智慧用电设备安装。同时，加快物联网远程监控安装工作，梅列区设有火灾自动报警系统的消防安全重点单位有145家；通过购买服务已将73家单位接入全市物联网远程监控系统，完成率50.3%。

【提升居民自防自救能力】 一方面，年内开展100场购买服务消防宣传，着手对重点单位的消防安全责任人、管理人，社区主任、网格员，重点区域负责人员进行教育培训，培养一批消防“明白人”；同时，大队消防安全宣讲队大力开展消防宣传“五进”活动，先后走进教育、文旅、农业、工业园区等10类行业部门、单位、企业开展消防知识授课及演练，共计开展授课活动10场，培训演练8场，参与人数600余人。另一方面，在重大节日，重要时段通过微信短信向目标群体发送消防安全提示，利用新兴媒体平台，发布消防安全常识；购买充电式消防宣传车1辆，用于城区消防安全宣传和偏远地区集中消防宣传活动；借助“村村通”广播、防火公约等宣传方式传播消防安全知识，广泛组织村（社区）委、志愿者、网格员等基层力量开展上门入户宣传。通过摆好消防安全文化摊，筑牢居民消防安全防线，年内累计发放宣传资料2万余份，解答群众咨询200余条，受益群众2800余人。

【党风廉政建设】 按照年初工作部署，履行好“一岗双责”，重新聘请6名廉政监督员，定时召开党风廉政建设会议，邀请法律顾问到队授课指导业务，开展风险分析和排查。班子成员深入学习十九届中央纪委四次全会精神和党风廉政建设工作视频会议精神等内容，认真落实贯彻中共十九届五中全会精神，学习习近平总书记反腐倡廉重要论述，学习上级廉政建设制度规定。先后深入开展自查自纠，通过为期1周的警示教育，找差距、补短板，党员干部以普通党员身份参加党的组织生活制度，对照“涉赌涉贷”“警示教育周”“弘扬清风正气、凝聚奋进力量”等专题教育活动，以身作则、以上率下开展查摆剖析。开展廉政提醒谈话41人，召开公开述职述廉会议，按部就班开展好涉赌涉贷相关工作，组织填报赌博、借贷报告表43份，签订拒绝网络赌博43分，撰写心得体会43份。2020年，大队未发生重大违规违纪事件和社会面涉消负面舆情舆论。多次召开会议对贯彻落实中央“八项管理规定”精神进行学习，每季度开展监督执法干部廉政提醒谈话，组织到各项活动，接受廉政警示教育；把“问廉制”贯穿监督执法全过程，走访社会单位和群众，广泛征求意见，做到“一项一问廉”。

（宋　健）

（编辑：唐全涛）

综 述

2020年，梅列区教育系统坚持“公平、均衡、优质、创新、共享”的价值取向，深化教育改革发展，办人民满意的教育。梅列区在2019年国家义务教育质量监测中科学成绩优异，位居全省第一。2020年11月，在福建省人民政府教育督导办公室、福建省基础教育质量监测办公室联合召开的2019年义务教育质量结果反馈会上得到表扬。梅列区教育局被教育部授予“县级优秀组织单位”称号。

梅列区加快推进教育补短板应急项目，回应群众需求，10个月建成一所全新的高标准现代化学校沪明小学，工作经验得到市委、市政府的推广，各兄弟县（市、区）到场参观学习。梅列区率先在全省实施公办幼儿园“总园制”办学，实现了短时间内优质资源效益最大化目的，有效缓解“入公办园难”问题，取得良好的社会效益，成为省、市和梅列区学前教育的闪亮名片。2020年9月总园制办学经验《深入推进总园制办学　提升区域办学品质》在全市学前教育工作会议上交流，10月在《三明市推进学前教育深化改革规范发展九条措施》文件中得到推行。

教育部基教司、教育部体卫艺司、教育部教育发展研究中心领导等先后到梅列区调研，对梅列区扎实推进近视防控工作；义务教育学校全面实施素质教育、坚持“五育”并举、积极推进评价改革措施；公办幼儿园实施“总园制”办学等深入推进教育优质内涵发展方面给予充分肯定。

梅列区真抓实干、开拓进取，办好“活力教育”，全力做好“三明实践”中的教育篇章，吸引国家、省、市各级媒体目光。积分制入学制度改革，发展特色校园足球等，以体育涵育健康素养的区域教育工作经验，教师队伍管理改革等经验做法，先后经《中国教育报》《中国青年报》《海峡教育报》等媒体报道。

学前教育

【概况】　2020年，梅列区公办幼教总园共设有7所公办幼儿园、74个教学班，2500多名幼儿，教职工376名，专任教师132名、幼儿2500多名。截至2020年6月，所有分园均已被评为三明市示范性幼儿园，总园制度办学成效显著。

【扩容建设】　梅列区持续推进园所扩容建设，2020年新增学位900个。截至2020年12月，辖区在园幼儿园人数9679人，在公办幼儿园就读幼儿5525名。在园幼儿总人数较2019年增加769人的情况下，公办园就读幼儿比率从54.88%提高到57.08%，公办园和普惠性民办园就读幼儿占比85.07%，成效明显。2020年全区新增区级示范园2所，市级示范园2所。

【名师送教】　开展省、区幼教名师工作室送教，2017年入职新教师结业课堂教学展示等培训活动，全区幼儿教师培训率100%。不断提升12所普惠园办学水平，组织兴园幼儿园开展2020年三明市区域同城化“幼儿园课程游戏化实践”专题研讨活动，开放活动得到市、区级领导及与会教师的高度好评。

义务教育

【夯实基础】 梅列区深入贯彻落实小学“强基”、初中“壮腰”工程方案，推动省级义务教育综合改革实验区建设，以“五课”教研模式为抓手，以智慧教育平台为基础，积极打造线上和线下融合的区域教研，开展中小学教育教学专项视导活动和先进教研组评比，夯实校本教研，提升教师专业素养和技能。

【应对疫情】 面对突如其来的新冠肺炎疫情，梅列区教育局在各级党委、政府的领导和关心下，积极应对，开展线上教学活动。2020年，梅列区智慧教学平台助力“停课不停学、停课不停研”应用成果被教育部评为全国优秀案例，成为福建省唯一一个获此殊荣的县区级优秀应用典型案例。

【科学管理】 积极实施标准化建设，提升精细科学管理水平。群英小学等3所小学、三明十中等2所初中通过省级义务教育教改示范性建设学校中期验收；上河城小学、东新小学通过省级验收；梅列区第二实验学校通过市级义务教育管理标准化学校建设验收。省级“义务教育标准化学校”、义务教育管理标准化学校、义务教育教改示范性学校建设通过占比分别为85%、75%、70%，均为全市前列。

深入推动基础教育总校制改革，以教师交流、研训等为手段，实现强校带动弱校，推动实现强强联合局面，扩大优质教育资源覆盖面，满足人民群众对优质教育资源的需求。2020年9月，梅列区实验小学总校和列西小学分校组织架构改变为紧密型合作办学模式，综合教学楼投入使用，百年老校焕发新的生机活力；同月，三明市教育应急补短板项目三明市实验小学沪明分校投入使用，有效缓解列东片区小学学位紧张的局面。

【提升教学质量】 积极开展中小学教育质量提升攻坚行动，以目标驱动发展为手段，组建和调整中小学学科指导组，立足课堂提高效率，开展毕业班教学研究和指导，构建九年一贯全学科、全方位、全覆盖的质量监测体系。同时，坚持“迈小步、不停步”的目标策略，采用“分类要求、分别达标、分层评估”的方法，确定中小学教育发展目标，全面提升中小学教育质量，实现教育高位优质均衡发展，达成中小学教育在全市教育改革发展中示范和引领作用。2020年，在福建省2019年省义务教育质量监测结果反馈会上，梅列区科学学业水平监测结果表现优异，受到表彰；全区高质量完成中小学科学、道德与法治学科及相关因素的国家义务教育质量监测，被教育部义务教育质量监测中心评为优秀组织单位；顺利完成2020年中考组织工作，三明二中统招线达682分，连续十几年位列全市第一，7所初中定向生招生分数线均在630分以上，遥遥领先于全市同类初中校，中考总分优秀率居全市第一。

高中教育

【概况】 2020年，梅列辖区共有高中校2所，其中，市属高中三明二中为省一级达标高中、省示范性高中建设学校，三明市实验中学为区属民办高中。梅列区深入贯彻落实“高中”筑梦工程方案，开展新高考政策研究、解读和宣传，推动三明市高中新课程新教材实施示范区（校）的建设，高中教育教学质量稳步提升。

【高考成绩】 2020年，高考延续辉煌。三明二中的洪嘉骏以690分摘得全市理科状元桂冠，并被清华大学录取。三明二中本科上线率94.98%，录取本科387人（其中，985类85人，非985的211类208人，双一流类A类94人），位列12个县（市、区）第一。三明市实验中学2020年高考共有73人上本科线，本科上线率30%。

民办教育

【民办教育审批】 2020年上半年，审批办学许可1所民办幼儿园，变更1所民办幼儿园；审批办学许可1所校外培训机构，筹设2所校外培训机构。下半年，9所校外培训机构取得办学许可证。2020年，梅列区民办教育机构达38所。全年共下达各类整改（停办）通知书35份。疫情期间，到各培训机构和托管机构开展宣传，张贴不得开展线下培训通知书280多份。

【普惠性民办幼儿园】 1月，召开普惠园经费使用工作会议，对2019—2020学年的普惠园经费情况进行公示，并下拨至各普惠性民办幼儿园。认定兴园幼儿园、列西中心幼儿园为普惠性民办幼儿园，使全区普惠性民办幼儿园增加至11所。6月，下拨省补经费29.91万元，区补经费82.14万元。8月，下拨经费59.69万元。上半年合计下拨经费171.74万元。7月28日，召开新一轮普惠民办幼儿园工作会，并签订购买服务合同。11月，爱育幼儿园加入普惠园行列，全区普惠性民办幼儿园达12所，下半年下拨经费135.06万元。

【民办教育机构巡查】 把做好疫情防控作为民办教育机构监督管理重点之一做到不留死角。1月26日正月初二开始，区教育局组织相关人员对辖区38所民办教育机构，特别是16所校外培训机构进行巡查，重点巡查校外培训机构在春节期间有无开展培训活动。

为做好疫情的防控工作，减少人员接触带来的风险，教育局利用微信建立民办教育机构疫情防控工作群，发放《梅列区教育局致全区师生及家长一封信》，告知校外培训机构及学生家长，如何做好疫情防控工作。发放梅列区当前疫情防控通知书，并多次在工作群上以通知代会，要求各培训机构做好新型冠状病毒感染的肺炎疫情防控工作，严格执行上级部门调整的学校开学时间，管控公众聚集活动。教育局将加强监督检查。

【疫情防控物资保障】 对幼儿园春季返校复学工作进行周密部署，全面夯实开学基础条件，保障幼儿按省、市教育行政部门既定的复学时间顺利开学。各幼儿园通过测算并建立疫情防控物资需求清单，通过区指挥部调度调配、幼儿园自行采购、社会捐赠、师生自备4条途径，积极做好疫情防控物资储备工作。各幼儿园配备“健康信息自动比对预警系统”、热成像红外线体温检测仪、体温枪、体温计、手消毒剂、口罩、一次性手套、消毒剂等防控物资，科学布局洗手池等清洁设施，确保水龙头数量充足，肥皂、洗手液等配备到位，充分保障幼儿园开学防疫物资需求。

【复学复课工作】 成立由梅列区教育局、卫健局和市场监督管理局组成的复学复课领导小组，对全区民办幼儿园、校外培训机构进行巡查。按照“准备到位一家、验收合格一家、同意开班一家”原则，有序推进校外培训机构复工复课工作。从5月19日开始，复学复课评估小组对全区民教育机构进行复课检查评估，经评估，同意16所民办幼儿园复课，15所校外培训机构复课。7月，向全区家长发放禁止中小学学生进入无证校外培训机构学习的告家长书，告知家长无证培训机构存在的安全风险、教育风险和资金风险，要求家长认真鉴别校外培训机构的资质，并公布梅列区校外培训机构“白名单”。

【挂点工作】 建立局领导干部挂点培训学校制度，每所学科类校外培训机构安排1名教育局领导和1名干部进行挂校，指导幼儿园和培训学校做好疫情防控工作。监督各培训学校按要求进行复学复课，不提前教学、不超纲教学。培训时间晚上严格控制在20：30前结束，对收费标准进行公示，接受社会、家长监督。

【文明创建】 配合文明城创建工作，召开梅列区校外培训机构创城工作动员部署大会，区教育局领导对全区15家校外培训机构负责人创城工作的指标要求进行讲解培训，并发出“精心做好迎检准备，展现培训机构新风采”的倡议，激发广大培训机构积极参与创城的热情。各校外培训机构通过“校外培训机构工作群”，亮出各自宣传标语、师生管理制度方案，展出机构场地安全设施设备和门前环境治理情况等。

【民办幼儿园调研】 6月19日，区人大召开民办幼儿园调研工作座谈会，有29人参加。区人大常委会副主任蔡燕燕听取副区长冯火珠的工作汇报：一是依法行政、分类登记。二是积极扶持，排忧解难。三是规范办园、提升品质。教育、民政、市场监管、消防救援等部门作汇报。梅列区教育局从6个方面向区人大汇报：一是依法行政、简化许可项目；二是强化管理，规范优质发展；三是加大投入，改善办园水平；四是做好普惠工作，提高幼儿普惠率；五是建立培训机制，提升教师专业素养；六是坚持科学保教，提升教育质量。提出客观存在的问题：一是社会力量办园仍然存在办园规模小、条件较差的情况；二是民办幼儿园保教人员待遇低，流动性大；三是民办幼儿园分类管理工作尚未实施；四是疫情期间民办幼儿园面临的问题。16所民办幼儿园在会上就本园工作进行汇报。

9月8日上午，教育部教育发展研究中心领导到兴园幼儿园调研，市教育局陈兴、黄茂锋，区教育局陈雅瑛等陪同。

【校外培训机构督查】 10月17日，市教育局党委书记刘若嘉带队，根据国务院督查内容要求，对校外培训机构进行督查，区教育局局长谢映华陪同。就所发现的共性问题，要求各机构马上整改：1. 教职工花名册要有纸质材料，教职工档案材料要健全。2. 学生花名册信息要完整3. 教职工要有劳动合同。4. 要有收费一览表或各时段收费价目表。5. 学生培训收费名单。6. 使用的培训教材。7. 严禁虚假夸大广告等。8. 证照必须上墙。9. 各类安全检查需记录。10. 疫情防控不松懈，做到外来人员有登记、测体温，各种消毒有记录。

【"9•28"终身教育活动】 2020年，梅列区成教股按照相关部署要求，结合"9•28"终身教育日，围绕全民智学，助力"双战双赢"，积极开展各类成人教育、文化教育、技能培训及社区教育活动，大力推进学习型社会建设，努力营造全民终身学习氛围，各项工作继续呈现出良好发展态势。

进一步继承和弘扬中华民族优秀传统文化，推动全区广大中小学生养成良好的阅读、书写习惯，提高中小学生的人文素养，深化校园文化建设，营造浓厚的"书香墨香校园"氛围。督促各校以9月28日终身教育日为契机，持续开展校园大阅读和读书节活动。各校充分使用宣传平台，动员广大师生主动参与"读书节"各项活动。举办第五届"同读一本书"读书论坛活动，以"追寻教育理想 幸福教育人生"为主题，区教育局领导班子、各股室干部、区教师进修学校教研员、各校教师代表200余人参加活动。

面向广大社区居民，通过讲座、培训、观摩、座谈等多种形式，开展学习宣传活动。列东街道三路社区与三明市第一医院、三路社区卫生服务站，组织志愿者在三路社区文化活动中心，举行健康知识讲座活动受到辖区居民欢迎。徐碧街道重化社区开展贯彻落实党的十九届五中全会精神专题辅导讲座，将会议精神传达到每一名党员，营造浓厚的学习宣传贯彻氛围。列西街道翁墩社区邀请三明市第一医院眼科医生，在翁墩社区新时代文明实践站二楼活动室，开展眼科健康知识讲座。

【职业技能培训】 人力资源和社会保障局结合梅列区劳动力市场实际需求，分别与各行业协会及辖区龙头企业合作开展各项职业培训，参训人数达2680人。培训工种包含面点、烹调、咖啡、育婴员、保育员、家政服务、会计从业资格、计算机等级、电子商务、汽车维修、电工、茶艺、人力资源师、物流师、钳工、美容师、化妆师、美甲师、车间安全员、工程师等。

【实用技术培训】 农业农村局开展基层农技推广体系培训、新型职业农民培训（高素质农民培训）、农民电子商务培训、福建"12316"小程序推广培训、商品有机肥示范推广项目培训、农民手贡应用技能培训等，有1440人参加培训。

【社区老年教育】 区老年大学结合疫情防控要求，及时成立学校防控领导小组，第一时间在学校网站、工作微信群、各个班级微信群、QQ群推送权威信息开展正面宣传、普及疫情知识，要求全校师生员工遵守防控疫情各项规定，保持健康生活作息，做好个人防护。学校制定《梅列区老年大学疫情防控工作方案》和《梅列区老年大学疫情防控应急预案》等文件，指引全校师生防控疫情。为了满足广大老年学员对学习的需求，开启老年大学线上教学内容。学员各自在家通过微信、51VV视频社区或QQ听课学习，特别是每周收看51VV视频中吴丽娟老师或其他老师的线上授课，以及每周的QQ网络"葫芦丝乐园"直播教学。

卫生·体育·艺术·语言文字教育

【概况】 2020年，梅列区教育局扎实开展新冠肺炎校园疫情防控工作，确保全区各校（园）、培训机构有序开课，深入推进义务教育阶段学生"体育、艺术'2+1'项目"认定工作，促进每个学生至少掌握两项体育运动技能和一项艺术特长。举办各类赛事，促进学生体育、艺术特长发展，学生参加省、市级艺术赛事并获奖。

【卫生】 扎实开展新冠肺炎校园疫情防控工作，制定防控工作方案和应急处置预案，邀请区疾控专家对全区校医开展新冠肺炎相关专业知识培训，组织召开专家答疑会，各校对全体师生员工展开摸排，形成“一人一档”健康档案动态管理，做好教职员工核酸检测“应检尽检”工作。各校（园）均成立联防联控工作专班，协调处理全区各校疫情防控的各类突发事件。为学校开展正常教学活动及师生健康保驾护航。落实健康教育课程，做好慢病防控，加强心理健康教育和常见病防控，面对全区所有中小学生开展健康体检。关爱学生口腔健康，为1000多名幼儿进行了免费涂氟。认真做好儿童青少年的近视防控工作，组织各校开展“爱眼日”及主题宣传月教育活动，有6所学校申报市级近视防控课题立项并得以开题，教育局投入293.19万元对近视防控特色校的照明系统进行改造。6月5日，江西新余市教育局局长一行到上河城小学观摩学生近视防控工作；10月7日，教育部体卫艺司处长樊泽民到上河城调研近视防控工作；11月4日，全市近视防控工作培训现场会在上河城小学召开，梅列区教育局近视防控工作经验《以“眼保健操”为举措 精心呵护心灵之窗》在培训会上交流。

【体育】 梅列区被教育部确认为2020年全国青少年校园足球试点区，梅列实幼洋溪分园、爱绿幼儿园、区第二实验幼儿园被确认为全国校园足球特色幼儿园；8月14—16日在三明市社会实践学校，组织开展梅列辖区足球国家二级裁判员培训；做好全区学生体质健康监测工作；选送3篇体育工作论文参加第十四届全国学生运动会科学论文征集评选；12月梅列区选送王琦、林倩、林孝忠、周莉娟4位教师代表三明市参加福建省体育教师基本功比赛，获团体二奖；11月举办2020—2021年梅列区中小学足球联赛；12月举办2020年梅列区中学生男子篮球赛。

【艺术】 各校继续开展艺术社团活动，培养学生的艺术特长，进一步推进优秀传统艺术进校园。选送梅列区实验小学节目《卖水》参加第三届福建省中小学生（少儿）戏剧展演；选送4个节目参加第十四届福建省音乐舞蹈节节目展演评选，其中梅列区第一实验学校的合唱《采蘑菇的小姑娘》《桂花谣》获市二等奖，并参加全省现场展演；梅列区第二实验学校课题《童心绘葫芦 美育有传承——民间传统艺术融入学校美育课程的探究》被列为省级课题，并于2020年11月结题；12月举办梅列区第三届小麒麟艺术之星——十佳绘画之星和十佳主持之星评选活动。

【语言文字】 组织全区师生参加三明市第二届中华经典诵写讲大赛，共148个作品获奖，其中，一等奖30个、二等奖53个、三等奖65个；共有10个作品在参加福建省第二届中华经典诵写讲大赛中获奖，其中一等奖1个、二等奖4个、三等奖5个；组织师生参加“全国诗词大会”的市、区级选拔赛，其中三明十中的林云信步被选送参加“全国诗词大会”省级选拔赛。杨火珠、赖志强2位教师被入选为全省专家库成员。

校园综治平安建设

扎实推进新一轮“平安校园”创建工作，至2020年年底，45所学校通过新一轮“平安校园”考评。稳步推进安全隐患大排查大整治三年行动，落实安全隐患“四色”等级管理，做到常态化、规范化。筑牢校园安全基础设施，完成全区47所学校防冲撞、地震预警信息专用接收终端等安全基础设施建设。梅列区第二实验学校、三明六中、梅列区实验幼儿园洋溪分园3所学校地震避难场所建成。学校食品卫生安全管理工作不断完善，全区内设食堂学校“互联网+明厨亮灶”创建率100%。梅列区实验幼儿园徐碧分园被评为省级餐饮服务“明厨亮灶”示范单位。

教师队伍

【概况】 2020年，区教育局通过省考、紧缺招聘等方式公开招聘新教师85人，考核录用公费师范生1人，公开招聘校医4人，区外调入教师30人、校医1人，为梅列城区北扩西进“拓城拓校”提供人力支撑。优化城乡教师配置，2020至2021学年，共轮岗交流教师85人，其中援疆支教1人。

【教师资格管理】 全面实施教师资格制度，认真做好辖区社会人员幼儿园、小学、初中教师资格申请认定工作，2020年认定教师资格94人；组织开展教师资格定期注册工作，2020年全区共完成105名教师资格注册工作。加强教师队伍素质提升培养工作，开展公费师范生培养，2020年定向三明学院委培 “小学教育”专业公费师范生5人；加强名师名校长学科带头人的培养，区属各校共有正高级教师2人，特级教师4人，省级名师2人、名校长1人、学科带头人4人，市级名师4人、名校长4人、学科带头人29人。

【师德师风建设】 组织教职工深入学习习近平总书记关于教育的重要论述，学习《中小学教师职业道德规范》、新时代教师职业行为“十项准则”等有关规定，广泛开展身边榜样宣传教育活动，建设1支“乐业奉献、勤勉律己、创新敬业、干净纯洁、群众满意”的教师队伍。

【教师节表彰】 树立匠心育人榜样133名，1人获省优秀教育工作者，3人获省优秀教师，5人获市师德标兵，4人获市教学能手，表彰区师德标兵60人，区教学能手60人。

【落实乡村教师生活补助制度】 全区共有159人享受乡村教师生活补助。做好辞退代课教师历史遗留问题解决的推进工作，根据《转发区教育局等部门关于解决辞退代课教师历史遗留问题的实施方案的通知》（梅委办〔2016〕22号）、《关于解决1980—1997年代课教师历史遗留问题的实施方案》（梅委办〔2017〕41号）精神，发放原代课教师63人2019年度养老补助金9.83万元。

【人事档案管理】 认真落实人事档案的完善、借阅等管理工作，提高档案利用效能。

教育督导

9月，完成国家义务教育质量监测工作，获评“2020年国家义务教育质量监测实施优秀组织单位”。10月，开展第三批幼儿园规范办园行为督导评估，完成8所公民办幼儿园（5个公办幼儿园、3个民办幼儿园）的规范办园行为督导评估。11月，完成对辖区5个镇（街）教育工作督导评估。

（王　珂）

（编辑：唐金涛）

综 述

2020年，梅列区积极培育和践行社会主义核心价值观，做实“文明三明”文章，加强新时代公民道德建设，扎实做好各类群众性精神文明创建活动总评工作，推进文明城市（区）创建总评，顺利完成省级文明城区考评，营造浓厚创建氛围，开展新时代文明实践活动，推进志愿服务制度化建设，深化基层基础创建，加强未成年思想道德建设，为建设新梅列提供强大精神力量和良好社会环境。

推进文明城市（区）创建总评

【落实责任】 2020年，梅列区顺利完成省级文明城区考评，同时也为三明市“全国文明城市”称号三连冠做出重要贡献。落实文明城市创建常态长效机制，实行“处级领导包项目、区直部门包社区、文明单位包门前、专项督查组包监督”的责任机制，划分“五大战区”，实行社区网格化管理，组织开展“三引领、三联系”“步行查创城、骑行看文明”等活动，实现“党建带创建、创建促党建”，文明创建全民参与。按照“十大攻坚项目”、文明城市创建工作清单、城市管理“五难”治理确定的目标任务，按序时进度推进，一个项目抓突破、抓落实，补齐农贸市场改造、老旧小区改造、城乡环境整治等创建工作短板。

【加强创城督查】 加强创城督查，抽调相关部门精干力量成立创城督查组，结合市督查发现的问题，每周对整改落实情况逐项对标对表督查，组织开展创城模拟测评，下发《创城通报》42期，督促问题整改落实。

【营造浓厚创建氛围】 有针对性开展精神文明宣传教育，广泛倡导文明新风，营造浓厚社会氛围。与城市名片宣传相结合加强创城宣传，新增社会主义核心价值观、“文明三明”“文明健康 有你有我”“文明餐桌”等公益广告3000余幅，制作发放各类创城宣传折页、宣传单、问卷调查和雨伞、购物袋等宣传品13万余份，运用新浪H5移动端宣传“共创文明城”，浏览量达9000多次。

开展新时代文明实践活动

【概况】 以新时代文明实践为抓手，融入疫情防控、移风易俗、节俭养德、家风家训等内容，深入开展主题活动，推动“满意在三明”深入人心。

【推进好人建设】 积极培养树立、推荐道德模范、身边好人等先进典型，新增福建省身边好人1人，组织开展第十一届（2019—2020年度）梅列区道德模范推选表彰活动。道德模范身边好人联谊会发挥示范带动作用，组织开展疫情防控文明劝导、爱心送考等志愿服务活动，在万达广场（好人）驿站开展好人公益宣讲，开设以“好家风好家训”“文明健康 有你有我”“百姓护河”等为内容的好人公益微课堂13期，引导群众见贤思齐、崇德向善。

【建设新时代文明实践所（站）】 年内，完成列西街道、徐碧街道、翁墩社区、东乾社区新时代文明实践所建设（站）建设，实现新时代文明实践所全覆盖，并组织开展疫情防控、移风易俗等志愿服务活动。

【深化节日主题活动】 结合疫情防控，深化移风易俗活动，线上线下丰富开展“我们的节日”主题活动，开展“文明祭祀，行清追思”网上祭英烈、“迎端午 庆七一”慰问武警官兵、国庆中秋“两节”新民俗等活动，开展文明礼貌月、公民道德建设宣传月主题活动，宣传文明餐桌、文明交通、文明旅游等公共文明行为。在“公民道德宣传日”，举办“培养时代新人 弘扬时代新风”为民惠民服务、“尊重生命 关爱动物 做文明养犬人”文明养犬等系列活动。广泛开展“邻里节”特色品牌活动，以“文明健康 有你有我”为主题，开展“重阳慰问送温暖，真情关爱暖人心”重阳节活动，弘扬移风易俗、勤俭节约、守望相助等传统美德。

志愿服务制度化建设

【概况】 2020年，逐步实现供需精准对接，开展防疫志愿服务活动和特色志愿服务活动，培养树立先进典型。

【实现供需精准对接】 规范志愿者招募注册、活动项目发布、服务时长记录，年内，全区在“志愿三明”平台注册志愿者近3万人，参与团体近500个，发布项目6700余个，服务时长7.4万余小时，位居全市前列。同时，依托“志愿三明”平台，形成“居民需求社区采集，社区整理网上发布，志愿组织及时承接”循环模式，完成志愿服务供需对接项目702个。

【防疫志愿服务活动】 疫情防控期间，梅列区动员组织志愿者、志愿服务组织参与新冠肺炎疫情防控工作，开展社区疫情管控、心理疏导援助、采摘转运爱心蔬菜等志愿服务活动近400场次，参与志愿者达8000余人次。“三明市彩男爱心公益联盟”为300余名抗疫一线工作人员免费理发。开展“满意在三明·梅列文明同行战疫情——关爱一线社区工作者”志愿服务活动，为200多名社区一线工作者捐赠总价值近13万元的爱心礼包。

【特色志愿服务活动】 利用“新时代文明实践推动日”，组织党员志愿者深入社区、村开展“清理白色垃圾，美化人居环境”“创城宣传广入户 文明意识入人心”等活动5次，5200余人次参与活动。组织开展“爱心义剪”免费理发进社区活动，每月深入社区为困难老人、行动不便老人、残疾人免费理发，共开展50次，服务700多人次，其中上门服务70人次，庄彩男爱心发屋继续每月定时上门为70岁以上老人免费理发，实现“爱心义剪”活动的灵活性和稳定性。成立公共文明引导“文明养犬汪汪队”，通过悬挂横幅、发放倡议书等形式宣传宠物免疫知识，在公园、江滨等场所开展劝导活动，倡导文明养犬。结合公民道德建设宣传月，组织137个文明单位在各主要路段、广场公园、主要交通路口开展公共文明劝导志愿服务活动。

【树立先进典型】 2020年，征集9个志愿项目参与福建志愿服务项目大赛，新增“福建省五星级志愿者”2人，彩男爱心公益联盟庄彩男被评为全国“4个100”最美志愿者。

深化基层基础创建

【概况】 修订出台《梅列区精神文明创建活动管理办法》《梅列区精神文明创建评先审核中行使“一票否决”的实施细则》，完善“一票否决”事项。修订测评体系，完成近300个各级文明单位（村镇、校园、社区、家庭）总评工作。

【加强农村精神文明建设】 加强农村精神文明建设，深化“星级文明户”创建活动，打造洋溪镇乡风文明传播阵地，向上争取资金支持场馆建设，罗氏宗祠内设志愿服务馆、家风家训馆、民俗馆、奥运文化馆等场馆，结合村规民约的修订，将好家训、好家规融入村规民约中，年内，通过福建省级公民思想道德教育馆验收。陈大镇渔溪村做好宣传阵地建设、村容村貌治理、文化文明涵养提升工作，继续被评为全国文明村、省级文明乡风联系点。

【开展“文明单位文明实践”志愿服务活动】 开展“文明单位文明实践”志愿服务活动，安排96个文明单位、300多名志愿者到“日月星”两馆一宫、麒麟山志愿服务驿站开展文明督导活动。

未成年思想道德建设

【概况】 2020年，开展“共抗疫情，爱国力行”宣传教育活动；关爱贫困留守儿童，开展“红烛暖心”贫困留守儿童关爱活动，为留守儿童等有需要的家庭提供帮助。

【疫情防控】 2020年，开展“共抗疫情，爱国力行”宣传教育活动，各校利用微信公众号、家长微信群、致家长信等载体，普及疫情防控常识。组织学生开展征文、童谣、绘画、书法、微视频等形式多样的网络主题教育活动，引导学生寻找、学习、宣传基层一线抗击疫情的感人故事，共推出疫情防控主题视频609个、手抄报708份、征文1459篇、童谣308首，书画、美篇、歌曲等作品1100多个。

【关爱贫困留守儿童】 关爱贫困留守儿童，开展“红烛暖心”贫困留守儿童关爱活动，成立专项工作领导小组，着力推进学业辅导、心理健康引导、亲情沟通。建设社区教育实践基地，打造三路社区、东乾社区、龙岗社区“四点半学校”，通过“志愿者+社区”的模式，成立辅导员队伍，为双职工、困难、外来务工、留守儿童等有需要的家庭提供帮助。加强校外活动基地建设，推荐清枫谷基地申报省级研学基地，申报创建梅列区中小学生劳动教育实践基地，洋溪中心小学竹编项目入选三明市劳动教育特色项目。

（李晓燕）

（编辑：范毅民）

新冠肺炎疫情防控

【概况】 2020年，梅列区卫健局把新冠肺炎疫情防控作为重要工作，助力复产、复工、复学，加大疫情防控宣传力度。

【疫情防控】 确定麒麟山花园酒店作为疫情防控首选观察点。实行24小时值守并安排专车实施境外及国内高中风险地区入（返）梅人员点对点接驳。

开展疫苗紧急接种。制定接种实施方案，在辖区4个接种点开展疫苗接种工作，按时完成梅列区高风险人员1200人疫苗接种任务，未发现严重异常反应情况。

加强核酸检测能力建设。全区建立20支共40人的核酸采样队伍，区疾控中心核酸检验实验室完成1548人份核酸检测工作。

制定《梅列区应对秋冬季新冠肺炎疫情防控工作方案》、《梅列区应对秋冬季新冠肺炎疫情应急预案》（第二版）。

助力复产、复工、复学。对81家规模以上工业企业、体育场馆等公共场所指导行业开业工作，帮助行业主管部门下发开业导则。

加大疫情防控宣传力度。出动宣传车890次，通过新媒体编发资讯消息1859条次，推送温馨提示短信27.72万条次，印发各类宣传册10万余份。

医药卫生体制改革

【概况】 2020年，梅列区医联体建设工作完善制度建设，落实保障措施，下沉优质资源，基层医疗卫生机构的诊疗水平及服务能力明显提高。

【医改成效】 2020年，辖区群众就医负担得到大幅减轻，基层医疗卫生机构门诊次均费用165.49元，住院病患者次均费用1512.80元。医务人员受益激发活力，2020年度全区职工绩效工资增量人均4.5万元；院长（主任）人均22.95万元，同比增加41.13%。机构受益良性发展，基层医疗卫生机构门诊为118454人次，同比增长10.3%。创新“民营医院”和“梅列二院”两篇文章。2020年，梅列辖区民营医院共87家，占全区医院比例达52%，建成北门、重化、丹蓉3家卫生服务站，完成梅列二院医改示范点改造，建成全省前列数字化预防接种门诊。全年，共免费为梅列辖区65岁以上老年人提供健康体检等管理服务的9930人。

【医政、中医药事业】 2020年，梅列区卫健局加强卫生事业管理，提升“放、管、服”，做好行政审批工作。开展2次以医疗废物管理为重点的全区医疗机构院感检查。提升基层中医药服务能力，列东街道社区卫生服务中心中医馆被列入省级农村重点专科建设项目，获得补助资金20万元。完成第四次中药普查调查样地、样线的指标任务，上交中药蜡叶标本、药材、种质3类实物，着手撰写验收报告和中药志要。

乡村医生规范化培训工作如期举行，全年共举办基层医生基本诊疗规范培训班12期。

基层卫生与妇幼保健服务

【概况】 2020年，梅列区合理规划和配置乡村卫生资源，规范服务行为，提高服务能力，规范资金管理，确保资金及时足额到位。

【基层卫生服务】 扎实推进慢性病一体化管理，实现医疗健康信息在总医院、基层医疗卫生机构的共享交换。同时，定期组织慢性病防控专项咨询义诊活动及讲座。做实做细家庭医生签约服务，辖区老年人签约率60.18%、高血压患者签约率78.27%、糖尿病患者签约率81.29%、严重精神病患者签约率61.78%；农村建档立卡贫困人口签约率100%。开展精准开展健康扶贫工作，提供免费体检、送医送药等服务，实行“一户一档、一人一册（策）、一季度一随访”的健康管理模式，2020年，全区建档立卡贫困人口中有16人享受一站式医疗救助结算92人次，个人支付总额2135.23元，占总费用的1.03%。

【妇幼保健】 2020年，全区孕产妇系统管理率95.1%、产前检查率98.7%、住院分娩率100%、产后访视率98.5%，接受艾滋病、梅毒、乙肝检测率100%。农村育龄妇女孕前及孕早期免费补服叶酸284人、产前筛查144人；地中海贫血筛查完成148对，孕前优生健康检查完成177对；“两癌”筛查完成1805人。独立完成全区27所幼儿园8600名儿童、830名教师体检工作。新设置审批1家二级助产机构、3家计划生育服务机构，发放母婴保健技术考核合格证书30本。

卫生监督及爱国卫生工作

【概况】 2020年，梅列区全面落实免疫接种工作，有效控制传染病，扎实推进结核病防治工作，积极开展流动人口艾滋病干预活动，巩固国家慢性病综合防控示范区创建成果。加大违法行为处罚力度。

【疾病防控】 开展重点慢性病规范化管理，35岁以上高血压患者规范管理率87.73%；糖尿病患者规范管理率83.58%。全区严重精神病在册患率4.39‰、管理率96.82%。新生儿建卡、建证率均达到95%以上；“七苗”常规免疫接种率均达部颁95%以上。全区共报告传染病12种913例，无甲类传染病暴发流行。接受结核病检查率100%。组建医防协同融合健康宣讲团，印制各类宣传单、折页50010份，宣传海报896份，开展咨询义诊宣传活动9场。

【卫生监督】 年内，检查183家医疗机构，下达卫生监督意见书57份，并已全部整改到位。共立案查处案件25起，罚没收违法所得35.18万元。疫情期间，共发出新冠肺炎防控指导性卫生监督意见书500余份。办理公共场所卫生许可证147件；共受理放射审核18件，已发放射工作人员证59本。积极做好“双随机”工作，被监督单位抽查完结率100%。

【爱国卫生运动】 开展环境卫生专项整治。聚焦重点场所，出动825人，投放消毒原液1326公斤，对辖区7个农贸市场进行全面消杀，消杀面积约16万平方米。加大病媒生物防治工作力度，在辖区安装灭鼠毒饵站3200个，投放灭鼠药2吨，清理卫生死角200余个，投放消杀药水40吨。加大宣传力度，利用爱国卫生月活动发放宣传材料5000余份，35处LED屏滚动播出宣传信息。

计划生育、宣传工作

【计生奖扶】 2020年，发放城镇（农村）奖扶、特扶、一次性扶助、农村二女绝育手术户、贡献奖扶等资金共计1089.05万元，扶助5730人次。

【健康宣传】 利用春节、母亲节、“三八”国际妇女节等节日契机，通过广播、电视、新媒体等多种形式大力宣传计生及卫生健康知识。上报各类宣传简讯60条，疫情防控工作简报175期，出动宣传车890次，通过“一微一网一抖”和加盟的央视移动端等平台编发资讯消息1859条次，浏览总量超过202.7万人次；手机短信推送温馨提示短信25.72万条次；印发宣传资料22.49万份。

党建 平安建设

【机关党建】 梅列区卫健局结

合“三会一课”深入学习《习近平在福州》等系列丛书及习近平总书记系列讲话精神，不断坚定“四个自信”、树牢“四个意识”、做到“两个维护”。推进“党员先锋岗”等载体建设，践行“亮灯行动”，全年卫生系统各支部深入社区开展志愿服务活动30余次，为疫情防控捐款13780元。通报10起省、市、区违反中央八项规定典型问题，观看党风廉政电教片12场次。

【医患治理】　梅列区卫健局全年共接收处理“e三明”投诉件咨询件537起，2020年“e三明”平台运行情况通报中，区卫健局及时查阅率、及时回复率、满意率均为100%。共处理4起医患纠纷，补偿金额7.93万元，保障辖区健康的医疗卫生环境。利用微信、宣传栏、LED屏等各类宣传平台开展正面宣传，制作宣传牌25块、标语12条、发放宣传单800余份；填写梅列区平安建设“三率”模拟问卷400余份，入户调查350户，共发放宣传资料400余份。

（陈颖婕）

（编辑：范毅民）

综 述

2020年，梅列区人力资源和社会保障局（简称区人社局）坚持民生为本、人才优先，惠民生与促发展相结合，着力稳定就业促进创业、完善社会保险制度、优化人才发展环境、激发人事管理活动、维护劳动者全法权益，努力推进人力资源和社会保障事业全面发展。疫情期间大力推行"五办工作法"、尽量采取"不见面"方式高质量高效率服务群众，时刻牢记人民利益高于一切，全力保障窗口单位工作正常高效运转。

就业创业

【概况】　2020年，梅列区积极落实就业创业政策，强化职业技能培训，努力提升服务水平。1—12月，城镇新增就业人数3429人，城镇下岗失业人员再就业1434人，就业困难对象再就业185人，城镇登记失业率2.82%，控制在任务目标3.5%以内。

【落实就业政策】　全年为2家企业发放一次性稳定就业奖补2万元，为6家企业发放一次性稳就业奖补117.72万元，分3批次为958家企业发放失业保险稳岗补贴252.55万元，为3家企业发放2019年度用人单位招用就业困难人员社会保险补贴12.95万元，为1家企业发放一次性创业带动就业补贴0.15万元，发放2019年度灵活就业困难人员社会保险补贴648.11万元，分2批次为112家企业发放失业保险支持困难企业稳岗返还457.16万元，为辖区3人发放一次性引进劳动力奖补0.15万元；为9家企业发放新招用员工补贴13.15万元。

【帮助企业复工复产】　区人社局通过微信公众号、政府网等渠道，举办线上招聘会，着力打造"就业服务不打烊、网上招聘不停歇"的线上招聘模式。发布梅列区线上招聘信息7期，涉及辖区企业93家，提供就业岗位1106个，达成求职意向319人。7月26日，举办"梅列区2020年'职'在民企'就'有未来暨助企用工专场招聘会"，提供就业岗位740多个，吸引各类求职人员830多人进场应聘，现场达成就业意向111人。持续开展"访企业、解难题、'促六稳'"专项行动，先后走访三菲铝业、普诺维、片仔癀、大润发、鹭燕医药等40余家辖区企业，全面了解辖区企业复工复产、用工缺工、人才需求等情况。区人社局联合区卫健局、民政局、市场监督管理局4个部门，摸底辖区12家职业技能培训机构恢复线下培训意愿，抽调各部门专人组成联合评估小组，对申请复工的6家培训机构逐一上门实地走访、全面排查。经验收，6家职业技能培训机构均符合复工验收标准，已准予复工。

【精准扶贫】　2020年，全区共有农村精准扶贫对象18户51人，其中劳动年龄段16户27人，劳动年龄段有就业意向的10户15人。春节期间，区人社局走访建档立卡贫困户，慰问12户12人，慰问金额3600元。疫情防控期间，全面走访建档立卡贫困户，充分摸排了解贫困户生活需求、求职意向等，同时结合辖区企业岗位需求情况，通过线上推送系统向辖区劳动年龄段内的农村建档立卡贫困户16户27人推送就业岗位信息88人次，实现更加精准的就业帮扶。开发2020年建档立卡贫困户公益性岗位3个（其中，陈大镇1个、洋溪镇2个），均已上岗。开发15个临时性的乡村公共服务类岗位，主要吸纳有能力胜任岗位工作的建档立卡贫困劳动力，共向各用工单位征集到11个岗位，11月上岗3人。做好就业扶贫工作，促进贫困劳动力就业，深化闽宁劳务协作，落实吸纳贫困人口跨省务工奖补共46人，发放补贴金额5.08万元。

【扶持大众创业】 全年发放创业担保贷款贴息236笔71.72万元；发放2019年梅列区公益性岗位补贴43.78万元，补贴单位20家；新开发基层公共管理和社会服务岗位15个，基层公益性岗位25个，12个基层公共管理和社会服务岗位，7个基层公益性岗位已安置上岗。选送辖区8个创业创新项目参加2020年三明市创业创新项目评比，其中2个项目获得市级奖励。发放2019年度市级优秀创业创新项目资助10万元。为2家企业发放一次性创业补贴1万元。

【职业技能培训】 区人社局联合区总工会、区教育局举办2020年梅列区第一期保育员（中级）职业资格培训班，参加培训39人，其中33参与技能鉴定考试，30人取得中级保育员职业资格证书；开展保育员技能竞赛活动，评选出一等奖1名，二等奖2名，三等奖3名。疫情防控期间，组织辖区培训机构开展各类线上公益性培训11场，发放2019年省级技能大师工作室补助资金20万元，发放2020年市级技能大师工作室补助资金12万元；发放2020年梅列区职业培训“技能提升补贴”118人，合计补贴金额21.41万元；发放2020年梅列区职业培训“见证补贴”173人，合计补贴金额21.484万元；辖区4家企业通过福建省补贴性职业培训管理平台系统对57名员工进行简易岗前技能培训，发放补贴金额1.14万元。组织辖区6家企业参加三明市技能大师工作室申报工作，其中4家被授予“市级技能大师工作室”称号。

【就业资金管理】 完善资金管理制度，做到有规可依。建立和完善风险防范制度。将就业专项资金经办、管理、监督等风险等级较高的岗位，制定风险防范措施，开展廉政教育、警示教育，从思想上筑牢抵御腐蚀的道德防线。严格执行各项资金管理制度，规范操作流程，确保资金运行安全。明确就业专项资金的使用范围、申报程序和支付管理。从资金拨付管理、使用监督、拨付公示、资金支出结果报告、监督和跟踪反馈等方面对资金进行管理。

社会保障

【概况】 2020年，梅列区社会保险覆盖面不断扩大。截至12月底，机关事业单位193个单位、在职干部职工2415人参保，完成全年任务的107.33%，退休人员1543人；企业养老保险34042名职工参保，工伤保险39804名职工参保，失业保险参保25717人，涉及参保单位3776家，发放失业保险基金1734.54万元。城乡居民保参保人数13886人，参保率95.77%；养老、工伤、失业保险待遇支付规范准确、及时足额发放；养老保险精准扩面工作取得成效，截至12月底，梅列区扩面2232人，完成全年任务的169.86%，全面完成总扩面任务数，并列全市第一，受到市人社局通报表扬。梅列区18户51名建档立卡贫困对象和505名贫困人员，已全部按照序时进度完成应保尽保、应发尽发、应代缴尽代缴工作。

【社会保险待遇】 机关事业、企业退休人员人均养老金月增资分别为195.06元和133.85元，月人均养老金为4558元和2321元；城乡居民养老保险待遇从2020年7月起增加至每月130元。

【社保费减免工作】 做好减免缓政策的解读宣传，依托税务部门核定的企业减免社会保险费数额，逐条核对社保系统数据，确保减免数据准确无误；联系区财政局，做好相关资金保障工作，确保各项社会保险待遇按时足额发放。落实阶段性减免企业社会保险费退费工作涉及养老保险企业1180家，退费金额373.5万元；工伤保险企业1073家，退费金额36.68万元；减免失业保险费1069笔，兑现金额10.62万元。

【养老金资格认证】 年内，梅

列区机关社保领取待遇认证1471人，认证率100%。企业社保坚持日常核查与重点核查相结合，每月对上月经办业务随机抽取10%进行核查，高效、有序做好防范社保基金管理风险工作。城乡居民医保通过电子认证6002人，完成率92.3%。

【基金监督管理】 区人社局从组织机构、业务运行、基金财务、信息系统和内部管理与监督5个方面，逐项做好社保基金经办风险管理。扎实开展社会保险经办风险管理专项行动、社保基金管理使作专项检查和重点指标专项检查，对发现问题及进行整改，基金要情报告及时报送相关部门。2020年6月，邀请市基金监督科科长为梅列区社会保险经办机构人员进行培训，提升社会保险基金风险防范能力。

【社会保障卡运用】 2020年，区人社局在各业务经办窗口、农商银行社会保障卡办理网点开展现场活动，对社会保障卡应用进行宣传。局机关和“三支一扶”人员全部通过社会保障卡发放待遇；城乡居民退休人员农村户籍基本已使用社会保障卡发放；新增机关事业单位退休人员通过社保卡发放养老金80人，发放率97.56%；新增企业社保通过社会保障卡发放养老金349人，占当年新增发放人数80.04%。

人才管理

【引才引智】 落实省、市人才政策，选拔推荐高层次人才，推进梅列区“百千万人才工程选拔”“享受国务院特殊津贴人员选拔”“雏鹰计划”等各类高层次人才培养项目申报工作。2020年，推荐梅列区农业农村局1名副高级职称人员高超跃申报三明市“第六批”优秀人才；推荐卫健系统1名正高级职称人员郑学友参加国家级百千万人才工程人选选拔；推荐辖区内三明市普诺维机械有限公司高级工程师郭尚接、梅列区教师进修学校正高级教师刘菊春、梅列区医院主任医师郑学友3人申报国务院政府特殊津贴；推荐梅列经济开发区管委会申报博士后科研工作站；推荐三明人人网络科技有限公司熊嗣武参加省“雏鹰计划”评选。组织辖区3家企业赴龙岩第三届闽西南协同发展区人才交流（招聘）大会。

【人才招聘】 2020年，梅列区新增就业见习单位4家，见习岗位88个，累计已申报就业见习单位25家，见习岗位561个；已成功安排46名高校毕业生上岗见习，发放2019年下半年至2020年上半年就业见习补贴14人，共计9.79万元；组织辖区高校毕业生申报2020年大中专毕业生创业省级资助项目3个，其中入围答辩1个；组织申报“中国创翼”创业组项目3个；申报福建省高层次人才A类1名；三明市高层次人才D类人才6名，E类3名；实用型一类人才3名，二类人才5名；建立三明市人才需求信息动态管理机制，征集梅列区35家企业，人才需求265个，招聘273人。

【职称评聘】 进一步规范梅列区事业单位岗位设置管理工作，对新成立、编制数有所调整的事业单位，结合基层单位工作实际，逐步调整、适当提高其中、高级的专业技术岗位结构比例，缓解事业单位评聘矛盾，完成19个事业单位岗位设置和教育系统“第五轮”岗位设置，核准1375个岗位；结合卫生系统事业单位实际情况，提高区疾病预防控制中心中、高级岗位结构比例，推进医疗事业单位岗位统筹管理，适当提高其中、高级结构比例，有效缓解卫生系统事业单位评聘矛盾。落实“县管校聘”，审批教育系统27个单位266名专业技术人员的岗位晋升报备。完成其他事业单位105人的岗位晋升审核工作。进一步规范专业技术人员职称评审。积极做好中小学教师、医疗卫计人员、农技人员、工程技术人员等人员专业技术职务资格推荐，委托推荐25人次参加高级职称评审，51人次参加中级职称评审，13人次参加初级职称评审；顺利开展“2020年梅列区工程系列初级职称评审”工作，审核辖区内共有16家企、事业单位报23名专业技术人员的初级评审申报材料，批准确认经梅列区工程技术评审委员会评审通过的20名取得工程系列初级职称；共确认10名工程系列初级职称，28名教育系列初级职称。严格执行专业技术人员接受继续教育专业课和公共课培训作为任职资格评审的必备条件，认真审核验证我区专业技术人员继续教育课时。

【队伍建设】 2020年，接收2020届高校毕业生档案561册，流动人员人事档案60册，完成流动人员档案转递316份；受理高校毕业生报到134人；电话二次回访离校未就业毕业生489人次，就业率达到100%。加大机关事业单位对高校毕业生的招聘力度，2020年计划事业单位招聘高校毕业生34名，招聘教师101名，招收“三支一扶”人员10名，全部完成招聘工作；做好“三支一扶”人员的管理工作，落实“三支一扶”大学生的生活补贴、安家费等相关补助政策，开展年度和期满考核，考核13人（其中，2020年期满高校毕业生3人，2019年招募“三支一扶”高校毕业生10人）。

【落实工资福利】 完成全区机关事业单位人员2000多人次的年度考核晋升工资薪档和日常工资变动审批工作，做好机关事业单位到龄退休人员的退休审批工作，做好工资福利相关文件政策的咨询解读和宣传工作，做好人事管理平台业务难点热点问题的实时指导和解答工作。

劳动关系

【劳动监察执法】 年内，区人社局先后开展“清理整顿人资源市场秩序”“农民工工资专用账户管理实施细则”“劳动保障监察书面审查”“企业劳动保障诚信等级评价及工资支付行为信用等级评价工作”“重大劳动保障违法行为社会公布”等专项活动，监察检查企业125户，纠正用人单位规章35件。全区企业建立劳动合同制度覆盖率100%、与职工劳动合同签订率99%。

【根治工资拖欠】 区人社局完成“无欠薪网格”和“无欠薪项目部”的实施工作，全年累计查处欠薪维权投诉案件25件（其中立案10件）、涉及劳动者212人、追发劳动者工资309.44万元。同时，在工程建设领域全面落实工资保证金制度，实现所有在建工程项目全覆盖。进一步规范工资保证金制度和差异化缴存办法，积极推行银行保函等第三方担保制度。进一步落实欠薪应急周转金制度，对企业一时难以解决拖欠工资或企业逃匿的，在依法处置的同时，及时动用欠薪应急周转金或通过其他渠道筹措资金，先行垫付工资或基本生活费。全区在建工程项目已办理农民工工资保证金的20个，其中，实行现金缴交金额100万元；采取业主担保的工程项目2个，担保金额543.5万元；经行业主管部门批准采取差异化免缴的14个，免缴金额5721.5万元；采取保函4个，保函金额1130万元。

【规范工伤认定】 严格按《工伤保险条例》的相关规定开展工作，完善工伤认定程序，紧紧扣住受理、调查、举证、做出结论到送达认定书等各个环节，做到环环相扣，对事实清楚的工伤认定申请做到快立案、快调查、早认定。2020年，接收工伤案件申请159件，不予受理4件，受理155件（其中，认定工伤案件150件，不予认定2件，撤回3件）。

【仲裁机构建设】 2020年，受理劳动人事争议案件72件，办结71件，调解55件，裁决16件，案件调解率77%，仲裁时效内结案率100%。维护双方当事人合法权益，有效地推进辖区劳动关系和谐稳定。

（曾寿荣　廖芳芳）

（编辑：范毅民）

综述

2020年，梅列区民政局认真贯彻落实中共十九大和习近平总书记对民政工作重要批示精神，践行“民政为民、民政爱民”理念，按照区委、区政府的工作部署要求，推进民政各项工作扎实有效开展。社会救助不断提高，福利慈善有效落实，养老服务补短板取得阶段成效，基层治理不断完善，公共服务日趋完善。

梅列区民族与宗教事务局（简称区民宗局）贯彻落实全省、全市民族宗教工作会议精神和全区统战工作会议精神，落实少数民族政策，做好宗教领域疫情防控工作；依法管理宗教活动场所和宗教事务，引导宗教中国化方向，开创民族宗教工作新局面。

社会救助

【提高保障标准】 7月起，梅列区城乡低保标准由每人每月580元提高到708元。截至2020年12月，辖区城市低保户218户273人，累计发放低保金209.53万元，月人均补差640元，农村低保户114户180人，累计发放低保金119.21万元，月人均补差599元；辖区特困人员14人，其中，城市13人、农村2人（集中供养7人，分散供养7人），救助供养标准分为全自理、半护理、全护理3个档，累计发放22.12万元，人均供养额1450元，不能自理特困人员集中供养率91%，提前实现省民政厅要求的不能自理特困人员集中供养到2020年达到50%的目标。

【扩大低保对象覆盖面】 2020年，梅列区开展城乡低保“漏保”现象专项摸排，将城乡低保审批权限下放各镇（街道），对镇（街道）分管领导、民政助理员进行政策宣传解读，重点排查各类人员，聚焦特殊群体，切实开展入户摸排核查，保证“不漏一户，不漏一人”。对近年申请低保未通过的重度残疾人家庭、患病花费较高的家庭进行全面摸排，建立台账，全区共新纳入低保34户53人，退出不再符合条件低保对象46户73人，城乡低保覆盖率1.67%。

【发挥临时救助效用】 2020年，梅列区临时救助镇（街）审批权限提高到5000元，临时救助标准提高到封顶2万元，疫情期间分别发放临时生活补贴和疫情补贴。全年，累计救助734人次，救助金额98.42万元。

【精准帮扶城市困难家庭】 2020年，梅列区共有243户299人精准帮扶对象，其中，城市低保户217户271人，城市特困对象12户12人，城市孤儿2户2人，事实无人抚养12户14人。区帮扶中心积极开展疫情助困、政府保障、爱心捐赠、入户慰问等活动，共吸纳爱心企业386家，登记长期跟踪帮扶、慈善捐赠物资、开展技能培训、提供就业岗位、免费教学辅导等帮扶资源850条。疫情防控期间，辖区爱心企业捐赠蔬菜、大米、食用油、豆腐皮等生活物资价值5万余元，用于保障城市困难群众在疫情期间安稳过渡。鼓励、支持社会组织和志愿服务队开展各类志愿服务，开展各类帮扶志愿服务活动500余场，帮扶困难人员近2千人次。创建“互联网+”精准帮扶云平台系统，充分运用信息管理系统，实行网上需求申报、帮扶资源收集，通过平台系统链接企事业单位、社会爱心人士、志愿者组织等进行结对帮扶或物资捐助，保障困难群众线上诉求匹配线下对接的帮扶模式。线上精准帮扶管理云平台，实现帮扶救助精准化、常态化、长效化，架起精准帮扶的连心桥，打通梅列帮扶助困的“绿色通道”。为辖区的城市困难家庭精准帮扶试点工作注入生机和活力。辖区60多个省、市级文明单位以实际行动参与到帮扶工作中，多家单位参与困难家庭救助工作。同时，进一步加大宣传力度，《三明日报》、三明电视台、学习强国、梅列微时代、梅列信息等多次对开展帮扶工作进行宣传报道。2020年9月，梅列区帮扶中心获福建省第三届“善行八闽—公益慈善项目大赛”优秀奖。

【落实流浪乞讨救助制度】 5月，辖区建立梅列区流浪乞讨人员救助管理工作联席会议制度，明确各单位职责，规范开展流浪乞讨人员救助管理。持续开展长期滞留人员的落户和寻亲工作，共寻亲成功护送返乡2人，为长期滞留无户口人员办理落户1人。

【廉租房保障工作】 协助三明市住房保障中心开展2019年梅列区廉租房审计整改工作，对辖区104户保障房对象收入超标进行重新核实，对辖区40户收入超标的约谈对象进行整改约谈。

（金素婷）

社会福利

【落实福利慈善】 做好残疾人两项补贴工作，落实梅列区严重精神障碍患者“三无”人员以奖代补政策。做好儿童工作，落实孤儿保障政策，发放孤儿生活保障资金；落实“福彩圆梦·孤儿助学工程”项目。开展事实无人抚养儿童政策入户宣传，摸排出符合条件的事实无人抚养儿童26人，发放事实无人抚养儿童基本生活补贴资金；建立关爱农村留守儿童体系，加强基层队伍建设，全区镇(街道)各配备1名的儿童督导员，共配备51名村（居）儿童主任，明确工作职责。开展“六一”国际儿童节困境儿童慰问关爱活动，发放牛奶、学习用品、抽纸，各社区和社会组织也举办“四点半课堂”“心手相牵，快乐成长座谈会”“快乐童年，有爱相随”“儿童绘画比赛”活动等慰问关爱活动。

【慈善活动】 疫情期间，梅列区民政局开展新冠肺炎疫情防控捐赠活动，向区帮扶中心捐助6万元、梅列区红十字捐款5万元，接受爱心企业、爱心人士定向捐赠17.03万元。开展金秋助学项目，资助7名考上大学的贫困户新生，发放助学金2.7万元。开展教育帮扶项目，拨付3万元教育基金给梅列区关心下一代工作委员会，慰问辖区各类困难家庭学生。捐助梅列区洋溪中心小学食堂厨房安装超滤膜组件净水器3万元。

开展慈善爱心超市救助项目，为梅列区低保户、特困家庭每户、每月发放80元“慈善爱心卡”共计1200张，支出慈善救助资金9.6万元；开展困难救助项目，救助因病致贫家庭1户，救助金2600元。积极参加省慈善总会、省民政厅举办第三届的“八闽海峡公益慈善项目大赛”活动。辖区“梅列区大学生金秋助学”项目获得省慈善总会、省民政厅颁发的“组织奖”称号。完成慈善总会组织登记和认定工作，规范慈善组织及慈善活动，促进慈善事业健康有序发展。

（金素婷）

养老服务

【落实老年人保障制度】 为失能老人提供线下上门探视、居室整理服务、助餐服务、理发服务、剪指甲、上门体检等实体援助服务。广泛宣传老年人优待政策，办理老年人优待证。完善高龄津贴制度，高龄津（补）贴覆盖80周岁及以上老年人，2020年，全区共有80—89周岁高龄老人3630人、90—99周岁高龄老人335人、百岁及以上长寿老人4人。

【养老服务设施建设】 完成洋溪镇上街村、岩兜村和陈大镇台溪村农村幸福院建设，陈大镇区域性养老服务中心正在建设中，不断提升辖区农村养老服务设施覆盖率。引进社会力量，以公建民营的方式，完成洋溪镇敬老院社会化运营工作。建立农村养老服务中心“党建+养老”机制，开展农村幸福院民办非企业单位登记工作，共登记养老服务中心15个，完成率100%。

【落实政府购买服务政策】 梅列区民政局通过政府购买服务，为社区65周岁以上特困供养人员、低保对象、建档立卡贫困人口、重点优抚对象、计生特殊家庭成员、重度残疾人和80周岁以上高龄老人提供每人每月20元线上信息服务和每人每月50元线下实体援助服务。顺利完成运营公司的对接，三明禾康智慧养老产业有限公司开展各项养老服务。

【养老机构疫情防控】 建立每日报告制度等6项工作措施。累计发放口罩1100个、防护服105套、体温枪2把、医用帽100个、医用手套300双。爱心企业和社会组织为养老机构开展帮抚工作，并捐赠价值2万元的老年人纸尿裤和爱心蔬菜300余斤等生活物资，有力保障养老机构疫情防控工作开展。

（金素婷）

基层治理

【社区建设】 全面做好社区疫情防控工作，新冠肺炎疫情防控期间，梅列区全体社区工作者迅速采取行动，各社区实行网格化、地毯式管理，全面启动疫情防控系统摸排、宣传和服务工作，筑牢社区防疫防线。切实关心关爱社区工作者，下发《梅列区关于全面落实疫情防控一线城乡社区工作者关心关爱具体措施的通知》，有效激励社区工作者投身社区防疫工作，涌现出一批社区疫情防控典型，富华社区主任陈红获省五一劳动奖章。进一步加大社区基础设施的力度，徐碧街道北门、玖珑社区综合站建设完成，对东新一路、青山等4个社区综合服务站进行改造建设。

【社会组织工作】 通过微信群、电话等方式，帮助社会组织掌握网上年检的流程；开展行业协会商会涉企业收费管理专项整治工作，对梅列区体育运动舞蹈协会、梅列区列西中心幼儿园东安亲子园2家未经登记的社会组织执行督查。

【社工服务社会工作】 梅列区民政局积极推动“三社联动”工作模式，共争取项目资金41万元，开展梅列区困难家庭残疾人帮抚项目，完成瑞云、富华、新街、岩兜4个社区（村）社工项目的策划和政府采购工作。

（金素婷）

公共服务

【区划调整工作】 2020年，梅列区民政局召开6次会议、12场调研会，“梅列区与三元区合并”的区划调整申报材料提交三明市政府，完成省民政厅“梅列区与三元区合并”区划调整调研。

【界线年检、地名登记】 2020年，梅列区完成界线年检、地名登记。新命名道路3条、道路延伸1条，完成《梅列区地名志》初稿，完成梅列—三元—明溪3条界线年检工作。

【疫情期间清明祭扫管理】 指导各镇（街道）、开发区落实各自辖区公墓祭扫人员进出管控工作，清明节加强值班值守禁止群众现场祭扫活动。

【老区办工作】 梅列区民政局启动“阳光1+1（社会组织+老区村）”牵手计划。9月，举办“阳光1+1(社会组织+老区村)牵手计划”签约仪式活动。梅列区慈善总会、梅列区光彩事业促进会、梅列区新的社会阶层人士联谊会、梅列区巾帼创业联谊会4家社会组织分别与陈大镇长溪村、碧溪村签订共同牵手计划协议书。为全区健在的革命“五老”及遗孀人员发放定期生活补助和价格临时补贴资金并“两节”慰问，2020年，辖区有“五老”人员7人，其中，享受“五老”生活定补2人，“五老”遗偶2人。全面落实革命“五老”人员优待政策，对健在的革命“五老”人员从2020年8月起定补提高至1520元/人。“五老”遗偶定期生活补助标准400元按时发放到位。

【婚姻登记】 严格办理婚姻登记。2020年，辖区居民结婚629对、离婚439对。

（金素婷）

民族与宗教事务

【概况】 2020年，梅列区民族与宗教事务局（简称区民宗局）全面贯彻落实党的民族宗教方针政策，全力贯彻落实全省、全市民族宗教工作会议精神和全区统战工作会议精神，牢固树立“四个意识”，主动作为，攻坚克难，认真落实少数民族政策；扎实帮扶民族村项目建设；积极开展民族团结进步创建活动；全面做好市委交叉巡察反馈问题的整改工作；做好宗教领域疫情防控工作；依法管理宗教活动场所和宗教事务；积极引导宗教中国化方向；开展以“平安建设、法治同行”为主题的宗教政策法规学习月活动，较好地完成各项工作任务，开创民族宗教工作新局面。

【落实少数民族政策】 加强民族法律法规政策的宣传。通过区政府网、梅列新闻网宣传《中国公民民族成分登记管理办法》，发放《少数民族政策知识宣传手册》到少数民族村民，将民族有关法律法规、政策进行广泛宣传，真正把党和政府的少数民族政策送到民族村和村民中。扎实做好少数民族成分审批认定，规范和公开办理程序与流程，耐心细致讲明政策，严肃工作纪律，确保少数民族各项政策落到实处，2020年已审批认定少数民族中考加分22位。

【民族村建设】 进一步健全完善市、区、镇（街道）三级挂钩帮扶民族村工作机制，推动市、区、镇（街道）挂钩帮扶单位发挥各部门优势，帮助民族村加快振兴发展。区民宗局帮助民族（聚居）村筛选、论证、确定2020年少数民族村发展项目，申报项目3个。积极向上争取少数民族补助资金21万元，其中，省级少数民族补助款10万元，分别用于碧溪村池下少数民族活动中心维修建设和后洋村安全饮用水工程建设。2020年，中央少数民族发展资金11万元，用于洋山畲族村老人幸福院建设。洋山村老人幸福院已竣工；后洋村安全饮用水工程建设项目和碧溪村池下畲族小组少数民族活动中心维修建设也已完成。积极协助少数民族村与挂钩帮扶单位搞好帮扶项目对接，协调市自然资源局帮助洋山畲族村做好空间规划，发挥洋山畲族村地域优势，准确定位发展重点、特色与发展方向，融入三明北部发展进行规划。

【民族团结进步创建活动】 制定工作方案，区委统战工作领导小组印发《关于全面深入持久开展民族团结进步创建工作铸牢中华民族共同体意识的实施方案》，明确梅列区开展民族团结进步创建工作目标，提出了加强中华民族共同体教育、加强民族团结进步宣传教育、建设各民族共有精神家园、加快少数民族和民族村脱贫致富奔小康、促进各民族交往交流交融、切实推动依法治理民族事务和提升民族团结进步创建工作水平7个方面主要任务，不断推动我区民族团结进步事业再上新台阶。

开展民族特色产业发展情况调研，为更好实施乡村振兴战略，推动民族乡村特色产业发展，对陈大镇碧溪村特色产业发展情况进行调研，认真分析碧溪村经济发展面临的困难，并提出相关建议。2020年1月，区工商联组织城区、泉州、兴化等商会和鸿达电子、闽新集团等非公企业慰问碧溪、洋山困难户8户4000元。

认真贯彻落实省两办《关于依法治理民族事务促进民族团结的实施意见》，继续开展以防止和纠正涉及民族因素歧视性做法为重点的检查，关心少数民族生产生活，及时帮助他们解决生产生活实际困难。及时依法妥善处理涉及民族因素的矛盾纠纷，维护民族领域安定稳定。

【民族团结进步宣传月活动】 深入开展以“同舟共济·守望相助·团结奋斗”为主题的第13个民族团结进步宣传月，以多种形式和手段，大力宣传党和国家的民族政策、民族法律法规、梅列区民族团结进步事业取得的成绩以及民族团结进步先进典型，大力实施惠及群众、增进团结的实事好事。

精心组织，周密安排。区委宣传部、统战部、区民宗局联合制定开展第13个民族团结进步宣传月活动的实施方案，通过基层统战干部民族政策学习会、知识问答等形式，深入学习宣传贯彻习近平总书记关于民族工作的新理念新思想新要求，广泛开展中央和全省一系列民族工作会议精神学习宣传，洋溪镇联合综治、扫黑办、纪委、文明办等在圩天举办宣传月活动，现场讲解民族政策，共发放科普单300多份，开展《中华人民共和国民法典》专题讲座大学习活动，全镇干部职工及村干部共100余人参与。列西街道富华、翁墩等社区开展富有特色的群众性活动，丰富多彩的民族团结进步月活动。

广泛宣传，营造氛围。通过组建宣传队、召开座谈会、“三下乡”、开辟宣传专栏等群众喜闻乐见的宣传形式，大力推进民族团结进步宣传“六进”活动，利用区政府网站（大屏幕）、户外电子宣传栏、梅列微时代、各单位LED屏，精心设计图文并茂、内容丰富的宣传内容。悬挂宣传标语、横幅54条，发放宣传资料2000余份，并在公交车站站点设置灯箱广告1幅。徐碧街道多形式开展宣传及帮扶活动，共组织张贴宣传标语3条，悬挂横幅2幅，发放学习资料400多份，列东街道班子发挥带头作用，在班子会上深入学习习近平总书记在2019年全国民族团结进步表彰大会上的重要讲话精神，组织各社区、村利用户外电子宣传栏、社区宣传栏刊播宣传标语39条，营造铸牢中华民族共同体意识的良好氛围。陈大镇通过悬挂横幅、设立宣传点、现场咨询、发放宣传材料等多种形式，共发放《宗教事务条例》《民族政策知识问答》等宣传资料600余份，区教育局以“推进和谐校园建设”为主题，在各学校开展好民族团结进步宣传月活动。利用学校网站、户外LED、宣传栏、学校广播站等，以主题班会、主题活动、主题板报等形式，真正使民族知识进小学、民族政策进中学。

【扶贫帮困】 各挂点民族（聚居）村的部门深入乡村，为村里办一件实事好事或解决一个实际问题，开展送医送药、送文化、科技、法律等下乡活动，帮助解决生产生活中的困难与问题。列东街道高岩社区举办以“守望相助•手拉手”为主题的汉藏趣味运动会，通过此次活动，丰富藏族学生的文化生活，让他们结交到了更多汉族的朋友，促进了汉藏文化交流，弘扬民族团结精神。区民宗局“牢记习总书记嘱托，让美丽的格桑花在梅列盛开”在省民族宗教研究所举办的“讲好新时代民族宗教好故事”交流会上进行交流。

【整改工作】 针对巡察有关民族宗教8个问题，明确整改目标、要求和责任人，认真制定整改措施，进一步压紧压实责任，完善体制机制，通过加强对民族宗教政策法律法规学习，充分利用各类媒体宣传民族宗教政策法规，加大对宗教活动场所开展执法检查，依法依规加强宗教事务管理，加大对宗教重点问题的整改力度，严格履行“一岗双责”，加强重点领域、重点事项和重点对象的监督，严格按照要求及时与分管部门负责人开展廉政谈话，加强民族补助资金管理办法的学习，加强专项资金管理使用，及时下拨专项资金。截至6月底，有关民族宗教8个问题已整改落实到位。

【疫情防控】 多措并举做好宗教领域疫情防控工作。新冠肺炎疫情发生后，区民宗局认真贯彻落实中央和省、市、区对疫情防控工作的部署，迅速行动，深入一线，扎实推动宗教领域做好新冠肺炎疫情防控工作，确保宗教活动场所的安全稳定和广大宗教界人士、信教群众健康平安。迅速安排部署。区民宗局及时将上级有关疫情防控通知传达给宗教团体、各宗教活动场所，下发疫情防控《紧急通知》，要求全区所有宗教、民间信仰活动场所全部关闭，取消庙会、礼拜、花灯节等所有群体性宗教活动和民间信仰活动。

加强联防联控。充分发挥宗教三级网络作用，建立区、镇(街道)、村(社区)联防联控机制，从大年三十开始，不间断对辖区佛教、道教、基督教和民间信仰活动场所进行检查，查看场所关闭情况，指导场所留守值班人员做好疫情防控工作，确保疫情防控措施落实落细。

强化宣传引导。积极加强对信教群众正面宣传引导，普及科学防疫知识，编印《新型冠状病毒肺炎防控知识小问答》等有关疫情防控知识宣传单，要求宗教团体、宗教活动场所通过公告栏、LED屏、微信等多种渠道进行宣传，引导信教群众在家中进行宗教活动，告知广大信教群众要不造谣、不信谣、不传谣，增强防护意识，尽量避免前往人员密集场所，做好个人健康防护。四是动员爱心捐赠。鼓励动员宗教团体、宗教界人士和信教群众踊跃捐款，全力支持疫情防控工作，为打赢新冠肺炎疫情防控阻击战奉献爱心和力量。梅列区宗教爱心人士捐款总计人民币10.92万元。其中，佛教捐款4.34万元，道教0.1万元，基督教6.48万元。

做好宗教领域常态化疫情防控工作。按照上级《关于做好宗教领域常态化疫情防控工作的通知》精神，全面落实常态化疫情防控工作要求，周密部署我区宗教活动场所逐步安全有序开放，确保宗教领域安全稳定。高度重视，周密部署。区委统战部召开部务会专题研究宗教领域常态化疫情防控工作，研究宗教活动场所安全有序恢复开放工作。严格落实主体责任。坚持分区分级精准防控，落实属地和部门管理责任，民宗局制定《梅列区宗教活动场所安全有序开放工作方案》《梅列区宗教活动场所安全有序恢复开放工作措施》，指导宗教活动场所落细落实常态化疫情防控和安全有序开放各项措施，各宗教活动场所恢复开放需申报宗教活动场所恢复开放申请表，经所在镇、街道审核，报区民宗局审批后，方可恢复开放。加强宣传教育，组织召开各镇、街道统战委员，区基督教两会、各宗教活动场所负责人有关宗教工作会议和秋冬季疫情防控工作会议，传达市、区《关于做好宗教领域常态化疫情防控工作的通知》精神，邀请区疫情防控专家作疫情防控专题讲座，确保疫情防控工作落实到位。严格落实防控措施，区疫情防控工作领导小组加强指导，完善开放后宗教活动场所的疫情防控措施，毫不放松常态化疫情防控。暂不批准开展大型宗教活动。指导宗教界开展爱国卫生运动，做好宗教活动场所的环境卫生整治，大力开展健康知识普及和防疫知识宣传。加强检查指导工作，各镇、街道落实属地管理责任，指导开放的各宗教活动场所落实常态化疫情防控要求。区民宗局采取联合执法定期或不定期方式，对宗教活动场所进行检查和指导，确保梅列区宗教活动场所恢复开放后的安全稳定。

【依法管理】 依法依规加强管理，规范宗教事务管理，加强对宗教活动场所的监督检查，积极推动新修订《宗教事务条例》的贯彻实施，牵头组织梅列公安、消防大队、相关镇（街道）和村（社区）对宗教活动场所的建筑、消防安全等进行全面排查，着力解决宗教领域出现的新情况、新问题。召开区民宗系统消防安全标准化管理工作现场会暨秋冬季宗教领域疫情防控工作会议，部署消防安全和疫情防控工作，邀请区消防救援大队专职消防人员对部分消防设备、器材使用操作进行培训和突发火灾应急灭火逃生演练。配合市民宗局检查组对梅列区重点宗教活动场所进行“双随机、一公开”专项执法检查，重点查看了梅列基督教堂和三明天后宫在落实宗教政策法规、教堂安全管理、消防设备配置、财务管理、垃圾分类和疫情防控工作等情况。

突出重点强化管理。基督教方面，落实省、市工作部署，认真贯彻落实新修订《宗教事务条例》和《宗教临时活动地点审批管理办法》；加强对聚会点联合执法检查，开展基督教私设聚会点专项整治工作。佛道教方面，认真贯彻落实国家宗教事务局等12个部门《关于进一步治理佛教道教商业化问题的若干意见》精神，认真贯彻落实区委、区政府和市民宗局关于开展移风易俗工作要求，继续扎实开展宗教界移风易俗工作，认真宣传在丧事中搞封建迷信活动的危害性和进行殡葬改革的重要性，增强广大群众节俭办丧事，教育他们自觉地停止封建迷信活动，结合开展宗教活动场所监督检查工作，对各宗教团体和宗教活动场所落实移风易俗专项治理工作进行督促检查。

完善体制机制齐抓共管。进一步明确区、镇（街道）、村（社区）三级宗教工作网络节点联络人、工作职责，确保网络互联互通，镇（街道）、村（社区）两级工作责任制到点到人。严格落实镇（街道）、村（社区）两级宗教工作责任制并列入综治考评范围，要求各镇（街道）落实宗教管理主体责任，在安全、消防等各项管理工作中做到同部署、同检查、同落实，确保宗教活动场所的安全稳定。

【引导宗教中国化方向】 扎实开展“和谐寺观教堂创建”活动，深化“国旗、宪法和法律法规、社会主义核心价值观、中华优秀传统文化进宗教活动场所”“四进”宗教活动场所活动；支持宗教界举办各种形式的中华优秀传统文化读书、培训、研讨活动，用中华优秀传统文化浸润各宗教，激发宗教界人士的爱国热情；将梅列基督教堂作为市级和谐寺观教堂创建联系点；为三明净业堂争取市里修缮经费补助2万元。

支持宗教界加强自身建设。协助市民宗局、市佛教协会做好三明市明台华坪文化交流基地建设项目申报筹备等相关工作；在市佛教协会、道教协会换届工作中，推荐我区宗教界代表人士加入市宗教团体任职，选送宗教场所有关人员参加省、市举办的安全、财务等各类培训班，选派区基督教两会负责人参加市委统战部、市民宗局举办的“宗教政策法规学习培训班”。

做好维护宗教领域和谐稳定工作，区民宗局始终把维护宗教领域和谐稳定作为重中之重来抓，积极协调、妥善处理区基督教协会、梅列基督教堂换届遗留问题，通过耐心细致说服，化解矛盾，妥善解决小蕉基督教聚会点换届遗留问题。

【宗教政策法规学习月活动】 开展以“平安建设、法治同行”为主题的宗教政策法规学习月活动。认真部署，根据省、市民宗部门的统一部署，召开专门会议，下发活动通知，扎实开展以“平安建设、法治同行”为主题的宗教政策法规学习月活动。深入宣传，召开专门会议组织学习

《中华人民共和国宪法》《中华人民共和国民法典》相关内容，通过印发宣传材料、深入宗教活动场所等形式在全区宗教活动场所开展宗教政策法规学习宣传，到洋溪镇开展宗教、民族政策法规宣传。区民宗局还联合市局组成宣传组深入三明天后宫、梅列基督教堂围绕疫情防控、消防安全知识、森林防火安全知识开展宣传，指导宗教活动场所依法依规管理宗教事务，宣传组还积极宣传垃圾分类有关知识，认真宣传垃圾分类的意义、好处以及怎样进行垃圾分类，引导生活新时尚。加强宗教干部培训，选派区民宗局、陈大、洋溪分管宗教工作领导和区基督教两会负责人共4人，参加市委统战部、市民宗局举办的“宗教政策法规学习培训班”。将宗教理论纳入区委理论学习中心组学习计划，已于10月开展专题学习。

（陈永维）

（编辑：范毅民）

疫情防控

【督查】　2020年，梅列区文化体育旅游局（简称区文旅局）在疫情期间，督查全区累计关停网吧8家、歌舞娱乐场所37家、A级旅游景区（点）3个、旅行社及分社网点11家、游戏游艺娱乐场所5家、电影院3家、博物馆1家、图书馆1家、文化馆（站）6家；停业关闭全区体育场馆及各类健身场所，所有运动员的训练工作暂停。加强疫情期间文旅和体育市场检查，共出动检查1000余次，检查单位300余家次，确保疫情期间文化体育和旅游场所未经营。做好文化、体育和旅游场所工作人员“核酸检测工作”，文化市场工作人员共2000余人参加核酸检测工作，检测结果全部为阴性。

【制定措施】　区文旅局制定下发《梅列区文体和旅游局关于有序组织体育行业复工复产的指导意见》《梅列区文体和旅游局关于KTV、电子游戏游艺、网吧、电影院、室内篮球场、游泳馆等密闭式场所复工复产工作指南》，局领导班子分别深入全区各文体和旅游企业指导文化、旅游、体育行业复工复产工作，全局所有人员均参与到疫情防控工作中，确保各项防控措施全面到位。

【帮扶行动】　区文旅局指导区广播电视技术站充分利用“村村响”广播系统，每日播放疫情防控政策和疫情防控知识。积极实施困难企业帮扶行动，组织文旅企业申报项目及资金补助，指导帮助11家旅行社办理质保金暂退180余万元，配合金融办协调金融机构加大贷款力度，帮助清枫谷景区、三明宾馆、梅园国际大酒店、旅行社等旅游企业申请纾困资金。

受新冠肺炎疫情影响，1—9月全区旅游人数102.46万人次，同比上年下降46.6%，旅游收入9.46亿元，同比下降47.69%。为确保全区数据保持稳定向好的态势，一是明确工作目标、细化调度内容和责任分工；二是实地走访了全区各文体和旅游企业，了解企业存在的问题和困难，分析研判问题、提出应对措施。

【健全防控常态化机制】　根据区委、区政府以及疫情防控指挥部的工作要求，区文旅局制定并下发《梅列区星级饭店新冠肺炎疫情常态化防控工作指南》《梅列区文体和旅游行业应对秋冬季新冠肺炎疫情防控工作方案》，督促各文旅单位严格落实疫情防控各项措施。

文化旅游项目建设

【编制发展规划】　积极开展《梅列区全域旅游发展总体规划及文旅产业“十四五”发展规划》的编制工作，区文旅局委托北京绿维文旅科技发展有限公司具体负责执行，完成实地调研工作并出具规划初稿。

【项目申报】　强化统筹，扎实做好项目申报。区文旅局根据

《三明市文化和旅游局关于做好部分2020年省级旅游专项资金申报工作的通知》文件精神，结合梅列区实际情况，积极申报、创建1个星级旅游村（洋溪镇新街村）、1个旅游扶贫村（陈大镇碧溪村）、1个星级旅游休闲集镇（陈大镇）。星级旅游村补助资金10万元及旅游扶贫村专项资金20万元已下达到村，碧溪村旅游步道及游客服务中心，新街村游客集散中心项目已开工建设。

【推进乡村旅游发展】 加快洋溪文旅小镇建设，完成兴尚老街村容村貌环境整治，恢复历史老街区原貌，正在新建游客集散中心；打造小蕉生态旅游文创村，推动创建国家AAA级旅游景区工作，目前项目正加紧施工建设，初步具备游客接待能力；推动虎头山“重走红军路”工程建设，完成项目前期工作并启动施工。

【提升A级旅游景区基础设施】 着力提升瑞云山景区旅游设施，2020年，建成瑞云山景区门楼并投入使用；进一步完善清枫谷景区基础设施，完成户外彩虹滑草场、草坪休闲广场、水上乐园、丛林穿越、停车场改造、旅游公厕新建、文化氛围提升、景区大门改造、景区导视系统升级等项目建设，清枫谷景区已成为周边县市游客到三明的首选旅游景区，其中彩虹滑草场积极、3D水上乐园已成为网红打卡地。

文化旅游宣传

【主题活动】 区文旅局举办梅列区第一届文化旅游美食节、“中国绿都·最氧三明—梅列清枫露营趣”“夜三明·百姓大舞台”等文旅活动，强化市场吸引力，助力文旅市场复苏。

【推出精品线路】 借助现代互联网信息平台，推广乡村文化旅游，年内，乡村“微旅游”三条线路已成为市区周边游客旅游热门地。

【提倡出游新理念】 倡导“健康出游、出游健康”消费理念，推动“三明人游三明”活动，引导广大居民采取自助游、自驾游、家庭游、微团游等方式出游，鼓励全区广大干部职工带头旅游消费。

文化公共服务体系建设

【基层综合文化服务中心建设】 区文旅局积极向财政争取专项建设经费，指导陈大镇大源村基层综合性文化服务中心申报省级优秀示范点、砂蕉村申报基层文化服务中心示范。

【组织创作抗疫作品】 组织文艺爱好者创作和编辑抗击疫情的文艺作品，积极宣传防疫知识，致敬身赴一线的抗疫先锋。

【文化服务】 指导区文化馆、图书馆做好“闭馆不闭网”、服务“不打烊”相关工作，图书馆积极开展线上服务，宣传推送各类数字资源，保障疫情时期图书馆各项线上资源和服务的使用。

文化遗产保护

【文物安全管理】 区文旅局组织各镇（街）开展文保单位安全大排查，全年共出动检查3次，排查文物保护单位47处，排查安全隐患单位5处，已完成整改2处。区文旅局及各镇（街道）均已对辖区内的文保隐患立档建册，并向隐患单位下发整改通知书，限期整改。邀请具有文保资质的修缮单位对需要修缮的文物建筑进行实地查看，完成了修缮评估报告并上报，积极向上争取修缮资金。

【申报保护项目】 2020年，梅列区申报的古琴斫制技艺入选了三明市第六批非物质文化遗产代表性项目名录。梅列区共有市级非物质文化遗产项目3个，区级非物质文化遗产项目3个。

规范文旅市场

【扫黄打非】 在全区范围内开展了严厉打击、制作、销售侵权盗版、政治性、淫秽色情及低俗性的非法出版物和音像制品、软件等违法行为专项整治，开展“扫黄打非·护苗”进校园专项活动，通过网络视频等方式播放宣传片，全区14所中小学，共16346名中小学生观看视频。结合社区活动，发放宣传单600余份。开展“护苗2020”暨“绿书签”扫黄打非进校园专项活动，共吸引了200余名师生参与。做好“扫黄打非”进基层工作，共建立扫黄打非基层工作站点50个并完成制度上墙、工作站点挂牌上墙、站点网上信息登记齐全等工作。

【文化市场】 开展辖区娱乐场所、电子游艺及网吧专项整治行动，1—10月共出动检查6597人次，检查场所2019家次，其中非法出版物30余册、排查整治安全隐患7起，疫情期间下发整改通知书14份，安全生产下发整改通知书7份，案查处3起。开展安全消防演练。联合消防组织辖区70余家企业，共200余人参加“安全消防演练”，提高企业消防安全的应急能力，增加了企业的安全知识。加强创文明城文化市场的检查，共出动执法人员共900余人次，检查文化经营单位300余家次，召开创城会议1次，与区消防联合检查1次，市支队联合检查1次，要求业主在场所增加创城标语，共滚动宣传标语1000余次，增加了创城期间宣传氛围。

【旅游市场监管】 2020年，结合“双随机”“双公示”，共检查旅游企业420家次，出动1400余人次，下发安全整改通知书9份，发现一般隐患44处，整改44处。规范了文旅市场经营行为，增强了企业安全生产意识，促进梅列区旅游市场平稳、有序发展。

广播电视行业

【“一张网”整合】 根据省委、省政府“一省一网”全省有线电视整合与联网精神，11月25日，梅列区与省广电网络集团三明分公司签订有线数字电视整体划转协议，进一步推动梅列区广电网络“一张网”整合工作。

【网络安全】 2020年，完成梅列区20个建制村的村村响广播三级联播联控设备升级更新。截至10月，累计抢修电杆倒杆、光缆线路中断、设备损毁等事故30余次，出动抢修员200余人次。在确保网络安全、畅通的同时，实现了安全生产、电视安全播出零事故。

体育

【国民体质监测】 根据省体育局关于第五次国民体质监测工作要求，组建国民体质监测测试队，组织监测队员进行线上学习培训等相关前期工作，并顺利完成全区国民体质监测工作

【体育健身器材维修】 对梅列辖区的室外体育健身器材进行摸底、排查，对生锈、损坏的器材及时进行维修、上漆，对损坏较严重的器材拆除、更换及时消除安全隐患。

【青少年体育和竞技体育】 元旦，在麒麟山健身步道举办千人健步行活动，1000多名市民参加此次活动。根据疫情情况及时调整本年度青少年优秀体育后备人才培养方案中的培训计划，暂停全区青训工作，确保运动员、教练员健康安全，指导运动员居家进行体能训练。疫情进入低风险区后，积极分步组织运动员恢复训练，并与教育部门密切沟通，整合资源，合力打造青少年体育赛事，开展省运会选才工作。抓好体育传统项目学校建设，优化运动项目在学校的布局，授予三明八中“梅列区篮球项目传统体校”和“梅列区田径项目传统学校”称号。

（葛洪雨）

（编辑：范毅民）

邮 政

【概况】 2020年，梅列辖区三明市邮政管理局（简称市邮管局）邮政业业务总量完成12.31亿元，比2019年增长10.47%。其中，快递收寄业务量累计完成3684.08万件，比2019年增长11.53%；投递业务量累计完成12347.93万件，比2019年增长36.19%。年内组织检查寄递企业436家次，出动执法人员900余人次，责令整改15起，行政约谈15家企业，督促整改行业安全隐患100余处，立案查处违法违规行为21起。

【邮政业发展】 2020年11月，市邮管局联合市交通、工信、住建、商务、海关等18个部门，印发《关于加快推动三明市邮政快递业高质量发展的发展实施方案》，从全面深化改革、加快结构调整、完善末端设施、推动绿色发展、加强队伍建设5个方面，结合市情和邮政快递业发展面临的实际问题提出了13项重点任务；同时鼓励有条件的县（市、区）人民政府进一步加大对邮政快递业发展的扶持力度，设立专项发展资金，用于加强邮政领域地方履职能力建设、完善邮政快递业基础设施、优化政策环境等，支持邮政快递业做大做强，2020年，全市16家邮政快递企业获政府政策资金补助1061.285万元。

【邮政业监管治理体系】 市邮管局对全市103家快递企业及县级分公司进行安全生产等级评定，2020年纳入A级监管的企业由34家上升到36家，纳入C级监管的企业由22家降低到19家，无D级企业；为快递末端服务场所及快递处理场所新增监控探头150个，并将各网点经营场所内对揽收情况监控记录集中保存，在市局监控室建立可视化巡查系统，通过网络技术实现对各网点揽收情况实时监控，监管效率大大提升。

【快递进村】 2020年1月，全市首家“快递+电信”合作示范店正式运营，在全省首创“邮快烟”合作模式，构建“商流、物流、资金流”三流合一的末端网点网络架构，切实提升邮政快递末端网点的经营水平；建立多个乡镇“客运邮局”，以车站为依托，通过客车将货物运输到站后，由邮政、村村通负责配送上门，做到三明12个县（市、区）“当日递、当日达”。全市快递进村覆盖率85%，快递下行能力及服务水平大大提升，广大群众用邮获得感和幸福感持续增强。

【服务乡村振兴】 2020年，各级邮政企业大力抓好“一县一品”项目，全市主推精品农特产品项目11个，包括河龙贡米、沙县面干、建宁莲子、汤丞蛋、七星岩豆腐皮、明溪蓝莓等，助农销售农产品（进城）906万元，带动包裹寄递2万件，惠及扶贫县5个，贫困户8户，带动贫困户增收142万元，新建邮乐购站点5个，累计全市在营业的邮乐购站点801个。在疫情期间，充分发挥行业优势助力滞销农产品销售，引导企业在线上电商平台、线下网点渠道、客户微信群、员工朋友圈多方宣传推广和接龙销售，着力帮助农户破解疫情期间农产品滞销难题，邮政公司帮助农户销售各类农特产品4万余斤，解除了农户的燃眉之急。

【邮政业绿色发展】　大力推广企业使用绿色材料，实现快递企业电子面单使用率99%以上，瘦身胶带封装比例98%以上，电商快件不再二次包装率86%以上，循环中转率98%以上，新增绿色回收装置145个，累计设置235个。

【关爱快递从业人员】　2020年6月，成立全国首个快递从业人员权益维护中心，为全市从业人员提供统一的维权指导和帮助；在全市设立80个爱心驿站，为快递从业人员提供免费饮水、手机充电、应急药品等爱心服务；为50名优秀快递员开展公益健康体检，针对快递行业专门定制体检项目，医务人员一对一解答行业常见病、多发病预防和诊治方面的问题；组织“冬日递暖”“夏季送凉”“战疫暖情”等爱心慰问活动6次，为符合条件的快递小哥报销春节返乡车票，切实提升快递小哥的归属感；妥善解决三明通世达公司欠薪事件，帮助100余名从业人员讨回薪资150余万元，接待法律咨询服务4次，维权咨询服务5次、心理健康辅导和疫情防控知识指导6人次；组织开展3场技能培训，覆盖从业人员100余人；引导18名快递从业人员参加三明医学科技职业学院物流管理专业（邮政快递方向）的“二元制”技术技能人才培养，为行业高质量发展积蓄人才力量。共青团福建省委书记肖华鑫对三明关心关爱快递小哥工作表示高度肯定，并作出专项批示要求再全省团委系统认真学习三明的经验做法并予以推广。

【邮政业疫情防控】　疫情期间，市邮政管理局及时发布全市邮政服务消费提示，并通过网络、微信等新媒体平台，发布疫情防控知识、健康提示、辟谣消息等，提升全行业的防范能力及用户的理解；督促企业落实防控责任，加强员工教育培训，细化相关措施，切实做好疫情期间营业网点的寄递服务工作，保障企业员工和人民群众的生命安全和身体健康；积极协调将快递纳入保障民生服务和应急物资供应需求，严格落实“一断三不断”要求，保障检疫检测合格从业人员及车辆手续完备的邮政快递运输车辆正常通行，并要求各村（社区）为邮政快递等投递物品提供临时指定存放区域，确保投递顺畅；第一时间开通抗疫物资运输寄递绿色通道，义务提供防疫救援物资寄递服务，对寄往武汉市政府指定接收机构的捐赠物资，提供全程免费运输和配送服务，行业累计承运寄递疫情防控物资257.06吨，疫情防控物品34.91万件，发运车辆58辆次，有力保障了群众卫生防护和应急保障物资寄递需求。2020年，全市邮政业1人被评为全国交通运输系统抗击新冠肺炎疫情先进个人，2家企业获三明市疫情防控期间突出贡献表扬。

（罗　莹）

电子政务

【概况】　2020年，梅列辖区三明市大数据和电子政务中心以互联网思维和信息化技术倒逼政务提升，实施“互联网+政务服务”，大力推进电子政务发展，让群众办事像网购一样方便；建设维护“e三明”平台、政府网站统一平台、政务数据汇聚平台、电子证照共享系统、政务信息网络系统、数据机房云平台等；保障市直部门67个政务业务系统、43个政府网站运行，解决新冠肺炎病毒疫情防控期间口罩预约等问题，“e三明”是市民获取政务信息、反映诉求、办理答复反馈首选平台，成为“满意在三明”品牌的重要内容。

【市网上公共服务平台（“e三明”）】　市大数据和电子政务中心通过协调部门、技术攻坚、版本更新，逐步提升“e三明”应用水平。一是平台技术升级至5.0版本；二是在全省范围内率先开展网上口罩预约服务，在新冠肺炎病毒疫情防控期间，完成市县29个批次预约活动，销售平价口罩135万枚，惠及市民62.6万人；三是提供入明人员登记服务，实现“不下车”通关，将通关时间压缩至1分钟以内。年末，“e三明”在线城市服务和功能249项，注册用户数突破120万，实名用户数突破百万，成为我市“满意在三明”的城市品牌。在2020年第五届中欧绿色智慧城市峰会上，“e三明”平台入选“2020中欧绿色城市智慧城市数字化抗疫案例—政策保障类优秀案例”。

【市政府门户网】　提升网站技术功能，增加网站智能搜索功能、网站自适应用功能，与省社会用户实名认证和授权平台一号通认，与省政务服务平台三明分厅进行融合，网民可在电脑端和移动端使用。

完善内容建设，增加“打好三大攻坚战、深化‘放管服’改革优化营商环境、做好‘六稳’工作落实‘六保’任务、统筹疫情防控和经济社会发展”等专题。

做好“意见征集、网上调查、在线访谈、政策解读、领导访谈解读、新闻集合发布”等政民互动专栏，加大政策宣讲力度。

市政府网站统一平台整合市县政府（部门）网站为43个、政务新媒体为136个，市政府网站平台与 “e三明”平台对接融合，扩大信息双向传播，提升辖区网站建设绩效水平。2020年市政府门户网在工信部全国301个地市级政府网站绩效评估中位列第三十位，连续3年位列全国前三十名。

【市政务数据汇聚共享平台】 加大数据汇聚，以场景应用为出发，深入部门需求，开展数据汇聚，32个市直单位、21个区县单位数据接入市汇聚平台，汇聚数据项526个，数据总量5.13亿条，共享数据项85个，共享数据总量1亿条。

推进数据共享应用，紧贴部门需求，加强沟通对接，开展部门定制化服务，为15个政府部门提供146个接口，应用于“e三明”、积分入学、“e政务”、网上办事大厅、信用平台、学生公交卡办理、医疗互助、扩办电业务等24个业务，累计调用165万次，实现数据的共享交换价值。

开放数据，协助配合10个部门梳理35项开放目录，依托市汇聚平台推送开放数据15.5万条，主动融入省“数字应用第一省”建设，与省汇聚平台实现目录通、数据通。四是数据管理，依托市汇聚共享平台，对汇聚的数据进行清洗整理，部门之间数据共享，统一由市汇聚共享平台提供，不再单点对接，经市大数据管理局审批，按需向各单位提供数据共享服务，打破多年来三明市部门数据在技术层面和管理层面的壁垒。

【市电子证照综合管理平台】 生成电子证照，围绕全省283项“不再重复提交”证照清单开展指导工作，组织相关单位梳理出本地有生成证照的类别182项，开展全省电子证照纠错机制来，我市月均纠错处理20余件，提升本地库存电子证照的质量；针对基层证照工作人员变动大的情况，开展了周期性的证照培训工作，利用腾讯视频会议网络在线培训，高效补充证照工作人员使用短板，全年召开网络在线培训会议12期。

电子证照应用，市电子证照综合管理系统市县两级使用单位534家，登记使用目录3534类，入库有效证照达573万本；全年梳理热门共享事项104项，凡列入共享的事项和证照，各部门不能再要求公众携带纸质证照，不能再收取复印件。营业执照、身份证、行驾驶证、社会保障卡、道路运输从业人员从业资格证等是网上办事高频调用事项。

【市级政务网络维护】 保障市政务信息网、市政务外网畅通，1月升级政务信息网横向网核心交换机，8月上架政务信息网、政务外网入侵防御、防病毒网关，替换政务信息网防火墙，升级优化两网安全体系，保障两网接入用户安全。

服务网络接入单位，新增政务外网接入单位13家共100家，新增政务信息网接入单位9家共287家。

推进两网跨地区、跨部门业务协同，如市级政务外网的市数字城管系统、三明信用平台、工程建设系统协同，市级政务信息网的市政务数据汇聚共享交换平台、公文交换系统、网上办事大厅系统的协同。

【网络机房运维】 一是做好日常维护；二是重点保障新冠疫情防控期间“e三明”线上口罩预约，升级版本；三是组织安全公司开展云计算平台安全应急演练活动，模拟并封堵各种恶意攻击，提升运维人员安全应对能力；四是保障国家、省、市两会、数字中国峰会等重要会议、活动期间的网络安全，排查处置云计算平台重大故障7次、一般故障28次。保障网络机房云计算平台部署的“e三明”、政务数据汇聚、电子证照、国库集中支付、政府网站、网上办事大厅等67个市级重要系统的运用。

（陈知邦）

无线电管理

【概况】 2020年，梅列辖区三明市无线电管理局全年共受理37个行政许可审批项目，其中，频率审批和转报4件，公众移动通信系统审批13件，个人业余电台审批2件，其他设台审批18件，共办理电台执照8518本，无线电销售备案193件，收取年度频占费31.15万余元。全年累计开展监督检查28天，出动人员125人次，检查单位36个，台站63个，发现合法台站设台问题18个，查处不明信号13个，取缔非法设台4个，正式下达责令改正通知书25份，解决干扰投诉案件3起，行政处罚案件5起，依法没收设备13台，没收违法所得138元。累计有效无线电监测约80210小时，移动监测约600小时，监测分析各类无线电信号911个，完成对重点业务频段以及“黑伪电台”的常规监测和专项监测任务。无线电安全保障，累计出动90人次，监测保障255小时，全年共完成18场考试保障任务，启用各类技术设备65台次，保障工作中未发现利用无线电技术手段作弊现象。

【党建统领】　*突出党课学习创新实践*。根据当下党的理论学习重点，由支部书记选取1个学习专题，全体党员围绕专题开展学习交流研讨，谈体会、谈收获、谈举措，探索党员带着问题学，结合自身情况学，奔着目标学的新型学习方式。

在疫情防控工作中彰显组织战斗力。全员满勤积极参与疫情防控工作，严格落实社区安排的全天值班值守任务，扎实开展登记、排查、消毒、疫情宣传、入户走访和群众安抚等工作，坚守一线，守好一卡、护好一城，忠实履行党员冲锋在前的使命。

在机关开展“亮灯行动”创建模范机关活动，要求每位党员亮身份、亮职责、亮服务，工作时间佩戴好党徽，在办公区域显著位置公示工作职责和服务承诺，让上门群众一目了然，有效开展监督。

针对民主生活会提出的学习形式单一的问题，认真谋划，在组织观看党史电影、参观红色教育基地、历史博物馆、前往烈士纪念碑重温入党誓词等多样化党日活动的基础上，还通过普通党员轮流上台上党课，观看政论节目、整理理论学习精品资料、理论知识对战等极大丰富学习形式。

持续深化“电波卫士”党建服务品牌建设。疫情防控形势好转后，支部书记即刻带领支部委员和科站负责人前往重点设台企业开展走访调研，针对性地制定保障重要部门用频需求、做好5G基站设台许可以及5G基站与卫星地球站干扰协调工作、推动销售备案等具体工作举措，为三明经济社会高质量发展出实招、办实事。

【推进5G干扰协调相关工作】每月按要求及时、准确报送“两表一单”，汇报5G干扰协调工作进度，动态更新5G干扰保护清单。召开干扰协调推进会，多方了解干扰协调工作中存在的问题和困难，讨论研究可行性解决方案，及时跟进、推进干扰协调工作进程。预计年底前可以100%完成三明地区5G干扰协调任务。

【开辟5G业务绿色通道】　开通5G基站设置许可绿色通道服务，将5G基站许可时限压缩到6个工作日内。针对运营商目前缺少频率许可证和部分基站设备暂无型号核准的情况，落实“放管服”精神，通过容缺受理方式开展许可，发放临时电台执照，年内，已发放5G基站执照248份。

【开展电磁环境治理】　*扎实服务保障三明市重点经济发展区域用频安全*。贵溪洋新城片区作为三明市北部新城的新兴商业圈，处于大基建大开发阶段，无线电业务种类多，电磁环境日趋复杂，尤其是400—500兆赫频段，电波秩序较乱。为切实保护周边设台用户的合法权益，保障工地塔吊高空作业安全，减少、消除互相干扰情况，三明局执法人员和监测技术人员开展为期一周的贵溪洋片区电磁环境专项治理工作。累计核查不明信号8个，立案查处非法设台3起，没收违法设备7台，切实净化了贵溪洋新城片区的电磁环境，为新商圈的有序发展提供了有力保障。

积极探索破解校园使用手机信号屏蔽器扰民难题。三明局针对众多学校为防范学生考试作弊，严格管理学生使用手机而设置手机信号屏蔽器的情况，积极与省厅监督处、三明市教委以及各学校沟通协调，同时对辖区内所有学校开展手机信号屏蔽器使用情况摸底调查，宣传普及无线电管理法律法规和手机信号屏蔽器相关管理规定，建立“三明市校园手机信号屏蔽器”台账和沟通渠道，在现有相关法律法规框架内积极探索规范管理校园手机信号屏蔽器办法，取得较好成效。年内，各校区周边电磁秩序良好，校园手机屏蔽器干扰投诉显著降低。

【提升无线电监测能力】　*制定学习计划，积极备战训练*。根据全省竞赛总体方案及科目考察的要求，收集整理全国理论试题库和无线电通信理论相关学习资料，并从省站、南平站、龙岩站，借用干扰信号源，制定“一二三”训练实施计划，即每天至少一小时理论学习，赛前两次频谱仪实操模拟测试，完成不少于三次信号排查训练。

扎实做好监测设备维护保养等后勤保障工作。组织技术人员对所有监测设备进行全面体检和设备潜力的研究挖掘，确保监测设备工作正常，物尽其用。

积极开展监测技术交流研讨，集思广益，提升技术队伍整体实力。在前期预演练习的基础上，组织多次竞赛项目解读研讨会，教练和老队员带头发言分享比赛经验，总结分析短板和问题，列出问题清单，制定相应整改措施。

结合竞赛项目及参赛队员个人情况，明确分工，扬长避短，充分发挥每个队员的特长优势，提升团队协作能力。

通过周密部署安排，精心组织协作，三明局在2020年福建省无线电监测技术竞赛中与全省众多优秀的技术人员同台竞技，发挥应有的水平，取得了“非法信号查找”项目第一名，“黑广播查找”项目第二名，“理论考试”第三名的好成绩，并取得团体全省第二名的较好成绩，展现了三明局的风采，提升了队伍的整体监测能力。

【优化窗口服务】 探索优化窗口审批服务工作，提供“网上办、邮寄办、预约办”等多种办理方式，推广不见面审批，在方便服务对象办事的同时，减少审批窗口人员聚集，服务疫情防控大局。

【推进无线电发射设备销售备案工作】 向运营商公司印发《关于配合做好无线电发射设备销售备案工作的函》，宣贯无线电发射设备销售备案相关法律法规和文件通知，要求各运营商公司督促落实自营销售网点限期办理销售备案，组织推动代理业务网点积极办理销售备案。

走访恒基电脑城、闽中电子城共计17家经销商，向其发放《中华人民共和国无线电管理条例》《三明市无线电管理局关于开展无线电发射设备销售备案工作的通告》《无线电发射设备销售备案信息新平台经销商操作手册》等材料，耐心宣传讲解销售备案工作的法律依据、备案要求、备案方式以及法律责任，责令相关经销商限期办理无线电发射设备销售备案。2020年，无线电发射设备备案经销商将超过200家，备案型号核准数超过2000条。

【落实国家降费政策】 完善涉企收费工作。贯彻落实国家降费政策文件，依照文件及时调整和公示相应收费项目备注，并立即报当地发改和财政部门备案。

制定并推行《三明市无线电管理局涉企收费和价格公示制度》，规范三明局涉企收费和价格公示行为，增加收费透明度，服务三明市经济社会发展，优化营商环境。

【服务重点设台单位】 落实服务地方政府和经济建设相关措施，100%兑现民航、铁路、气象等重要部门和重要业务的快速办理承诺。加强与重点设台单位的沟通和交流，了解掌握相关无线电发射设备频率台站使用变化情况。对频率、台站设置申请主动提供服务和指导。

【严格依法行政】 严格依法行政，巩固提升行政执法能力。加强事中事后监管力度，扎实开展“双随机、一公开”抽查工作，及时公开随机抽查事项清单、抽查结果和查处情况。

加大对非法用频、违法设台行为的查处打击力度，开展集中治理“黑广播”伪基站违法犯罪专项行动，密切跟踪违法新情况、新问题，切实维护好群众利益和财产安全，在实践中不断提升行政执法水平。

严格落实行政执法“三项制度”，严格执行行政活动全过程纪录要求，确保行政执法检查工作依法依规，确保立案数量和办案质量上实现双提升。

【消除航空干扰】 春节监测值班期间，接到厦航干扰投诉称，三明境内上空受到持续的严重广播语音干扰。三明局根据受干扰时间特点和技术分析，随即向国家广电总局七六一台了解台站实时发射情况，协调七六一台停止使用某临调频率，并要求其检查、维修相关发射设备，确保设备各项技术指标符合国家标准要求。

【维护铁路通信安全】 2020年9月，立案查处一起工地塔吊对讲机干扰铁路通信案件。鉴于工地塔吊位置高，几乎没有遮挡物，无线电信号传播影响范围广，为进一步消除铁路通信安全隐患，三明局执法人员走访三明站附近的工地，现场约谈工地项目负责人，重点宣传《中华人民共和国无线电管理条例》第二十七条、第七十三条关于设置、使用无线电台（站）和干扰铁路安全通信的有关规定，督促办理相关设台手续，规范无线电对讲机的使用，为铁路安全通信营造良好的电磁环境。

【加强监测排查，排除各类干扰隐患】 加强对民航、铁路等专用频率保护性监测力度，不定期前往沙县机场、三明北站、三明站实地开展电磁环境测试和信号占用度分析，扎实认真做好监测记录，实时掌握民航、铁路频段无线电信号分布情况，及时发现和排查不明信号，进一步消除航空、铁路频段受干扰可能。今年以来，查处多起航空、铁路专用频段不明信号，并责令宁化、尤溪文体和旅游局检查、维护相关设备，依法取缔一起非法设台。

【消除群众电磁辐射疑虑】 2020年4月，接到“12345”平台投诉举报称，大田县白岩山南路某居民楼屋顶装了2个私人信号发射台，怀疑电磁辐射会影响到周边居民的身体健康。据查，投诉举报中提到的“私人信号发射台”是关闭使用的运营商通信基站。该站自2017年以来一直处于“空架子”状态，未产生实效发射。为进一步消除群众疑虑，构建和谐关系，三明局牵头组织运营商公司和房屋出租方协调解决，将屋顶所有的无线电发射设备全部拆卸，并配合出租方做好屋顶渗水修缮工作，同时要求运营商公司组织人员在辖区内进行此类问题大排查，及时拆卸相关发射设备，切实消除群众矛盾纠纷隐患。

【加强无线电法规宣传】 *立足法宣云平台，提高人员法律素质。*结合省直机关国家工作人员统一学法考试，组织三明局执法人员学习“福建省国家工作人员学法用法及考试平台”中《中华人民共和国宪法》《中华人民共和国监察法》《中华人民共和国民法典》《中华人民共和国行政诉讼法》《中华人民共和国行政强制法》《中华人民共和国行政处罚法》《中华人民共和国行政复议法》等必修课程，并参加统一学法考试，参考率100%，参考人员均得满分。

*深化社区共建，防范电信网络诈骗。*发挥社区共建平台作用，联合东新二路社区居委会，结合上年三明局依法取缔三明市首例黑广播工作成效，深入二路社区和市区重要街道路口，通过主题展板、分发宣传材料、答疑释惑等多种形式开展宣传，提高社区居民、过往群众的防范电信网络诈骗能力。

*利用运营商平台，提高无线电管理社会认知度。*协调移动、电信、联通公司在12个县（市、区）营业网点的LED电子显示屏连续滚动播放“家家都用无线电，人人都要守法规，请自觉遵守《中华人民共和国无线电管理条例》”“热烈庆祝《福建省无线电管理条例》颁布实施22周年”等无线电宣传标语7天。通过三大运营商短信平台，向12个县（市、区）手机用户发送宣传标语短信100万余条。

*围绕重点工作，积极开展5G政策宣传。*深入移动、电信、联通、广电网络有限公司了解5G基站建设进度和干扰协调工作开展情况，重点传达《三明市推进网络建设和产业发展实施方案》和《省工信厅关于进一步做好5G基站建设干扰协调工作的通知》等文件精神，齐心协力共促5G发展。五是面向特定人群，保障考试公平公正。通过联合考务部门在各个考点醒目位置悬挂无线电标语横幅、在考场进出口位置摆放标语警示牌和主题展板、在考点LED屏滚动播放警示标语、分发无线电管理法律法规宣传手册，向考生和在校学生宣传利用无线电技术作弊等违法行为的性质和危害，打消部分考生利用无线电设备进行考试作弊的侥幸心理，让考生“不敢作、不能作、不想作”。

【提高管控保障能力】 *扎实推进无线电监测设施项目建设。*年内基本完成新购置监测车建设项目以及虎头山固定站升级建设项目，2个项目均处于试运行阶段。根据前瞻设计，适度超前的原则，结合三明局无线电监测设施工作实际，做好“十四五”无线电技术设施建设规划。

*认真做好常规监测和不明信号排查工作。*认真执行国家和省监测站下达的各类常规监测和专项监测任务，完成对水电防汛、森林防火、航空、广播电视等重点频段的监测。积极配合做好国家下达的干扰查处任务，针对公众移动通信重点频段实地进行长时间保护性监测，在辖区内开展不明信号分析排查，年内，完成工地私自架设对讲调度系统等6起非法设台的查找定位。

认真做好市委、市政府各类大型会议、重大活动无线电安全保障工作，完成全国高考等18场重要考试无线电安全保障工作。

（三明市无线电管理局）

中国电信股份有限公司三明分公司

【概况】 2020年，梅列辖区

中国电信股份有限公司三明分公司（以下简称中国电信三明分公司）以网络强国建设为己任，全年投入2.1亿元加快推进“数字三明·智慧城市”通信基础设施建设，其中5G网络投资占比超过80%。全年共建设5G室外基站479个、室内站点48个，实现5G网络在所有区县中心城区、重点工业园区和部分重点旅游景区等区域连续覆盖，5G网络下行速率629.35兆比特每秒，上行速率145.06兆比特每秒，网络质量达到预期。2020年5G体验良好率99.65%，移动业务感知优良率98.62%，均居全省第二。全年新建光纤宽带端口2.25万个，总数达到86.56万个，城市区域、绝大部分乡镇具备千兆接入能力，实现“千兆引领、300M主流，100M普及”，网络质量和支撑保障行业领先，光宽带业务感知优良率98.7%，居全省第二。对接三明370个建档立卡贫困村、919个革命老区和原中央苏区涉及行政村的通信基础设施建设，均100%实现4G和光宽带覆盖，同时针对扶贫对象村发放通信业务扶贫优惠包5300个、专属致富包174个。

【提速降费】 2020年，中国电信三明分公司实施两个专项行动推进提速降费。在互联网专线提速提质专项行动中，对中小企业客户免费实施互联网专线光改，6月30日完成全市互联网专线光改提质，实现互联网专线速率50M以下的中小企业用户免费提速至50M，有上云需求的客户免费提速至50M及以上，有网站安全需求的客户免费提速至100M；全年合计对4130户30M及以下速率的互联网专线实施了提速，中小企业和制造业的互联网专线平均资费较2019年下降22.45%，惠及2.33万家企业。在企业宽带提速降费专项行动中，面向受疫情影响严重的旅游、餐饮住宿等中小企业，提供通信减免服务，全市减免约100万元费用，并积极引导中小企业上云信息化应用服务，助力6187家企业复工复产；全年中小企业和制造业的宽带平均资费较2019年下降13.3%，惠及5万家企业。

【政府对接服务】 2020年，中国电信三明分公司承建地方信息化项目超过120个，信息化建设投入资金超1亿元，为“数字三明·智慧城市”建设提供信息化保障。社会管理方面，运用5G+数字化、信息化手段，持续打造数字城管、综治网格化管理平台，并逐步将网格化管理应用到食药监网格、关工委网格、应急管理网格、精准扶贫网格等。社会治安方面，深度参与政法委、公安的公共安全视频监控“雪亮工程”建设，全面承接市公安为民办实事“居安工程”项目，12个“居安工程”试点村覆盖户籍数2528户、楼栋数2402栋，渗透率83%，高于预期。服务民生方面，运用5G+互联网、物联网技术，在美丽乡村、智慧小区、智能楼宇、智能家居、智慧路灯、智能停车、智能烟感等诸多领域，着力为市民提供便捷、舒适、安全、美好的生活环境，如：建设三明市城投江滨广场社区全市首个5G+智慧社区，并拓展至84个社区。行业应用方面，积极探索与电力打造5G+智慧路灯、与省、市应急局演练5G+应急保障、与三明学院联合5G+高清直播等，把更深的5G行业应用推向更广的领域。助力疫情防控方面，新冠肺炎疫情防控期间未中断过通信服务，全面提供基础通信、专线业务、视频监控等服务，如开通1073台天翼大喇叭助力疫情信息传播，为64所学校提供天翼云课堂服务，为162个政府部门和企事业单位提供天翼云会议服务等。

【防范通信诈骗】 2020年，中国电信三明分公司以专班工作方式全力防范通信诈骗。在建立机制方面，严格通信业务办理时的实名制、防诈告知书、一证二卡、审批、预存、协议圈示及三问一提醒等规范动作，堵住风险源头；建立本地防诈大数据模型，每日研判和筛查，进一步做好风险防范，如外省拨打特服号、新入网无语音无流量无短信、入网首次注册地漫游在外等都纳入涉嫌诈骗特征筛查。全年对44个涉案及涉案线索号码，展开合规性核查，未发现重大违规情况；全年合计限制漫游7.5万户。在警企联动方面，与公安反诈中心密切配合，协同核查处置涉诈线索，协同进社区宣传、开设防诈公益课堂、联合推送防诈提醒短信等；全年推送防诈提醒短信280万条，发布防诈宣传文章21篇，较好地防范了通信诈骗。

【服务提升】 2020年，中国电信三明分公司坚持以人民为中心，聚焦客户感知，建立“客户说了算”的服务工作体系，保持服务水平领先优势。在完善服务体系方面，构建对市公司专业部门服务月绩效考核加逆向考评的体系，417个经营单元纳入市公司服务直评，1048人列为服务执行评价对象。在严守服务防线方面，梳理疫情防控期间对外触点服务、远程集中服务的流程和规范，常态检查、规范执行，确保疫情防控和经营服务两不误；严守投诉管控防线，坚守强开强关强绑、群体服务投诉、用户信息泄露等事件实施“零容忍”，制定12个服务规范，持续夯实基础提升质量。全年业务投诉量比2019年下降23.97%，居全省第一，工信部申诉率、有效申诉量、不明扣费、限制销户、限制变更套餐等管控成效在全省前列。在通信应急保障方面，公司应急通信保障团队是全市唯一被省安委会和省应急管理局授旗的通信应急救援队，全年完成重要通信保障任务27次。

（陈有江）

中国移动福建公司三明分公司

【概况】　2020年，梅列辖区中国移动福建公司三明分公司（简称三明移动公司）全年累计投资近5亿元用于地方信息基础设施和信息化建设，促进数字经济发展和信息惠民，在行业及民生领域整体信息化投资增长率超130%。全年运营收入超11亿元，年纳税金额超5000万元，为三明全方位推进高质量发展超越做出积极贡献。

【党建引领】　全面实施党建“三三九”计划，巩固深化“不忘初心、牢记使命”主题教育成果，持续推进“党建+经营+管理”一体化综合考评机制，公司党委挂包的53项年度重点工作全部达成，攻坚突破203个急难险重项目。认真学习贯彻习近平总书记关于“把红色资源利用好、把红色传统发扬好、把红色基因传承好”的指示精神，深入挖掘三明本地红色教育资源，将“建宁红一方面军无线电总队旧址”打造成为中国移动首批红色文化教育基地，讲好“红色通信”故事，为持续打响“风展红旗　如画三明”品牌贡献力量。深入开展“党建和创”“质量达标和格行动”主题实践活动，成效显著。

【疫情防控】　将保障疫情防控作为首要政治任务，发挥企业优势，主动作为，快速部署应急通信网络和信息化产品服务，全力以赴助力地方政府疫情防控及社会复工复产，得到市委、市政府的肯定。第一时间启动“公共卫生事件应急通信保障专项预案”，累计投入200多人次、10台应急宝、2台应急通信车，全力保障各级党政机关驻地、医院，跨省、跨地市区域通信需求，实现重点保障区域零阻断、零掉话，并为三明市支援湖北防疫抗灾人员、防疫指挥部及卫健医院系统人员开通免停机、紧急开机等服务。1天内完成应急医院4G/5G覆盖，广域网专线、WLAN、视频监控接入方案，提前3天完成高速高铁9个重点基站无线网络扩容。主动对接各级党政机关，协助发送疫情预警、防控公益短信1546万条，为近10万人免费开通防疫宣传视频彩铃。与团市委、市卫健委等联合举办“三明市应对新冠肺炎疫情防控心理疏导小课堂”，累计观看人数超60万人次。积极对接政府、教育、医疗及企事业单位，通过“云视讯”产品为各区县行业客户提供远程会议、停课不停学等服务。借助AI、物联网技术为45家单位制定无接触体温检测方案。针对疫情期间未开展营业的单位实行业务费用“定量”减免，最大程度降低疫情给客户带来的经济压力，提供复工开业、求职招聘等信息宣传，助力地方复工复产。

【网络品质全面升级】　三明移动公司投资超2.5亿元用于5G等新一代信息基础设施建设，实现主城区和县城核心区域室外5G信号连续覆盖，热点区域重点覆盖。打造高速、高铁“新名片”，高速总体覆盖率提升至98.8%，高铁下载速率提升1.4倍。加快推进千兆全光网络建设，面向城区、乡镇客户提供千兆业务接入服务。

【信息服务】　积极落实市委、市政府“四篇文章”，发挥5G、物联网、大数据、云计算等信息技术优势，精准推动产业转型升级和经济社会发展。成功打造建宁青云阁及沙县古堡5G+智慧文旅、5G+智慧展览馆、5G+智慧党建等红色标杆，唱响“风展红旗　如画三明”品牌；落地三明市首个5G智慧园区项目，并以此为标杆进一步提升“一区四园”等园区信息化管理水平；建成全省首个候鸟智能监测和保护项目、全省首个环保外呼中心业务项目，助力营造更加绿色的生态文明；大力提升“平安三率”，打造“平安商铺”“平安乡村”“雪亮工程”三大主题应用，提升人民群众安全感。

【服务品质提升】　始终坚持“以人民为中心”理念，不断改进服务质量，提升服务水平，三明移动公司连续3年获得“全市服务业十强企业”称号。扎实推进“全方位、全过程、全员”三全服务体系，积极发动超800家线下实体渠道，微信公众号、网上营业厅、官微等多个线上服务平台，全面开展服务品质提升系列活动，建立“三落实、一支撑”过程管控机制，窗口服务能力持续提升；通过“三明移动”抖音号、“三明5G智慧生活”微信平台，开展“总经理接待日”“走进微笑移动”等活动，不断增进公司与客户的了解与信任，将“客户为根，服务为本”的理念落到实处。

【社会责任持续深化】 三明移动公司始终秉承“正德厚生，臻于至善”的核心价值观，积极践行脱贫攻坚、提速降费、携号转网、防范打击通信信息诈骗、网络保障等社会责任。投资超20万元，与市委乡村振兴办共同举办10场“移动5G助力红军村乡村振兴直播”，活动传播总量达百万人，帮助销售农产品近300万元；组织开展扶贫消费超40万元，公司扶贫项目入选全省移动系统扶贫“十佳案例”。完成全市两会、三明直播乐购节、三明林博会、永安竹博会、各县丰收直播节、沙县小吃节等重大活动通信保障任务，确保“零安全事故”“零重大故障”“零群体性用户投诉”。积极贯彻落实“断卡”行动、“净网”行动，关停被举报骚扰电话号码139例、诈骗电话号码113例、公安涉案号码180例，拓展关停8035户，通信网络诈骗举报量环比下降51.6%，进一步营造安全、清朗、有序的网络环境。2020年公司获评“三明市平安单位”，连续9年获评全国“安康杯”竞赛优胜单位“连胜杯”称号。

（邹　琳）

中国联合网络通信有限公司三明市分公司

【概况】 中国联合网络通信有限公司三明市分公司（位于梅列辖区，简称三明联通公司）2020年收入2.56亿元，缴纳税金263万元，全年累计主营收入同比增幅0.9%，收入市场份额12.7%，基本持平。固网用户规模同比19年末上升4%，固网用户市场份额6.2%。

【党建与企业文化建设】 三明联通公司依托中心组学习、“三会一课”“主题党日”，充分利用互联网手段，发挥“学习强国”“联通先锋”等平台作用，开展党员教育管理。决战脱贫攻坚，持续推进2019—2021年党建工作三年规划，党建与中心工作、全生产场景进一步融合。依托“1+2+X”攻坚机制，不断完善支部统领的“网格联席会”制度，深入开展作风提升活动，持续巩固中央巡视、主题教育整改成果，进一步纠治形式主义、官僚主义，改革创新实现新突破，短板问题得到有效破解。

紧紧围绕职工队伍建设“20条”的细化举措开展各项工作。组织各类文体活动，丰富职工业余生活；加快实施办公场所整治工作，持续落实“五小”建设，扎实做好职工关爱工作。开展节假日等各类慰问活动、困难职工送温暖活动；通过组织健康讲座、员工子女暑期托管，安排新分配异地大学生、交流干部的住宿问题，切实解决员工的实际困难。通过围绕“服务企业、服务员工”为主线，有效增强员工的向心力和凝聚力。

【坚持云网一体促转型，网络共建共享成果持续巩固】 三明联通公司加快重构云网一体新能力。完成云底座建设，算力达到

三明联通“我和祖国共奋进”走进三钢主题党日活动

2880vCPU，存储达1008T，完成市区MEC节点和23个DC节点部署，具备57个DC机柜、11个IDC机柜的服务能力，为创新业务提供基础满足地市内行业云初期需求。深入推进OTN网络一体化，完成17个PEOTN节点建设，PeOTN精品网络覆盖全市12个区（县），所有乡镇具备2G以上的弹性管道覆盖能力。

推进全量资源共建共享。建设5G基站506个，实现市区、重点县城以及一般县城核心区域连片覆盖，完成8个区（县）389个基站的SA/NSA双线改造，开展联合优化与课题研究，5G联通流量占比36%。开通4G共享小区1223个（联通共享电信722个，电信共享联通501个），新建4G小区126个，4G行政村覆盖率84%，同比提升4PP。

【推进财务数字化转型】 三明联通公司围绕贯彻落实省公司加快全面数字化转型、推动高质量发展的工作部署，紧跟省公司转型步伐，奋力推动“五新”联通建设和高质量发。坚持价值创造导向，充分发挥预算管理委员会的统筹作用；强化业财融合和价值链管理，以资源协同，资源配置可持续发展为根本，以现金流为核心，做大规模，促进创新业务健康持续发展；聚焦营销费用有效投放，持续推进网络瘦身，通过能耗、租赁费、铁塔等资源整合，有效提升资源效能；强化价值管理，梳理存量合同，盘活资产资源，开展专项退税等，实现降本增效。开展三级联动防控监督活动，强化监管力度，建立长效机制，不断夯实财务管理，有效防范风险。六是持续推进财务转型，助力提升运营管理水平，以业会数据核对、往来清理等数据治理手段为抓手，寻找治理突破口，挖掘价值管理空间。

【贯彻落实“携号转网”政策】 三明联通公司全面推进携号转网是践行以人民为中心发展思想的重要举措。电信业务经营者要把实现好、维护好、发展好最广大用户根本利益作为出发点和落脚点，把服务群众同满足需求相结合，切实做好相关政策落地保障工作。严格遵守相关法律法规，共同维护健康有序的市场环境；相互配合，确保用户携号转网服务正常办理和携号转网后的通信服务质量。营业厅方面开设携入专席，规范用户告知、业务受理、业务办理等服务流程，做好携转用户的主动服务工作，以携号转网为契机，全面提升公司的服务品质，以工匠精神打造“中国联通匠心服务”。

【开展“断卡”行动，促进行业健康发展】 三明联通公司积极与三明市公安局反诈中心协同开展防范打击电信网络诈骗专项整治工作，共同打击治理倒卖手机卡等违法犯罪行为。提高思想认识，认真组织落实相关工作。持续开展高压专项治理，提升信息安全，由市、县分公司主要领导亲自挂帅、亲自部署，级级夯实责任，层层传导压力。

全面建立与当地市县公安局、派出所三级联动机制，提升诈骚垃治理能力。各区（县）加强与属地公安机关的联动与合作，各基层营业网点发现的疑似开卡、倒卡团伙信息及时向当地公安反馈，极大地遏制三明联通诈骗电话频发态势，诈骚垃治理成效显著。

全面梳理异常线索，上报省通信管理局和市反诈中心，并且从2021年1月起每月按月梳理并常态化上报。规范新入网号卡管理。持续推进电话用户入网实人认证，严格执行实名制规定，加强入网实名实人管控。进一步完善实名制管理要求，细化实名登记核验规范，并开展全市营业人员标准动作等技能培训和实名稽核检查，建立实名登记风险用户清单，定期组织核查，依据《电话用户实名登记违规问题处罚办法》对实名违规单位管理人员及员工进行通报、处罚问责。

提高技术反制能力。充分利用总部、省公司已构建的诈骚垃风险防控平台的各类持续不断迭代不断完善的监测预警模型及结合本地诈骚垃用户特征的本地预警模型，加强日常常态监测，及时发现违规号卡，提高涉诈号码分析的准确率。

（三明联通公司）

（编辑：王培敏）

。

金 融

银行业保险业监督管理

【概况】 截至2020年12月，梅列辖区三明市银行业机构有34家，其中，政策性银行1家、大型商业银行6家、股份制商业银行4家、城市商业银行4家，农村中小银行机构19家，有营业网点527个，从业人员6911名。三明市银行业资产总额2423.41亿元，比年初增加257.32亿元，增长11.88%；负债总额2338.59亿元，比年初增加251.33亿元，增长12.04%。各项存款余额2063.32亿元，比年初增加211.47亿元，增长11.42%；各项贷款余额1696.85亿元，比年初增加173.19亿元，增长11.37%。不良贷款余额15.96亿元，比年初减少3.33亿元；不良贷款率0.94%，比年初下降0.32个百分点。全年辖区银行业利润总额22.51亿元。

截至12月，三明市保险业机构有34家，其中财险公司19家、寿险公司15家，有营业网点266个，从业人员15353人。有保险中介机构15家，其中，专业代理机构14家、经纪机构1家，有营业网点27个，从业人员3757人。三明市保险业累计实现保费收入53.98亿元，比2019年增长3.2%。其中，财产险公司保费收入16.18亿元，比2019年增长2.6%；人身险公司保费收入37.8亿元，比2019年增长3.5%。

【支持疫情防控和复工复产】 2020年，三明银保监分局持续加强宣传引导和监测摸排，推动分局和辖区银行保险机构做好疫情防控工作，各机构网点在安全前提下快速全面复工。强化政策传导和监管引领，累计发出通知50余份，召开专题会议10余场，深入企业调研20余次，走访督导机构200余次。修订银行业服务实体经济质效考评办法，建立金融支持复工复产监测制度，深入开展金融支持复工复产工作督查，引导机构聚焦重点领域、行业和客户，推动各项支持政策落地实施。2020年，辖区银行业贷款大幅增加173.19亿元，增量创历史新高；为3364户企业、177.3亿元贷款实施临时性延期还本付息；信贷支持产业链上游企业11.39亿元、下游企业55.23亿元。分局获评“三明市金融服务保障突出贡献先进集体”。

【普惠金融服务】 2020年，三明银保监分局建成推广“惠企通”金融服务平台，构建起监管部门、银行保险机构、小微企业三方交流互动机制。持续跟进、定期通报、对标压实银行业小微企业金融服务情况。2020年12月，辖区普惠型小微企业贷款户数、余额较年初“两增”，续贷笔数、金额占比大幅高于25%推广目标，“百行进万企”融资对接率排名全省前列，银税合作贷款户数、余额较年初大幅增长，各机构为小微企业减费让利2.43亿元，法人机构新发放普惠型小微企业贷款利率保持全省最低水平。加大涉农领域金融支持，指导机构创新“金林贷”、林房票质押贷款等产品支持“三票制”改革，深化推广“一县一快农贷、一产业一快农贷”等产品支持特色优势农业发展。重新制定扶贫划片包干方案，开展脱贫攻坚工作督查，指导提前完成“户贷企用”问题整改，扶贫小额信贷实现“应贷尽贷”。

【信用风险防控】 2020年，三明银保监分局加强监测预警、加强排查摸底、加强重点防控。调整完善信用风险监测台账，序时掌握风险处置化解进展及潜在风险大户情况。组织开展疫情影响信贷风险情况专项摸底排查，指导银行业机构提前做好应对准备。持续推动农小机构落实“三年规划”，督促重点清收化解大额不良贷款，协调推进社团贷款风险化解，指导探索运用不良资产打包转让和合同公证强制执行等新型处置手段。2020年，指导辖区银行业处置不良贷款31.11亿元。2020年末，不良贷款比年初减少3.33亿元，余额15.96亿元，全省九地市最少；不良贷款率0.94%，低于全省平均水平0.23个百分点，创2013年以来新低，信用风险形势趋稳向好。

【流动性风险和案件风险防控】 2020年，三明银保监分局制定中小银行集中取款事件处置操作规程和应急预案，推动农小机构全部完成流动性应急预案修订，首次联合机构开展集中取款事件应急演练，探索开展流动性风险管理抗压体检。抓好案件风险防控，健全分局案件处置工作机制，制定处置工作流程；组织银行保险业员工行为大排查“回头看”，推动查找整改各类风险问题；加大涉案机构行政处罚力度，对2家机构处罚合计120万元，对2人禁止终身从事银行业工作。

【银行业保险业改革创新】 2020年，三明银保监分局积极助力三明市创建全省绿色金融改革试验区，持续开展监测考评，引导机构强化政策对接、机制创新和信贷投放，指导3家银行成立专营机构，推动三明农商行创建绿色银行标杆行，辖区银行业绿色信贷比年初增速高于各项贷款增速。加快推动农小机构改革，指导永安联社改制农商行顺利开业；“多县一行”制村镇银行——政和泰隆村镇银行明溪、清流支行顺利开业，实现村镇银行在辖区县域全覆盖。深入推进保险业改革创新，聚焦农业保险高质量发展，推动创新银保合作商业性生猪养殖保险、设施花卉种植保险等产品；引导机构参与多层次医保体系构建，积极推广惠民保、八闽保等各类民生保险。稳妥推进车险综合改革，加强对财险机构政策传导、业务指导和监测督导，指导成立业务技术协调小组、制定应急处置预案，推动辖区车险市场平稳过渡，车险签单保费、车均保费和车险手续费率大幅下降。

【专项治理工作】 2020年，三明银保监分局深入开展乱象整治“回头看”活动，开展现场检查5项，对6家机构罚款合计670万元，并对12人进行处罚。落实天安财险接托管工作各项要求，全力维护人员、业务稳定，接托管以来，天安财险各项业务平稳有序开展。建立金融放贷领域专项整治线索排查联动机制，强化同业交流，重点做好“三书一函”线索核查。持续强化消费者权益保护，修订工作规程，建立消费投诉定期通报、监管督导机制，压实机构主体责任。积极发挥市银行业保险业消保中心作用，探索建立“投诉+调解+裁决”一站式金融纠纷解决服务机制，助推消保中心成为市中院特邀调解组织。

（杨　汀）

中国银行股份有限公司三明分行

【概况】 2020年，中国银行股份有限公司三明分行（简称三明中行）全行本外币客户存款日均余额151.15亿元，较年初新增8.90亿元，增幅6.25%，全省排名第四，四大行市场份额17.26%。其中，人民币客户存款日均余额146.76亿元，较年初新增9.70亿元，增幅7.08%，四大行市场份额16.89%；人民币各项贷款余额180.86亿元，较年初新增15.20亿元，全口径市场份额10.65%；本外币不良贷款余额1.70亿元，不良率0.94%。

【助力复工复产】 2020年，三明中行加大主动对接和服务力度，开辟绿色通道，特事特办、急事急办，简化审批资料和流程，全面助力复工复产、复市复业。截至12月，累计投放“央行专项再贷款”4036万元、“纾困资金专项贷款”6546万元，“央行专项再贷款”客户覆盖率和投放量、“纾困资金专项贷款”投放笔数和投放量均排名全市前列，在全市银行业支持疫情防控和复工复产专项考评中名列前茅。

【鼎力支持实体经济】 年内，三明中行主动融入三明市经济社会发展大局，积极发挥国有大行“稳定器”的作用，深耕信贷本源，倾力新产业、新业态、新模式，不断提高服务实体经济质效，在2020年三明市15家银行机构服务地方经济发展考评中排名第三。全年为市重点项目累计投放14.44亿元，制造业贷款余额20.63亿元，较上年增长2.04亿元，同比增长10.96%，民营企业贷款余额13.57亿元，累计投放18.91亿元，完成对“四个一百”项目清单中的13家企业对接。2020年4月，市委书记林兴禄在全市大会上对三明中行支持地方经济信贷投放工作予以表扬。

【深耕普惠金融】 2020年，三明中行深化中小微金融服务，紧抓“百行进万企”融资对接工作，全面助力中小企业渡过难关。截至12月末，普惠贷款新增户数增长38%、贷款增长48%、利率较上年下降0.65个百分点，其中利率下降幅度排名三明市四大行第一。小微企业中长期贷款占比79%，位列全省中行系统第一。累计为小微企业减免各类费用152.54万元，减免力度位居三明市四大行首位。

【国际业务】 截至2020年12月，三明中行国际结算业务量2.54亿美元，市场份额31.13%，跨境人民币业务量1.2亿元，市场份额32.3%，国际结算业务和跨境人民币业务市场份额均保持同业第一。

【风险防控】 2020年，三明中行聚焦重点领域、行业和客户组织风险排查，加强全流程授信管理，资产质量保持稳定。全年处置表内不良贷款2.07亿元，本外币不良贷款余额1.70亿元，不良率0.94%。

【精准扶贫】 2020年，三明中行积极投身精准扶贫、消费扶贫、党建扶贫，大力开展公益扶贫活动。截至12月，全辖涉及的5个扶贫村、23个扶贫户全部实现脱贫摘帽。

【推广“复兴壹号”】 截至2020年12月，三明中行为全市行政企事业单位共762个基层党组织上线“复兴壹号”智慧党建平台，并成功投入使用，拓客综合排名在全国中行二级机构中位列第四名。“复兴壹号”智慧党建平台改变了合作单位以往“手工交党费”和“线下学习教育”的历史，提升了党员教育的及时性、互动性和有效性，极大助力合作单位有效提升党建科技化、信息化、智能化水平。

【获总行级“第八届中国银行文明单位”】 2020年8月6日，三明中行举行获“第八届中国银行文明单位”授牌仪式，省行纪委书记和三明市文明办出席。此次总行级“第八届中国银行文明单位”是三明中行继连续3届蝉联“省级文明单位”后，首次获总行级文明单位表彰，也是全省中行系统唯一一家获此称号的地市分行。

【获“五比五晒”活动先进集体嘉奖】 2020年，在三明市委、市政府2020年度“五比五晒”活动先进个人和先进集体评选中，三明中行入围2020年度“五比五晒”活动19个先进集体名单，获先进集体嘉奖。

【办理首笔“央行专项再贷款”】 2020年2月20日，三明中行对国药控股三明有限公司发放1年期优惠利率贷款200万元，三明市首笔运用“央行专项再贷款”的优惠利率贷款成功落地。“央行专项再贷款”优惠利率贷款，是央行在疫情期间推出的融资政策，旨在帮扶抗疫物资生产企业。三明中行与该公司对接，启动疫情期间授信审批绿色通道，从总量上报到审批只用了不到1个工作日，为该企业提供3000万元授信额度，并于20日发放200万元，满足客户采购抗疫物资的资金需求。

【办理单笔金额最大的“央行专项再贷款”】 2020年3月9日，三明中行为全国疫情防控重点保障企业名单中的永安某企业发放疫情防控应急贷款3000万元，该笔贷款为三明地区金融机构投放单笔最大金额的“央行专项再贷款”。

【办理首笔债券承销业务】 2020年8月25日，三明中行成功为三明市交通建设发展集团有限公司发行首期中期票据6亿元，期限3年，成为三明市四大行首笔债券承销业务。

【与三元区人民政府签订战略合作协议】 2020年7月17日，三明中行与三元区人民政府签订战略合作协议。双方将发挥各自在政策、信息、资源和资金等方面的优势，把握发展新机遇，围绕产业发展、园区项目、安置房和棚户区改造、综合性金融服务等领域建立长期合作，全方位推动三元区高质量发展超越。

【与福建水利电力职业技术学院签订《银校战略合作协议》】 2020年8月11日，三明中行与福建水利电力职业技术学院签订《银校战略合作协议》，举行“中国银行股份有限公司福建省分行-福建水利电力职业技术学院培训基地”授牌交接仪式。此次银校合作协议的签署，开启双方全面战略合作新里程碑。中行将继续发挥全球化和综合化服务优势，以金融力量支持校方建设，共同探索金融与教育融合发展的有效途径，携手推动银校共享发展机遇、共创美好未来。

（叶晓燕　朱兆煊）

中国工商银行股份有限公司三明分行

【概况】 截至2020年12月，中国工商银行股份有限公司三明分行（简称工行三明分行）本外币全部存款时点余额235亿元，各项贷款时点余额218亿元，全年累计投放贷款45.6亿元，新增投放额居当地四大国有银行首位；不良贷款余额1.19亿元，不良贷款率仅0.54%，实现法人客户不良贷款清零，信贷资产质量持续稳步向好。在市委举办的2020年度‘五比五晒’活动中获“先进集体”嘉奖称号。通过第六届“全国文明单位”总评，精神文明建设再上新台阶，和谐发展的氛围更加浓厚。

【主要项目】 为三明市城乡改造有限公司“徐碧城中村改造”办理全省工行首笔新农村（小城镇）行业融资项目贷款15亿授信，助力三明城市加速改造提升。

实现行内系统和福建闽光云商有限公司的“物联云商项目”平台对接，授信闽光云商2020年度统一投融资风险限额17亿元，同时，通过互联网连接方式实现银企互联等产品与闽光云商平台电子交易系统的对接，成功上线首个“工银e企付”对接大型企业合作平台项目。

全年新增高速项目贷款投放9.42亿元，为三明市公路交通事业的发展，提高全市路网整体水平做出应有贡献。

【企业帮扶】 疫情防控期间，工行三明分行通过展期、续贷、再融资及还款计划调整等方式做好融资接续安排，通过变更结息周期、适当下调利率、延迟本息偿付等措施，减轻受困企业负担，防止企业资金链断裂，满足企业复工与持续经营需求。截至2020年年末，为122户企业办理延期还本，延期还本贷款本金80.78亿元，为12户企业办理延期还息，延期还息贷款本金35.27亿元，发放纾困贷款43户，金额1.49亿元。

【精准扶贫】 5月，工行三明分行为将乐县漠源乡坡坑村贫困户送上生产生活帮扶资金；6月，组织开展“图书漂流”爱心捐赠公益活动，捐赠爱心图书160本；8月，组织“关爱万寿岩暑期留守儿童活动”，为当地的留守儿童们发放慰问礼品；12月，工行三明分行在明溪县夏阳乡旦上村开展“精准扶贫”帮扶活动，看望慰问困难村民；全年组织购买帮扶点农副产品，实现消费扶贫金额58.96万元。

【服务客户】 *履行大行担当。*工行三明分行始终坚持“以客户为中心”的经营理念，贯彻落实监管部门“零钱整取、残损币兑换”等工作要求，推出“特殊客户上门服务”等服务工作新模式，积极开展优质文明服务主题活动，做好金融知识宣教，将金融知识送进农村、校园、社区等。

*创新金融服务。*3月，工行三明分行实现三明市第一医院本部和三钢、三化分院等各区域停车场智慧停车项目上线并投入运行，在互联网金融重点场景建设方面取得初步成效；10月，成功办理工行系统首笔委托代理投标保函业务33万元，推动系统内委托代理投标保函业务发展迈出坚实的第一步。

（工行三明分行）

中国建设银行股份有限公司三明分行

【概况】 截至2020年12月，中国建设银行股份有限公司三明分行（简称三明建行）一般性存款时点余额289.4亿元，各项贷款余额233.6亿元；不良贷款余额1.31亿元，不良贷款率0.56%，实现“双降”。全年清收处置不良贷款3.08亿元。7月，营业部获评中国银行业文明规范服务“千佳”网点。

【支持实体经济】 年内，三明建行实现公司类大中型客户贷款

省建行分行行长黄惠玲慰问梅列支行员工

新投放17.83亿元，其中，制造业中长期贷款余额5.39亿元，新增1.61亿元；基础设施贷款余额30.82亿元，新增4.02亿元；绿色信贷余额2.84亿元，新增1.7亿元。全年新增福银高速、金森林业等基础设施、绿色信贷项目储备24户，金额47.49亿元。

【发展普惠金融】 2020年，三明建行累计为5172户普惠客户提供授信支持，贷款余额23亿元，新增6.8亿元，连续2年保持四行普惠贷款余额、新增“双第一”。当年新增抵押快贷6.22亿元，投放“云税贷”“商户云贷”44.59亿元。发放“云义贷”641笔，金额6.95亿元；办理纾困贷24笔，授信9437万元。

【创新科技运用】 1月，三明建行为福建闽通长运股份有限公司提供集取票、购票、支付、查询等功能为一体的自助化“人机交互”服务，实现全省首个客运行业聚合支付场景应用。3月30日，为三明市红十字会搭建“慈善组织综合服务平台”。4月7日，与三明市民政局签约“城市精准帮扶信息平台”，12月4日，平台正式上线运行，并在全市各县（市、区）推广使用。11月17日，网点智慧柜员机自助终端正式投产“e三明”社保、医保等政务服务12项。

【防控疫情】 疫情发生后，三明建行千方百计调集资源，按需足额配备防疫物资，保障每位员工口罩、消毒水等供应，确保防控疫情、保护员工、稳定运营“三不误”。开辟绿色通道，为8户大中型客户审批信用额度6.58亿元；为受疫情影响的小企业客户办理续贷、展期410笔，金额8034万元。对550户疫情期间个人贷款发生逾期的客户，延期还本1.99亿元。通过利率优惠、呆账核销、批量转让等方式，全年为实体经济减费让利超过9000万元。在全市15家银行机构支持疫情防控和复工复产专项考评中，居第二名。

【社会关爱】 三明建行依托营业网点“劳动者港湾”，6月18日，与三明团市委、三明市邮政管理局，组建全市首家快递（外卖）小哥“青心驿站”，户外快递小哥可享受免费饮水、手机充电、免费Wi-Fi、洗手间、阅读角等公益项目。9月7日，响应国务院扶贫办“消费扶贫月”决策部署，联合市商务局举行“善意融情，心莲心”电商直播，精选来自三明各县的建宁莲子、宁化薏米等10款地方特色农产品，同时邀请善融商户现场推荐特色产品，销售商品2478件、金额8.6万元。11月20日，与三明团市委共同授予建宁县启航青少年事务社会工作服务中心“雏燕之家”牌匾，打造常态化关爱留守儿童的温暖之家；当日，走进建宁县第三实验小学看望慰问10名贫困留守儿童，赠送书包和笔记本。

（辛明生）

中国建设银行股份有限公司三明梅列支行

【概况】 中国建设银行股份有限公司三明梅列支行（简称梅列建行）成立于1992年9月。截至2020年12月31日，年一般性存款时点余额17.69亿元，时点新增5.03亿元，四行占比第一。各项贷款余额8.69亿元，当年新增-2.88亿元，不良贷款余额77万元，不良率0.09%。

【服务地方经济】 2020年，防控疫情期间，梅列建行支持复工复产，促进消费扩容提质，对于受疫情影响较大的批发零售、住宿餐饮等行业以及暂时遇到经营困难、不能及时还款的企业及个人坚持不盲目抽贷、断贷、压贷，及时采取贷款展期、无还本续贷等方式缓解客户资金压力给予转贷，支持其恢复生产经营，累计向受疫情影响企业及个人办理贷款展期或续贷20户、涉及金额3000万元。对于普惠型小微企业新投放贷款的利率，在现行基础上给予50个BP的优惠，梅列建行通过各类贷款利率优惠、减免手续费等措施为210多名客户，节约融资成本80万元。对因实际困难切实无法完成转贷或无法按时付息的受困企业及人群，采取延长付息、调整还款频率和结息方式等方式进行帮扶，已累计为10名客户采取延长付息、调整还款频率和结息方式等方式进行帮扶、涉及金额200万元。受疫情影响无法及时还款造成企业征信不良的，梅列建行主动为客户向人民银行申请修复征信不良，确保企业征信不受影响，累计为5名客户上报修复征信记录。支持百姓消费升级：购车分期交易额914.6万元、装修分期交易额1452.15万元。

【服务武警部队】 年内，为辖区武警部队提供资金结算、银行卡、大额取现、代发工资等免费服务，为武警官兵的“八一龙卡”免开卡费、卡年费服务；提供资金应急保障，保证在应急保障预案要求的时间内将现金送达指定的地点。

【打造企业文化】 深入开展学习宣传建行文化，树企业形象，培养员工企业集体荣誉感和使命感。开展困难职工救助、慰问等活动，全年慰问探视生病住院、职工亲属逝世等5人次，支出慰问金3600元。丰富员工业余文化生活，组织员工积极参加市分行举办的“五一”国际劳动节系列活动、“建行有你、精彩无限”系列工会活动和社区居委会开展的趣味运动会。持续开展夏送清凉活动，送去组织的关爱。积极开展文明单位创建活动。根据地方政府和省、市分行要求积极参与到第十四届市级文明单位创建活动中，推进梅列建行思想道德建设、企业文化建设、各项基础建设、打造客户服务品牌、培育典型示范、履行社会责任等工作任务。

【提高风险防控】 梅列建行扎实推进“两防”工作，落实主体责任。支行与各部门签订《全面从严治党责任书》和《案件防控和预防腐败责任书》，每位员工签订《个人安全综合治理与案件防范责任书》和《防范外部风险承诺书》；组织观看《欲望的陷阱》警示教育片，组织开展《严禁泄露客户信息 保障客户信息安全》等合规教育，开展金融放贷领域突出问题行为排查、员工异常行为专项排查。案例通报学习20次，受教育600余人次。进一步增强员工合规经营、廉洁自律意识，提高案件防范能力，提高合规执行力。

（施发华）

中国农业银行股份有限公司三明分行

【概况】 2020年，梅列辖区中国农业银行股份有限公司三明分行（简称农行三明分行）各项存款余额268.27亿元，比年初增加21.55亿元，同比增加1.76亿元，增量创历史新高，增量份额21.7%。其中，对公存款净增10.33亿元，个人存款净增11.22亿元。各项贷款余额突破200亿元，各项贷款余额210.3亿元，比年初增加28.15亿元，增量份额30.83%，居四行第一。

服务实体质效不断增强。推进重点项目营销，支持省、市重点项目30个、授信78.82亿元、用信35.2亿元；绿色信贷余额29.1亿元，比年初增加5.93亿元。推进乡村振兴金融服务，“快农贷”余额16.22亿元，比年初增加6.05亿元，服务农户1.73万户，覆盖全市所有县域、所有乡镇和90%以上的行政村；原5个省级扶贫重点县支行新增贷款9.38亿元，同比增速28%，高于全行贷款增速12.57个百分点。

社会品牌形象不断增强。完成尤溪、宁化支行理财中心建设，有序推进清流、三元、将乐、泰宁、建宁5个支行理财中心建设。全量点均投诉和服务类点均投诉均居全省较低水平，客户平均等候时间8.95分钟，全省最短，是全省唯一一个低于10分钟的分行。通过抓“创服务品牌”，有效推动了零售业务转型发展，个人住房贷款全年投放14.51亿元，投放额历年最高；“决胜掌银”劳动竞赛考核排名全省第二。

【各项贷款增量】 农行三明分行紧紧围绕三明市委、市政府“四篇文章”战略部署，明确了信贷业务“抓大不放小”的经营策略，全力服务实体，服务普惠小微，服务复工复产，服务绿色发展，持续加大信贷有效投放，至2020年末，各项贷款余额210.3亿元，比年初增加28.2亿元，增量份额居当地四行首位，其中对公贷款增量14.1亿元，增量份额居当地四行首位。

【服务企业复工复产】　农行三明分行大力支持重点防疫企业，133户重点保障企业名单内客户全部对接，支持22户，授信5.33亿元；用信19户，金额4.26亿元。累计为各类复工复产企业发放贷款48.83亿元，贷款净增14.06亿元。认真落实减费让利政策，累计为受疫情影响的49户、13.26亿元贷款办理纾困手续，新发放法人实体贷款加权平均利率同比下降41bp。

【不良贷款“双下降”】　农行三明分行持续优化信贷结构，加快不良资产处置，清收处置成效明显，信贷资产质量进一步夯实。至2020年末，全行不良贷款余额1.29亿元，比年初减少0.21亿元，不良率0.61%，比年初下降0.14个百分点，不良贷款余额及不良贷款率连续5年保持“双下降”，不良贷款余额在全省8个地市分行最低。

【安全生产管理】　农行三明分行推进“平安农行”建设、“三化三达标”创建工作；开展反欺诈社会宣传，作为全市金融机构中唯一合作单位，参与市委政法委、市公安局开展的预防电信网络诈骗宣传活动。持续加强印章、保密、档案、信访维稳、科技安全等基础管理工作，确保全行平安稳定，是全市唯一一家金融机构被三明市委、市政府评为“2020年度平安先进单位”。

【企业文化建设】　农行三明分行积极做好正面宣传工作，2020年以来累计在人民日报、新华社等省级以上重点主流媒体刊稿39条、城乡金融报29条、总行新媒体34条，刊稿数量历年最多。深化文明创建，市分行连续3届获评全国文明单位，连续5届获评福建省“安康杯”先进集体，作为唯一受邀金融机构参加三明市“林深水美茶香”茶艺比赛，连续2年受邀参加海峡两岸林博会绿色金融展厅参展。

【机关作风建设】　农行三明分行推行机关工作人员服务规范“五要五不要”，深入开展“五比五晒”活动，推动本部转作风、强素质、提效率，切实为基层减负，信贷审批效率持续提升，持续精简会议文件。

【开办全省农行首笔掌银批量注册业务】　农行三明分行积极推进三明医学科技职业学院“智慧校园”场景建设，强化公私联动获客，成功开办全省首笔掌银批量注册业务。

【开办同业固废处理设备融资租赁业务】　农行三明分行联动农银租赁，通过持续营销攻关，创新合作方式，顺利与云南水务投资集团就固废处理设备融资租赁项目实现合作。合作采取融资租赁方式，有效帮助企业购置固定资产、盘活存量资产、扩大经营规模。

【推出代理企业工商注册业务】　农行三明分行与三明市市场监督管理局签订战略合作协议，在网点设立业务办理专区，开辟绿色通道，安排专人对接，进行专业指导，为广大企业提供工商注册登记、商标注册查询、开立账户等提供“一站式”免费咨询和代办服务，既减少办照人员往来行政服务窗口的次数和聚集，又有效节约企业办事时间和成本，提升客户体验。

【试点全省农行首家盛灿科技智慧校园项目】　农行三明分行聚焦智慧校园，积极强化智慧校园场景建设，成功上线全省农行首家盛灿科技智慧校园试点项目——三明林业学校，该业务为学校财务提供更好的学生收费管理平台。

【上线“开放银行”电子账户专户智慧场景项目】　农行三明分行成功上线全省农行首个“开放银行”智慧场景项目——福建省三明工贸学校。该项目将农行三明分行电子账户开户服务外输到智慧校园供应商微信公众号平台，客户仅需持有工、农、中、建、交、邮储任意一张银行卡即可开立专用电子账户，通过签约授权支付功能实现电子账户的实时扣款。

【上线全省农行首个“浓情社区”疫情管控平台】　4月，农行三明分行为三明市区徐碧街道美地大道小区上线“浓情社区”疫情管控平台，实现小区居民电子出入证在线申请、微信扫码出行、体温在线登记、疫情及时上传、宣传教育实时推送等功能，为小区疫情防控提供有效帮助。

（尤雀辉）

中国农业银行股份有限公司三明梅列支行

【概况】　中国农业银行梅列支

行，下辖7个网点、2家离行式自助银行，全行员工99人。截至2020年12月，全行本外币各项存款余额35.15亿元，比年初增加5.14亿元；本外币各项贷款余额26.97亿元。年内，梅列支行获得个人贵宾客户营销、重大场景项目营销、优秀场景项目营销、信用卡家装分期等多个省行级先进支行称号，全市农行综合考评第二名。

【服务实体经济】　积极利用普惠金融线上、线下各类产品及差异化信贷政策，突出重点领域金融服务。至12月末，梅列支行银保监口径普惠型小微企业贷款余额14333万元，比年初增加6023万元；专门成立营销小组，强化供应链融资项目的营销推介。走访联系全行8个地市三钢经销商82户，授信23户、金额15200万元，用信6户、余额1290万元；依据福建省财政厅等5个部门下发的《关于中小微企业纾困专项资金贷款有关工作的通知》相关要求和下发名单，积极对接，高效跟进。累计纾困贷款投放9户，金额5648万元。

【夯实客户基础】　客户拓展持续推进，实现量质双提。至12月末，对公折效客户数净增90.5户，完成市分行全年任务的139%；对公结算账户新增241户，其中新增有效客户比年初净增226户。其中，机构账户净增21户；个人折效客户比年初增加13717户，全市农行增量最多，贡献度占比19%。其中，个人贵宾客户（月日均金融资产10万元以上）5666户，比上年净增621户，全市排名第一。

【着力信贷投放】　用好用足贷款规模和利率政策，大抓特抓信贷投放。至12月末，个人住房贷款余额13.93亿元，比年初增加2.15亿元，全年累计投放个人住房贷款3.82亿元，住房贷款投放蝉联全市农行第一；全年新增专项分期450笔，金额5382万元，全市农行排名第一。

【强化扫黑除恶】　积极开展扫黑除恶宣传活动，营造全民知晓、全民参与的浓厚氛围。坚持不懈抓好反洗钱及制裁合规管理，通过加强部门间的协作配合，加大监测通报及考核力度，严把新增客户关口，全力推进客户信息治理工作。常态化抓好账户风险联防联控，对存量个人可疑账户开展风险排查，对“断卡行动”涉案账户进行责任倒查，加强账户风险防控，确保守土一方。至12月末，可疑账户销户18户，全封管控138户。

【突出创牌建设】　打响创服务品牌，树立崭新的社会形象，全面提升服务质效。美化网点环境，先后完成三泉支行与天鸿支行的微改造，获得客户广泛好评；强化服务意识，举办“两大转型”导入及固化培训，有效实现员工服务意识、服务态度、服务能力、服务品质多方面的提升；深化精神文明创建，2020年，梅列农行在志愿三明注册登记志愿者79名，系统累计志愿服务时长295.2小时，人均3.74小时。2020年，保留“省级文明单位”，支行营业部获“三明市模范职工小家”称号。

（饶艳卿）

兴业银行股份有限公司三明分行

【概况】　2020年，兴业银行股份有限公司三明分行（简称兴业银行三明分行）本外币各项存款余额163.58亿元，比年初增加21.53亿元，增幅15.16%。本外币各项贷款余额129.54亿元，比年初减少1.76亿元，减幅1.34%。年末不良贷款余额1.19亿元，比年初减少0.5亿元，减幅29.51%；不良贷款比率0.92%，比年初下降0.37%，不良贷款、不良率连续5年“双降”。累计实现税前账面利润-0.88亿元。

【助力企业复工复产】　纾困专项资金贷款精准助力中小微企业复工复产。兴业银行三明分行将纾困政策落实到位，实现三明市首笔纾困贷款落地，也是全省范围内首笔按照批量化合作模式发放的银担模式纾困贷款。两期纾困贷款共为57家企业投放纾困资金贷款2.92亿元，投放金额居三明市各金融机构首位。

【票据业务保持优势，持续支持实体经济】　截至2020年12月，兴业银行三明分行票据贴现业务累计发生额在三明辖内各银行机构贴现业务中连续3年排名第一。分行年度累计办理贴现合计21.28亿元，年末余额13.15亿元，较年初增加6.21亿元，增幅89.48%，计划完成率175.43%。2020年，分行贴现客户数合计100户，其中国有企业13户，民营企业87户，对实体经济发展起到一定的支持作用。

【助推绿色金融发展】 兴业银行三明分行邀请第三方机构“联合赤道”绿色金融专家到三明指导地方性绿色产业、企业和项目识别体系建设，地方性绿色融资统计标准制定及绿色债券项目筛选识别等；积极推动以PC端为主、移动端为辅绿色认证服务平台搭建；积极参与“金服云”平台三明绿色金融专区创建，在总行的大力支持下，三明绿色金融专区于2020年7月31日顺利上线运行，8月12日，兴业银行三明分行通过金服云平台对接福建金硕生物科技有限公司道路绿化项目，发放贷款2600万元，标志着省金服云平台三明绿色金融专区首笔绿色贷款业务落地。

【助力乡村脱贫攻坚】 2020年，兴业银行三明分行积极履行社会责任、践行金融使命，为定点帮扶的贫困村尤溪县连云村提供帮扶资金，捐赠帮扶资金15万元用于建设机耕路、2万元用于乡村共建经费、1.5万元用于物品慰问等。

【推进电子健康卡“多码融合”项目】 该项目的推进将实现“一码通用”就诊，搭建全市医疗机构脱卡就医、脱卡结算的统一入口，打造三明市唯一的官方平台，最终实现全流程就诊、结算的全移动端办理，为医疗健康信息跨部门共享协同提供枢纽，解决医疗机构多卡并存、互不通用、手机支付无法医保结算等问题。

【搭建“智慧交通”便民服务平台】 将三明交运集团所属的公共交通资源整合，构建刷码乘车、电子票卡、客运购票、网约车、租赁车等统一线上服务平台。通过交运集团、e三明等官方平台，为市民提供良好的出行服务体验，结合多元金融产品，提供个人综合金融服务，推动兴业银行三明分行在“智慧交通”领域再新台阶。

【多项业务创新首笔落地】 兴业银行三明分行落地首笔中征应收账款融资服务平台线上反向保理业务，金额200万元，实现三明市中征应收账款融资服务平台线上融资业务零的突破；落地首笔线上进口信用证业务，金额20.4万美元，截至2020年12月31日，兴业银行三明分行累计开立线上国内证18亿元，后端办理代理福费廷3亿元、福费廷转卖15亿元；作为主承销行，落地首笔定向债务融资工具（PPN）。

【风险化解】 2020年，兴业银行三明分行克服疫情期间债权处置流程放缓、不良市场低迷等不利影响，超额完成总行下达的各项清收处置任务，2020年年末，分行不良贷款余额1.19亿元，较年初减少0.5亿元；不良率0.92%，较年初下降0.37个百分点，不良率低于区域金融机构平均水平，不良余额及不良率连续5年实现双降。

（黄丽芳）

福建省农村信用社联合社三明办事处

【概况】 截至2020年12月，梅列辖区三明农信系统资产总额615.48亿元，比年初增加60.71亿元，增幅10.94%；各项存款余额535.87亿元，比年初增加46.1亿元，增幅9.41%；各项贷款余额330.33亿元，比年初增加34.69亿元，增幅11.73%。存款、贷款总量和增量均稳居全市各家金融机构第一位，存、贷款市场份额分别达26.06%、19.46%。2020年，实现各项收入29.4亿元、各项支出25.13亿元；实现利润总额4.28亿元、净利润2.77亿元。实际入库税收总额2.68亿元，辖内绝大多数农信联社、农商银行在当地纳税名列前茅。

三明农信系统充分发挥农村金融、普惠金融、民生金融主力军作用，助力乡村振兴和绿色金融发展。在2020年度三明市银行机构服务地方经济发展考评中，省农信联社三明办事处获第一名；在2020年度“五比五晒”活动中，省农信联社三明办事处被三明市委、市政府记三等功；在三明市银行机构支持疫情防控和复工复产专项考评中，省农信联社三明办事处获第一名；在三明市委、市政府下发的《关于奖励2019年度金融服务保障突出贡献先进集体和个人的决定》中，省农信联社三明办事处作为第一名，受到通报表扬；三明市农信系统党委书记、省农信联社三明办事处主任林镇凯被三明市委、市政府授予“2020年度突出贡献企业家”称号。在全省农信系统2020 年度先进行社表彰中，尤溪县农信联社获得“业务增长十佳行社”称号。

【助力企业复工复产】 新冠肺炎疫情发生后，省农信联社三明办事处积极指导辖内各行社认真贯彻落实疫情防控和复工复产的各项决策部署，结合“百行进万企”融资对接专项工作，主动深入各乡镇、各工业园区开展摸排调查，了解企业受疫情影响情况，创新推出了“抗疫贷”“小微复工贷”“福万通·应急e贷”“温情贷”“泰企贷”“白衣天使同心贷”等系列战疫信贷产品，为全市疫情防控和复工复产提供强有力的金融支撑。三明农信系统2020年新增贷款34.69亿元，比上年多增7.14亿元，增幅11.73%，比上年高出1.45个百分点。同时，积极指导辖内各行社对接“金服云”平台，并组织召开全市农信系统“金服云”专题推进会，促进辖内各行社更好利用“金服云”平台，加大小微企业贷款投放力度。至2020年年末，三明农信系统通过“金服云”平台对企业和个体工商户发放贷款11.95亿元；发放企业纾困贷款2.57亿元。

【助企纾困解困】 省农信联社三明办事处积极指导辖内各行社认真贯彻落实助企纾困解困各项政策要求，通过积极采取续贷支持、落实阶段性延期还本付息政策、加大普惠型小微企业信用贷款投放力度、减费让利等措施，及时帮助小微企业渡过难关。2020年，三明农信系统共为中小企业办理续贷5142笔、金额20.82亿元，其中无还本续贷2679笔、金额12.51亿元，无还本续贷笔数、金额占比分别达52.1%、60.08%。实施临时性延期偿还的贷款本金1745户、金额11.15亿元；实施临时性延期支付贷款利息225户、金额1330.29万元、对应贷款金额4.08亿元。至2020年末，发放普惠小微信用贷款余额6.66亿元，普惠小微信用贷款占比7.08%，比年初增加5.23个百分点。2020年，三明农信系统小微企业贷款综合融资成本平均下降0.85个百分点、普惠型小微企业贷款利率平均下降0.52个百分点。

【发展绿色金融】 省农信联社三明办事处积极引导辖内各行社主动融入三明市创建省级绿色金融改革试验区建设，在推广“福林贷”“益林贷”等绿色金融产品的基础上，进一步创新推出“福益贷”，即以村集体生态公益林及天然商品林补偿收益权作为质押发放贷款。同时积极配合林票制度推广，创新推出了“金林贷”“林融金”“惠林贷”，多元化破解担保难问题。至2020年12月，三明农信系统累计发放“福林贷”1.37万户、金额15.59亿元，贷款余额2.02亿元；“益林贷”授信474户、授信金额2999.82万元，用信金额1797.1万元；已发放“福益贷”103万元。“金林贷”授信121户、授信金额1141万元。

【脱贫攻坚战】 省农信联社三明办事处积极指导辖内各行社认真贯彻落实中央和地方各级党政关于坚决打赢脱贫攻坚战的决策部署，紧紧围绕省农信联社对金融精准扶贫的工作部署，充分发挥根植农村、点多面广的优势，主动扛起金融精准扶贫大旗，通过积极发放扶贫小额贷款和产业扶贫贷款，助力打赢脱贫攻坚战。自2016年以来累计发放扶贫小额贷款6930户、3.29亿元，2020年末余额2433.85万元；累计发放产业扶贫贷款1.97亿元，2020年末余额1.28亿元。

【服务乡村振兴】 根据省农信联社关于积极推广“党建+金融助理+多社融合”模式的有关部署，省农信联社三明办事处积极抓好推动落实，2020年分别与三明市农业农村局、市供销社签订战略合作协议，凝聚多方合力，更好地服务乡村振兴。同时，积极督促辖内各行社抓实金融助理服务工作，充分发挥金融助理作用，提升服务质效。至2020年末，三明农信系统由各县（市、区）组织部、地方政府发文聘任的金融助理610名，派驻村（居）1841个。

【助力“文明三明”建设】 2020年11月，省农信联社三明办事处在充分调研的基础上，专门下文向全市农信系统推广三明农商银行“文明贷”产品，更好地满足文明市民生活消费、生产经营融资需求，助力“文明三明”建设。至2020年末，三明农信系统共发放“文明贷”1.11亿元。

【多渠道捐款捐物】 新冠肺炎疫情发生后，省农信联社三明办事处第一时间带头捐款，同时，号召辖内行社通过多渠道捐款捐物。三明农信系统单位及个人捐款金额达129.78万元，捐赠口罩5万个。

【广泛宣传农信金融服务举措】 2020年，省农信联社三明办事处牵头在《三明日报》开展系列宣传报道，开展3个专版和11次专题报道，全方位报道三明农信系统全力支农支小、助力脱贫攻坚、服务乡村振兴等方面的主要做法与成效。同时，“学习强国”学习平台、

《中华合作时报》、福建农信微信公众号分别对三明农信系统助力打赢脱贫攻坚战的做法进行报道，提升农信品牌形象。

（叶聿帮）

福建三明农村商业银行股份有限公司

【概况】 截至2020年12月，福建三明农村商业银行股份有限公司（简称三明农商银行）资产总额87亿元，各项存款余额74亿元，各项贷款余额54亿元。全年实现各项收入4亿元，当年缴纳税费1235万元。

【疫情防控】 2020年，三明农商银行坚持疫情防控和金融服务“两手抓”，在疫情期间协助各级党组织、“村两委”做好人员排查和体温登记，严格落实网点环境卫生及消毒工作，主动组织员工开展抗击疫情爱心募捐活动，向三元区红十字会捐赠7.28万元，定向驰援三明市中心结合医院新冠疫情防控与救治工作。

【助力企业复工复产】 2020年，三明农商银行针对疫情防控重点保障企业和医务人员推出“战疫同心贷”特色信贷产品，积极对接“金服云”平台，大力开展“访企业、解难题、促‘六稳’”等融资对接活动，发放纾困专项资金贷款2470万元，发放“小微贷”2.42亿元，给予16户企业调整还款计划，累计减少还款370万元。

【保障春耕备耕】 2020年，三明农商银行依托“党建+金融助理+多社融合”服务模式，走访农民专业合作社、农村种养大户、涉农生产企业、农户乐等客户，广泛摸排资金需求和了解疫情影响情况，以“振兴贷”“福林贷”为抓手，加大支农服务力度，助力农村市场复苏。全年投放春耕备耕资金8046万元。

【创新金融产品】 2020年，三明农商银行实现三明农信系统住房公积金账户资金的开立及归集转移，全年发放公积金贷款62户、金额2095.6万元。以三明市创建全国文明城市为契机，联合市委文明办创新推出“文明贷”，有效满足市民消费需求，全年授信“文明贷”1074户，金额1.20亿元，用信余额1.11亿元。

【夯实财会工作】 2020年，三明农商银行实现柜面无纸化全覆盖，成功上线国库集中支付电子化系统，获评高级别柜员9人，财会负责人获福建农信“财会管理先进工作者”称号，会计工作质量等级被省农信联社评为2B级，成为三明农信系统第一家成功申报2级水平的行社。

【规范公司治理】 2020年，三明农商银行全年召开第三届董事会会议四次，审议议案29个；召开第三届监事会会议四次，审议议案8个；召开2019年度股东大会，审议议案15个；更换补选董事2名、监事1名。根据省农信联社统一部署，开展股权托管工作，实现全部股权托管至海峡股权交易中心。

（雷雅倩）

中国邮政储蓄银行三明市分行

【概况】 截至2020年12月，梅列辖区中国邮政储蓄银行三明市分行（简称邮储银行三明市分行）资产规模达到286.72亿元，本外币各项贷款余额111.92亿元。

【“三农”金融服务】 2020年，结合三明加快特色现代农业建设特点，邮储银行三明市分行创新推出信用户-信用村-信用乡镇-信用县“四级联创”，在政府组织牵头、人行及银保监局指导下共同开展农村信用户评定工作，与当地镇政府共同推动信用镇信用户守信公约、信用户公示标识等特色工作，着力打通农村金融服务“最后一公里”，弥补农村金融服务空白地带。截至2020年12月，邮储银行三明市分行建设完成18个信用乡镇、430个信用村、信用村覆盖行政村率24.7%，评定建档信用户16965户、授信金额7.23亿元。截至12月末，邮储银行三明市分行涉农贷款结余40.13亿元，增速12.5%，服务农村客户2.1万户，满足乡村居民的信贷需求。

【重点客户及中型民营企业的信贷投放】 2020年，邮储银行三明市分行公贷授信客户16户，授信金额34.14亿元，贷款余额为15.07亿元，较上年增加2.67亿元。年内，全力为三明制造业企业提供信贷支持，新增三钢闽光中长期流动资金贷款1亿元；拓宽信贷支持行业，积极介入高速、纺织、高等教育行业融资授信，发放邮储银行全省首笔教育行业贷款，新增三明学院流动资金贷款2000万元；加大对民营企业信贷支持，2020年新增鑫森合纤流动资金贷款3000万元。

【支持小微企业】　2020年，邮储银行三明市分行有效落实“六稳六保”工作，全年累计投放小微企业贷款11.91亿元，实现小微企业制造业贷款年净增1.7亿元。支持受疫情影响企业复工复产，及时疏解中小微企业面临的流动性困难，全年发放纾困贷款1.65亿元，投放量位居全市各家金融机构第四位。积极服务抗疫重点企业，年累计新增投放抗疫应急贷6060万元，投放量排名全省邮储系统第二位。加快推进绿色金融产品，覆盖垃圾处理、污水处理、水利水电等民生领域，年累计发放民生类小企业贷款5888万元、贷款余额2.43亿元。强化平台合作，全年与科技局、农业局、园区、各行业协会、商会等机构签订合作协议21份，走访企业800余户。缓解企业融贷难题，降低企业运营成本，邮储银行三明市分行主动减费让利，截至12月，普惠型小微企业贷款加权平均执利率为4.63%，较上年下降72BP。

【推进普惠金融】　2020年，依托邮储银行资金、物理网点及人员等资源优势，邮储银行三明市分行主动结合民生项目，加大个人综合消费贷款、信用消费贷款、汽车消费贷款、助学贷款、邮享贷等业务拓展，逐步提升非购房类消费贷款业务的规模占比，致力于为广大城乡居民提供全方位、多层次的消费金融服务，助力地方经济和社会发展。截至12月，消费贷款累计投放32.90亿元（不含信用卡透支），余额46.21亿元，年新增5.59亿元，其中生源地助学贷款年新增1881万元；信用卡业务透支金额11.64亿元。

【携手共渡疫情难关】　2020年，为支持受疫情影响的信贷客户，邮储银行三明市分行密切跟踪客户的复工复产、还款能力恢复情况，通过贷款展期、延期还款、调整贷款利率与还款计划、减免罚息等方式，全力支持其恢复生产经营、缓解资金周转困难、降低疫情灾害影响，2020年，邮储银行三明市分行为受疫情影响客户采取延期还款等措施共114笔，金额7542万元；主动下调各类贷款利率，幅度为58.8BP，让利283万元。

【创新升级贷款产品】　2020年，邮储银行三明市分行稳步推广信用类产品创新，着力缓解客户融资难的问题。通过针对区域特色产业，制定“一城一策”的差别化行业政策，通过弱化担保措施，优化贷款流程，简化贷款手续，对符合条件的行业客户给予最高100万元的纯信用流水贷。2020年陆续推出“生猪流水贷”“银速电商流水贷”“小水电信用流水贷”“制种流水贷”，通过流水贷产品创新满足客户的信贷需求。

（林　玲）

交通银行股份有限公司三明分行

【概况】　2020年，梅列辖区交通银行股份有限公司三明分行（以下简称三明交行）各项存款余额10.17亿元，各项贷款余额31.69亿元，不良率0.03%，整体资产质量较为可控，全年实现安全运营，零事故、零案件、零风险事件。三明交行营业部被中国银行业协会评为“2020年银行业文明规范服务千佳单位”。

【疫情防控】　助推企业复工复产，累计为9笔合计8.25亿元的贷款办理延迟还本付息。扎实推进“六稳六保”，以存量企业为基础，对接纾困名单企业，全年累计发放纾困贷款4360万元，有力缓解企业资金压力。

【绿色金融】　2020年，三明交行主动融入三明市绿色金融改革试验区政策，信贷资源适度向白名单内客户倾斜，推动信贷结构调整优化，绿色信贷余额较年初增加4315万元。

【助力小微企业发展】　至2020年末，三明交行小微企业贷款余额1.91亿元，同比增幅82.52%，在人行2020年三明市全国大型银行贯彻落实稳企业保就业量化指标的通报中，各项贷款余额增速、涉农贷款余额同比增速排名第一，普惠小微贷款余额同比增速、制造业中长期贷款余额同比增速排名第二。

【个人住房贷款工作】　三明交行加强与恒大地产等开发商及百年房产等多家当地头部中介的合作关系，2020年，累计投放房贷520笔，总金额同比增长250.4%，获福建省分行“房贷业务杰出贡献奖”。

（欧　璇）

三明市保险行业

【概况】 至2020年末，梅列辖区共有保险公司34家，其中，财险公司19家、寿险公司15家（2020年10月增设1家建信人寿）。

2020年，三明保险业保费收入55.32亿元，较上年下降7.60%，其中，寿险公司保费39.20亿元，较上年下降11.15%；财险公司保费16.13亿元，较上年增长2.41%。2020年，三明保险业赔款支出11.20亿元，同比下降9.33%。其中，财产险赔款金额为6.47亿元，寿险赔款金额为4.73亿元。2020年，保险深度为2.05%，保险密度为2230.65元/人。

保险公司经营情况表

表4

财险公司	公司简称	保费收入（万元）	市场占比（%）
中国人民财产保险股份有限公司三明市分公司	人保财险	74840.21	13.52
中国平安财产保险股份有限公司三明中心支公司	平安财险	23335.07	4.21
中国太平洋财产保险股份有限公司三明中心支公司	太平洋财险	15361.40	2.78
中国大地财产保险股份有限公司三明中心支公司	大地财险	6231.20	1.12
大家财产保险股份有限责任公司福建分公司三明营银销服务部	大家财险	253.82	0.05
长安责任保险股份有限公司三明中心支公司	长安责任	2377.69	0.43
都邦财产保险股份有限公司三明中心支公司	都邦财险	648.91	0.12
华安财产保险股份有限公司三明中心支公司	华安财险	4779.59	0.87
天安财产保险股份有限公司三明中心支公司	天安财险	1417.05	0.25
中华联合财产保险股份有限公司三明中心支公司	中华联合	5732.11	1.03
中国人寿财产保险股份有限公司三明市中心支公司	国寿财险	13791.31	2.49
英大泰和财产保险股份有限公司三明中心支公司	英大财险	1594.21	0.29
阳光财产保险股份有限公司三明中心支公司	阳光财险	4701.45	0.85
永诚财产保险股份有限公司三明中心支公司	永诚财险	269.87	0.05
紫金财产保险股份有限公司三明支公司	紫金财险	1441.54	0.25
亚太财产保险有限公司三明中心支公司	亚太财险	1058.86	0.20
太平财产保险有限公司三明中心支公司	太平财险	955.35	0.17
华泰财产保险有限公司三明中心支公司	华泰财险	447.70	0.08
海峡金桥财产保险股份有限公司三明分公司	海峡金桥	2025.22	0.36
中国人寿保险股份有限公司三明分公司	中国人寿	174369.00	31.53
中国平安人寿保险股份有限公司三明中心支公司	平安人寿	66074.50	11.95

续表4

财险公司	公司简称	保费收入（万元）	市场占比（%）
中国太平洋人寿保险股份有限公司三明中心支公司	太平洋人寿	18712.63	3.38
泰康人寿保险股份有限公司三明中心支公司	泰康人寿	14614.20	2.64
新华人寿保险股份有限公司三明中心支公司	新华人寿	15599.00	2.82
民生保险三明中心支公司	民生人寿	8689.33	1.57
富德生命人寿保险股份有限公司三明中心支公司	富德生命人寿	44782.61	8.10
中国人民人寿保险股份有限公司三明市中心支公司	人民人寿	20073.24	3.63
信泰人寿保险股份有限公司福建分公司三明中心支公司	信泰人寿	10356.23	1.88
农银人寿保险股份有限公司三明中心支公司	农银人寿	6411.83	1.16
太平人寿保险股份有限公司三明中心支公司	太平人寿	4790.82	0.87
华泰人寿保险股份有限公司三明中心支公司	华泰人寿	1631.44	0.29
英大泰和人寿保险股份有限公司三明中心支公司	英大人寿	4153.61	0.76
平安养老保险股份有限公司三明中心支公司	平安养老保险	1402.44	0.25
建信人寿保险股份有限公司三明中心支公司	建信人寿	307.50	—

（江　梅）

【中国人寿保险股份有限公司三明分公司】 2020年，梅列辖区中国人寿保险股份有限公司三明分公司（简称中国人寿三明分公司）总保费17.44亿元，市场占比44.49%，其中，新单保费3.24亿元，续期保费12.98亿元；全年累计缴纳各种税费1270.51万元，其中，个人所得税531.14万元，增值税494.16万元。

脱贫攻坚显担当。2020年，公司共为4.3万余名建档立卡贫困户承保扶贫专项保险，累计提供保障超22.8亿元，赔付1200余人，赔付607万元。扶贫保险类业务累计保费594.21万元。消费扶贫采购农产品共73975元，累计为“国寿馨基金”注入2.9万元公益金。全市9家县支公司对接当地政府要求的挂点扶贫村，向挂点帮扶村开展扶贫公益捐赠活动金额合计93000元。

服务民生有作为。充分发挥保险的社会保障功能，2020年兑付保险理赔22084件，理赔金额10763万元。积极推广大健康平台、个人税优健康保险业务，通过税收优惠的方式，服务工薪阶层与个人经营者。全年承保各类普惠型保险75万人次，保障400亿元，各类公益捐赠60.8万元。

（中国人寿三明分公司）

【中国人民财产保险股份有限公司三明市分公司】 2020年，梅列辖区中国人民财产保险股份有限公司三明市分公司（简称人保财险三明市分公司）完成保费收入7.48亿元，较2019年同期增长0.39%，市场份额46.28%。其中，车辆保险业务保费收入3.52亿元，下降0.84%；农业保险保费收入1.15亿元，同比增长7.08%；企业财产保险保费收入0.3亿元，同比增长11.59%；责任险保险收入0.31亿元，下降3.11%；意外险保费收入0.18亿元，同比增长5.37%；健康险保费收入0.22亿元，下降73.49%。赔付率64.58%，综合成本率91.49%，利润总额5696.8万元。

2020年，人保财险三明市分公司共承办农业保险业务，为当地经济发展提供保险保障金额228亿元，其中，水稻及制种险承保面积160万亩，占全市水稻种植面积178万亩的89.89%，保险保障金额9

亿元；森林险承保面积2388万亩，占全市森林面积（2651万亩）的90.08%，保险保障金额210亿元；烟叶种植险承保面积31.86万亩，全市烟叶面积100%承保，保险保障金额3.69亿元；养殖险承保生猪51.67万头、肉兔55万只、蛋鸡100万羽，保险保障金额4.8亿元；产业扶贫保险承保户数10215户，保险保障金额0.54亿元。

同时，还推出“一县一品”特色农险业务：清流花卉保险。承保3639亩花卉及大棚，为192户花农提供保险保障金额0.45亿元，赔款120万元（其中向因疫情减收的45户贫困户支付赔款16万元）。

特色养殖保险。大田肉兔养殖保险，承保肉兔55万只，为肉兔养殖户提供保险保障1650万元，支付赔款44万元；大田、建宁、明溪、清流、永安设施蛋鸡养殖保险，承保蛋鸡100万羽，保费150万元，为蛋鸡养殖户提供保险保障3000万元，支付赔款67万元。此外，还开发了永安设施水果保险，承保设施水果261亩，为农户提供保险保障156万元；尤溪、宁化设施蔬菜保险，承保蔬菜477.92亩，为农户提供保险保障191.23万元；建宁马铃薯种植保险，承保马铃薯200亩，为农户提供保险保障20万元；永安、三元商业性能繁母猪保险，承保能繁母猪3200头，为养殖户提供保险保障390万元。

（罗庆东）

（编辑：王培敏）

陈大镇

【概况】　陈大镇位于三明市区西北部，距市中心4千米，福银、泉三高速公路穿境并设立互通口，有三明市区的“北大门”之称。镇域面积196平方千米，拥有耕地585.67公顷；果园966.67公顷；林地1.21万公顷；林木蓄积量165万立方米，森林覆盖率87%。

全镇8个建制村，30个自然村，35个村民小组；1个社区居委会，3个居民小组。2020年，总人口9831人，其中农业人口7883人。

2020年，面对新冠肺炎疫情，陈大镇坚持一手抓疫情防控，一手抓经济社会发展，第一时间复工复产，制定陈大镇辖区企业节后复工及疫情防控工作方案，落实防疫要求，完成辖区180余家企业有序复工。全镇工业完成产值79.2亿元、零售业完成产值17.52亿元、批发业完成产值10.85亿元、服务业完成产值2431万元、完成固定资产投资14.96亿元。

2020年，全镇项目建设、乡村振兴、民生保障、平安建设、文明创建等工作成效明显。审计、统计、档案、科技、共青团、残联、妇联、工会、关工委等工作取得全面进步。

【项目建设】　完成“五个一批”项目谋划8个，签约4个，开工4个，竣工8个，增资1个。在2020年“9·8”厦门国际贸易洽谈会中与福建国实九丰旅游发展有限公司达成合作，引进碧溪生态养生谷文旅项目，完成上台签约项目1个。积极争取地方政府专项债券申报项目，推进梅列碧溪红色旅游基础设施建设、梅列区陈大高源工业园区基础设施提升改造、陈大“知青村”乡知产业振兴项目、梅列区陈大老旧小区改造4个2021年地方政府专项债券项目申报工作。

【企业发展】　加快推进新增企业上规入统工作。工业方面，完成三明市八闽废旧物资回收有限公司等4家入统工作；零售业方面，完成三明市成捷汽车销售有限公司等4家入统工作；服务业方面，完成三明艾迪康医学检验所有限公司的入统工作；个体户方面，完成余庆堂饭店等4家个体户入统。三明市普诺维机械有限公司在新冠肺炎疫情面前，紧急研发新型口罩旋转模切辊让口罩生产企业从半自动到全自动，生产效率提高了10倍，有效缓解口罩生产的“燃眉之急”，为打赢疫情防控阻击战提供了坚实的物质保障，被科技部评为高新技术企业，获福建省服务型制造示范企业称号。

【乡村振兴】　科学规划。创新开展“知青村砂蕉”沙龙活动，邀请省村落文化发展协会、省旅游协会等专业机构深入调研，共同谋划实施乡村振兴战略思路。积极搭建政校合作平台，与三明学院设计团队、福建谋是咨询公司不断完善设计方案，邀请福州大学高层次人才到长溪、棕南等村参观调研，商讨创梦拓展、德广药业等企业发展规划。积极推进厦门建发公司与陈墩新村规划建设合作。

环境整治。围绕“五清楚”目标要求，开展“一革命、五行动”，积极进行“厕所革命”。2020年共计完成村级公厕4座，镇级公厕1座，农村合用户厕6座，总投资约115万元。在长溪村、碧溪村、砂蕉村拆除农家旱厕45户，补齐农村环境短板。设置农村生活垃圾集中放置点，配备垃圾桶350个。启动渔溪村农村垃圾分类试点工作，推行垃圾干湿分离。发动党员群众1890人次开展整治行动36次，整治环境脏乱差3000多处，清理垃圾443余吨，清理塘沟600多条。有序推进“两高”沿线整治工作，大源村13幢农房平改坡工程完工。整治“僵尸车”60辆；联合城监中队，整治撒漏的渣土车29起。

产业发展。积极推动“旅游+”乡村振兴发展模式，投入70万元提升长溪村红色旅游基础设施，完成240平方米游客接待中心建设。充分利用知青文化资源，完成砂蕉村知青馆、知识乡道、知识驿站、学习强国公园等项目建设。不断深化村企合作，完成长溪村射箭场建设项目，打造亲子旅游、红色体验等5条精品路线，并将砂蕉村知青礼堂、知青旧居纳入游学参观点。大力发展砂蕉村优势特色产业，筹集资金25万元建立采用新型保护育菌方式的33公顷砂蕉红菇基地。在以知青文化为主题的“美丽乡村”项目基础上，投资新建3000万元祥瑞生态农场示范园，形成20公顷苗木花卉观赏基地。完成瑞云山AAAA级景区提升改造工程总投资3000万元，新建环花海机耕道4条，建设透水混凝土步道26741平方米，绿化面积8000平方米，太阳能路灯225盏，瑞云山生态苗圃建成并投入使用。完成2020年渔溪村“庆丰收·迎小康”农民丰收节活动，积极推动砂蕉村“蕉野乐”、骑行等活动，推动砂蕉知青文化旅游品牌知名度。

【城乡建设】 完成陈墩村86万元游步道项目340米；长溪村9万元太阳能路灯、景观灯项目；碧溪村15万元村尾及神坑小组机耕道硬化项目；棕南村26万元底坑老年人活动中心修缮工程；砂蕉村50万元土堡路挡墙（第三期）工程、100万元砂坪荷花池彩色沥青步道。投资510万元对瑞云社区进行提升改造，新建碧玉小区人行道1740平方米、文化墙和仿木栈道780米，打造5座观景平台，安装排水管网1000余米。完成2020年中央水利专项资金180万元建设任务，用于渔溪村垅头水毁修复项目。积极向上争取农村饮用水维修养护资金45万元，集中式饮用水水源地水质达标率100%。极大改善了全镇生产、生活用水条件。拨付60万元改造碧溪村安全饮用水巩固提升工程，拨付40万元改造长溪村安全饮用水巩固提升工程，为陈大镇发展提供用水安全保障。

【生态文明】 严格落实“河长制”，聘请河道专管员，实现“河长”全覆盖。对全镇护林员定期开展培训教育，推行联席共建，健全长效机制，确保全镇生态环境水平保持较高水平。联合森林消防支队、林业站、在距镇本点较远的碧溪、台溪2个建制村，筹组梅列区专业森林消防队。被福建省旅游厅授予“全域生态旅游小镇”称号，三明国家郊野地质公园揭碑开园；引进棒棒堂教育团队入驻砂蕉村，形成独特的农村教育研学基地；长溪村户外素质拓展游客人数再创新高，接待游客人数达到6万人次。

【文明创建】 发挥党建引领文明创建优势，持续发力蝉联“省级文明乡镇”，深化文明创建常态长效和志愿服务制度化建设。扎实有效推进文明村申报创建工作。按照新农村建设“生产发展、生活宽裕、乡风文明、村容整洁、管理民主”的要求，扎实开展文明村创建活动。2020年，建成渔溪村省级文明乡风联系点。全镇共计创建全国文明村1个、省级文明村1个、市级文明村2个、区级文明村（社区）4个，区级以上文明村比例已占89%，位居全区前列。

【保障民生】 教育质量扩容提升，梅列区实验幼儿园陈大分园办园成果突出，两个省级课题顺利开题，被认定为首批全国足球特色园。陈大中心小学积极应用城乡教学交流平台，强化师资建设，多个学科在全区教学比武中取得优异成绩。2020年，三明六中中考成绩再传捷报，12名学生考入三明二中。

医疗卫生更加齐全。完成两癌筛查150人，完成率100%；办理取环53人；完成优检23对。2020年，城乡居民医保参保人数7074人，其中，政府补助人数1714人，参保率97.93%；完成计划生育家庭意外伤害险参保919户。做好计生特扶家庭9户12人、农村独女户50人、农村二女户148人、农村奖励扶助对象43人、城镇奖励扶助对象82人的关怀帮扶，给予“金秋助学”奖励补助2人。完成7所标准乡村卫生所的建设打造，全镇城乡居民养老保险参保3812人，新型城乡居民合作医疗保险参保人数为7097人，参保率99.97%。配合区文旅局全面完成5年一次的国民体质监测工作。

各类保障不断完善。慰问离退休老干部、离任村主干、农村困难党员54人次，发放慰问金20.7万元。认真做好退役军人服务工作，实行建表建档管理，摸底排查退役军人，开展慰问2次。2020年，全镇优秀青年积极响应国家征兵号召，完成年度征兵任务。

精准扶贫成效显著。始终把脱贫攻坚作为重大政治任务抓紧抓实，以确保贫困村和贫困户的增收致富为目标，结合“两不愁三保障”，实现“真脱贫”“脱真贫”。“中央红军村”碧溪村利用2020年度中央财政专项扶贫资金“贫困村+贫困户”双增收机制创新项目增加村财收入2.5万元。长溪村继续与三明市创梦拓展有限公司合作，利用帮扶资金入股野人部落项目，2020年村财收入28.8万元。2020年，全镇共有精准扶贫对象4户10人，其中国定标准贫困户2户，省定标准贫困户2户，在区、镇、村的共同努力下，所有贫困户脱贫后，每年都能持续增收，4户建档立卡贫困户平均年收入增加27%以上，高于全区平均水平。

【平安建设】 注重管控，风险源头治理到位。严格落实刑释解教人员、社区矫正对象、易肇事肇祸精神病人等重点人员、特殊人群教育、帮扶、矫治和管控措施，加强监管落实帮扶，发挥教育矫正的攻心治本作用，全镇未发生社区矫正对象和刑事解教人员重新犯罪。对各村（社区）各类案件和信访件、举报件进行梳理，共梳理出各类案件35件；充分运用信息化手段和人力情报手段，从重点人员、重点场所和警情案件系统中排查涉黑涉恶线索。安全生产工作有力推进，深入开展安全生产隐患排查治理专项行动、安全生产集中整治工作，全面消除安全生产隐患，辖区保持安全稳定。

【行政效能】 依托党群服务中心，实现镇、村两级公共服务平台全覆盖，村级组织服务群众代办业务基本实现。全年共受理群众来信来访35件，已办结35件；“12345”政务服务平台（包含“e三明”）345件，均已答复处理完毕，满意率达100%，真正实现了“群众办事像购物一样方便”的根本转变。

依法行政持续深化。接受人大监督日趋常态化，全年共办理人大议案建议15件，坚持“三重一大”事项集体研究制度，扎实开展“七五”普法工作，协调处理三明市金璐源木业有限公司42名员工的72.4万元欠薪问题。充分发挥镇政府法律顾问作用，为重大决策提供法律依据，加大政务公开力度，保障群众知情权，让权力在阳光下运行。

【廉政建设】 严格落实中央“八项规定”精神及其实施细则，“三公”经费支出持续下降。认真落实全面从严治党，驰而不息转作风、纠“四风”，坚决查处违纪违法案件，全年党政纪处置问题线索6条，其中，立案处理3人、给予警告1人、严重警告2人、正在处理2人、委托党委处置1人；严格落实交叉审理暂行办法，完成交叉审理2起。

（谭绍文）

洋溪镇

【概述】 洋溪镇地处三明市区东北部市郊，毗邻徐碧街道、陈大镇、三元区中村乡、沙县虬江街道和大洛镇，辖区总面积72平方千米。205国道、鹰厦铁路、长深高速连接线、沙溪河横贯辖区境内。2020年，辖区总人口9556人，辖上游社区居民委员会及新街、上街、羊口仔、孝坑、岩兜、连茂、饱饭坑、下坑8个村民委员会，下设70个村民小组。全镇共有16个党支部，党员479人，农村党员406人。

【经济发展】 农业经济。2020年，全镇农林牧渔业总产值2.45亿元，同比增长10%；完成粮食播种面积520公顷，蔬菜种植面积1276公顷，同比增长1.13%；柑橘种植面积287公顷，产量5220吨，同比增长20%，增加产值50万元。

工业经济。2020年，规模以上工业企业13家，总产值完成49.7亿元，同比增长6.8%。限上零售业5家，销售额0.95亿元，同比增长10.5%；限上餐饮业6家，销售额0.216亿元，同比增长5.6%。限上批发业2家，销售额1.9亿元，同比增长17%。全社会固定资产投资完成13.5亿元，同比增长13.3%。

重点项目。大力深化“五比五晒”“项目攻坚年”活动，“五个一批”项目谋划8个、签约5个、开工3个、投产4个、增资1个。新增营利性服务业上规入统企业4家，商贸服务业上规入统企业4家、大个体户3家，规模以上工业企业上规入统3家，引进外商投资企业1家。完成“十四五”经济社会发展规划编制和重点项目谋划30个，积极申报地方政府专项债券项目2个。省电子信息产业园、食品加工园项目稳步推进。金圣特钢获工信部“2020年专精特新‘小巨人’企业”称号，创建省级“海峡两岸特种钢钢铸造研究所”新型社会研发机构，华盛集团三明冷冻食品有限公司成为全省首家被央视《匠心智造》宣传推广的食品行业企业。

【疫情防控】 疫情严峻时期，建立疫情防控三级网络，筑牢防控体系。常态化防控时期，严格落实9类重点人群的防控措施，加强预警监测和核酸检测，取得“零确诊、零疑似、零输入”的防控战略成果。

【机构改革】 2020年，洋溪镇机构改革，按照优化协同高效的原则，进一步明确洋溪镇党政内设机构及主要职责，将洋溪镇党政机关统一设置6个内置机构：党政办公室、党建工作办公室、经济发展办公室（挂财政所牌子）、社会事务办公室、社会治理办公室、综合执法办公室。进一步整合洋溪镇事业单位，将洋溪镇所属的卫生和计划服务中心、新农村建设服务中心、经济服务中心等事业单位整合，综合设置3个事业单位：经济发展综合服务中心、社会事务综合服务中心（挂退役军人服务站）、村镇建设服务中心，三中心各配备主任1名（相当于副科级）。

进一步优化人员编制和领导职数：人员编制。核定洋溪镇行政编制21名，机关工勤人员编制2名，机关工勤人员编制只减不增，按“退一收一”的办法逐步予以核销；核定洋溪镇所属事业单位事业编制26名。核定洋溪镇机关领导职数11名。

【城镇建设】 基础设施。争取一事一议财政奖补资金，推进农田水利、公路路面硬化、旅游栈道、饮用水管网改造等基础项目建设。实施农田水利建设、堤防修复和农村安全饮用水巩固提升工程；对洋溪镇中小河流进行治理，新建生态护岸及节点建设。对兴尚老街周边景观及绿化进行提升，统一整理布设路灯、管线、排污管道，新建2个停车场，稳步推进上街新村建设、生态水系及田园步道等项目。

新农村建设。突出公社文化和体验农业，中央坂、兴尚老街、清枫谷三大板块同步发展，全力打造洋溪文旅小镇，其中中央坂板块实施“体验农业+旅游”，成功举办“菊韵洋溪”系列活动，全年游玩人数超10万人次。兴尚老街板块：保留规范圩场，打造特色食品一条街。清枫谷板块新增丛林探险、丛林穿越等项目建设，获批国家AAA级景区，列入三明市第一批森林康养基地。全年游客总人数16.5万余人次，年营业额1923万元。

生态环境保护。深化河长制落实，全年总体水质稳定保持在Ⅲ类标准以上。以农村人居环境整治为抓手，完成危房整治16户，新建垃圾中转站、集镇一体化污水处理站及配套管网和3座公厕，完成1座公厕的提升改造。整合原有的生态网格员、护路员、护林员、护河员等，成立生态综合管护队，形成“横向到边、纵向到底”的巡察网络，提高生态巡察成效。开展“人居环境百日攻坚”行动，已初步实现“十清楚”人居环境整治目标；在全区率先成立生态综合管护队，推行联席共建，健全长效机制，确保全镇生态环境水平保持较高水平，获“2016—2020年度全市生态文明建设先进集体”称号。

【社会事业】 社会保障。通过发展光伏发电、成立三明市梅列区兴尚农民专业合作社等方式，开展“扶贫+扶智”行动。整合扶贫资金850万元，持续实施“增资入股”模式，“产业+扶贫”模式成效显著，全年5个贫困村收入平均17.2万元，同比增长30%，贫困户人均收入15761.88元，同比增长17.56%，均无返贫风险。落实低保、残疾人补助金等政策，累计向89人发放补助金91.5万元。向精准扶贫户、低保特困户发放慈善爱心卡348张，共计2.7万元，发放临时救助金0.9万元。开展“学雷锋，志愿行”“访贫助困走基层”、留守儿童夏令营等主题实践活动20余次，慰问困难妇女儿童、重点优抚对象、贫困户、农村老党员等特殊群体174人次，发放慰问金、补助金78万元。

文明创建。持续推进乡风文明共建共享积分制评比工作，形成会商机制，根据实际情况完善《考评细则》，对兴尚老街住户商户进行统一评分，每月开展“文明户”和

“文明商户”评选、公示并对不文明行为进行曝光。

【社会管理】　党建工作。召开党建专题部署会6次，制定党建工作、理论学习计划、党风廉政建设工作要点等10余份文件，对夯实责任传导压力、完善机制强化保障等方面提出了明确要求，进一步强化基层支部抓党建的主体意识和责任意识。严格落实“三会一课”制度。完善印发《洋溪镇党内组织生活制度》和《关于进一步落实“三会一课”制度的通知》，镇党委每季度调阅基层组织工作手册，严格落实“三公开”制度，建立电子台账。组织开展支部“达标创星”活动，评选出3个先进等次和1个后进等次党支部，2020年，共发展党员11名，党员结构进一步优化。抓党建工作亮点，大力实施“人才回引”计划，培养25名村级后备干部。新建家睿机械、派出所党支部，选派2名非公党建指导员，实现非公支部全覆盖。

平安建设。针对政治、意识形态、经济、社会、自然灾害5个重点领域，制定风险化解工作方案和预案，提供制度保障。开展食品安全、安全生产、危房整治等专项整治行动26次，累计检查生产企业16家，发现隐患63处，已完成整改60条。深入开展扫黑除恶专项斗争，多措并举提升综治“三率”，常态推进矛盾纠纷排查化解工作。2020年，发放扫黑除恶、平安创建等综治宣传页1万余份，全镇共调处矛盾纠纷28起，成功调处28起，调处率100%；信访总量14起，已答复14起，答复率100%，未发生赴京赴省上访现象；“12345”平台受理信访86起，已按时处理答复86起。

（曹梦媛）

列东街道

【概况】　列东街道地处三明市中心城区，辖区面积6.3平方千米，常住居民2.3万户、6.3万人，流动人口2万人，街道辖11个社区居民委员会、1个村民委员会。街道党工委下辖11个社区党支部(总支、党委)、1个农村党总支和11个非公党支部，共有党员1733人。辖区共有各类机关企事业单位323个，有各级文明单位192个。

2020年，列东街道全面贯彻中共十九大及中共十九届四中、五中全会精神，紧紧围绕区委、区政府工作思路，狠抓改革创新，突出城市党建、经济发展、城市管理、依法和谐征迁、民生保障等工作重点，　团结带领全街干部职工全方位推动高质量发展超越，认真践行“三明实践”后篇文章，进一步做实“四篇文章”，推进“四个着力”，深化“五比五晒”，着力打造幸福文明和谐“首善之街”。2020年，街道获得省级文明单位、省级模范职工之家、省级劳动关系和谐街道、平安先进单位等称号。

【创新服务型党建运行机制】　完善党建联合体系。建立“街道党建联席会+社区党总支+小区党支部+楼党小组”区域化党建格局，深化社区“大党委”共建体系和楼栋党小组网格体系，与215个市区企事业单位共建共享，拓宽各类活动场所50余处。加强城市基层党建工作，建立社区党群服务中心11个。针对社区间党建工作水平不平衡，创新开展“村居联建”“居企联建”形式，采取因地制宜，以强带弱、先进带后进，实现共建、工作、党建、服务“四个带动”，促进区域党建水平共同提高；探索推进城市近邻党建工作，建立东新小区、阳光城小区、红岩小区邻里中心、邻里驿站，创新建立东安社区“党建+三联”工作机制，推动小区自管自治的典型经验在全区党建现场会推广。

切实履行社会责任。街道班子到挂点社区带头垂范，开展“党员亮岗”，定期向居民征集意见建议，开展“微心愿”和“绩优册”等特色活动，团结带领全街215个市、区企事业单位1563名党员参与社区共建，开展志愿服务3000多场次，惠及群众近6万人。

抓好意识形态工作。加强习近平新时代中国特色社会主义思想的学习宣传，组织开展宣讲党的十九届五中全会精神，街道班子全体成员到挂点社区开展专题党课授课12场次，结合学习《习近平在厦门》《习近平在宁德》《习近平在福州》《习近平在福建》等采访实录，开展集中学习研讨15次。针对年龄较大、行动不便的党员，组织开展“送学上门”活动，为中华人民共和国成立前老干部、老党员等解决实际困难和问题11件。发挥党建引领作用，传播党的好声音。

落实疫情防控工作。充分发挥党建引领作用，整合资源，依托“物业联盟”统筹协调，发动辖区共建单位资源，为辖区独居老人和困难家庭送食物和物资。充分发挥基层党组织战斗堡垒作用和党员先锋模范作用，迅速部署成立列东街道党员突击队12支，通过电话询问、上门慰问，及时了解生活需求和健康状况，解决生活困难。发挥宣传主战场作用，正确引导社会舆论导向，发布抖音、微信短视频等形式宣传播报约100条，宣传抗疫感人事迹，让党旗在防控疫情一线高高飘扬，凝聚群众防疫抗疫的强大力量。

【推动经济稳步增长】 深入开展“五比五晒”。建立街道、社区干部参与经济工作与年度绩效考评、项目工作经费奖励相挂钩的机制，发动全街干部参与经济项目工作。2020年完成固定资产投资约完成固定资产投资26.5亿元，增幅25.67%；完成限上批发业销售额及消费品零售额89.28亿元和24.3亿元；完成工业销售额3.9亿元；新引进和培育企业个体16家，法人8家；完成“五比五晒”项目15个，其中，谋划项目3个、签约项目6个、开工项目1个、投产项目4个、增资项目1个。

精心谋划对接项目。抽调班子为骨干力量成立经济工作小分队，专门负责招商引资、项目建设、协调调度、对接服务等。如针对夏商百货、永星国际、新华都等商圈，重点谋划大型服务型项目，针对华融中心、尤溪商会、三真大厦等楼宇，策划引进总部经济；针对梅列经济开发区平台，策划引进工业企业。2020年，街道本级组织外出招商13次，成功向上争取资金500万元，对接项目22个，促成项目落地7个。

优化对接企业的服务质量。通过社区大党委、共建理事会和社区企业联谊会，为企业搭建联系交流的平台，营造良好招商环境。主动帮助辖区内企业解决复工复产中的困难和问题。开展“进企业、促防控、助复工”系列活动，组建经济项目服务队3支，队员数11人，通过现场督促工人文明施工、安全施工，组织工人开展安全生产教育培训，帮助企业采购防疫物资、制定防疫操作手册等，助力企业积极应对疫情防控常态化下的复工复产，扎实做好“六稳”“六保”工作，坚决夺取常态化疫情防控和经济社会发展“双胜利”。

【塑造良好城市秩序】 推进平安“三率”提升。联合市、区禁毒办（委）、梅列公安分局等单位，开展平安建设宣传主题活动和入户宣传活动。2020年，累计现场解答群众咨询约400人次，入户宣传教育群众约4000人，累计发放包含扫黑除恶专项斗争、反邪教、禁毒、预防电信网络诈骗、非法集资、国家安全等内容的宣传单（册）1万余份，制作发布条幅、展板、宣传广告160余条（面），平安建设和学法、用法、守法氛围更加浓厚，平安“三率”、平安家庭、扫黑除恶、反邪教、禁毒等工作再上新台阶，持续保持经济社会和谐稳定发展。

扎实开展文明创建。列东街道以文明城市创建为抓手，以新时代文明实践所为基点，创新制定《列东街道“863”创城工作督战法》，深入开展清洁家园、环境整治、治理“僵尸车”等工作，建立城市“网格化”管理，创城期间整治占道经营、店外经营、乱摆摊设点等“沉疴顽疾”问题214个，联合83个企、事业单位，共101支志愿服务队伍，约3000人参加志愿服务活动，为全面打赢创城攻坚战奠定坚实基础。

创新社区管理工作。对红岩新村、东安新村、二路社区、高岩社区等老旧小区进行改造提升，将独立楼栋整合成小区，通过提升绿化、增设停车棚、休闲娱乐设施、安全监控系统等，给群众一个美观、安全的居住环境。总结推广小区“三位一体”管理机制，成立小区自管会加强小区管理，促进小区的和谐稳定。以新时代文明实践志愿服务活动为载体，对辖区困难群众进行扶贫帮困工作，联合创办“四点半学校”，针对辖区内留守儿童、困难家庭未成年人和流动人口家庭未成年人等群体进行放学后统一的管理和课业指导，已累计开展爱心帮扶活动70场次，帮助群众近500人。

【做美生态宜居城市】 拓宽城市发展空间。2020年，完成三纺厂及周边地块土地出让、东新五路税务周边地块和三明卫校周边地块等征迁任务，农机公司二期地块用地项目选房工作收官，为重点项目顺利实施提供坚实保障。全面推进“拆墙透绿”，红岩新村、东安新村、二路社区、高岩社区等老旧小区进行改造提升，同步推进小区基础社区改造、成立业委会、引进物业公司入驻等工作，进一步提升城市功能。

提升生态文明建设。切实组织推进军岩路后山、绿道连接线等山体地灾隐患整治和山体边坡修复，着力梳理化解历史遗留问题，全力保障市区后山（狮子坑）地灾点治理及景观提升建设项目顺利推进，进一步修复完善市区生态体系，美化城市形象。

建设美丽宜居街区。打造老人儿童活动公园，在市区沙溪河两岸公园绿地内共有13处同时具备“高颜值”和实用性的老人儿童微游乐场对外开放。为解决老年人、残疾人、重病患者出入问题，做好老旧小区增设电梯工作，协调推进老旧小区增设电梯58部。

【践行“三明实践”后篇文章】
发挥好人联谊会作用。大力弘扬列东街道“好人品牌”，打造文明城市亮丽名片，通过进一步壮大好人联谊会队伍，广泛开展传帮带活动，以好人联谊会为发起单位，带动文明单位、志愿团队等，共同参与系列志愿帮扶活动，扩大好人影响力，形成示范效应。

落实城市困难家庭精准帮扶。列东街道作为城市困难家庭精准帮扶示范点，进一步总结提炼了“1144”工作法，积极对接热心企业、慈善组织、爱心人士与贫困户结对帮扶，帮扶资源有效集聚，帮扶方式丰富多样，实现对城市困难家庭的全面精准帮扶。2020年，发放低保金317万元，提供医疗救助53户8.6万元，提供减免学费35人10.4万元，提供困难残疾人补助153人42.2万元，帮助就业132人，为88户困难人员申请公租房解决住房问题，为城市困难家庭提供更加全面的保障，列东街道困难家庭117户171人城市困难家庭成功实现脱困。

完善居家养老服务体系。依托东安、圳尾、三路社区已建成的居家养老照料中心，推进医养结合居家养老工作，全力支持运营机构开展居家养老服务、志愿者服务和群众性老年活动，引导老年人进入照料中心。成立梅列区老年大学三路社区、圳尾社区教学点，进一步提升辖区老年教育水平，组织开展形式多样、健康向上的老年人文体活动，营造健康多元的爱老敬老环境。

（黄　桥）

列西街道

【概况】　列西街道地处三明市区沙溪河西岸，北邻陈大镇、南接三元区白沙街道，东与列东街道、徐碧街道隔河相望，依托梅列、列东、徐碧3座大桥与市区相连。辖区总面积77.6平方千米，辖8个社区居民委员会，2个村民委员会，有69个居民小组、5个村民小组。2020年，辖区总人口51777人，其中，常住人口32258人、流动人口19519人。

2020年，列西街道扎实抓好基层党建、“五比五晒”、疫情防控、乡村振兴、城市管理、生态环境、民生事业、安全生产等重点工作，街道被中共三明市委、三明市人民政府评为2019年度三明市“依法和谐征迁”攻坚行动先进集体；富华社区被中共福建省委、福建省人民政府评为福建省抗击新冠肺炎疫情先进集体；龙岗社区被国家减灾委员会、应急管理部、中国气象局、中国地震局评为全国综合减灾示范社区；小蕉村被国家林业和草原局评为国家森林乡村。

【基层党建】　街道积极抓好基层党建工作，充分发挥基层党组织战斗堡垒作用，以党建引领辖区各项事业蓬勃发展。

夯实基层党建工作。坚持“三会一课”制度建设，督促指导所辖各党支部认真开好党员大会，贯彻落实上级重要会议精神，积极组织学习习近平新时代中国特色社会主义思想和中共十九届四中、五中全会精神，各支部组织各类学习活动达46场次，初步实现全体党员全覆盖。半年内组织一轮党建督查，及时发现整改问题。对接落实国有企业退休人员（含党员）社会化移交工作。

组织开展党员教育。组织各支部书记、机关党员等到三元岩前万寿岩遗址进行现场教学，学习习近平总书记超前的文物保护意识。配合区里组织各社区党支部（总支）书记前往漳州学习社区党建先进做法，收到较好成效。持续督促列西村落实村务公开和“三重一大”等支部制度建设。

培育党建示范点。按照区里城市基层党建这个大课题，引导各社区开展以服务便民为主的党建创新活动，翁墩、富华相继培育新的社区近邻党建示范点，其中富华社区创新“365”党员楼栋长工作机制，在各项社区治理特别是老旧小区改造项目中发挥积极促进作用。翁墩社区积极创建“五心”社区，受到区委组织部领导的认可和肯定。

落实全面从严治党主体责任。做好全面从严治党主体责任检查发现问题的整改落实，针对反馈4个方面9个问题，制定19条具体整改措施，出台《列西街道党工委2019年度全面从严治党主体责任落实情况整改方案》。持续发力加强廉政教育，用好“本土”

案例，用“身边事”警示“身边人”，全年开展廉政警示教育7次171人次。建立列西街道股级干部和村（居）两委成员廉政档案82份，落实“一人一档”、专人管理、动态更新。继续深化移风易俗，将移风易俗专项治理纳入日常监督、工作检查的重要内容，疫情防控期间，延迟办理喜庆事宜1场，简办丧事14场。

【经济发展】 街道认真分析辖区经济形势，积极谋划指标增长和项目落地，全面深化“五比五晒”和“项目攻坚年”活动，努力实现辖区高质量发展超越。2020年，完成限上批发额392.89亿元，增幅21.5%，排名第一；完成限上零售额3.79亿元，增幅-10.6%，排名第四；完成餐饮业营业额1718.7万，增幅-12.8%，排名第五；完成住宿业营业额1036万，增幅-6.5%，排名第一；完成工业总产值2.2亿元，增幅-5.7%，排名第二；完成固定资产投资额18.35亿元，增幅为12%，排名第五。

2020年，街道成功入库“五个一批”项目共15个，其中，谋划项目4个、签约项目5个、开工项目1个、竣工项目4个、增资项目1个。

【征迁工作】 2020年，街道列入三明市区“依法和谐征迁”攻坚行动项目2个，即碧湖片区列西工业大楼、西江滨路（五路大桥段）拓宽改造项目。碧湖片区工业大楼征迁项目已完成工业大楼征迁框架协议的签订，天羚服装厂搬迁安置和福建盛安机电1.2号房产征收工作扎实推进。街道自加压力项目2个，即泉三高端装备产业园项目、列西蔬菜批发市场项目，扫尾项目2个，即龙岗二期征迁扫尾工作和列西街南段改造项目。安置房主体已完成桩基施工及其检测，地下室土方开挖，边坡支护的施工及检测。2020年8月3日，列西蔬菜批发市场征迁项目正式启动签约后，仅用8天完成30户地面物清表签约工作。

【疫情防控】 街道及时成立防疫工作领导小组，固定专班成员，完善应急预案，明确责任分工，确保全街防疫工作“一盘棋”调度。采取全面摸排、宣传发动和设卡值守等多项措施，突出“三重两点一线”（重点人员、重点区域、重点行业，外来务工人员聚集点、人员聚集闲聊点，沿沙溪河一线）。同时严格落实“八闽健康码”核验、推广工作，落实内防反弹的有效措施；另一方面针对境外及重点地区返三明人员疫情防控工作实际情况，定人定岗，追踪数据台账，建立健康档案，切实做好“点对点”接驳工作。

【老旧小区改造】 老旧小区改造项目成效良好，第一批改造项目五四新村40-45幢已完成，街道、社区指导小区居民通过自荐、推荐和选举投票的方式组建业委会，带着群众的意愿和诉求参与改造全过程，破解“小区物业管理难、停车难、如厕难、背街小巷通行难、市场管理难”等城市管理“五难”问题，拆除违章搭建25处，拓展空间1000余平方米；划定机动车位47个、非机动车位55个，在小区出入口配套智能化停车管理系统；在五四新村40-45幢的老年活动中心内增设1座公共卫生间；修缮沥青道路3261平方米，打通2条原本道路不通的小巷，并统一完善照明设施；完成列西农贸市场农改超。

【乡村振兴】 着力打造小蕉生态旅游文创村项目，共分为3部分推进。小蕉村部分蕉岭古街改造设计方案及施工图已经完成，路面施工有序推进；商业中心积极招商，已入驻3家，均为餐饮业，2家已开始营业；商业中心古戏台中心广场基础设施已完成。“五彩稻田”已经开始收割。瑞都公司部分已初步完成8栋民宿院落及围墙施工；对流经小蕉村的上游水源进行初步治理；圩场周边围挡、绿化、景观等配套工程已初步完成；接待中心周围道路景观阶梯的铺设已完工；镜湖的水文改造和岛屿的绿化基本完成。文创部分已设计、小批量生产多样文创产品；已完成文创村电商平台建立。

【城市管理】 积极联络区两违办、区城管大队，建立“上下联动，中间协调”的拆违工作模式，全年共拆除违建面积4.72万平方米，腾出可利用面积3.45万平方米。结合创建全国文明城市测评工作，开展社区环境整治、农贸市场集中专项治理和主次干道“门前三包”专项治理等行动，清理垃圾300余车次，清除乱粘贴广告、条幅140余处（幅），清理乱摆乱放花盆、泡沫箱等杂物300余个，市场卫生环境明显改观，主次干道环境得到有效改善，顺利完成被全国文明城市测评组抽中测评任务。

【生态环境】 制定《列西街道蕉溪、栖源溪、龙泉溪流域水环境问题整治方案》，切实加强对蕉溪、栖源溪、龙泉溪3条流域的监管力度。总投资50万元的小流域“以奖促治”蕉溪流域黄厝山至三钢后山渣场淋溶水消纳处理厂段河道整治项目基本完工完成初验，整治总长度为3千米，修复现状挡墙，新建护岸80米，清淤总长936.75米，清淤6426立方米。完成下村洋村龙源棘胸蛙养殖场废水排放整改，棘胸蛙养殖池废水通过管网集中收集到附近鱼塘好氧处理并回灌农田。加强对蕉溪流域日常巡查力度，督促鑫联化工及时清理在蕉溪河道边乱堆放大量垃圾。对小蕉老路和新路沿线15家“散、乱、差”堆场加强巡查，配合执法部门对违反环保法律的企业立案处罚，督促企业落实“三防”污染防治措施。对小蕉路7家“散、乱、差”堆场进行摸底调查并上报执法部门听候处理。

【民生保障】 积极开展城市家庭精准帮扶工作，2020年，累计投入108820元，共发放慰问金及慰问物资约38800元，发放临时救助金累计14300元、疫情期间临时生活补贴9000元、慈善总会爱心超市购物卡共17520元，减免医疗保险费用23250元。动态管理低保复核与发放工作，定期开展经济复核，全年共发放低保金526051元，追回违规发放低保补助金5248元，审核新增6人，取消15人。完成农村养老服务中心民办非企业单位登记审批工作，协同区民政局于8月底前完成对小蕉村农村幸福院运营质量的排查整治，进一步加强农村养老服务体系建设，加快补齐养老事业短板。

【平安建设】 全面开展扫黑除恶专项斗争，共破获涉赌刑事案件6起，查处涉赌行政案件50起；破获涉黄刑事案件1起，查处涉黄行政案件9起，扫黑除恶工作取得阶段性进展。全年共排查矛盾纠纷134件，调处成功133件，纠纷调解率99.2%，辖区未发生同一矛盾重复报警现象和因矛盾纠纷引起的上访事件；处理“e三明”投诉件687件，满意率100%；完成17个信访件答复，办结率100%。走访涉邪、涉毒、严重精神障碍患者等重点人员125人次，完成4名涉邪人员思想教育转化，申办严重精神障碍患者“以奖代补”27人，发放奖励金28500元。积极推进法治政府建设工作，设立街道公共法律服务工作站，完成富华社区、青山社区和北山社区司法工作室规范建设。扎实推进“一村（居）一法律顾问”工作，为群众搭建“面询+电话+微信”三重律师沟通桥梁，切实为群众提供各类法律咨询和法律服务。

【安全生产】 结合实际制定街道全领域隐患大排查大整治工作方案，走访辖区22家企业，组织405人次进行排查，将所有走访排查结果整理成整改清单，实行逐一销号制度，确保不疏忽、不遗漏。全年辖区共发现隐患138个，已整改到位134个。防汛期间加大地灾隐患点、低洼地带、高陡边坡巡查，共巡查60多人次，结合“安全生产月”等活动，积极开展应急演练，督促企业主要负责人完善安全台账，及时跟进隐患处理情况，切实做到闭环管理。做好森林防火、居民消防安全等工作，及时通报森林防火隐患问题，着重对居民用火、用电、用气进行安全指导，特别将独居老人、精神病患者、残疾人员列为消防监督重点户，定期进行防灾宣传和检查，消除火灾隐患和不安全因素，切实保障人民群众生命财产安全。

（林　珊）

徐碧街道

【概况】 徐碧街道位于三明市区北大门，辖区总面积28.82平方千米，下辖五路、乾龙、东乾、重化、碧湖、玖珑、北门7个社区居委会，徐碧村、洋山村、后洋村、廖源村4个村委会，1个小溪综合农场，1个工商联大厦党委。

2020年，街道市级“依法和谐征迁”项目6个（其中重中之重项目3个），区级“依法和谐征迁”项目5个，街道率先完成首单市级“依法和谐征迁”项目——原市残联办公楼（乾龙新村118幢）征迁项目；徐碧村房屋征迁，徐碧甲头B、C地块安置房建设，历史遗留问题处置等重要板块工作相继取得历史性突破。

2020年，街道党工委加强基层领导，党风廉政、疫情防控、文明创建、平安建设、乡村振兴、脱贫攻坚等各项工作成效显著。

【经济发展】 2020年，街道积极推进“五比五晒”各项工作，加强产业项目入库，其中固定资产投资总量占全区2/5、入库新增6个项目，累计同比正增长12.8%；二产工业、三产零售业、餐饮业销售额指标排名位居各镇

（街）前列；谋划、签约、开工、投产、增资项目位列全区第一。全年完成投资约40亿元，投资总量位列全区第一。同时，积极开展党员干部“进企业、解难题”集中走访行动，对辖区的企业进行全覆盖走访摸排，走访企业537家，帮助企业解决实际困难18个。

【征迁工作】 2020年，街道市、区“依法和谐征迁”及“城市双修”项目11个，各项目征迁有序推进，成效显著。6月，街道率先完成首单市级“依法和谐征迁”项目——原市残联办公楼（乾龙新村118幢）征迁项目，13户住户全部签订房屋征收补偿协议，完成征迁任务。历时23年的徐碧“城中村”改造项目52天实现全面签约，28天腾房，1个月完成拆除工作。徐碧村周边4幢公房征迁任务顺利完成，依法强制拆除林海养猪场，原列东污水厂及周边地块项目、碧湖片区征迁、小溪综合农场历史遗留问题等工作稳妥推进，为城市发展建设提供强有力保障。街道征迁攻坚中涌现出一批勇于担当、主动作为、表现突出的先进个人，共有4名干部获市委、市政府专项表彰。

【疫情防控】 坚持战疫情、稳运行，全街干部投入一线开展防疫工作。街道实行班子挂包制度，联合社区卫生服务中心、派出所建立工作组，分头入户，深入摸排，24小时全天候值班，快报快送落实每日零报告制度；街道先后10余次召开部署会，6次开展疫情防控培训会，认真传达学习习近平总书记关于疫情防控的系列重要指示和各级会议精神，全力保障辖区人民身体健康和安定稳定。

【创建文明城市】 利用春节、清明、五一等节日，通过微信群、发放宣传单、张贴宣传海报等多种有效形式广泛宣传疫情防控、卫生健康、反诈骗、禁毒、移风易俗、普法等知识。利用公共场所宣传栏、社区LED屏、村里“大喇叭”等载体推送疫情防控、移风易俗相关内容，共张贴通告2350份，分发倡议书、告知书等宣传材料6200份，悬挂横幅35条。3月开始开展创城工作，按照文明城市创建的测评要求，各社区（村）逐一对辖区内环境整治进行摸底调查，梳理问题清单，加大卫生整治力度，发动辖区共建单位、志愿者开展义务劳动，清理卫生死角，清除乱张贴小广告，对乱挂晒不文明现象进行清理劝导，并组织卫生员对社区垃圾桶进行清洗，增强创城舆论氛围，提高群众知晓率、参与率。

【安全生产】 徐碧街道积极落实安全隐患大排查大整治和安全生产三年专项行动，严格落实“党政同责、一岗双责”。街道党工委书记、办事处主任、分管领导分别带队街道安办，对街道企业、场所进行了安全检查20次，其中联合区应急局、工信局以及相关专家进行联合执法7次，共检查企业场所59家次，共查出安全隐患89条（其中，蓝色隐患88条、黄色隐患1条），已完成整改89条，未发现重大安全隐患。同时督促辖区12家生产型企业签订了《企业安全生产信用承诺书》。要求各企业主要负责人要对本企业安全生产工作全面负责，严格落实安全生产主体责任，详细制定工作方案，要求企业每月上报大排查大整治排查整改销号清单。

【综治平安创建】 *重点工作一跟到底*。推动综治平安建设齐抓共管，建立扫黑除恶、涉毒整治、平安宣传、治安稳定等方面挂点责任和行业责任清单，在班子会议上进行研究会商强调。2020年，街道党政分管领导共挂包推动解决重点信访问题16项，做到管项目、管行业、管区域的前提是先管好综治维稳工作，杜绝综治维稳和具体工作“两张皮”“两条线”的现象。

隐患矛盾一清到底。通过微信工作群和综治平安网格及时掌握辖区信息，依托“12345”、“e三明”、接访、下访等平台，掌握群众诉求、呼声，及时化解纠纷矛盾，解决群众困难。街道共排查解决各类矛盾纠纷111件，处理来信来访691件（其中，省信访系统内网8件、“e三明”683件），在期限内成功化解674件，未出现逾期答复现象。

扫黑除恶常抓不懈。街道在交通节点、人流密集地区悬挂横幅、设置广告牌，并要求辖区有LED电子显示屏的企业单位滚动播出宣传标语。组织扫黑除恶全覆盖宣传，入户宣传22140户，商铺400多个，鼓励群众对黑恶势力进行举报。各工作队共开展排查11余次和公安等部门会商4次，共排除核实扫黑除恶疑似线索4条。

【党建工作】 *学习践行新思想，深入做实“三明实践”*。开展集中学习周活动。结合中共十九届五中全会宣讲和“三明实践”的学习宣传，组织开展党员轮训集中学习周，在班子成员带头宣讲的基础上，邀请区直部门围绕党建引领开展主题宣讲，学习观看“三明实践”系列报道，推动新思想落深落细落实。开展基层创新点培育。工商联大厦党委领航、星火、振兴三大工程培育作为全省楼宇党建示范点并迎检全市参观学习；培育乾龙社区党员积分管理、北门社区“155”党建引领社区治理等工作，在“学习强国”平台上宣传推广；东乾社区“党建+”近邻模式在“e三明”、三明组工等微平台上宣传。开展六大专项行动。组织开展“党建领航、六大提升”专项行动。将抓基层党建全面覆盖、全面提升作为党工委的“一号难题”，强化党组织对街道所有工作的政治引领，基层党组织政治功能和组织力进一步增强。

积极推动新发展，做实做足“四篇文章”。围绕“红色三明”提升基层党建水平。共举办党组织书记培训班1期，培训20人；党员培训班2期，培训86人。以先进党支部廖源村支部为主导，引导山上村共同发展，村财收入均超过10万元。依托工商联大厦党委打造省级楼宇党建示范品牌，创新实施“三三三”党建工作模式。社区创新小区治理新格局，成立45个小区党支部，党建引领城市基层治理能力显著提升。在项目攻坚中组建临时党支部，新成立两新党组织4人，新培育党建引领示范点6个，其中党建引领徐碧旧改典型做法在《八闽快讯》上进行宣传报道。围绕“工业三明”提升经济发展实力。开展党员干部“进企业、解难题”集中走访行动，对辖区的企业进行全覆盖走访摸排，走访企业537家，帮助企业解决实际困难18个。谋划、签约、开工、投产、增资项目位列全区第一；全年完成投资37.78亿元，投资总量位列全区第一。围绕“绿色三明”提升乡村旅游品质。以廖源、后洋城郊休闲旅游为重点，完成洋山畲族村发展规划，开展全区农民丰收节活动，在省级各类媒体报道8次，脱贫攻坚工作全面完成。围绕“文明三明”提升群众幸福指数。作为文明创建工作的检查组驻点中心区域，组建党员先锋队，以最佳面貌做好环境卫生整治、社会秩序维护和应急处置管理等工作，建立疫情防控、垃圾分类试点、丹蓉小区等老旧小区改造等长效管理机制。

党风廉政建设不断加强。2020年，街道纪工委以“五抓五提升”为重点，进一步推进“乡镇纪委监督执纪工作提升年”的活动进程。纪工委到一线调研8次，完成各村居政治生态报告8篇。对各村居共开展集中警示教育6次共计135人次，对村居主干开展集体谈话4次，廉政谈话16人次。对落实习近平总书记重要指示批示和党中央重要决策部署开展监督检查发现问题11个，并已全部督促整改。共报送图文信息12篇，被市纪委网站采用3篇。认真开展“四访”活动，共开展开门接访13次、全员接访5次、带信下访3次、入户走访28次，排查化解信访问题数7个。围绕疫情防控工作，共开展疫情防控专项督查6次，发现并督促整改问题8个，走访辖区企业3家，了解企业复工复产情况，督促解决问题1个。坚持在各节点加强日常监督，开展纠“四风”的督查工作，全年共开展“四风”专项督查及明察暗访6次，发送廉政提醒短信约500余条。推进扶贫领域专项治理，3次对辖区3户精准扶贫户及1个贫困村进行走访，对扶贫户的扶贫资金到位情况、扶贫政策落实情况及扶贫资金使用情况进行了全方位摸排，完成100%走访贫困户，协助解决贫困户问题1个，抽查街道低保档案22户41人。

【乡村振兴】 以廖源、后洋城郊休闲旅游为重点，开展全区农民丰收节活动，在省级各类新媒体报道8次；依托近郊优势，完成洋山畲族村党建引领发展设计规划；以先进党支部廖源村支部为主导，引导山上村共同发展，村财收入均超过10万元；积极稳妥解决林海养猪场拆除、贵溪洋J08地块问题、小溪综合农场安置房移交等问题，沉下心解决3个历史遗留问题，为贵溪洋片区和山上村发展提供支持。

【脱贫攻坚】 街道贫困户2户6人，通过低保兜底及易地扶贫搬迁补助项目（电站收益、政策资金帮扶，投资收益等）于2017年底脱贫，通过发改、住建、水利等部门及第三方机构多次组织入户摸排，2户脱贫户“两不愁、三保障”及饮水安全均有保障；新型冠状病毒肺炎疫情期间，街道有关人员积极与贫困户保持联系，及时送去口罩等防疫用品，区、街两级挂包领导及部门上门慰问，了解疫情期间生活情况，主动帮助解决生活问题。2020年，开展入户慰问11次，发动爱心企业慰问贫困户2次。

（王绪增）

梅列经济开发区

【概况】 2020年，梅列经济开发区贯彻落实全省关于做好“六稳”、落实“六保”任务要求，一手抓疫情防控，一手抓复工复产，持续深化“五比五晒”和“项目攻坚年”活动，抓好泉三高端装备产业园建设工作，发挥全区工业经济建设“主战场”作用。

全年完成固定资产投资26.88亿元，完成工业产值107.61亿元。全年共收储土地40公顷，平整土地约30公顷，完成林地报批86公顷、土地报批47公顷，已批复农转用23公顷；出让11宗土地33公顷，其中，挂牌出让9个项目19公顷，土地出让金收入约3395万元。

【园区建设】 开发区全力抓好泉三高端装备产业园建设工作。土地平整方面，在2019年10月完成一期一批次13公顷土地平整并供地的基础上，完成一期二批次供地16公顷；一期三批次53公顷平台进场施工，完成土石方挖填方1288万立方米(完成挖方505万立方米，完成填方723万立方米）。一期四批次73公顷平台完成优化设计和地质勘探，根据调整后的规划和地勘报告，该地块红线面积92公顷，可开发平台75公顷。道路建设方面，A、B线市政道路完成路基挖填方作业；明州二路完成竣工验收；明州一路完成招投标。配套设施方面，370边坡挡墙支护、一期二批次西侧边坡挡墙和岩前老路边坡支护工程，其中岩前老路完成护脚挡墙、边坡土方工程与排水沟、急流槽；370边坡挡墙完成竣工验收；二批次西侧边坡完成挡墙、边坡施工，边坡刷坡按要求完成；第二供水工程已完成设计；生活配套服务区1万平方米的职工宿舍5#楼已完成卫生间及厨房反梁安装、内外墙体砌筑，水电安装部分施工。征迁工作方面，2020年12月31日完成3.3公顷山塘征迁，正式签订协议，泉三产业园一期三批次征迁工作全线告捷。泉三一期三批次规划面积87公顷，征迁工作全面启动之后，开发区、列西街道组成6个征迁工作组，制定工作方案，充实攻坚力量，任务细化到人。工作组常加班加点推进攻坚清盘行动，共完成10户1300余平方房屋及管理房、5.3公顷鱼池（含山塘）、6户6.3公顷自留山及承包山、3.3公顷苗木及26户零星菜地青苗征迁、6个祖坟及6个土坟的征迁和总计20余千米通信及电力杆线迁改。

【招商引资】 开发区坚持“招大商、招好商、招强商”，转“招商引资”变“招商选资”，力求更多税性高、产业优的项目落地。2020年，泉州26家企业与梅列经济开发区正式签订投资协议，总投资54亿元，已有10个项目落地建设。2020年，开发区先后接待到园区考察企业10余次，其中中机铸材科技有限公司、国家投资集团、中信重工等项目负责人先后到梅列区考察对接，积极有效地推动部分重点项目进展。在区委、区政府主要领导带领下，先后考察“国家高新技术企业”恒力达机械、劲力机械和“省级高新技术企业”闽达机械及其他相关企业，前往泉州走访泉三高端装备产业园首批入园和签约企业、来明有投资意向企业和泉州装备制造龙头企业，了解入驻项目疫情期间在开工和建设过程中存在的问题，推进项目快开工、快建设、早竣工、早达产，争取更多高端装备制造产业项目招商签约、落地发展。对接蓝谷集团，认真做好福建蓝谷三明工业综合体项目前期工作，加快项目引进。

【服务管理】 依托“服务管理工作机制”，不断深化“进企业、解难题、促发展”“敢担当、解难题、立新业”等活动，建立服务企业（项目）“零距离”专人对接机制，做好“一企一策”工作制度，做到工作向上攀登、作风向下深入。注重融资帮扶，用足用好兴业担保公司的转贷资金，有效解决企业资金困难问题，2020年，共为12家企业办理转贷近1.1亿元。发挥海峡人才市场在园区设立专岗的契机，为园区企业特别是泉三园企业在招工、引才、培训等人力资源方面提供精准服务。积极联合园区3家国家级高新技术企业，在通过省级博士后科研工作站初审的基础上，认真做好国家博士后科研工作站的申报工作，为企业科技创新、人才培养提供智力保障。同时，发挥自身优势，在2020年初获批省级绿色园区的基础上，着手申报国家级绿色园区。扎实抓好园区安全生产，深入开展安全生产大检查活动，突出道路交通、建筑施工、危化品等重点部位安全管理，严格落实安全生产责任制。以围绕中心、服务大局为主线，持续开展生态环境保护及水土治理工作专项行动，大力推进生态环境保护工作。

【优化产业结构】 开发区注重产业创新，持续深化“五比五晒”项目竞赛活动，以“五比五晒”“项目攻坚年”活动为载体，结合全省“六稳”“六保”43条措施和“八项行动”要求，紧扣重点项目复工复产、建设进度、投资额度等重点工作，建立挂包责任，进一步强化跟踪服务、夯实工作责任、优化投资环境，多措并举，狠抓园区项目建设，力促项目增产增资。园区4个省级重点项目和5个市级重点项目总体进展良好，其中，泉三园10个入驻项目已全面启动建设，安德凯、恒冠达顺利投产；明泉重工项目完成基础施工；恒升底盘项目完成1号厂房主体钢结构施工；华力机械项目完成基础施工；南益机械项目完成勘探工作；永兴盛工程项目完成项目一、二期用地摘牌；山水橡塑机械项目、金成机械项目已摘地；嘉越环保项目已摘地，完成地勘工作。

【严控疫情】 根据全区的统一部署，开发区管委会高度重视，迅速行动，压实责任，多次召开疫情防控工作布置会，成立开发区新冠肺炎疫情防控工作领导小组，全体动员，入企宣传，全面排查，加强管控。园区实行网格化挂包企业制度，成立9个小组和党员先锋队，党员领导干部带头深入一线摸排，全部建立健康档案，动态跟踪管理。按政策文件，建档、跟进、落实，关心隔离人员，定期为隔离人员送米送面，通过微信、电话联系安抚隔离人员身心健康，让隔离人员感受到中心的温暖。针对疫情防控常态化管理要求，及时宣传贯彻最新防控政策，大力推行八闽健康码，查验健康通行码。同时，为防止部分企业防控意识松懈问题，开发区将持续加大宣传力度，以现场随机抽查的方式，督促企业将疫情防控措施落实落细落到位。

（陈祈文）

（编辑：唐金涛）

一、中国共产党梅列区委员会

书　记：杨　胜
副书记：张昌平
　　　　缑泽昆（至7月）
　　　　廖才添（7月任）
常　委：蔡建明　曹祥勇
　　　　朱跃锋　陈占昌（至9月）
　　　　曹盛生　傅自强（至7月）
　　　　杨通盛　吴晓文

区委办公室
主　任：张　铭
副主任：邹志明　许海燕（女）

区委档案局
局　长：邹志明（兼）

区委台湾工作办公室
主　任：许海燕（女，兼）

区委机要局
局　长：刘宗直

区委保密办
主　任：刘宗直

区委组织部
部　　长：朱跃锋
常务副部长：秦向东
副　部　长：罗永忠（兼）
　　　　　　巫立林（兼）

区委非公有制企业和社会组织工作委员会
书　　记：邓应敏（6月任）
常务副书记：翁　晖（至6月）
　　　　　　曹祥盛（6月任）

公务员局
局长：巫立林

区委宣传部
部　　长：蔡建明
常务副部长：许一洋
副　部　长：林季尚

梅列区融媒体中心
主　　任：许一洋（兼）

区委统战部
部　长：曹祥勇
副部长：王成杰　邓小江　高忠意

区委政法委
书　　记：曹盛生
常务副书记：陈　政
副　书　记：邱民安（至5月）
　　　　　　肖　邦（5月任）
政治处主任：陈　亮

区委机构编制委员会办公室
主　任：刘淑英（女）
副主任：童　庆（5月任）

事业单位登记中心
主　任：庄忠发

区直机关工作委员会
常务副书记：林阿茹（女，至1月）
　　　　　　邱湘萍（女，1月任）
副　书　记：梁林庆
工委委员、区纪委区直机关工委书记：邓玉林（至5月）
工委委员：林晓岚（女）
工委委员、区纪委区直机关工委常务副书记：黄俊玮（3月任）

区委、区人民政府信访局
局　长：罗炳辉
副局长：邓长选

区委老干部局
局长、区委离退休干部党工委书记：
罗永忠
区委离退休干部党工委副书记：
高　琳（女）

老年大学
名誉校长：林　熹
校　　长：陈开成
第一副校长：罗永忠（兼）
常务副校长：魏丽红（女，兼）
副　校　长：林桂榕（女，兼）
傅载永　陈德荣
陈雅慧（女）
陈琛秀（女）
宝春娥（女）

关心下一代工作委员会
名誉主任：杨　胜　张昌平
第一主任：朱跃锋
主　　任：包国庆
常务副主任：雷漾林
副　主　任：王　毅（女）
余秋兰（女）
秘　书　长：杜阿宝

区委精神文明建设办公室
主　任：朱　瑛（女）
副主任：曹丽敏（女，至5月）
邓丽娟（女，5月任）

区委农村工作领导小组办公室
主　任：杨秀文

区委党史和地方志研究室
主　任：雷文春
副主任：肖庆松

区委档案馆
馆　长：卢达理
副馆长：许剑平

区委审计委员会办公室
主任：夏仕鸿

中共三明市委党校梅列分校
校　长：朱跃锋
副校长：徐明辉

二、梅列区人民代表大会常务委员会

主　任：张淑华（女）
副主任：王大俊
蔡燕燕（女，至10月）
陈江火
党组成员：伍　英（4月任，区人大常委会副主任候选人）

人大常委会办公室
主　任：肖开阔
副主任：邓玉婷（女）

人事代表工作室
主　任：黄大春
副主任：郑　青

监察和司法工作委员会
主　任：刘　岚（4月任）

财经工作委员会
主　任：罗婉贞（女）

农村经济工作委员会
主　任：黄　劼

教育科学文化卫生工作委员会
主　任：丁红华（女）

环境与城乡建设工作委员会
主　任：陈明革
副主任：周奕红

人大常委会信访室
主　任：叶　丹（女，5月任）

三、梅列区人民政府

区　长：张昌平
副区长：陈占昌（至10月）
黄立辉　冯火珠（女）
田富远　薛　军（至4月）
杨善言　廖才添（7月任）
吴晓文（4月任）
夏永桦（4月任）
钟火阵（挂职，至4月）
区政府党组成员：吴晓文（12月任）

政府办公室
主　　任：邓利泉
副　主　任：罗炳辉（兼）
王叶芳（女）
蔡东海　蔡曦晟

金融工作办公室
主　任：蔡曦晟（11月任，兼）

行政服务中心管理委员会（政务公开办）
主　任：孙和奎
副主任：陈智卿

发展和改革局
局长、党组书记：张建明
副局长、党组成员：林宏峰
涂宣博
罗建沣

教育局
党委书记、局长：蔡宗平（至2月）
谢映华（2月任）
党委委员、副局长：陈雅瑛(女)
党委委员、副局长：谢映华（至2月）

党委委员、副局长：刘维华（女）
党委委员：李　星
工会主席：叶　晔（女）

梅列区教师进修学校
校长、党支部书记：马昌明

梅列区第二实验学校
校长、党支部书记：黄中伟

三明市第八中学
校长、党支部书记：邓衍斌

三明市第十中学
校长、党支部书记：陈世金

工业和信息化局
局长、党委书记：郑勇鹏
副局长：姜学敏　陈盛荣
　　张世吉　田生汉
派驻纪检组组长：卢衍昌
派驻纪检组副科级常务副组长：
　　戴晨龙

科学技术局
局　长：姜学敏（兼）

民政局
局　长：胡海明
副局长：林桂榕（女）
　　郭永浩（5月任）

退役军人事务局
局　长：邓发禧

司法局
党组书记、局　长：邓志华
党组成员、副局长：陈首茂
　　吕绵锋
党组成员、派驻纪检组组长：
　　郭仁生（至5月）
　　林荣辉（5月任）
副局长：周　娟（女）

陈大司法所
所　长：赖喜泉

洋溪司法所
所　长：王隆庆

列东司法所
所　长：周秋香（女）

列西司法所
所　长：张　靓（女）

徐碧司法所
所　长：黄巧眉（女）

财政局
局　　长：蔡俊斌
副 局 长：范宗里　许志敏（女）

人力资源和社会保障局
局　长：陈建基（至 1月）
　　林阿茹（女，1月任）
副局长：陈　生　黄辉敏（女）

机关事业单位社会保险中心
主　任：傅仰明

生态环境局
局　长：童　良
副局长：吴作腾　陈艳冰（女）
　　邓超杰

住房和城乡规划建设局
局长、党委书记：黄耀铭（至12月）
　　张　双（12月任）
副 局 长：方闽永（至5月）
　　肖方杰（5月任）
　　江春友　陈维楷（5月任）
派驻纪检组组长：卢衍昌

人民防空办公室
主　任：黄耀铭（至12月）
　　张　双（12月任）

城市管理局
局　长：林　军
副局长：罗　斌　戴建文

环境卫生管理处
主　任：罗维木（至5月）

环境卫生服务中心
主　任：罗维木（5月任）

交通运输局
局　　长：张　平（至5月）
　　谢运朝（5月任）
副 局 长：林　明

地方海事处
处　长：林　明（兼）

运输管理所
所　长：林　立（至5月）

运输发展中心
主　任：林　立（5月任）

交通综合执法大队
副大队长：张　翔

农业农村局
局长、党委书记：杨秀文
副局长、党委副书记：
　　肖学坚（至5月）
　　林明德（5月任）
副局长：陈庆利　管其宽　章文前

水利局
局　长：肖学坚（至5月）
　　林明德（兼，5月任）

库区移民开发局
局　长：郑琦萌

三明市公安局梅列森林分局
局　长：高景森
教导员：郑志麟

文体和旅游局
局　长：邱荣富
副局长：文　光　江　涛

文化市场综合执法大队
大队长：黄添华

卫生健康局
党组书记、局长：韦　震
党组成员、副局长：
黄桂兰（女）

卫生监督所
所　长：疾病预防控制中心
主　任：郑昌洪

卫生消毒站
站　长：陈明洪

梅列医院
院　长：肖清伟

审计局
局　长：卢美菁（女）
副局长：章诗勇

统计局
局　长：罗珠莲（女）
副局长：卢方明

城市社会经济调查队
队　长：蒋　诺（女）

商务贸易局
局　长：罗建明
副局长：陈文铭（至1月）
邹远焕　刘永锋（5月任）

招商服务中心
副主任：马　骏（5月任）

应急管理局
局　长：顾春喜
副局长：林明德（至5月）
肖学坚（5月任）
黄忠炜　李扬成（5月任）

民族与宗教事务局
局　长：高忠意
副局长：陈永维

四、政协梅列区委员会

主　　席：方剑锋（4月免）
党组书记：方剑锋（4月免）
林翠玲（4月任）
党组副书记：曹祥勇（3月任，兼）
党 组 成 员：范其鉴
林金来（至11月）
张　铭（12月任）
卢建好
副主席：林金来（至11月）
卓月珍（女，至2月）
范其鉴　苏荣祖
秘书长：卢建好

政协办公室
主　任：陈志胤
副主任：陈　颖（女，7月任）

提案和法制委员会
主　任：陈　歆（女）
副主任：王　文（女）

经济和港澳台侨委员会
主　任：文艳芳（女）

社会事业委员会
主　任：方金武

文史学习和民族宗教委员会
主　任：李贵全

农业和农村委员会
副主任：郑琦萌

五、中国共产党梅列区纪律检查委员会

书　记：杨通盛
副书记：赖勇生　连启棠
常　委：郭卫东　陈元洲
刘双平（5月任）
郑名熔（5月任）

梅列区监察委员会
主　任：杨通盛
副主任：赖勇生　连启棠
委　员：陈元洲　张扬军
罗庆福　刘双平（6月任）

办公室
主　任：林少萍（女，至11月）

组织和宣传部
部　长：余昌海（至5月）
谢明雪（女，5月任）

党风政风监督室
主　任：张扬军（至1月）
郑名熔（1月至5月）

信访室
主　任：宁兆闽（1月任）

案件监督管理室
主　任：沈志坚（1月任）

第一纪检监察室
主　任：刘双平（至5月）

第二纪检监察室
主　任：肖　邦（至5月）
黄生梓（5月任）

第三纪检监察室
主　任：罗庆福（至1月）

刘端剑（1月任）

第四纪检监察室

主　任：廖士炜

案件审理室

主　任：余金花（女）

区委巡察办

主　任：陈元洲

副主任：刘　铮（女，1月任）

巡察一组

组　长：陈大溜

副组长：廖智龙

巡察二组

组　长：丁德芳

副组长：徐荣华

巡察三组

组　长：吕勇平

副组长：赖志勇（1月任）

六、群团组织

梅列区总工会

主　　席：朱跃锋（兼）

常务副主席：程　文（女）

副　主　席：施淑卿　高章琪

陈　生（挂职）

朱　斌（兼职）

陈长巧（兼职）

共青团梅列区委员会

书　记：陈金煌

副书记：邓凌燕（女）

妇女联合会

主　席：谢丽芳（女）

副主席：张闺华（女）

刘　唱（女）

科学技术协会

主　席：苏　敏

副主席：陈天敏

残疾人联合会

理 事 长：李双福

副理事长：林联发

归国华侨联合会

主　席：郑　霞（女）

计划生育协会

会　　长：朱振明

常务副会长：李吉平

副会长、秘书长：张英誉

工商业联合会（梅列区总商会）

党 组 书 记：邓小江

驻会副主席：郑明锦

红十字会

会　长：冯火珠（女）

副会长、秘书长：

蔡凤英（女，至5月）

曾　琦（5月任）

国际贸易促进委员会（中国国际商会梅列区商会）

会　长：周向锋

文学艺术界联合会

主　席：郭新军

社会科学界联合会

主　席：余　群（女，至4月）

林少萍（女，12月任）

客家联谊会

会　长：林敬德

副会长、秘书长：刘彩香（女）

慈善总会

会　长：张益平

常务副会长：任江桉

副会长兼秘书长：刘礼华

七、梅列区人民法院

党组书记、院长：王茂华（至12月）

党组书记、副院长、代院长：

王文光（12月任）

党组副书记、副院长：林路明

党组副书记：姜顺华

党组成员、副院长：陈　亮

党组成员、政治处主任：周焕明

党组成员、纪检组组长：张昌顺

党组成员、副院长：陈耕耘（女）

党组成员、副院长：林腾龙（4月任）

党组成员、审判委员会专职委员：

吴植文

党组成员、审判委员会专职委员：

王红东

审判委员会委员、执行庭（局）庭（局）长：马　骞（至10月）

八、梅列区人民检察院

党组书记、检察长：程凤娟（女）

党组副书记、副检察长：栾小峰

党组成员、副检察长：费龙文

检察委员会专职委员：尤振声

九、梅列区人民武装部

部　　长：傅自强（至7月）

任道福（7月任）

政治委员：陈　浩（至7月）

林声海（7月任）

副 部 长：付振江

军事科长：方炎德

政治工作科长：张振兴

十、镇、街道、开发区

陈大镇

党委

书　记：李样生（至5月）
　　　　姜祖斌（5月任）
副书记：姜祖斌（至5月）
　　　　张晓辉（5月任）
　　　　刘开辉（至5月）
　　　　过　津（挂职）
　　　　吴安雄（5月任）
政法委员：刘开辉（兼，至5月）
　　　　　吴安雄（兼，5月任）
武装部长：刘开辉（至5月）
组织委员：过　津（兼）
纪委书记监察组长：李扬成（至5月）
　　　　　　　　　邓玉林（5月任）
宣传委员：谌露雯（女）
统战委员：刘长辉（5月任）

人大主席团

主　　席：刘开辉（5月任）
副 主 席：过　津（兼）

人民政府

镇　长：姜祖斌（至5月）
　　　　张晓辉（5月任）
副镇长：吴安雄（至5月）
　　　　陈维楷（至5月）
　　　　罗志权
　　　　刘长辉（兼，5月任）
　　　　施晓翌（女，5月任）

洋溪镇

党委

书　　记：连腾勇
第一书记：刘铭盛（4月任）
副 书 记：连　剑（至5月）
　　　　　熊雪珠（女，5月任）
　　　　　邓丽娟（女，至5月）
　　　　　林成梁（至5月）
　　　　　张礼柄（5月任）
　　　　　李宗絅（5月任）
政法委员：林成梁（兼，至5月）
　　　　　李宗絅（5月任，兼）
组织委员：邓丽娟（女，兼，至5月）
张礼柄（兼，5月任）
纪委书记：黄邦铭
宣传、统战委员：童　庆（至5月）
宣传委员：余雪琳（女，5月任，至11月）
　　　　　马鸣鸿（女，11月任）
武装部长：蔡　斌（5月任）

人大主席团

主　　席：肖方杰（至5月）
　　　　林成梁（5月任）
副主席：邓丽娟（女，兼，至5月）

人民政府

镇　长：连　剑（至5月）
　　　　熊雪珠（女，5月任）
副镇长：童　庆（兼，至5月）
　　　　李宗絅（至5月）
　　　　陈昌隆（至5月）
　　　　陈　龙（5月任）
　　　　陶寒露

列东街道

党工委

书　记：邓启文
副书记：邱民安（5月任）
　　　　汤建生（至5月）
　　　　林兴增
　　　　谢　霖（5月任）
政法委员：林兴增（兼）
武装部长：谢　霖（兼）
统战委员：谢　霖（兼，至5月）
　　　　　李　超（5月任）
纪工委书记：吴　建
组织委员：曹祥盛（至5月）
　　　　　黄　蕾（女，5月任）
宣传委员：邓　威

人大工委

主　　任：罗澄贵（至5月）
　　　　　汤建生（5月任）

办事处

主　任：邱民安（5月任）
副主任：李　超（5月任）
　　　　吕逸彧（女）
　　　　黄　蕾（女，至5月）
　　　　温丽婷（女，挂职）

列西街道

党工委

书　记：张　双（至12月）
　　　　陈志谋（12月任）
副书记：陈志谋（至12月）
　　　　熊雪珠（女，至5月）
　　　　杨理键
　　　　曹丽敏（女，5月任）
政法委员：杨理键（兼）
纪工委书记：刘　铮（女，至2月）
　　　　　　黄　涛（2月任）
组 织 委 员：王　若
宣传、统战委员：陈　雯（女）
武 装 部 长：余新喜（5月任）

人大工委

主　任：郑　翼

办事处

主　任：陈志谋（至12月）
副主任：林　亮（女）
　　　　黄　山
　　　　徐佳晶（女，至7月）

徐碧街道

党工委

书　记：伍　英（女，至5月）
　　　　连　剑（5月任）
副书记：叶玉坤（至5月）
　　　　龚　奕
　　　　黄靖文
　　　　翁　晖（5月任）

政法委员：龚　癸（兼，至5月）
翁　晖（兼，5月任）
纪工委书记监察组组长：
赖志勇（至1月）
李雪军（1月任）
武装部长：余新喜（至5月）
李　伟（5月任）
组织委员：吴　宁
宣传、统战委员：罗　佳（女）

人大工委

主　任：王熙斌

办事处

主　任：叶玉坤（至5月）
龚　癸（5月任）
副主任：张礼炳（至5月）
黄兆伟（至1月）
张　宁（女）

福建梅列经济开发区

党工委书记、管委会副主任：
林孟锦（至12月）
党工委副书记、管委会常务副主任：
林孟锦（12月任）
党工委副书记、管委会主任：
罗添龙（5月任）
党工委委员、管委会副主任：
魏运朝（至5月）
罗添龙（至5月）
张　敏
管委会副主任：黄伟明（挂职）

十一、部分市属垂直管理单位

三明市公安局梅列分局

党委书记、局长：黄立辉（兼）
党委副书记、政治委员：
江新光（至10月）
李金铨（10月任）
党委委员、副局长：童关根
党委委员、纪委书记：
陈孟林（至11月）
党委委员、副局长：吴明其
党委委员、政治工作室主任：
陈云松（至10月）
党委委员、副局长：邓大钱（至9月）
党委委员、指挥情报中心主任：
王文星
党委委员、副局长：林　明（至9月）
党委委员、副政委：林明游
党委委员、列东派出所所长：
廖志奇（1月任，至9月）
党委委员、政治工作室主任：
廖志奇（9月任）
党委委员、副局长：张　智（9月任）
党委委员、副局长：张龙德（9月任）
党委委员、纪委书记：
陈道华（11月任）

三明市公安消防救援支队梅列区大队

大　队　长：权燕峰（至2月）
魏伟平（2月任）
政治教导员：罗胜兵（至11月）
林　辉（11月任）

梅列区自然资源局

局　长：韩国洪

三明市土地收购储备中心梅列分中心

主　任：郑启孝

三明市自然资源监察支队梅列大队

大队长：王惠峰

三明市公路局梅列分局

局　　长：童峻峰
副　局　长：王龙辉
施锦春（女）　郑登域

三明市城区烟草专卖局（分公司）

局长、经理：吴　乒
副　局　长：薛回祥
副　经　理：沈　玮
副科级纪检员：郑崇文

梅列区市场监督管理局

党组书记：陈黎生
党组副书记、局　长：蔡光赠
党组副书记、副局长：杜杰明
党组成员、副局长：袁平福
党组成员、副局长：兰文英（女）
党组成员、副局长：陈永强

梅列区税务局

党委书记、局　长：张建祥（至9月）
华　富（9月任）
党委委员、副局长：庄志宏
郁万贵（至7月）
肖建礼　廖世镇
黄丽霞（女）
阴长明　乐仁康
王更生　周建东
党委委员、纪检组长：黄子艳（女）

梅列区气象局

局　长：马海波（2月任，挂职）
陶诗琨（至2月）
副局长：吕庆安
王婷婷（女，2月任）

中国建设银行三明梅列支行

行　长：林　臻
副行长：郑满秀

中国农业银行三明梅列支行

行　长：林永武
纪委书记：邓建明
副行长：林　玲　周　原

（编辑：唐金涛）

拼音检索

说 明

一、本索引采用主题词分析法，按主题词首字汉语拼音字母顺序排列。
二、栏目、分目标题用黑体字。“专记”“大事记”“梅列区2020年党政群机关领导名录”内容不作索引。
三、索引主题词后的数字表示页码，数字后的a、b、c表示栏别左中右。
四、空一字起排的款目为上一主题的“附见”。

D

G

H

J

K

L

T

W

X

Y

Z